南方民族考古

第十二辑

四川大学博物馆
四川大学考古学系　编
成都文物考古研究所

科学出版社
北京

内 容 简 介

本辑刊发考古发掘与调查简报4篇，公布了青海玉树、重庆忠县、四川成都和安岳等地的考古新资料；收录论文11篇，分别对宝墩文化起源、四川凉山地区史前文化、青海大通长宁遗址齐家文化制陶工艺、西南地区三叉格铜剑的年代与源流、四川成都天回镇老官山汉墓出土简牍、西藏洛扎吐蕃摩崖石刻、中古墓志附刻易占类谶言等问题进行探讨。同时刊发纪念论文1篇，深切缅怀为西南民族考古研究作出杰出贡献的已故著名考古学家汪宁生先生。

本书可供考古学、民族学、宗教学和艺术史等领域的研究者阅读、参考。

图书在版编目（CIP）数据

南方民族考古. 第12辑 / 四川大学博物馆，四川大学考古学系，成都文物考古研究所编. —北京：科学出版社，2016. 3

ISBN 978-7-03-047976-1

Ⅰ. ①南… Ⅱ. ①四…②四… ③成… Ⅲ. ①民族考古学-中国-文集 ②民族考古学-东南亚-文集 Ⅳ. ①K874. 04-53②K883. 304. 4-53

中国版本图书馆CIP数据核字（2016）第061438号

责任编辑：王光明 / 责任校对：彭 涛

责任印制：肖 兴 / 封面设计：美光设计

科学出版社 出版

北京东黄城根北街16号

邮政编码：100717

http://www.sciencep.com

中国科学院印刷厂 印刷

科学出版社发行 各地新华书店经销

*

2016年3月第 一 版 开本：787 × 1092 1/16

2016年3月第一次印刷 印张：19 1/4 插页：20

字数：520 000

定价：158.00元

（如有印装质量问题，我社负责调换）

Southern Ethnology and Archaeology

Volume XII

Edited by
Sichuan University Museum
Department of Archaeology, Sichuan University
Chengdu Institute of Archaeology

Science Press
Beijing

《南方民族考古》编辑委员会

哈比布　西藏自治区文物保护研究所
高大伦　四川省文物考古研究院
傅罗文　哈佛大学人类学系
霍　巍　四川大学博物馆

目 录

CONTENTS

欧美的汉学研究[①]

汪宁生

摘要：本文对汉学和汉学家的概念进行了深入的探讨和分析，对汉学和汉学家的定义做了客观的界定，结合中外交往的历史，对欧美汉学的发展历程做了客观细致的叙述，对作者与部分著名汉学家的交往做了详细的介绍，对欧美的汉学机构和刊物也做了客观的评价和介绍。

关键词：欧洲　美国　汉学　汉学家　汉学机构　汉学刊物

编者按：本辑特编发两篇文章，纪念为中国考古学尤其是中国民族考古学做出过卓著贡献的已故考古学家汪宁生先生（1930—2014年）。此篇是汪宁生先生的遗作，系根据汪先生2004年在重庆师范大学所做的一次学术讲座整理而成，这是汪宁生先生依据他多年来与海外学术界合作与交流的亲身实践所谈的心得体会，对于我们从一个特定的角度去认识海外汉学发展及其现状，可以开阔眼界，具有指导意义。汪宁生先生对于我国西南地区的民族考古学在理论、方法与具体研究实践上，都留下了丰厚的论著，是中国南方民族考古重要的奠基者之一，曾给予中国民族考古学的学科建设和发展以重要的指导。我们期望通过缅怀前辈学者的业绩，以激励后学，发展学术事业，促进中国考古学面向世界、面向未来，成长得更为健康，更加充满生机。

一、什么是汉学

一般而言，汉学（Sinology）是研究中国语言、文字、历史、文化的学问。这种说法对，因为汉学的英文字前面的字根就是中国的意思，但这种说法不够全面精确。为什么呢?

第一，研究中国的学问不能都称为汉学。比如在座的诸位都是研究中国的学问，研究文学、历史、考古等，但不称之为汉学家，研究历史的称为历史学家，研究文学的称为文学家。

第二，中国有很多民族，每个民族有自己的语言，很多民族有自己的文字，他们

① 此文系孔令远、李艳华和田盼根据汪宁生先生2004年在重庆师范大学所做的讲座整理而成。

已经形成一个专门的学问。比如藏学，我们研究藏族叫藏学，研究蒙古族叫蒙古学，研究满族叫满学。西南这边有彝学，这些都不包括在汉学的范围内，已经独立出来了。因为它有自己的语言文字，学者要花毕生精力去研究它，所以不称为汉学。

第三，汉学家通常是指国外的学者。中国的学者即使在海外工作称为汉学家的也很少。比如我们有很多华裔学者取得很大成绩，他们治学的方法和汉学家也一样，他们在西方受教育，又在西方工作，他们治学方法一样，思想方法也一样，但我们仍然不称他为汉学家。比如哈佛大学博士、美国国家科学院院士张光直，我们都称他为考古学家而不是汉学家。同样的情况还有好几个。余英时，普林斯顿大学教授，研究汉学很有成就，我们也称他为历史学家，不称汉学家。还有一位老前辈，杨联陞，在哈佛任教多年，对中国经济史很有成就，著作很多，但我们也不称他为汉学家，我们一般称他为历史学家或者经济史、社会史学家。

针对以上这些特点，对于汉学，我个人这样理解，它是指外国学者以汉文化为主要研究对象的科学，属于人文科学的范畴。也有汉学家研究中国医学，甚至研究中国植物，我们称他为植物学家而不称为汉学家。还有一种情况，他虽然研究中国学问，但不懂汉语，要靠翻译和别人帮助，或者说汉语不够好，这种情况下是不是汉学家，也有争论。举个例子，李约瑟的《中国科技史》很有名，贡献很大，他是不是汉学家，还没有得到所有人的承认。有的人认为他不能算汉学家，他就是一个科技史学家或者是生物化学家（他是搞生物化学的）。这种例子还有很多。汉学家应当强调汉学，通晓汉语，外国人通晓汉语的，一般指这种人。我们对汉学要有这样的理解，范围定得很狭隘，不是笼统地认为研究中国的学问就是汉学家，它有特定的含义。

二、汉学的发展历程

首先汉学从西方什么时间开始，严格来说应该从马可波罗开始。他元朝来中国做官，懂得汉语，但是太遥远了。马可波罗这个人究竟有没有？是不是到过中国？还有他的书一直都在争论。严格来说，汉学从明末清初开始了。利玛窦、汤若望明末清初到中国来，在朝廷做官主要搞历法，最早汉学是从那时开始，并不是很发达。只有个别人在研究，主要是传教士，所以汉学的早期历史也称为耶稣教的汉学。最早的汉学家也是传教士，目的是为了传教，当中有的人汉语学得很好，人数毕竟不多，影响有限。

真正的汉学形成还是要到19世纪，特别是19世纪中期以后，即鸦片战争以后。这个时候中国的门户被西方打开，来往的人多了，除去传教，还有外交和经商的需要。他们要和中国搞外交关系和经商来往，必然要有一批人懂得汉语，这样他们就要培养一些翻译。最早的汉学就是为了外交、经商、传教而培养翻译人开始。后来有一部分人对中国的传统文化感兴趣，觉得中国的文化很了不起，博大精深，于是进行研究，这样汉学便正式形成了。

其次，汉学最早在欧洲发展起来，以早期殖民主义国家荷兰、英国等国发展较早。欧洲是汉学发展最早的地域，汉学的中心在欧洲。美国后来才发展起来。19世纪，美国也有汉学，但水平远远不如欧洲。一战特别是二战以后，美国的汉学发展迅速。现在美国和欧洲的汉学是平分秋色。为什么后来美国兴起研究汉学的高潮呢？第一与战争有关。二战期间中国抗战，我们与美国站在一个阵营共同对抗日本。第二是朝鲜战争、越南战争。美国汉学的兴起与中国外交有关系，这点不可否认。如果说欧洲汉学研究以中国传统文化为主，那美国的汉学就以中国近现代问题为主，到目前来看，还是这个特点。举个例子，早期我去美国参加亚洲年会。有一个华裔学者入了美国籍，他在那里教中文，走来和我握手，说要不是中美建交，要不是中国和美国打了这么多年仗，我也找不到饭碗，当然这是个玩笑。但也说明一个事实，美国汉学的兴起就是外交的需要。美国研究中国传统文化也很有成就，但重点还是近现代。举个例子，“文化大革命”时期有很多小报，我们看完就扔了，哈佛燕京图书馆把那些小报珍贵的装订起来，成为他们研究“文化大革命”的史料。

第三，汉学最早的研究对象是以汉语言、宗教、历史传统文化为主。后来发展到其他领域，如考古。考古过去有人研究，比较少。到20世纪以后，才有研究中国考古的杰出汉学家，如高本汉。19世纪，他们对中国的美术、书画、瓷器也欣赏，也知道收集和收藏。随着汉学家研究的深入，他们对中国当代社会和风俗的了解也是后来才拓展的。所以他们研究的问题是从中国传统文化的东西慢慢拓展到其他方面，但范围还属于人文科学。没听说哪个汉学家研究中国植物的。有的外国人也懂得中国植物，但一般不称之为汉学家。今天就不讲到他们了，我们还是介绍狭义的汉学。

三、欧美汉学机构和汉学家

我今天介绍的只有6个国家，讲的欧美其实是不全面的。“欧美”严格来说应该包括东欧。我这里的材料包括西欧和北欧，但东欧没讲。俄罗斯和捷克的汉学还是很有成就的，由于时间有限，材料里没有涉及。材料里汉学家和汉学机构的名单远远还不完备。我选的只是最著名的，大家作为常识都是应该知道的。

汉学从欧洲最早发展起来。在欧洲又从早期殖民国家开始发展。因为早期殖民者航海到中国来，这里面要提到荷兰。荷兰到达中国很早，台湾不是一度被荷兰占领了吗？大家知道，英国有个东印度公司，荷兰也有。当时荷兰侵略印尼，印尼成为他的殖民地，又到了台湾，占领台湾。从那时开始，荷兰就有了汉学研究。研究中心在莱顿。莱顿大学现在仍是欧洲的汉学研究的重要基地，欧洲最早、最有名的刊物——《通报》，就是莱顿大学编的。《通报》从1890年创刊到现在一百多年没有中断过，这个刊物原来是荷兰人创办，后来由法国和荷兰联合主编，都是由各个国家最有名的汉学家做主编，是国际汉学界最权威的刊物之一。

下面介绍几个汉学家。高罗佩，他是个怪人，他在日本做过外交官，他懂的语言很多，马来语、日语都懂，造诣很深，他对中国文化更是痴迷了。达到什么程度呢？他会弹古琴，平时爱穿长袍。他热爱中国文化，爱看侦探小说。侦探小说原本属于西方的，从福尔摩斯开始，都是外国作家写的。他却说中国侦探小说最好。他认为我国古代公案小说就是侦探小说，他翻译我国古代的公案小说《狄公案》。他翻译几本就不耐烦了，自己开始写，写了好几本，可以说他为我们创立了现代侦探小说。他还做了一件中国人没有做的事情。中国一向被认为封建性很强，压迫妇女，妇女很害羞，中国一夫多妻，性生活很受压抑。他唱反调，他认为中国性生活最丰富，中国人很讲究性生活。他把中国古代的史料收集起来，写了《中国古代房内考》和《秘戏图考》两本书。

许理和，研究宗教史，特别是禅宗的研究。大家知道佛学理论里的禅宗佛经很难念，他念得比我们好。伊维德，研究白话小说，特别是古代戏曲，他研究元曲很刻苦。汉学家都有一个特点，按自己的兴趣研究，不考虑研究的东西是否以后有用，论文出来能不能发表。他们的研究很痴迷。正是这种精神，研究很投入，我们可以借鉴他们的东西。何四维，研究秦汉史，特别是法律史。最近出了很多木简，如云梦秦简，里面有法律文书，他全部翻译。

下面讲法国，法国是汉学的重镇。法国的汉学发展很早，以前传教士搞汉学不成气候。法国汉学家中比较有名的叫沙畹。以前有个匈牙利人叫斯坦因，被英国派遣到中国新疆一带考古，挖了一些简牍，就是沙畹注释的。他最有名的一本书叫《史记译注》。他最重要的作用是培养了一批人才，其中最主要的就是伯希和。斯坦因为什么不称为汉学家呢？是因为他不懂汉语，伯希和就不同，他在行。斯坦因虽然到敦煌比较早，但他拿的东西不分好坏。伯希和拿的东西很少，但样样都是精品，因为他是个行家。他拿的经卷，曾经在北京办过一个展览，被清政府知道了，后来政府下令不准经卷在外国人手中。展览时，北京很多官员都来参观，伯希和用汉语讲解敦煌经卷，王国维先生十分佩服。后来国民党中央研究院只有两个国外院士，一个是伯希和，一个是高本汉。伯希和的汉语成就很高，他的著作我就不赘述了。另外，伯希和对《尚书》也做了翻译，虽然《尚书》的译本很多，伯希和也算是一家之言。

沙畹还有个弟子——葛兰言。他的研究属于先秦史的范畴，他受法国社会学派的影响，因此他用人类学的方法研究中国古代，所以他的作品都是复原当时人类社会生活，他有些书很有名，如《古代中国之舞蹈与传说》《中国古代的节日与歌谣》。都是利用《诗经》的材料和其他的一些先秦材料来复原当时社会生活，这些都是名著。沙畹还有个弟子叫戴密微，研究宗教史。主要是汉晋佛教，曾在厦门大学教过书。

戴密微下面又出了两个大弟子，一个是侯思孟。他出生在美国，不满意美国的汉学，耶鲁大学毕业后，专心搞汉学。后来觉得法国汉学很发达就到巴黎去了，跟戴密微学。他最有兴趣的是陶渊明，他羡慕陶渊明的为人，那种“采菊东篱下，悠然见南山”的生活他非常喜欢。可是老师戴密微认为研究陶渊明要从魏晋开始。陶渊明这种清高思想不是一天形成的，有它的渊源。于是让他在阮籍和嵇康二人中先选一人进行研究，侯思孟选了作品比较多的嵇康，他的毕业论文就是研究嵇康。后来他又发现嵇康的书没有阮籍的深奥，又开始研究阮籍，他在这方面的最著名的研究成果是《嵇康的生平与思想》和《诗与政治：阮籍生活与作品》。

戴密微还有一个弟子——谢和耐，研究唐宋史。断代史是汉学家的一个重要研究方法，每个人都有一个专门的问题去研究。也有例外，伯希和是博学，上至尚书下到敦煌，跨度近两千年，也能研究，但这种天才毕竟很少。谢和耐曾经去昆明访问，我也接待过他。后来我受邀去法国访问，他也曾热情接待。巴黎第七大学有研究汉学的。谢和耐在巴黎第一大学教过书，后来去法兰西学院了。他的学问也是用社会学的方法研究唐宋时期的寺庙经济，这些东西在中国都是缺少的，我们本国人都没有多少人研究。他对科技史也很有研究，最有趣的是研究杭州，他受葛兰言社会学派的影响，复原当时社会生活，把杭州的衣食住行、人民生活情况都很生动地描绘出来了。

下面介绍法国最后一位学者，此人很年轻，叫施博尔，他一生研究道教。他的道教研究到什么程度呢？那时中国大陆不开放，他就到台湾去研究，就当道士，和道士一起生活，还起了个道号“鼎清”，全身心投入其中，最主要的著作是《道藏通检》。

下面讲讲英国。英国早期汉学是为培养翻译人员服务的。鸦片战争以前伦敦大学就开始培养汉语译员，不过水平还很低。两国建交以后，最早一批英国外交官到达北京只会说广东话，不会说北京话，水平不高。真正带有研究性汉学要从剑桥、牛津开始，牛津比剑桥早点，大约1885年开设，剑桥1888年开设。这个时期出了一批重要人物，最主要的有李雅阁，此人把儒家的经典差不多都翻译了，他最早的有一本书叫《英译七经》，现在有新的版本了，这是西方人研究汉学必读之书。他还翻译了《佛国记》。在剑桥，有一个人叫威妥玛，汉语拼音被接受以前，他研究中国字罗马拼音。这时伦敦大学就开始做研究性的汉学了，而不是实用性的，其中一个代表人物就是庄士敦，他是溥仪的老师，没有什么学术性的著作，著有《紫禁城的黄昏》。吉尔斯、韦理就不一一介绍了。

抗战时间出了个李约瑟，尽管有的人不称其为汉学家，但是他的成就很大，他编著了《中国科技史》。他非常热爱中国文化，他本来是生物化学家、院士，也是英国皇家学会会员。国际学术界承认的主要是他在生物化学方面的学术地位。他在中国有两个助手：鲁桂珍、王铃。李约瑟的太太死后两年，李约瑟再婚，娶鲁桂珍，鲁桂珍成为他的第二个太太。鲁桂珍在中国书读得很好，英文也很好，帮助李约瑟成就了伟大的事业，编著《中国科技史》。这部书的原名是《中国的科学与文明》。前面的序言、绪论，第二卷中国科学思想史、化学部分都是李约瑟写的；其他的如机械、农学等部分，谁有专长就让谁写。李约瑟觉得自己只是一个组织者，他没有全部写，一个人也不可能全部懂。关于李约瑟对科技史本身的评价，最近在《南方周末》上有一篇文章，国际上对这本书褒贬不一。大部分人都说好，特别是我们中国人，难得他把材料都集中了，省了我们很多事情，但他在评价上也有点过分拔高中国古代科技成就，包括四大发明。他之所以这样不自觉地把中国科技成就无限拔高，就在于他痴迷于道教，他在道教上太投入了。顺便说一下，外国研究道教的特别多，佛教是外来的，道教是中国的东西。这里面包括除去伦理道德以外，还有许多属于自然科学的东西，特别是化学、生态学。“天人合一”、不要过分破坏自然、人和自然结合起来，这些观点现在看来都是正确的。

《剑桥中国史》由英、美两国学者合编，美国的是费正清，英国的是崔瑞德。崔瑞德研究唐史，帮助费正清组织编写。还是要说明，哪个部分谁有专长就让谁写那个部分，而不是靠一个人的力量编一本大书。如秦汉史里的汉代对外关系就是由余英时写的。

英国还有一个汉学家，龙彼得。他是荷兰人，专门研究版本目录。他收集很多中国民俗物品，如面具等。

德国的汉学比上述几个国家差点。最早有富兰阁（Franke），此人清末在德国驻华使馆工作，他和张之洞、李鸿章都有交往。他是学梵文出身。德国的梵文是很棒的，中国史学界老前辈陈寅恪的梵文就是在德国学的。德国有个很小的大学——哥廷根大学，是德国梵文的中心。富兰阁就是在这个大学学的梵文。他学了梵文后就在东方当外交官，后来到了中国，就对中文痴迷，开始学中文。后来有个德国人去吐鲁番探险，发掘了一批文物——吐鲁番文书，这就是由富兰阁考实的。他在青岛办过学，在中国做了一些好事，他开始到汉堡大学培养翻译人才，后来自己当教授。在他以后，比较有代表的是他的儿子傅吾康，此人在香港多年，主要研究明清史和近代史，香港南洋一带有碑刻，但不多，都是年代较晚的，他收这些碑刻很有成就。德国的汉学从北方发展起来，汉堡是德国北部的一个通商口岸。后来南边也慢慢发展起来，南边汉学的基地是慕尼黑大学。慕尼黑大学里也有一个富兰阁，所以有人说德国的汉学是两个Franke平分天下，一南一北。他们有个分工，汉堡大学是专门研究明清史和近代史，而慕尼黑大学是研究中部史和边疆史。

下面介绍德国一个后起之秀。海德堡大学有个汉学家叫雷德侯，年纪不大，和我有过交往，此人研究中国书法艺术。

瑞典最早的汉学主要基地在斯德哥尔摩远东古物博物馆，是从考古开始。安特生到中国来发现仰韶文化，当过该博物馆馆长。从那以后欧美就掀起一股中国文物热。瑞典的汉学起步较晚但成就很大，有几个人对此贡献很大。有一个叫斯文赫定（他不是汉学家），他收集过很多文物，都放在博物馆，然后博物馆就出了一个杰出学者——高本汉。

高本汉，既研究中国古代音韵学、文字学，又研究中国铜器。他在博物馆编的馆刊仍然在出版，而且是研究汉学不能不查的，地位很高。它的地位仅次于《通报》。高本汉的很多文章都发表在这个馆刊上，我们现在研究中国铜器也要查高本汉的书。在高本汉以后，比较有名的是马悦然，他是高本汉的学生，是诺贝尔文学奖的18位终身评委之一，深谙中国文化，精通汉语。

最早的美国汉学是在中部发展起来的，芝加哥大学里面有个人物叫劳弗尔，他是最早研究中国玉器的，他通晓的语言很多，他写的《中国伊朗》就是研究中西交通的。他把汽油、矿物、船舶都研究得很清楚，此人1934年去世。后来芝加哥大学又出了个人物叫顾立雅，研究政治制度，留下不少著作。哈佛大学研究中国比较早，它下面有好几个单位研究中国。最有名的是哈佛燕京学社，培养了很多人才。更重要的是哈佛燕京图书馆，我认为哈佛燕京图书馆是全世界收藏中国图书从古代到近代最丰富、最全面，也是最便于利用的。另外，哈佛大学的东亚系也是汉学中心。最有名的学者就是费正清。他在重庆当外交官，主要研究近代史，主要作品《美国与中国》。这本书主要讲中国的外交关系。他的毕业论文是讲中国海关。他研究中国近现代史主要是外交史，最主要的成就还是后来与英国学者崔瑞德合编的《剑桥中国史》。我认为《剑桥中国史》的价值不亚于李约瑟的《中国科技史》，外界对费正清的评价也是褒贬不一。

耶鲁大学是美国研究汉学最早的，但成就不多。它是最早接受中国研究生的大学。容闳是中国第一个留学生。他回国以后，带着满腹新主张希望富国强兵，找太平天国的王要求采纳建议，结果不被接受，后来又找李鸿章，也不同意。清朝没有因为他与太平天国有联系而怪罪他，还给容闳一个职务，让他做留学生副督办。中国派遣留学生的主意就是他出的。他最大的贡献就是最早提出留学的主张，没有他就没有留学制度。

伯克利加州大学吉德炜创办了《古代中国》。吉德炜很了不起，他撰写的《商代史料》专门介绍甲骨文，他把所有的甲骨文知识用英文写成一本书，西方人要了解甲骨文就要看这本书。

最后讲宾夕法尼亚大学的汉学。这里的汉学也过一些人才，最主要的是卜德，他是冯友兰的助教。他解放前期在中国留学，后来留下当助教，回国后把冯友兰的《中国哲学史》翻译成英文。卜德主要研究中国哲学，成名著作是《中国的第一次统一》，讲秦始皇的。

宾夕法尼亚大学还有一位汉学家叫席文。他是国外研究中国科技史的第二号人物，是美国的第一人。写了一部《东亚的科学与技术》，范围更广。他懂得日文，研究医药，他家有个院子，种很多草药。他的书没有翻译成中文，其价值不在李约瑟成就之下。

刚才讲到的都是美国传统的发达地区东海岸，西海岸有个华盛顿大学，它在西雅图，收藏的中文古籍十分丰富，尤其是收集我国西南地区的地方志之全可谓世界第一，值得注意。

关于材料上的刊物说明一点，名单最后一项的《华西边疆研究学会杂志》严格来说不能算是汉学刊物。为什么要写在上面呢？因为这是抗战时期办的，地点在重庆[①]，虽然办的时间很短，但上面的文档都是与西南有关的，可以查考，但严格来说不能算汉学刊物，它是在中国出版的。

我这里介绍的汉学家都是比较成名的，比较老的。最近出了很多新人，由于时间关系没讲。总的来说汉学家人才辈出，比如说英国有个学者艾兰研究甲骨文很有成绩。

四、如何正确看待欧美汉学

要反对两种倾向，一种是反对盲目崇拜。汉学家的看法也不一定对，我们不能把政治人物神化，也不要把学术人物神化。第二种是反对盲目自大。可能汉学家们的口语说得不如我们流利，可是他们研究古文的能力我们不一定比得上。他们确实钻得深。汉学家有几个特点注定他们的成果值得我们重视。一是他们几十年全身心地投入研究，没有外界干扰。二是他们有全球的视野，研究中国的东西不是就中国论中国，而从全世界的角度，并且和其他学科联系起来看。比如他们研究道教就觉得中间有很多生态学的原理，有很多中国人对待自然的态度。所以我们对待汉学应当和对待其他文化一样，应持平视的态度，汉学也是世界文化遗产之一，我们对待汉学也应当像对待世界所有文化一样，学习继承它，汉学家的成果我们要不遗余力地收集和利用。

Sinology in Europe and the United States

Wang Ningsheng

Abstract: This paper makes an in-depth discussion on the concepts and the definition of Sinology and Sinologists. Combined the history of Chinese and foreign relations, the author also made an objective and meticulous narrative of the development of western Sinology. Based on experience of connecting with some well-known Sinologist, the author also made a detailed introduction and objective evaluation to the western Sinology institutions and publications.

Keywords: Europe, the United States, Sinology, Sinologist, Sinology Organization, Sinology Journal

① 此处可能是汪先生口误，《华西边疆研究学会杂志》是原华西协合大学古物博物馆内华西边疆研究学会的会刊，地点是成都。

附表　欧美的部分汉学机构、刊物和汉学家名录

国家	汉学机构	汉学刊物	汉学家
荷兰	莱顿大学汉学研究所	*T'oung Pao* 通报	R. H. Van Gulik 高罗佩 Erik Zürcher 许理和 Wilt Idema 伊维德 A. F. P. Hulsewe 何四维
法国	法兰西学院汉学研究所 巴黎第七大学 吉美博物馆	*Bulletin de l'Ecole Francaise d'Extreme Orient*（*BEFEO*）法国远东学院院刊 Arts Asiatiques 亚洲艺术	Edouard Chavannes 沙畹 Henri Maspero 马伯乐 Paul Pelliot 伯希和 P. M. Granet 葛兰言 Paul Demiéville 戴密微 Donald Holzman 侯思孟 Jacques Gernet 谢和耐 K. Schipper 施博尔
英国	牛津大学 剑桥大学 伦敦大学亚非学院 大英图书馆和大英博物馆	*Journal of the North China Branch of the Royal Asiatic Society*（*JNCBRAS*）皇家亚洲学会北中国分会杂志 *Journal of the Royal Asiatic Society of Great Britain and Ireland*（*JRAS*）皇家亚洲学会杂志 *Bulletin of the School of Oriental and African Studies*（*BSOAS*）亚非学院院刊 *China Quarterly* 中国季刊	James Legge 李雅阁 Thomas T. Wade 威妥玛 R. Johnston 庄士敦 H. A. Giles 吉尔斯 A. Waley 韦理 Joseph Needham 李约瑟 D. E. Pollard 蒲罗德 W. Wasfon 华森 Piet van der Loon 龙彼得 Michael Loewe 鲁维一 Denis C. Twitchett 崔瑞德 Glen Dudbridge 杜德桥
德国	汉堡大学 慕尼黑大学 海德堡大学	*Monumenta Serica* 华裔学志	Otto Franke 富兰阁 Wolfgang Franke 傅吾康 Herbert Franke 富兰阁 Lothar Ledderose 雷德侯
瑞典	斯德哥尔摩远东古物博物馆 斯德哥尔摩大学	*Bulletin of the Museum of Far Eastern Antiquities*（*BMFEA*）远东古物博物馆馆刊	Bernhard Karlgren 高本汉 Göran Malmqvist 马悦然
美国	芝加哥大学 哈佛大学 哥伦比亚大学 耶鲁大学 普林斯顿大学 宾夕法尼亚大学 伯克利加州大学 华盛顿大学	*Journal of the American Oriental Society*（*JAOS*）美国东方学会杂志 *Journal of the Asian Studies*（*JAS*）亚洲研究杂志 *Early China* 早期中国	B. Laufer 劳弗尔 H. G. Greel 顾立雅 J. K. Fairbank 费正清 David N. Keightley 吉德炜 N.Sivin 席文 Derk Bodde 卜德

（据汪宁生先生演讲材料整理）

（责任编辑：周静）

试论宝墩文化的源头

何锟宇

（成都文物考古研究所）

摘要：20世纪90年代以来，成都平原发现了新津宝墩、郫县古城、都江堰芒城等一系列龙山时代的城址，并将以其为代表的史前文化遗存命名为宝墩文化。近年来，新津宝墩外城、什邡桂圆桥遗址、新发现的川西北史前文化遗存为探讨宝墩文化的来源提供了有力线索。本文拟从陶器谱系、挖壕筑城技术、生业方式等几方面来对宝墩文化的来源进行探讨，认为宝墩文化当主要源自川西北以姜维城、营盘山遗址为代表的马家窑类型以及稍晚的下关子遗存，又吸收了来自长江中游的挖壕筑城、水稻种植技术，以及四川盆地东部峡江地区的一些文化因素。

关键词：宝墩文化　陶器谱系　挖壕筑城技术　生业方式　文化来源

20世纪90年代以来，成都平原新发现了新津宝墩、郫县古城、都江堰芒城等一系列史前时代晚期的古城。这些城址已经做了不同程度的发掘，对其文化性质、年代等有了基本的认识，将其文化命名为“宝墩文化”，分为四期7段，绝对年代大约在距今4500—3700年[1]。其中，新津宝墩遗址是宝墩文化聚落中时代最早、面积最大的一处典型聚落，跨宝墩文化一、二期[2]。2009年又发现了面积约276万平方米的外城，大致呈圆角长方形，外城方向与内城一致，大约北偏东45°，长约2000米，宽约1500米，城墙周长近6.2千米[3]。宝墩遗址外城的发现对于探索宝墩文化时期的聚落形态、社会结构与社会复杂化程度具有十分重要的意义。同时，近年汶川姜维城[4]、茂县营盘山[5]、茂县沙乌都[6]、茂县下关子[7]遗址，特别是什邡桂圆桥遗址[8]的发现，使宝墩文化的源头渐趋明朗，学界也有所讨论[9]。基于前人的研究成果及近年的考古新发现，本文拟从陶器谱系、挖壕筑城技术、生业方式等方面对成都平原宝墩文化的来源做系统的梳理，不妥之处，望批评指正。

目前，在成都平原发现的早于宝墩文化的是桂圆桥遗址一期的新石器时代文化遗存，该遗址位于四川省什邡市东郊回澜镇玉皇村二、三组，2009年四川省文物考古研究院等单位联合对遗址进行了大规模的抢救性发掘[10]。《桂圆桥遗址与成都平原新石器文化发展脉络》[11]（后文简称《脉络》）介绍在遗址的北区第4层发现有2件退化重唇口瓶（图一，1、2），其层位相当于南区中部第6层，我们将这2件退化重唇口瓶称为A组器物。从《四川什邡桂圆桥新石器时代遗址发掘简报》[12]（后文简称《简

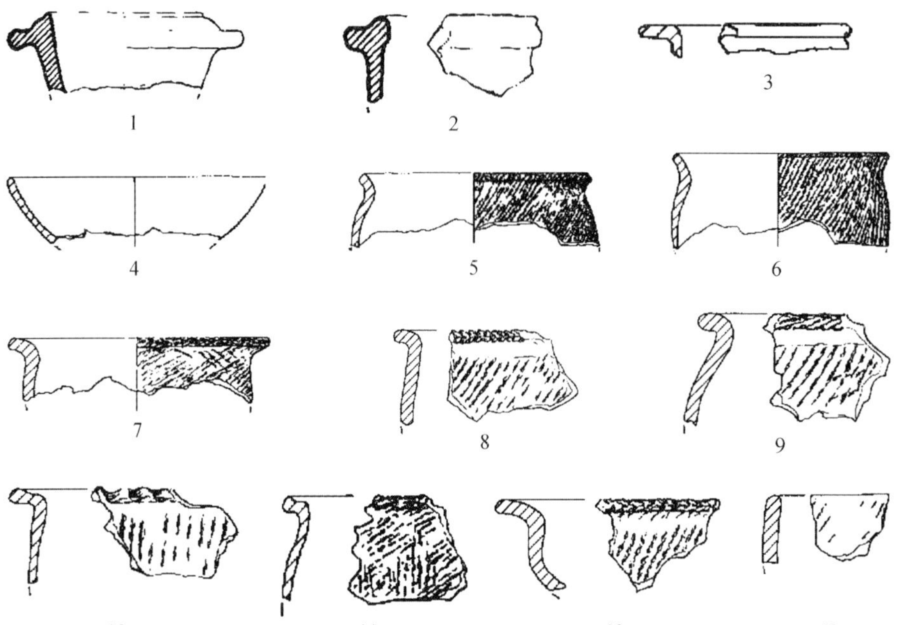

图一　桂圆桥遗址一期出土器物

1. A型瓶（TN07E08④：3）　2. B型瓶（TN07E08④：10）　3. 折沿盆（H20：61）　4. 钵（H20：52）　5. Aa型侈口罐（H20：27）　6. Ab型侈口罐（H20：31）　7. B型侈口罐（H20：19）　8. Aa型敛口罐（H20：38）　9. Ab型敛口罐（H20：44）　10. Ba型敛口罐（H20：34）　11. Bb型敛口罐（H20：55）　12. 盆（H20：18）　13. 直口缸（H20：60）

报》）的介绍来看，在遗址南区，有一组清楚的层位关系，即⑤→H20、F1，但并未交代H20是直接打破生土或第6层，也不清楚第6层下是否还有其他地层单位，为了讨论方便，我们将H20出土的器物称为B组（图一，3—13）。另外，《简报》中第二期、第三期以及《脉络》中H77的器物群明显属于成都平原的宝墩文化，之间略有早晚，但为保持宝墩文化器物群的完整性，我们暂将其归入C组，主要包括有喇叭口高领罐、宽沿平底尊、绳纹花边罐、长颈罐、敞口圈足尊、盘口圈足尊等（图二）。

A组中的A型瓶（图一，1）与姜维城（图三，5）、营盘山遗址（图四，9）出土的A型瓶相同，B型瓶（图一，2）同见于姜维城（图三，2）、营盘山遗址（图四，10），因此，A组器物群所处的时代与营盘山、姜维城遗址新石器时代遗存大体一致。

B组器物群中折沿盆（图一，3）见于姜维城（图三，3）、营盘山遗址（图四，5）以及大李家坪遗址第三期（图三，13）[13]。红陶钵（图一，4）更是岷江上游马家窑类型常见的器形（图三，12）。Aa型、Ab型侈口罐（图一，5、6）在岷江上游、白龙江上游大李家坪遗址第三期均是大宗器类，且在大李家坪遗址第三期更有清楚层位关系表明Aa型早于Ab型，即为大李家坪第三期的BaⅠ式、BaⅡ式夹砂侈口罐。B型侈口罐为直腹（图一，7），多见于岷江上游营盘山（图四，1）、姜维城（图三，

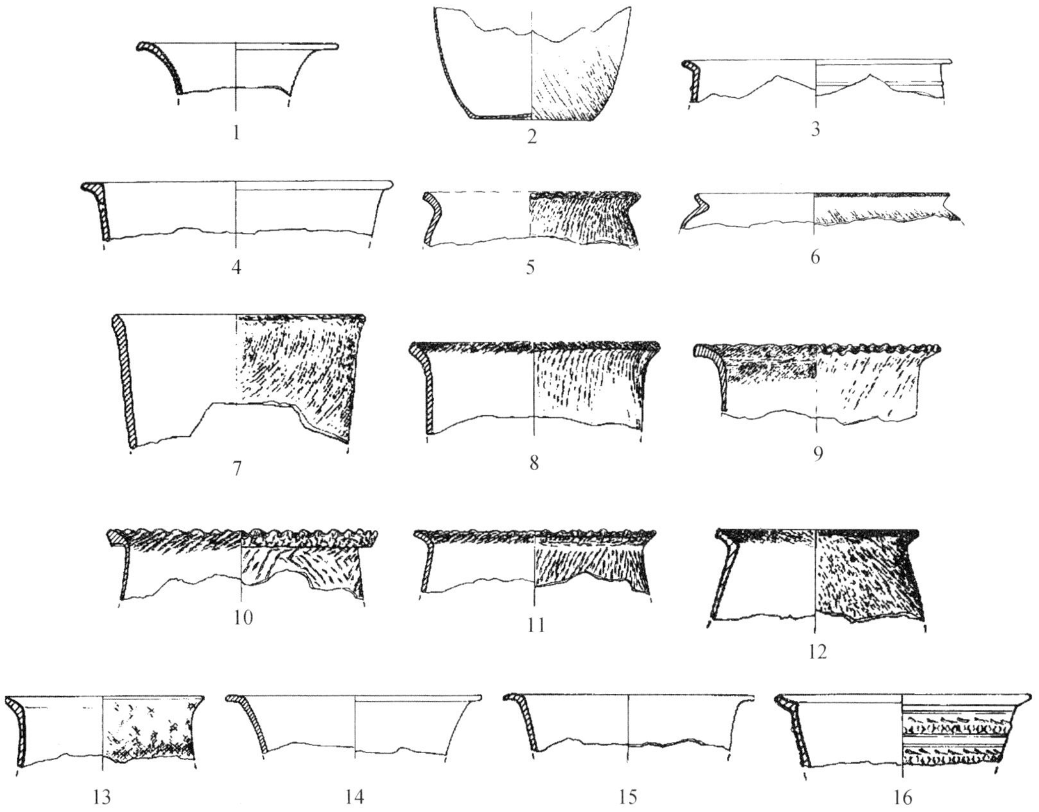

图二 桂圆桥遗址二期出土器物

1. 喇叭口高领罐（T12⑤：9） 2. 器底（F1：3） 3. B型宽沿平底尊（H29：8） 4. A型宽沿平底尊（H29：5） 5、6. A型绳纹花边罐（H77：1、H29：4） 7. Ba型绳纹花边罐（F1：1） 8、9. Bb型绳纹花边罐（F1：2、H77：4） 10—12. C型绳纹花边罐（T12⑤：13、T11⑤：6、T12⑤：10） 13. 长颈罐（H29：33） 14. A型敞口圈足尊（F1：5） 15. B型敞口圈足尊（T11⑤：3） 16. 盘口圈足尊（H29：31）

7、8）遗址。Aa型敛口罐（图一，8）见于大李家坪第三期（图三，14），Ab型敛口罐（图一，9）见于营盘山（图四，3）和大李家坪第三期（图三，15）。Ba型敛口罐（图一，10）见于营盘山遗址（图四，6），Bb型敛口罐（图一，11）在营盘山遗址也有相同器形（图四，2），这类罐《简报》称盘口罐，但这种盘口非常浅，笔者疑其是在平沿唇部压印绳纹花边的过程中形成的，并非刻意为之。直口缸（图一，13）与姜维城遗址的缸（图三，6）相同，盆（图一，12）与营盘山遗址出土的盆（图四，4）基本一致。综上，我们可以看到桂圆桥遗址B组器物群基本见于岷江上游姜维城、营盘山遗址以及白龙江上游大李家坪遗址第三期等马家窑类型新石器时代遗存，并不存在一个独具特色的器物群。但是，桂圆桥遗址的B组器物群与前三个遗址也有明显差异，如泥质陶中不见高领罐、缸、壶、带嘴锅、碗等，盆、钵也少见，不见彩陶器；纹饰中不流行弦断绳纹、附加堆纹、太阳纹、瓦棱纹以及黑色磨光陶衣装饰。夹砂陶器中不见甑、各种小罐以及圈足器，也不流行乳丁纹，这可能与发掘面积有限，器物群不

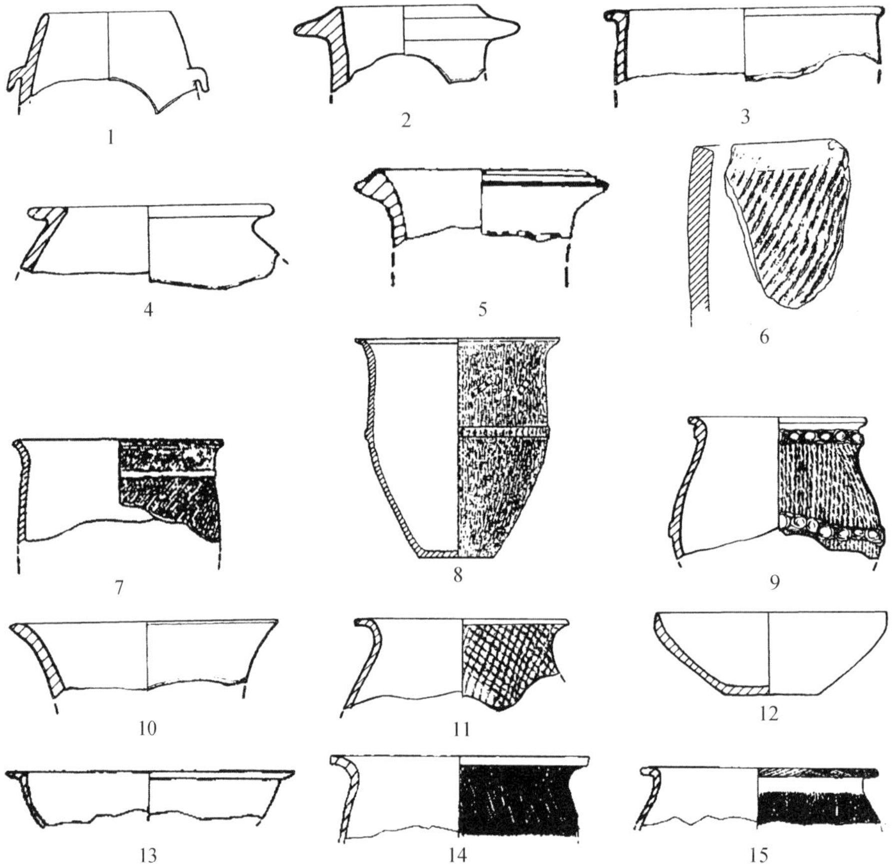

图三　姜维城、大李家坪遗址出土器物

1. 敛口瓮（00SWJT0104⑧：41）　2、5. 瓶（00SWJT0104⑧：22、03ⅡT0105⑳：18）
3. 盆（00SWJT0104⑧：37）　4、14、15. 敛口罐（00SWJT0104⑩：8、MT5采集：2、MH33：15）
6. 直口缸（03SWJIT0105⑲B：6）　7、8. 侈口直腹罐（03SWJH30：52、03SWJH10：4）　9、11. 束颈罐（00SWJT0104⑤：5、00SWJT0104⑧：26）　10. 高领罐（00SWJT0104⑩：28）　12. 钵（00SWJT0104⑨：45）
13. 折沿盆（MH33：5）（1—4、9—12为2000年姜维城遗址发掘出土，5—8为2003年姜维城遗址发掘出土，13—15为大李家坪遗址第三期出土）

够完整有关，抑或是地域、环境等差异所造成的。笔者认为，若桂圆桥遗址B组器物群与A组退化重唇口瓶是共时关系，则以A组、B组器物群为代表的史前文化遗存其文化性质归属于马家窑类型或仰韶文化晚期遗存的较晚阶段无疑，但在没有确切层位关系的情况下，将其作为时代早晚的差异来考察更合适，即A组早于B组，分别代表桂圆桥遗址一期的早、晚二段。《脉络》一文提供的桂圆桥遗址一期（本文的一期晚段）年代为5000—4600B.P.[14]，而营盘山遗址2000年试掘时曾采集木炭标本送北京大学考古文博学院加速器质谱实验室进行测试，有2个碳十四年代测试数据，分别是BA03280（2000SMYT10H8）：4390±60aB.P.和BA03281（2000T12⑥）：4170±60aB.P.[15]。2003年发掘采集的木炭标本经中国社会科学院考古研究所测出了3个碳十四测年数据：4416±31、4274±31和4419±32aB.P.，经树轮校正后大体为4881—3100aB.P.[16]。桂

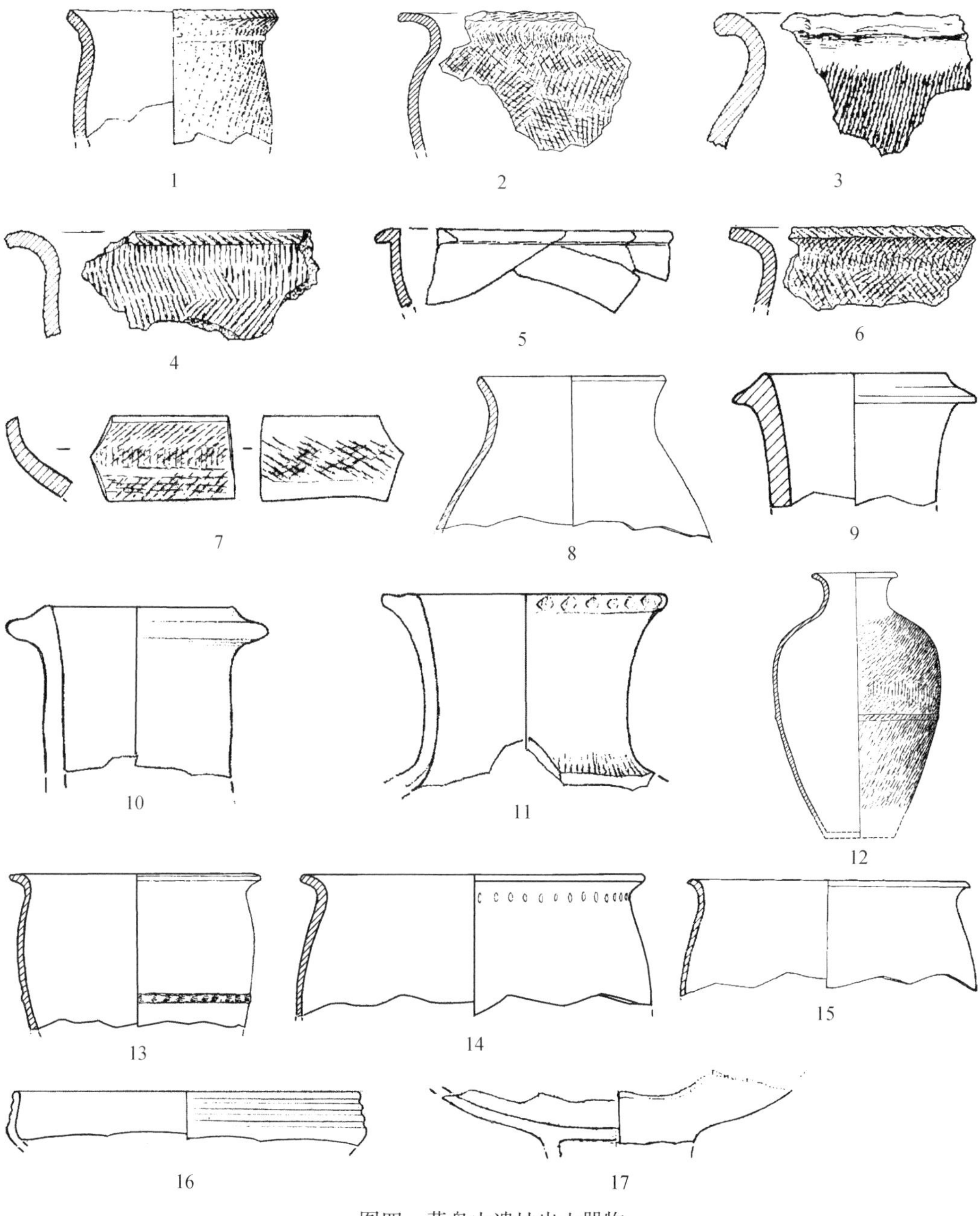

图四　营盘山遗址出土器物

1. 侈口直腹罐（00H3：5）　2、3、6. 敛口罐（00G1：1、00H5：1、00H14：1）　4、5. 盆（00T6③：35、00H8：70）　7. 盘（02H46：39）　8. 壶（02H12：10）　9、10. 瓶（03H36：21、04H14：19）　11、12. 高领罐（03H58：6、03H30：3）　13—15. 缸（02H32：4、02H28：14、02H9：2）　16. 折腹盆（03H48：194）　17. 豆（03T30④B：10）

（1—7为2000年出土，8、13—15为2002年出土，9、11、12、16、17为2003年出土，10为2004年出土）

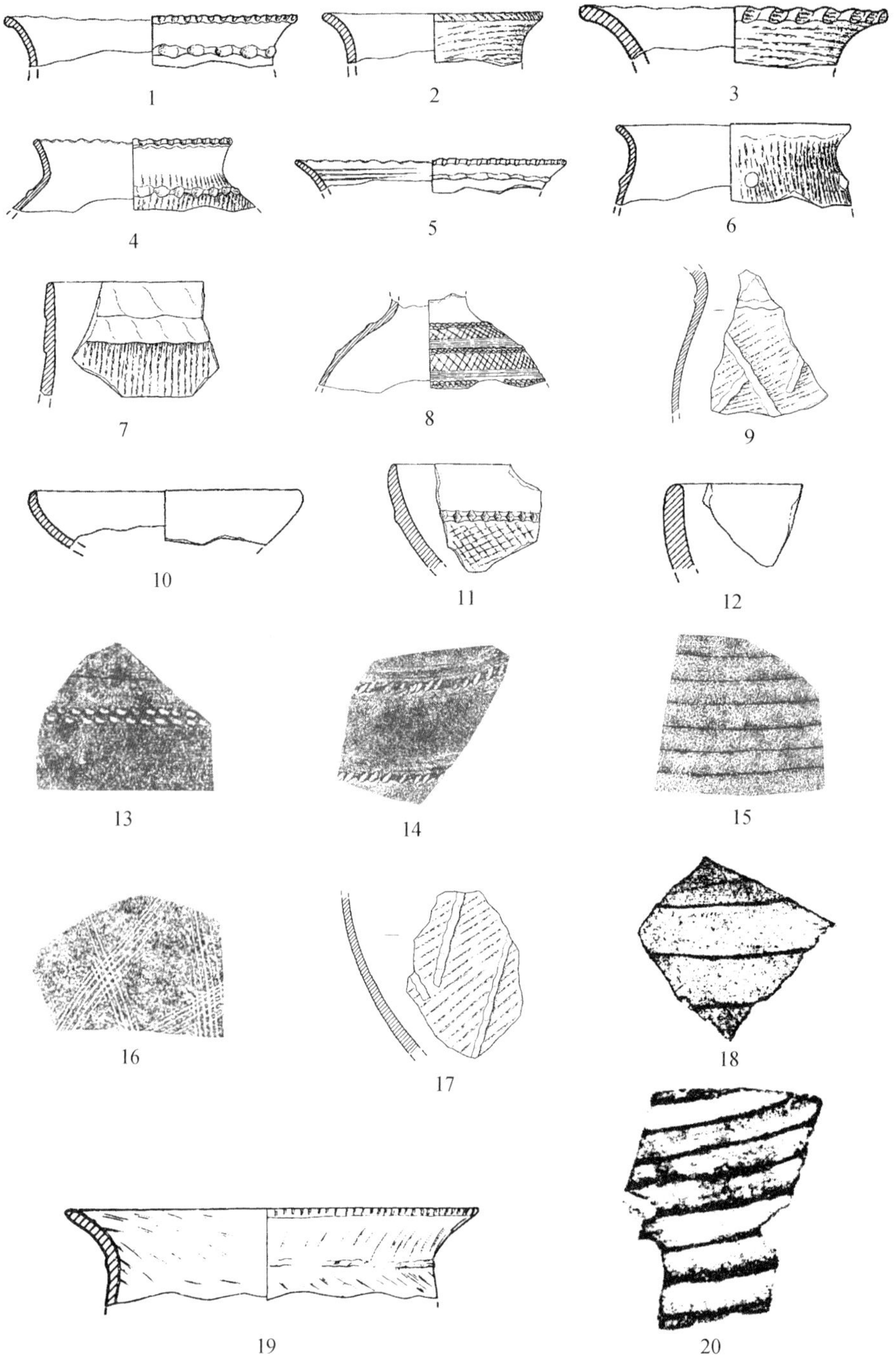

图五　下关子、沙乌都遗址出土器物

1、2、3、5、19. 侈口罐（T1④：56、T1④：82、T1④：36、T1③：5、H1：2）　4. 鼓腹罐（T1④：20）　6. 小罐（T1④：81）　7. 直口罐（T1④：32）　8. 喇叭口壶形器（T1④：67）　9、17. 附加堆纹（T1④：18、T1④：21）　10. 敛口钵（T1④：46）　11. 深腹钵（T1③：31）　12. 敞口钵（T1④：111）　13. 戳印纹（T1④：58）　14. 附加泥条戳印纹（T1④：47）　15、18、20. 瓦棱纹（T1④：49、H1：13、H1：7）　16. 细线纹（T1④：61）（18—20为沙乌都遗址出土，其余为下关子遗址出土）

圆桥一期晚段的年代范围与营盘山遗址测年有一定的重合，主要集中在4800—5000a B.P.。因此，笔者认为桂圆桥遗址一期新石器时代遗存的文化属性是可以讨论的，目前暂不宜将其命名为新的文化或类型，归属于以姜维城、营盘山遗址为代表的川西北马家窑类型或仰韶文化晚期遗存似乎更合适。

C组器类基本见于成都平原的宝墩文化中，依据《简报》的层位关系和分期，我们将C组器物群所代表的史前文化遗存划分为桂圆桥新石器时代遗存的第二期遗存，其中《简报》的二期为本文的二期早段，《简报》的三期为本文的二期晚段。宝墩遗址一期出土的器类丰富，其中泥质陶器类有喇叭口高领罐、壶、宽沿平底尊、筒形罐、敛口罐、宽沿盆、豆、腰沿器、器盖等；夹砂陶器类有绳纹花边罐、敞口圈足尊、盘口圈足尊、高领器、敛口罐等；石器有斧、锛、凿、刀、矛、箭镞等。桂圆桥二期出土器物在宝墩文化中基本都能见到，如桂圆桥二期泥质陶器中的喇叭口高领罐（图二，1）最早见于宝墩遗址第8层[17]（图六，5），A型宽沿平底尊（图二，4）见于宝墩遗址第7层（图六，11），B型宽沿平底尊（图二，3）比A型出现得晚，见于宝墩遗址第5层（图六，4）。夹砂陶器中A型绳纹花边罐（图二，5、6）、C型绳纹花边罐（图二，10—12）同见于宝墩文化，其中A型与桂圆桥一期晚段的A型侈口罐当有渊源关系。Ba型绳纹花边罐（图二，7）为折沿，与宝墩遗址第7层出土的绳纹花边罐（图六，7）相同，当源于姜维城遗址（图三，7）；Bb型绳纹花边罐（图二，8、9）为卷沿，与宝墩遗址第6层（图六，2）的相似，这类直腹绳纹花边罐与营盘山（图四，1）、姜维城遗址（图三，8）、桂圆桥一期（图一，7）的侈口直腹罐一脉相承。A型敞口圈足尊（图二，14）与宝墩遗址第8层的敞口圈足尊（图六，1）形制及制法基本一致，B型敞口圈足尊（图二，15）见于宝墩遗址第7层（图六，6），盘口圈足尊（图二，16）同见于宝墩遗址第7层（图六，10）。敞口圈足尊、盘口圈足尊均为夹砂陶，内壁均施黑色陶衣，且多经磨光，这种渗碳工艺同见于部分绳纹花边罐。总体看来，桂圆桥遗址发现的二期文化遗存早段与宝墩文化一期相当，二期文化遗存晚段相当于宝墩文化二、三期。

由于桂圆桥遗址保存不好，出土器物种类也不够丰富，我们需要从更宏观的范围来对宝墩文化的源头进行考察，有研究者早已指出成都平原的宝墩文化与川西北马家窑类型之间存在关系[18]。诚然，宝墩文化中有大量的喇叭口高领罐，当与川西北马家窑类型的高领罐一脉相承（图四，12）；宝墩文化中的壶也当由营盘山的壶发展而来（图四，8），这种壶也见于哨棚嘴1999年一期晚段（图七，4）[19]。另外，宝墩文化泥质陶中的磨光黑皮装饰、瓦棱纹装饰在营盘山、姜维城遗址中亦较常见。

但是，宝墩文化的器物群与川西北马家窑类型的器物群间的差异更明显，泥质陶中大部分器类如宽沿平底尊、筒形罐、敛口罐、宽沿盆、圈足盘、圈足豆、腰沿器，不论是在桂圆桥遗址，还是岷江上游的营盘山、姜维城遗址均没有痕迹。圈足豆虽然在营盘山遗址有孤例（图四，17），但与宝墩文化的圈足豆不论形制还是制法均有差异，因此，宝墩文化遗址的圈足豆、圈足盘当另有源头。

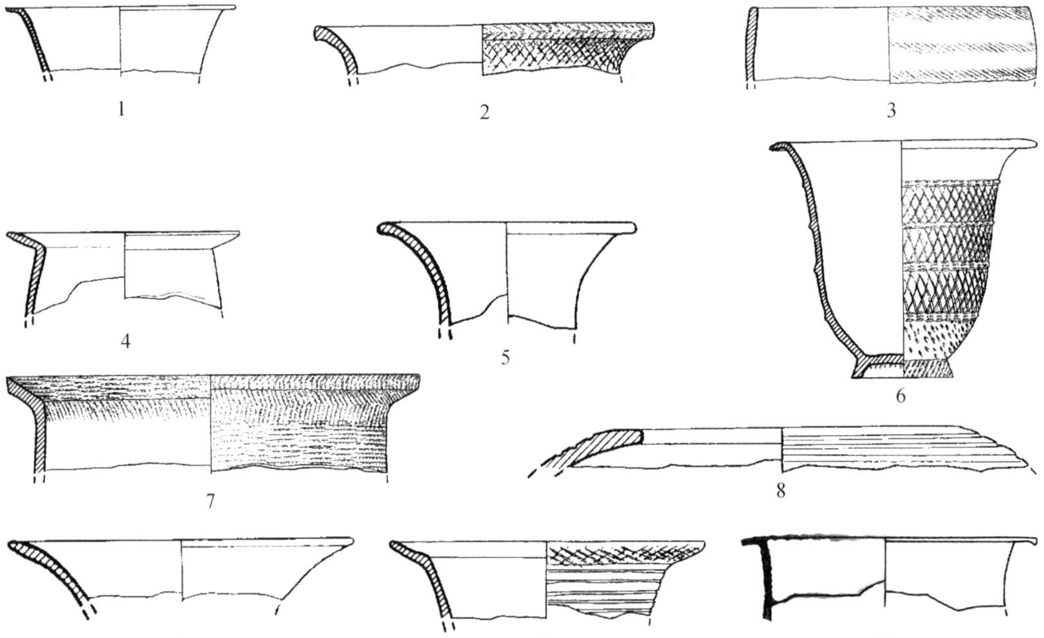

图六　宝墩遗址出土陶器

1、6. 敞口圈足尊（ⅢT2130⑧：92、ⅢT2130⑦：128）　2、7. 绳纹花边罐（ⅢT2129⑥：38、ⅢT2130⑦：129）　3. 缸（ⅢTG1Q4：2）　4、11. 宽沿平底尊（ⅢT1929⑤：5、ⅢT2130⑦：49）　5、9. 喇叭口高领罐（ⅢT1929⑧：126、ⅢT1929⑧：126）　8. 瓮（ⅢT1930⑥：42）　10. 盘口圈足尊（ⅢT1929⑦：76）（均为宝墩遗址1996年出土）

同样，夹砂陶器类中新出现的盘口圈足尊、敞口圈足尊在川西北马家窑类型中找不到任何痕迹。宝墩文化虽然也流行绳纹花边罐和少量圈足器、直口缸等，但与川西北马家窑类型的差别还是很明显的。以绳纹花边罐为例，姜维城、营盘山遗址、桂圆桥一期的夹砂陶均羼杂较多的石英、片岩、板岩碎块，且颗粒较大，而宝墩文化的颗粒较小，且多为砂粒，少见石英、片岩、板岩碎块。这一差异很可能是因为川西北地区有这类基岩在山坡或陡坎露出，易于取得作为羼和料，而宝墩文化则主要分布于下游的冲积平原，少有基岩露出；另外宝墩文化夹砂陶中的敞口圈足尊、盘口圈足尊和部分绳纹花边罐内壁多施磨光陶衣及渗碳工艺，羼杂过大的颗粒或要影响这些工艺的效果。川西北马家窑类型的绳纹花边罐颈部、腹部常饰箍带纹及斜向附加堆纹，而宝墩文化中则非常少见，箍带纹及斜向附加堆纹除了有装饰效果外，当与掩盖器身接痕、起加固作用有关。营盘山遗址出土的夹砂陶圈足均较矮，器表多饰绳纹，而宝墩文化的圈足则较高，且流行镂空等装饰。桂圆桥一期晚段的直口缸也见于宝墩遗址（图六，3），口部均为素面，但近年我们发现多件直口缸口部均饰绳纹装饰[20]。宝墩遗址出土的敛口瓮（图六，8）为多泥质黑皮陶，肩部饰瓦棱纹，而姜维城（图三，1）、营盘山遗址的则多为泥质灰陶或褐陶，肩部饰对称的鸟喙状扳，在仰韶晚期遗存中常见。另外，我们在整理营盘山遗址的过程中，发现1件夹砂褐陶盘（图四，7），器内壁施陶衣渗碳，烧成后乌黑发亮，与宝墩文化盘口圈足尊的盘略有相似之处。

茂县下关子遗存的发现加深了宝墩文化与川西北马家窑类型之间的关系。下关子遗址位于阿坝州茂县光明乡涪江一级支流土门河北岸三级台地之上，发掘者认为，以下关子遗址为代表的四川盆地西北缘地区龙山时代考古学遗存与成都平原的宝墩文化之间关系较为密切，应属于同一文化系统[21]。诚然，下关子遗址出土陶器中的喇叭口壶形器、长颈鼓腹罐、绳纹花边罐等与宝墩遗址有很多的相同之处，特别是泥质陶中的点状戳印纹、附加泥条戳印纹、瓦棱纹、细线纹四种纹饰与宝墩文化早期的同类纹饰完全一致（图五，13—16）。因此可知，宝墩文化的主要源头之一当来自川西北地区。但是，笔者认为下关子遗存文化当早于宝墩文化，两者属于不同的考古学文化，是川西北马家窑类型向成都平原宝墩文化的过渡类型，原因是：在下关子遗存中保留了相当部分川西北马家窑类型中的文化因素。例如，下关子遗址的绳纹花边罐在颈部多饰附加堆纹一周（图五，1、5），小罐肩部饰乳丁纹（图五，6），小口罐腹部饰斜向绳纹及斜向泥条附加堆纹（图五，9、17），器类中直口罐、敛口钵、深腹钵不见于宝墩文化（图五，7、10、11），而这些特征恰似姜维城、营盘山遗址新石器时代文化的特征，其年代比桂圆桥一期晚段稍晚。另外，在岷江上游与营盘山遗址隔河相望的沙乌都遗址，出土陶器不见营盘山遗址的彩陶和细泥红褐陶等，大量文化因素与岷江下游的宝墩文化相似，发掘者将之命名为“沙乌都遗存”，年代距今4500年左右。并认为，沙乌都遗存在夹砂褐陶及泥质灰陶系方面、装饰绳纹及纹唇风格等方面也延续发展了营盘山遗存的文化因素，更多地表现出浓郁的本地文化特色[22]。笔者认为，沙乌都遗存继承了营盘山遗址大量的文化因素，如侈口罐（图五，19）与D型罐相似，仅唇部由方唇变为尖圆唇；瓦棱纹也较常见，不仅继承了营盘山窄的瓦棱纹（图五，15、20），还出现了较宽的瓦棱纹（图五，18）；喇叭口壶形器也当是由营盘山遗址常见的壶发展而来；绳纹和锯齿状花边也被沙乌都遗存继承[23]。而这些文化因素又均较多地出现在宝墩文化中，故有的学者认为宝墩文化与营盘山遗址有相当密切的关系[24]。基于目前的考古发现，我们认为以姜维城、营盘山遗址为代表的马家窑类型、下关子遗存以及沙乌都遗存是连续发展的三个阶段，代表了川西北地区5100—4000aB.P.的史前文化序列，其中以下关子遗址为代表的史前遗存当是沙乌都遗存和成都平原宝墩文化的直接源头。

在宝墩文化的形成过程中，也吸收了四川盆地东部峡江地区的一些文化因素。在四川盆地东部的峡江地区，与川西北马家窑类型时代相当的为哨棚嘴一期文化、哨棚嘴二期文化，而与宝墩文化一期相当的大致为哨棚嘴三期文化的早段[25]，它们之间的年代关系从两地出土的陶器形制比较可以判定。我们先看泥质陶方面，川西北姜维城、营盘山及桂圆桥一期早段的退化重唇口瓶在峡江地区的哨棚嘴一期文化中也有少量发现（图七，2、16），但器型较大，肩部较鼓，多称为高领瓮或壶，时代当与之相近。营盘山遗址出土的侈口壶（图四，8）、喇叭口高领罐（图四，12）、卷沿缸（图四，14、15）、折沿缸（图四，13）、敞口钵、敛口钵、折腹盆也分别见于哨棚嘴一期、二期文化（图七，4、1、12、3、9、10、11）。另外，营盘山遗址出土的折腹钵（图四，16）、圈足豆（图四，17）则当是受仰韶文化晚期遗存的影响，如敛口折腹钵主要见于渭河盆地以西的仰韶文化晚期遗存，如铜川李家沟第三期有少量发现[26]，又如豆见于甘肃东乡林家遗址[27]。哨棚嘴二期文化中开始出现泥质黑皮陶的盘口器（图七，14）和豆盘（图七，15），而营盘山遗址的盘口器为夹砂陶，内壁施陶衣并渗碳，两地的差异较大。夹砂陶方面，均流行花边口侈口罐，有直腹、弧腹、鼓腹多种（图七，5—8）。纹饰方面，这两个地区均喜做绳纹花边装饰，流行菱格纹、戳印纹、箍带纹，也有少量乳丁纹、太阳纹、弦断绳纹等。陶器方面最大的差异在于三峡地区这一时期不盛行彩陶装饰，而川西北地区发展到桂圆桥一期晚段、下关子遗存时也不见彩陶装饰了，这说明两者的年代当与哨棚嘴二期文化相当或有部分重合。至于宝墩文化与哨棚嘴三期文化之间的关系则早被研究者们注意到[28]，两者年代相当或哨棚嘴三期文化上限稍早[29]。笔者认为哨棚嘴三期文化较二期有了很大的变化，新出现了不少器类，如卷沿垂腹罐（图七，17）、折盘口罐（图七，18）、折沿盆（图七，19）、平底尊形器（图七，20）等。纹饰方面也有较大的变化，先前流行的太阳纹、弦断绳纹、乳丁纹基本不见，而水波纹、磨光泥质陶开始大量出现。值得注意的是，新出现的折盘口罐在苏和坪、玉溪坪、哨棚嘴等多个遗址基本同时出现，与成都平原宝墩文化出现的盘口圈足尊时间大体相同，但两者底部差异很大，哨棚嘴三期文化的为平底器，而宝墩文化的盘口尊为圈足器。我们认为宝墩文化中的盘口圈足尊或是受到了来自哨棚嘴二期文化中盘口器、哨棚嘴三期文化中折盘口罐的影响。另外，宝墩文化的宽沿平底尊抑或与哨棚嘴三期文化的平底尊形器有渊源关系。

当然，成都平原的宝墩文化较之川西北高原的史前文化，出现了大量的新的文化因素，其中最为重要的当是生业方式的转变，生业方式的考察我们主要是从近年的动物考古、植物考古成果方面来着手的。

目前，成都平原各宝墩文化时期的遗址出土的动物骨骼非常少且破碎，这一时期先民获取肉食资源的方式并不明朗。而位于成都平原西北的营盘山遗址出土的动物种类比较丰富，有猪、狗、黄牛、羊、水鹿、斑鹿、麂、斑羚、黑熊、兔子、竹鼠、龟鳖类、蚌类、鱼类和鸟类等，说明当时遗址周围植被浓密，水域宽广，动物资源丰富，为先民提供了良好的生活环境。通过对可鉴定标本数、最小个体数、家畜年龄结构、骨骼重量及肉量估算等统计分析，我们认为猪是人们饲养的稳定的肉食来源，而且猪的年龄都相对较小，由此可推知当时人们食用猪肉的情况；狗的数量少，应该不是以食肉为畜养目的，很可能是作为狩猎的伴侣；黄牛数量很少，因而判断在当时的条件下家养或野生有一定的困难[30]。峡江地区的玉溪下层出土的动物种类均为现生种，仅有猪和狗是家畜，其他包括大量的野生哺乳动物及水生动物，玉溪遗址先民的经济生活以狩猎、捕捞为主，辅之以一定数量的家畜驯养[31]。结合这一区域的考古学文化及自然环境研究，有学者认为长江三峡地区在新石器时代中期及以前，主要是一种采集—渔猎经济[32]。同样，峡江地区在新石器时代晚期渔猎经济的地位依然很高。

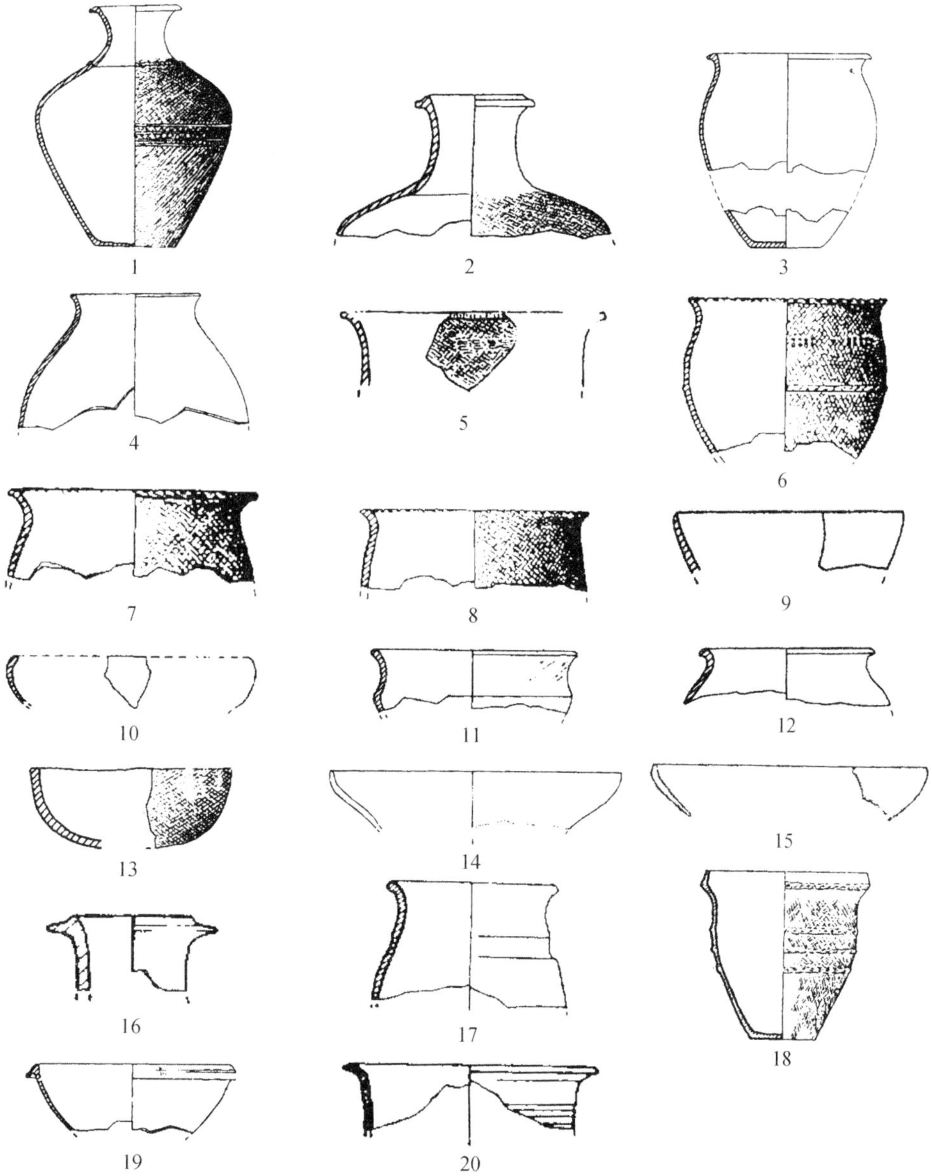

图七　峡江地区哨棚嘴一期、二期、三期文化陶器

1. 喇叭口高领壶（99ZGST312⑯B：1） 2. 重唇口高领壶（99ZGSH89：2） 3、12. 缸（99ZGST312⑯B：2、ⅠT0402㉔：204） 4. 瓮（99ZGSH97：6） 5. 侈口直腹罐（ⅠT0502⑮：98） 6—8. 侈口罐（99ZGST322⑲：4、99ZGST322⑲：2、99ZGST322⑲：4） 9. 侈口钵（ⅠT0402㉔：205） 10. 敛口钵（T312⑯B：4） 11. 折腹盆（99ZGST322⑲：1） 13. 钵（IT0604⑥：46） 14. 盘口器（IT0503⑪：169） 15. 豆盘（ⅠT0503⑪：168） 16. 重唇口高领壶（ⅠT0603⑥：238） 17. 卷沿垂腹罐（T243⑤：9） 18. 折盘口罐（F2：8） 19. 折沿盆（T332⑮：4） 20. 宽沿尊形器（T241④：3）（2、5、9、12、13、16为哨棚嘴一期文化器物，17—19为哨棚嘴三期文化器物，其他为哨棚嘴二期文化器物；5、9、12—16为大溪遗址2000年出土，17、18、20为苏和坪遗址2000年出土，其他均为哨棚嘴遗址1999年出土）

如中坝遗址的动物骨骼较丰富，特别是发掘过程中对99ZZDT0202采取了系统收集动物骨骼的方法。研究者共收集了543件猪的骨骼残片，代表了最少24个最小个体数。在整个第一期，猪骨的可鉴定标本数占哺乳动物总数的50%以上，最小个体数则占总数的25%左右[33]。而位于乌江流域的酉阳清源遗址在新石器时代晚期，居民以狩猎作为获取肉食的主要手段，家畜饲养在肉食结构中发挥的作用较小，说明当时人口密度可能较小，而野生动物资源丰富且相对稳定，先民在遗址周围狩猎和捕捞就能满足日常生活中的肉食需求[34]。因此，我们认为在新石器时代的峡江地区，先民获取肉食资源的手段主要是通过狩猎而非饲养家畜，成都平原先秦时期的家畜饲养技术不大可能源于峡江地区。成都平原在三星堆文化[35]、十二桥文化[36]时期，先民获取肉食资源的主要手段是以饲养家畜为主，因此饲养技术成熟，这应是在宝墩文化时期已经打下了很好的基础。由此可见，像宝墩古城这种拥有近3平方千米面积的中心定居聚落的农业必定相当发达，家畜饲养技术也相对成熟。因此，我们推测成都平原宝墩文化时期的家畜饲养技术，当是受到来自川西北特别是岷江上游马家窑类型和下关子文化遗存等的影响。

植物考古方面，营盘山遗址浮选的农作物籽粒经鉴定有粟和黍，这两种谷物都属于旱地作物。浮选的杂草植物种子包括狗尾草属、黍属、马唐属、鸭跖草等，这些都属于秋熟旱作农田中常见的杂草类型。由此判断，营盘山遗址当时的农业生产特点属于中国北方旱作农业[37]。桂圆桥遗址进行了系统的浮选，但是浮选结果并不乐观，一些关键的遗迹，比如H20、F1的灶都没有浮选出作物种子。在属于桂圆桥一期的H43中，黍的数量占据了绝对优势，另有少量的苋科种子和粟，未发现水稻，但在桂圆桥一、二期之交的TN03E04中浮选出水稻，同时也伴出较多的粟和苋科种子，水稻在其中并未占据优势地位，到了二期偏晚阶段水稻才占据了绝对优势[38]。桂圆桥遗址一期、二期之间的差异不仅仅是出现新了的器物群，最根本的是生业方式的变化，即由旱作农业向稻作农业的转变。在宝墩遗址2009年浮选的炭化植物种子中，稻谷种子的数量为643粒，占45.0%，并且几乎在所有时期的地层和遗迹单位中都有发现；粟的数量为23粒，占1.6%，且集中出现在宝墩文化一期的地层和遗迹单位中[39]。而三峡地区则展现出不一样的生业方式，目前仅见少量属于哨棚嘴三期文化遗址的浮选报告，如中坝遗址一期25份浮选样品中，仅1份样品出土了炭化稻米，出土概率是4%。中坝遗址浮选结果所反映的农业生产与长江中游地区的稻作农业生产完全不同，应该属于旱作农业生产，但其特点又与以中原地区为代表的中国北方早期旱作农业略有不同，主要表现在粟和黍这两种在农作物中所占的比重上[40]。

因此，虽然成都平原暂时缺乏可以直接对比的动物考古材料，但就植物考古目前取得的成果来看，在龙山文化时期，成都平原宝墩文化的生业方式是发展以种植水稻为主的南方农业体系，而三峡地区则展现出北方旱作农业的特点。

伴随由川西北以粟、黍为特点的旱作农业向成都平原以稻作农业为主，兼种粟、黍的旱作农业的转变，成都平原的宝墩文化中出现了川西北史前文化中没有的挖壕筑城技术，在长江上游的三峡地区同样也没有发现。笔者认为，成都平原龙山时代的城址与长江中游城址一样，其城墙、壕沟的功能并非以战争防御为主，而主要是用以防御洪水以及管理水资源来为稻作农业服务。近年新发现的宝墩外城大埂子段的壕沟就是直接与古河道相通的[41]，更说明了壕沟兼具防洪、排涝和灌溉功能。城址的修筑当与自然地貌有关，因为不论是川西北高原还是三峡地区，都难以找到面积宽广的台地。这样的地貌环境既不适合筑城，也不适合发展需要管理利用水利资源的稻作农业。毫无疑问，挖壕筑城、水稻种植技术的出现与川西北以及四川盆地东部的峡江地区无关，而是来自长江中游石家河文化的影响。伴随筑城、水稻种植技术的传入，石家河文化的陶器也有部分输入成都平原，如宝墩文化常见的泥质陶中的敛口罐、圈足盘、圈足豆，夹砂陶中的筒形灶或器座均与石家河文化的相似。在大溪遗址第四期中属哨棚嘴二期文化因素的陶器中有泥质陶盘口器（图七，14）和豆盘（图七，15）各1件[42]。因此，我们推测宝墩文化出现的泥质圈足豆、圈足盘一类器物先是在屈家岭文化中晚期输入峡江地区，至石家河文化早期再传入成都平原。

总之，笔者认为，宝墩文化当主要源自川西北以姜维城、营盘山遗址为代表的马家窑类型以及稍晚的下关子遗存，其与沙乌都遗存时代相当。同时，又吸收了来自长江中游的挖壕筑城、水稻种植技术和某些制陶工艺，以及四川盆地东部峡江地区的一些文化因素，从而自身独立发展成为一支龙山时代的新兴考古学文化。

注　释

［1］ 江章华、王毅、张擎：《成都平原早期城址及其考古学文化初论》，《苏秉琦与当代中国考古学》，北京：科学出版社，2001年，第699—721页。

［2］ 成都市文物考古工作队、四川联合大学考古教研室、新津文管所：《四川新津宝墩遗址调查与试掘》，《考古》1997年第1期；中日联合考古调查队：《四川新津宝墩遗址1996年发掘简报》，《考古》1998年第1期；成都文物考古研究所等：《宝墩遗址——新津宝墩遗址发掘与研究》，有限会社阿普，2000年。

［3］ 成都文物考古研究所：《新津宝墩遗址调查与试掘简报（2009—2010年）》，《成都考古发现》（2009），北京：科学出版社，2011年，第67页。

［4］ 四川省文物考古研究所、阿坝州文物管理所、汶川县文物管理所：《四川汶川县姜维城新石器时代遗址发掘报告》，《四川文物》2004年增刊；四川省文物考古研究所、阿坝州文物管理所、汶川县文化体育局：《四川汶川县姜维城新石器时代遗址发掘简报》，《考古》2006年第11期。后文中标本号前2位为发掘年份简称。为简练行文，后文引用的姜维城遗址材料均不再加注。

［5］ 成都文物考古研究所、阿坝藏族羌族自治州文管所、茂县博物馆：《四川茂县营盘山遗址试掘报告》，《成都考古发现》（2000），北京：科学出版社，2002年，第1—77页；《营盘山遗址（2002—2004）》的报告笔者正在编写中，后文中标本号前2位为发掘年份简称。后文引用的营盘山遗址材料均不再加注。

［6］ 成都文物考古研究所、阿坝藏族羌族自治州文物保管所、茂县羌族博物馆：《四川茂县沙乌都遗址调查简报》，《成都考古发现》（2004），北京：科学出版社，2006年，第13—19页。

［7］ 成都文物考古研究所、阿坝藏族羌族自治州文物管理所、茂县羌族博物馆：《四川茂县下关子遗址试掘简报》，《成都考古发现》（2006），北京：科学出版社，2008年，第31—62页。

［8］ 四川省文物考古研究院、德阳市博物馆、什邡市博物馆：《四川什邡桂圆桥新石器时代遗址发掘简报》，《文物》2013年第9期。

［9］ 江章华：《岷江上游新石器时代遗存新发现的几点思考》，《四川文物》2004年第3期；万娇、雷雨：《桂圆桥遗址与成都平原新石器文化发展脉络》，《文物》2013年第9期。

［10］ 四川省文物考古研究院、德阳市博物馆、什邡市博物馆：《四川什邡桂圆桥新石器时代遗址发掘简报》，《文物》2013年第9期。

［11］ 万娇、雷雨：《桂圆桥遗址与成都平原新石器文化发展脉络》，《文物》2013年第9期。

［12］ 四川省文物考古研究院、德阳市博物馆、什邡市博物馆：《四川什邡桂圆桥新石器时代遗址发掘简报》，《文物》2013年第9期。

［13］ 北京大学考古学系：《甘肃武都县大李家坪新石器时代遗址发掘报告》，《考古学集刊》第13集，北京：中国大百科全书出版社，2000年，第19页。后文引用的大李家坪遗址第三期的材料均不再加注。

［14］ 万娇、雷雨：《桂圆桥遗址与成都平原新石器文化发展脉络》，《文物》2013年第9期。

［15］ 陈剑：《波西、营盘山及沙乌都——浅析岷江上游新石器文化演变的阶段性》，《考古与文物》2007年第5期。

［16］ 中国社会科学院考古研究所考古科技实验研究中心碳十四实验室：《放射性碳素测定年代报告》（三一），《考古》2005年第7期。

［17］ 本文宝墩遗址与桂圆桥遗址二期遗存的对比标本均出自1996年发掘的宝墩遗址Ⅲ区，见成都文物考古研究所等：《宝墩遗址——新津宝墩遗址发掘与研究》。

［18］ 江章华：《岷江上游新石器时代遗存新发现的几点思考》，《四川文物》2004年第3期；黄昊德、赵宾福：《宝墩文化的发现及其来源考察》，《中华文化论坛》2004年第2期。

［19］ 北京大学考古学研究中心、北京大学考古文博学院三峡考古队、重庆市忠县文物管理所：《忠县哨棚嘴遗址发掘报告》，《重庆库区考古报告集》（1999卷），北京：科学出版社，2006年，第579页。

［20］ 成都文物考古研究所、新津文物管理所：《新津县宝墩遗址鼓墩子2010年发掘报告》，《成都考古发现》（2012），北京：科学出版社，2014年，第46页。

［21］ 成都文物考古研究所、阿坝藏族羌族自治州文物管理所、茂县羌族博物馆：《四川茂县下关子遗址试掘简报》，《成都考古发现》（2006），第58页。

［22］ 成都文物考古研究所、阿坝藏族羌族自治州文物保管所、茂县羌族博物馆：《四川茂县沙乌都遗址调查简报》，《成都考古发现》（2004），第18页。

［23］ 何锟宇：《甘肃东乡林家遗址分期的再认识——兼论营盘山遗址的分期、年代与文化属性》，《四川文物》2011年第4期。

［24］ 江章华：《岷江上游新石器时代遗存新发现的几点思考》，《四川文物》2004年第3期。

［25］ 北京大学考古学研究中心、北京大学考古文博学院三峡考古队、重庆市忠县文物管理所：《忠县哨棚嘴遗址发掘报告》，《重庆库区考古报告集》（1999卷），第530—640页。关于峡江地区新石器时代晚期的考古学文化命名比较混乱，笔者采用哨棚嘴遗址1999年发掘报告的文化命名和分期。

［26］ 西安半坡博物馆：《铜川李家沟新石器时代遗址发掘报告》，《考古与文物》1984年第1期。

［27］ 甘肃省文物工作队、临夏回族自治州文化局、东乡族自治县文化馆：《甘肃东乡林家遗址发掘报告》，《考古学集刊》第4集，北京：中国社会科学出版社，1984年，第111—161页。

［28］ 王毅、孙华：《宝墩村文化的初步认识》，《考古》1999年第8期；北京大学考古学研究中心、北京大学考古文博学院三峡考古队、重庆市忠县文物管理所：《忠县㽏井沟遗址群哨棚嘴遗址发掘报告》，《重庆库区考古报告集》（1997卷），北京：科学出版社，2001年，第623页；邹后曦、袁东山：《重庆峡江地区的新石器文化》，《重庆·2001三峡文物保护学术研讨会论文集》，北京：科学出版社，2003年，第17—40页；江章华：《关于哨棚嘴文化的几个问题》，《中国考古学会第十三次年会论文集》，北京：文物出版社，2010年，第73—88页。

［29］ 孙华：《四川盆地的新石器文化》，《四川盆地的青铜时代》，北京：科学出版社，2000年，第302—324页；江章华：《再论川东长江沿岸的史前文化》，《四川文物》2002年第5期。

［30］ 何锟宇等：《营盘山遗址出土动物骨骼研究》，《成都文物》2014年第2期。

［31］ 赵静芳、袁东山：《玉溪遗址动物骨骼初步研究》，《江汉考古》2012年第3期。

［32］ 白九江：《重庆地区的新石器文化》，成都：巴蜀书社，2010年，第249页。

［33］ 傅罗文：《新石器时代和青铜时代中坝遗址的动物资源开发》，《中国盐业考古》第三集，北京：科学出版社，2013年，第254—280页。

［34］ 重庆市文物考古所、重庆文化遗产保护中心、四川大学历史文化学院考古系：《酉阳清源》，北京：科学出版社，2009年，第246—277页。

［35］ 段渝：《成都通史》卷一《古蜀时期》，成都：四川人民出版社，2011年，第224页；本乡一美：《三星堆一号祭祀坑出土动物骨骼的初步观察》，《三星堆祭祀坑》，北京：文物出版社，1999年，第522页。

［36］ 何锟宇：《试论十二桥文化的生业方式——以动物考古学研究为中心》，《考古》2011年第2期。

［37］ 赵志军、陈剑：《四川茂县营盘山遗址浮选结果及分析》，《南方文物》2011年第3期。

［38］ 万娇、雷雨：《桂圆桥遗址与成都平原新石器文化发展脉络》，《文物》2013年第9期。

［39］ 姜铭等：《新津宝墩遗址2009年度考古试掘浮选结果分析简报》，《成都考古发现》（2009），第79页。

［40］ 赵志军、傅罗文：《中坝遗址浮选结果分析报告》，《中国盐业考古》第三集，第404页。
［41］ 成都文物考古研究所：《新津宝墩遗址调查与试掘简报（2009—2010年）》，《成都考古发现》（2009），第1—67页。
［42］ 重庆市文物考古所、重庆市文物局、巫山县文物管理所：《巫山大溪遗址勘探发掘简报》，《重庆库区考古报告集》（2000卷），北京：科学出版社，2007年，第472、473页。

A Discussion of the Origin of the Baodun Culture

He Kunyu
(Chengdu Institute of Archaeology)

Abstract: Since the 1990s, a number of Longhan-era cities have been found in the Chengdu Plain including Xinjin Baodun, the ancient city of Pixian, and Dujiangyan Mancheng, all of them representatives of the prehistoric Baodun culture. In recent years, the outer wall of Xinjin Baodun, Shifang Guiyuanqiao site, and the newly-discovered prehistoric sites of northwest Sichuan have provided important clues for research on the origin of the Baodun culture. Based on ceramic typology, fortification technology, and subsistence strategies, this paper explores the possible origins of the Baodun culture, arguing that most aspects of the Baodun culture have their origin in the Majiayao-type remains seen in the northwest of Sichuan province at the sites of Jiangweicheng and Yingpanshan and the slightly later site of Xiaguanzi. Furthermore, the Baodun culture adopted trench fortification and rice cultivation techniques from the middle Yangzi region and certain cultural characteristics from the Three Gorges region located the east of Sichuan Basin.

Keywords: Baodun Culture, Pottery Sequence, Fortification Technology, Subsistence Strategy, Cultural Origin

（责任编辑：杜战伟）

史前时期四川凉山地区的文化地理与区域交流

安　可

（牛津大学考古研究所）

摘要：本文是提交加州大学洛杉矶分校一篇博士论文的内容介绍。笔者选择中国西南的凉山地区为研究个案。凉山地区坐落于四川盆地、青藏高原与云贵高原的交会地带，是上述三大地理区的连接点。复杂而多元的文化面貌，使得凉山地区一方面成为研究不同文化群体如何适应当地环境的理想个案，另一方面也成为探索不同文化群体间短程与长程的交流模式，以及单一群体内部互动关系的最佳范例。这篇博士论文旨在通过对现有考古材料的梳理，建立起当地的文化序列，进而探讨考古材料反映的社会群体与其生活环境的相互关系；阐明当地、区域及跨区域的文化的发展脉络。

关键词：凉山　文化互动　空间分析

一、导　　言

从考古学成为一门正式学科起，透过考古材料来辨识不同文化群体（cultural groups）的特征以及探讨不同文化群体间的互动，一直是这门学科所关注的焦点[1]。截至目前，就方法论或纯理论的层次而言，文化人类学与社会学是研究上述议题的基础[2]。然而，文化人类学家与社会学家看重的知识，对考古学家而言未必如此；换言之，文化人类学与社会学的研究成果不一定适用于考古学。就考古学的观点而言，以可靠的考古材料为基础，讨论居住于交通辐辏之地不同人群的生活方式与相互交流，反倒更有意义。

在本文中，笔者选择中国西南的凉山地区为研究个案。凉山地区坐落于四川盆地、青藏高原与云贵高原的交汇地带，是上述三大地理区的连接点。当地河道密布，利用河道，向南向北可以连接到不同的地理区；高耸的山脉则将凉山地区切割成许多各具生态特色的小区。尽管凉山地区发现远距离物资交换的证据，然而本土化的现象亦十分明显。如此复杂而多元的文化面貌，使得凉山地区一方面成为研究不同文化群体如何适应当地环境的理想个案，另一方面也成为探索不同文化群体间短程与长程的交流模式，以及单一群体内部互动关系的最佳范例。

自新石器时代晚期起，不同的人群或居住于此，或行经于此，或杂处于此，这些人群所留下复杂多元的考古材料，始终未被学者充分理解，因此使得凉山地区的研究困难重重。一些重要的议题，特别是不同人群间的相互关系，以及该地区内不同小区的生态多样性等，仍付之阙如。笔者的博士论文首次全面地搜集了凉山地区所有史前时代的相关材料；除了分析各式不同的考古遗物与遗迹外，还建构凉山地区考古学文化的年代框架。此外，本文亦将出土材料与其地理环境相链接，并利用本地、区域及跨区域三个层次，讨论凉山地区内不同地区之间，以及凉山地区与其周边区域之间的发展与联系。无论古今，极端复杂的地理环境与文化内涵，都是凉山地区的特征。如此特殊的条件，使得本地成为反思人地关系，以及人群间互动关系等理论——诸如接触、交换与影响——最理想的舞台。

透过凉山地区的个案研究，可知笔者的研究目的有二：首先，进一步推动中国西南的考古学研究；其次，利用多元的视角，研究这个地理上与文化上高度复杂的区域，讨论其中的人地关系与不同人群间的互动方式，并提供一个重新检视考古学研究方法的个案研究。就理论与方法论的层次而言，本文将从不同的角度，申论“文化”“认同”“接触”等考古学中基本的概念，以及这些概念如何体现在物质文化上。

二、时空范围

本文讨论的地理区域，包括四川省西南部的凉山彝族自治州与攀枝花市，以及云南省的西北部。这个地区由西北部的木里县高山群、北部的大渡河，以及南部的金沙江所环绕，总面积约为81434平方千米。

讨论的时间范围，以公元1世纪为下限。自此以降，汉文化对这个地区的文化与社会带来深远的影响，这些影响亦清楚地反映在当地的物质文化上。就历史的观点而论，公元前111年，汉武帝征服西南，可视为汉人与当地土著紧密联系的开始。然而，就物质文化而言，直到进入东汉（25—220年）后，汉代的物质文化才终于取代当地的考古学文化。凉山地区纳入汉代版图，标志了这个地区历史时期的起点，也因此划定了本文研究的时代下限。由于凉山地区的考古学编年序列仍不甚清楚，在本文中，笔者将讨论这个地区所有史前时期的物质文化，上起公元前第三千纪中期，下迄公元前第一千纪末叶。

三、分析方法与章节安排

就目前已掌握的考古材料而言，本研究的主要研究目的有四：

第一，辨识当地不同文化的、社会的，或时代的群体；

第二，推测这些群体间彼此的互动状态，以及他们与其生活环境的相互关系；

第三，阐明当地年代的序列与文化的发展脉络；

第四，辨别外来文化因素的特征。

透过这些课题，笔者进一步讨论凉山地区内不同群体的特色、他们之间的交流情况，以及这些现象如何体现在考古材料中。

不同文化群体的性质及其如何反映在考古材料中，一直是考古学研究的热点。20世纪60年代，英美学界兴起以人类学为基础的考古学。此前，考古学界大多认为，考古材料中反复出现类型上与风格上的相似特征，可以视为特定的考古学文化，而这些考古学文化则可与特定的族属及语族相互对应 。然而，学者很快就意识到，考古材料间的相异性其实无法清楚划分。其后，学者便将目光转移，开始探索考古材料背后所反映的人类行为。不同的人类行为，则反映不同人类社群的特色 。

自20世纪90年代起，学者开始利用“操作顺序”（chaîne opératoire）的概念——即原物料的采集与制造，以及成品的利用、加工与丢弃等一系列过程——分析考古材料。这种研究取径强调分析人类的行为，而非物质本身；换言之，所有的物质文化，背后均反映人类在不同社会、文化脉络下的选择。此一新兴的研究取径，对于从风格与技术的角度来探讨物质文化的生产与使用，裨益极大。在本文中，笔者将利用“操作顺序”的概念，测试一项新的分析方法：亦即将墓葬本身视为一组混合对象（composite objects），讨论这些不同的对象，如何被制造、使用以及随葬。

总体而论，本研究将从讨论单一对象为起点，从技术的层面，思索其生产与功能的特性；继则放宽范围，分析凉山地区内不同的遗迹与遗址；最后，将视野扩大至整个凉山地区，并讨论其与周边地区的互动。在上述不同的层次中，笔者将阐述当地的自然环境，以及分析不同人群的互动关系，而这也正是本地考古材料形成的基础。本文研究的主要方法，包括地理信息系统（GIS）以及类型学与统计学等传统的研究方法。多元的研究取径，为建构凉山地区的年代序列及其复杂的文化面貌，提供立体的空间基础；在此基础上，传统的分类学方法与统计学的多变量分析方法（multivariate analysis）能发挥更大效能，带来更多的启发。

本文共分八章。第一章概述研究材料，并讨论考古材料与族群识别的关系，以及如何运用统计与空间分析等方法来进行研究。第二章则利用详细的数据，包括对古环境的研究成果，描绘本研究的地理背景。在第三章中，笔者从小件物品入手，分析凉山地区出土的考古遗物。首先依据对象的质材分类，以厘清这些对象的制造过程；其次，将不同质材的对象依据不同的形态分类，还原其原本的使用方式。在本章中，笔者亦反思如何利用分类学进行研究。紧接着，笔者把前述讨论的对象，重新置于其使用脉络中：第四章讨论在聚落遗址中发现的遗物；第五章讨论在墓葬中发现的遗物；第六章讨论在器物坑发现的遗物以及其他零散的发现；第七章则将所有的证据串联起来，提出凉山地区史前时期考古学的年代框架，并说明当地文化谱系的发展过程。最后，第八章则转而讨论考古材料中所反映的现象，诸如文化的接触、流动与认同等议题。本文的研究成果，对于凉山地区考古材料的认识，以及对于如何利用考古材料探讨文化认同与文化接触等课题，有所贡献。

四、研究成果

本文是第一篇全面搜集所有凉山地区史前考古材料的论著。详细的目录以及丰富的表格与地图，方便研究者查询与检索。此外，本文亦对凉山地区出土的遗物与遗迹有详尽的描述与分析，并提出可供参考的年代框架。凉山地区的文化发展与其所处自然环境紧密相连，同时，也与周边地区有所联系，显示凉山地区与周边区域存在不同形式的贸易与交换行为。再者，笔者透过本项研究，说明该以何种取径来进行区域研究。

就聚落分析而言，凉山地区出土遗物的性质差别甚大，可以从对器物的分类、原料的选择、功能的差异、空间的分布等不同面向的研究得见。举例而言，有些同类的遗物，因分布于不同的区域而有所差异（如会理猴子洞发现的粗石器），有些因其使用者的谋生方式不同而有所差异，有些则因分属于不同的文化系统而有所差异，有些则因时代变迁而有所差异（如西昌横栏山、营盘山早期、棲木沟早期，与马鞍山、西昌礼州、棲木沟晚期）。总体而论，凉山地区各地常见较薄的文化层，以及夹杂多元因素的出土器群，显示当地的聚落迁移频繁。当地的居民多采用混合的生计方式：居民或以捕鱼，或以打猎，或以农业维生，同时还必须依赖各样的自然资源。必须指出，凉山地区是否存在火耕，目前仍不清楚。但可以确定的是，相对于其他地区，当地遗址的使用时间普遍较短，而凉山地区的居民也可能依季节变换而迁徙居所。

就墓葬分析而言，将墓葬视为一组混合对象，可以帮助我们厘清物质遗存的背后，究竟反映出哪些人类行为。墓葬所反映不同的人类行为，可以表现在以下几个方面：修建不同规模与形制的墓葬、在墓葬中使用不同数量的石材、在墓葬中埋葬不同数量的遗体、墓葬为单次葬或多次葬、以不同的方式处理遗体，以及举行不同的丧葬仪式，诸如集体宴饮、供献祭物、焚烧祭品，及在亡者身上或身侧放置随葬品。这些与墓葬有关的人类行为，因地域或时代的不同，而有显著的差异。值得注意的是，墓葬所在地的自然环境，是影响凉山地区墓葬形制、内涵及其空间布局的重要因素。

凉山地区的墓葬，可分为地上墓葬与地下墓葬，前者以大石墓为主，后者则以土坑墓与石棺葬为代表。这三大类墓葬，依其形制，还可以再细分为不同小类。不同的墓葬形制，有些反映了区域特色，有些则呈现了时代差异。然而，即便在同一区域内，依然同时并存不同类型的墓葬。举例而言，大石墓主要分布于安宁河开阔的谷地上，是当地最醒目的地标，也可能是古代举行宗教仪式的地点。相对之下，由于凉山地区的东西两侧是高低错落的山地，无广大开阔的平原，此地因而分布了大量小型的土坑墓，不见巨石建筑。各式不同的石质建筑则坐落于远离河流的高海拔地区。换句话说，凉山地区的墓葬形制、丧葬礼俗与器物组合，因区域的不同而有所区别。

如果我们把凉山地区各类别的墓葬及其随葬品，与各形态的聚落遗址及其出土遗物相联系，进行综合性的考察，将发现其实凉山地区可细分为四个文化区，而每个文化区均有其代表性的器物群与独特的文化发展脉络。值得注意的是，这四个文化区恰与凉山地区内五个不同气候区的其中四个相对应。这四个文化区分别是：安宁河河谷及其邻近的普格地区与喜德地区的谷地、东北部的昭觉地区、东南部的会理地区，以及西南部的盐源地区及与其接壤的云南省一带。

居住于这四个不同文化区的古代居民，其谋生方式、埋葬传统、社会结构，以及生活习俗，均受到居住环境的影响。可以想见，在气候温和、土壤肥沃的安宁河河谷与永胜县中部谷地，居民以农业维生。至于森林茂密、山地林立的普格地区，居民则以狩猎为其经济基础。混合农业与狩猎的经济形态，盛行于昭觉地区及其周边严寒山区，以及生态丰富、土地丰饶的凉山东南地区。前者施行混合经济的原因，是为了降低产量不足的风险；后者则是因为当地拥有丰富的自然资源，居民可以同时兼营农业与狩猎。然而，必须说明的是，盐源地区的史前社会定义我群的方式，是借由对外的武装冲突与骑马；而凉山地区其他区域的史前社会，则透过内部意识的凝聚来界定我群。两者的分野，并不能简单以环境决定论来解释。

盐源地区丰富的盐业资源，也许可以解释为何当地的墓葬随葬大量的金属物品；而透过墓葬中的随葬品，或许也可以说明在古代盐源地区的居民间，存在某种的竞争关系与阶层分化。值得注意的是，有价值或可供贸易的自然资源，以及位于边境的地理条件，不必然导致社会的阶层分化。举例而言，尽管会理地区丰富的金属资源也被大量开采，但当地的墓葬无论在形制或葬具上均大同小异，而且没有特别富有的墓葬。

然而，各式各样的自然资源——诸如盐、金属与耕地——分布于不同区域，可能是导致凉山地区内不同文化区，以及其与周边地区持续交流的主要动力。此外，凉山地区特殊的地方文化，亦成为联系不同区域人群的媒介。例如巨石墓及与其相关的宗教仪式，不仅使得安宁河河谷内各区的土著，整并为拥有相同文化背景的群体，也吸引了居住在普格与喜德等高山地区、利用不同的方式谋生、拥有各自独特物质文化族群的目光。不过必须指出的是，各具特色的区域风格并未消失；换言之，即便不同的人群透过共享丧葬礼俗来联系彼此的关系，并且产生了一个超越族群认同的新兴概念，凉山地区内不同文化与不同区域间的藩篱依然存在。

举例而言，在昭觉地区，这个长期以来一直作为联系不同区域的交通枢纽，虽然当地的居民经常采用来源各异的墓葬结构与随葬品，本地独特的葬俗仍扮演重要的角色。此外，墓葬中外来的随葬品并无特定的种类或组合，他们反映的或许是个人的品味，或许是墓主在不同地区、透过不同方式交换或贸易的结果。尽管如此，外来的随葬品并未对当地的文化风貌带来明显的影响。

另外一个物质文化交流的例子则是出土于会理窖藏与盐源墓葬的铜铃与铜鼓。这两地出土的铜铃是云南铜铃的仿制品，不具备实用性，也无法演奏。因此，会理及盐源出土的铜铃与铜鼓，并非表示这两个地区有相同的埋葬习俗与宗教仪式，反倒说明这两个地区恰好均与第三地有文化交流。

另一个出现于同时期但不同地区的现象，则以安宁河河谷及会理地区遗址群为代表。尽管两地陶器群的形制相似，但陶器的功能与意义却有所区别。相同地，马匹对不同文化的重要性，诸如盐源、北方草原带与中亚，亦因地而异。换言之，不同地区在同时期出现相似的文化现象，可能暗示了不同区域的交流，也可能因这些区域具有相似的社会结构或自然条件，又或者只是纯粹的巧合。

在其他的案例中，考古发现则清楚地显示了古代人群从原居地迁徙至新居地的证据。举例而言，在普格地区发现的土坑墓，与当地普遍存在的墓葬及器群截然不同，但却与昭觉地区常见的墓葬极其相似；而郭家堡发现的墓葬及器群，显然与盐源地区的墓葬特征相同。不过，上述案例仅反映个别人物移居他地的现象。在另一些个案中，则表明整个外来群体移居到新的居地。举例而言，冕宁高坡、赵家湾出土的器群显示，其物主可能来自云南，或者迁居至云南；而西昌杨家山的居民，则可能从普格迁移至邛海，目的是为了寻找比其原来居住的山区气候更温和、也更适于耕种的土地。

除了人群的迁移，凉山地区也有许多交换物品与贸易的方式。在凉山地区内，各文化区有远近不同的交易范围，而各个文化区对外来物品的兴趣也不全然一致。举例而言，根据会理地区的考古证据，除了少数材料可能反映精英阶层的交流外，如滇式铜鼓、铜铃与少量的玛瑙贝壳等，当地居民对于外来物品的兴趣有限。相对之下，在盐源盆地的墓葬中，则发现许多可能价值较高的外来物品（有些可能来自精英阶层间直接的交换，有些则可能透过其他间接的交换方式取得），另外，在这些墓葬中，还发现外来物品的本地仿作，以及质量较低的本地器物。盐源盆地相对遗世独立的地理位置，使得当地的居民在与外来文化接触时，可以有较多的自由，选择自己喜好的物品。

令人玩味的是，在本研究中交通窒碍的盐源地区，居然发现了最多与外联系的迹象；而通往安宁河河谷最危险的通道——昭觉地区——则似乎是古人最常旅行之地。这样的情况显示，以自然地势为基础来推测古人旅行可能路线的研究方法，诸如最小成本路径分析法（least-cost-path analysis）或其他的地理空间计算法（geospatial calculation），有时无法有效地说明古代中、长程距离物资交流的路径与机制。即便在上述的分析方法中，加入古代自然资源分布的相关研究成果或其他信息，成效也可能相当有限。正如本文所揭示，当研究不同区域间的交流时，我们应当更加关注交流的起点、终点与两者间中间地带的地理特征，以及双边各自的文化发展、社会结构与宗教信仰等特点。

借由凉山地区这个高度复杂的研究个案，清楚地显示了人群间不同形式的互动模式——例如不同形态的人群迁徙、直接或间接的贸易活动、不同社会的接触互动、精英阶层的物资交换，以及不同人群与文化的融合、同化、模仿与学习——可能同时发生，而且这些现象也可以在考古材料中找到证据。通过这篇文章，我们亦可以更明确地认识到，在进行区域研究时，族群认同、文化接触与人地关系等议题，必须一并纳入考虑，无法个别处理。

本文从研究单一对象入手，接着讨论个别遗迹与遗址，继之探索凉山地区不同的文化区与其周边区域，最后分析跨区域的交流与发展（即中国西南地区及其周边的区域）。如此层层相扣的研究取径，使得笔者可以放心地以考古材料为基础，深化对中国西南地区史前文化的认识，并提出更进一步的推论。透过上述的研究方式，凉山地区高度复杂的考古材料与自然环境，提供了难能可贵的机会，协助吾人反思族群互动与人地关系的机制，以及这些机制是如何反映在考古材料之中。这样的研究取径，也让本文及未来许多的区域研究，可以从不同的层次，包括微观的、中距的与宏观的视角，进行深入的发掘。

注 释

［1］ G. Kossinna, *Die Herkunft der Germanen: zur Methode der Siedlungsarchäologie*, Würzburg: Curt Kabitsch and Childe, 1911; V. Gordon, *The Danube in prehistory,* Oxford: Oxford University Press, 1929.

［2］ I. Hodder, *Symbols in action: Ethnoarchaeological studies of material culture,* Cambridge: Cambridge University Press, 1982.

Cultural Geography and Interregional Contacts in Prehistoric Liangshan, Southwest China

Anke Hein
(Institute of Archaeology, University of Oxford)

Abstract: This short paper is the abstract of a PhD dissertation titled as Cultural Geography and Interregional Contacts in Prehistoric Liangshan, Southwest China, submitted to UCLA in 2013. The Liangshan area in Southwest China is located at the intersection of several cultural-geographic regions. In spite of exchange over long distances, most cultural phenomena therefore tend to be localized, making the Liangshan region an ideal case study for research on cultural groups and their relationship with the local environment on the one hand, and directions and mechanisms of short- and long-distance contacts on the other. This study for the first time compiles a comprehensive catalog of all prehistoric material of the Liangshan area, providing separate analyses of all types of artifacts and archaeological features, and suggesting a chronological scheme for the whole region. Furthermore, this study relates the archaeological material to the geographical context and discusses local, regional, and supra-regional developments.

Keywords: Liangshan, Culture Interaction, Spatial Analysis

（责任编辑：吕红亮）

大通长宁遗址齐家文化制陶工艺及相关问题研究

于孟洲[1]　蒋　辉[1]　王倩倩[2]

（1. 四川大学考古学系　2. 青海省文物考古研究所）

摘要：大通长宁遗址是河湟谷地一处非常重要的齐家文化聚落遗址。通过对其制陶工艺的观察，发现其陶器大都以泥条圈筑法制成，一些泥质高领双耳罐及双大耳罐还采用了泥片贴筑法。本文考察了整个齐家文化的制陶工艺，以往研究表明，齐家文化的制陶工艺以泥条盘筑法为主，那么长宁遗址的制陶工艺便显现出一定的特殊性，本文对造成这一现象的原因进行了简要分析。另外，文章还指出应对新石器时代泥片贴筑法的使用及其消亡过程重新估计。

关键词：长宁遗址　制陶工艺　泥条圈筑法　泥片贴筑法

长宁遗址位于青海省大通县长宁村西南约3千米，是大通河流域一处非常重要的齐家文化聚落遗址。2006年，青海省文物考古研究所对该遗址进行了大规模考古发掘，揭露面积近3000平方米。出土遗物十分丰富，包括陶器、石器、玉器、骨器及青铜器等[1]。其中属于齐家文化的完整陶器（包括可修复者）有130余件，另有大量残片[2]。鉴于以往对齐家文化制陶工艺的系统研究还非常少，所以我们在整理长宁遗址出土陶器过程中，特别留意陶器制作留下的痕迹。希望本文有关长宁遗址制陶工艺的观察研究对其他相关研究有一定的启示意义。

一、长宁遗址齐家文化制陶工艺

长宁遗址出土的齐家文化陶器以平底器为主，圈足器及三足器仅占少数，依据陶器质地可分为泥质陶（48.4%）和夹砂陶（51.6%）两类。夹砂陶中所夹砂粒粗细不同，其中夹细砂陶占陶器总数的43.7%，而夹粗砂陶占7.9%。陶系以泥质橙黄陶数量最多（20.8%），泥质橙红陶次之（15.9%），泥质陶中黄褐（5%）、灰黑（1.5%）、灰陶（1.2%），夹细砂陶中黄褐（8%）、黄（7.7%）、红褐（7.4%）、红（6.5%）、灰褐（6%）、黑褐（5.5%）、灰黑陶（1.3%），夹粗砂陶中黄褐（1.6%）、灰黑（1.6%）、黑褐（1.5）、红褐陶（1.3%）等各占一定的比例，其他如泥质黄白、灰褐陶，夹细砂黑、黄白、灰陶，夹粗砂橙红、橙黄、灰、黄白、黑及灰褐陶等数量较少（7.2%）。器类包括高领双耳罐、双大耳罐、夹砂双耳罐、泥质双耳罐、花边罐、单耳罐、侈口罐、粗陶瓮、盆、碗（钵）、鬲（斝）、带流罐、敛口罐、豆、敛口瓮等。纹饰以素面为主（48.8%），篮纹次之（30.3%）、绳纹（18.5%）再次之，附加堆纹、弦纹、席纹、方格纹、刻划纹、戳印纹等数量较少（2.4%），盛行花边装饰。篮纹主要饰于高领双耳罐及少数泥质双耳罐腹部，绳纹多见于双耳罐或侈口罐的肩腹部，席纹多见于器物底部，附加堆纹则主要饰于器物口外及领部。大部分附加堆纹戳印或压印成花边，少数素面。一些泥质陶与极少数夹细砂陶器表施彩，包括紫彩、红彩、紫红彩等。陶器制作后均有一定程度的修整，因此，想观察陶器制作过程中留下的痕迹存在一定的难度。下文就我们观察到的具有明显制作痕迹的器类来研究其成型与装饰技法；对于其他器类，或因其制法与下文所述某些器类相同，或因其制作痕迹不明显，后文仅做大致说明。

（一）高领双耳罐

高领双耳罐的制法分两种，一种是泥片贴筑法[3]，主要用于泥质高领双耳罐；另一种是泥条圈筑法，见于部分夹砂高领双耳罐。高领双耳罐的坯体非一次成型，而是先于圆饼状或浅碟状器底上筑成器腹，多为底从外包住腹壁；再将腹与肩、肩与领分别套接在一起，衔接处通常是肩在外、腹在内，领在外、肩在内。待修整器壁及拍印纹饰后，再将双耳粘贴于腹上部（图版一）。

1. 成型

（1）小泥片贴筑法

多件高领双耳罐的领、肩及腹部断面可见两层或以上的分层（图版一，1—3）。这种陶胎分层现象，在新石器时代中期的大地湾一期文化[4]及城背溪文化[5]中就有发现。大地湾一期文化中称之为“模具敷泥法”，即利用内模或外模做依托逐层敷泥形成胎心[6]；城背溪文化中称之为“泥片贴筑法”，系先将泥料搓成泥球，再按成泥片，然后经过手捏、拍打或滚压的方法使泥片之间相互粘贴在一起筑成坯体。此法可分为大泥片贴筑法与小泥片贴筑法两种，前者适于筑成较粗放的器物，后者通常用于制作精致的器物[7]。长宁遗址没有发现制作陶器的模具，且高领双耳罐本身制作很精致，其分段套接的成型方法与城背溪文化中的大泥片贴筑法不同，故此处将其成型方法称为小泥片贴筑法。H15①：39[8]，腹底残片，腹部陶胎可分三层，每层厚度均为0.2厘米（图版一，1）。H124：6，口沿及领部残片，陶胎有三层，胎心厚0.3厘米，其内外表各敷泥一层，厚度均为0.1厘米。内外敷泥层均有多处鼓起，且与胎心之间有较大空隙（图版一，2）。李文杰先生认为“敷泥层与原胎之间收缩率相差悬殊”[9]，这是导致上述焙烧缺陷的原因所在。TE4N3③：43，领及肩部残片，肩部陶胎可分三层，从内至外胎厚分别为0.2、0.1、0.3厘米（图版一，3左）。肩内壁有两排竖向褶皱，靠下一排实为“（”形的陶垫窝，靠上一排应是为了与领部衔接而将肩部收缩、拍打、挤压时产生的竖向褶皱（图版一，3右）。

（2）泥条圈筑法

长宁遗址出土的部分夹砂高领双耳罐采用泥条圈筑法成型，其特点是泥条（圈）首尾相接，接缝大致呈水平状。G7：20，领部残片，内壁有五道呈水平状的泥条接缝，泥条宽0.9—1.1厘米（图版一，4）。H146：1，腹底残片，内壁有四道呈水平状的泥条接缝，泥条宽1—1.3厘米（图版一，5）。从接缝及断面来看，上述两件标本均为上圈泥条下部向内下斜，下圈泥条上部向外上斜，上下圈对接时下圈包上圈，因此推测，泥条应是从内侧加上的。H23：48，口沿及领部残片，领外壁与内壁均有一道水平状的泥条接缝（图版二，1）。

2. 修整

泥质高领双耳罐的口部一般经刮抹，留有类似木质工具刮抹后的纤细纹理痕迹，还有部分高领双耳罐经慢轮修整。H137②：2，口沿及领部残片，领上部及沿外有经慢轮修整形成的细密的横向轮修纹（图版二，2）。有的泥质高领双耳罐口沿、领及肩部表面会抹一层细泥陶衣。H26②：12，口沿及领部残片，口内壁布满横向刮抹痕，沿外有慢轮修整痕迹。领中下部抹一层细泥陶衣，打磨光滑，细泥陶衣叠压在轮修痕迹之上，由此可见施陶衣这一工序是在轮修器壁之后（图版二，3）。有的高领双耳罐在领肩交接处附加一道花边泥条以加固器壁。H15①：46，口沿及领部残片，领肩交接处附加一道泥条，其上用工具压刮出一周斜向凹槽，凹槽宽0.4—0.5厘米（图版二，4）。高领双耳罐腹部饰篮纹（极少数为方格纹或绳纹），为防止施纹过程中器壁塌陷，一般会用陶垫抵住腹内壁，形成“（”或“）”形垫窝，以前者居多。

3. 纹饰

绝大多数高领双耳罐的领及肩部素面，如H141：1（图版二，5）。极少数领部拍印较浅的篮纹。腹部一般拍印篮纹，篮纹纹道粗细均匀（包括凸起的与凹下的），宽0.3—0.7厘米，以0.4—0.5厘米者居多（图版二，5）；少数拍印方格纹或绳纹。

（二）双大耳罐

双大耳罐可分为泥质陶和夹砂陶两类，大部分系泥条圈筑法成型，具体工序为：先于圆饼状或浅碟状器底上筑成器腹，多为底从外向上包住腹壁；再将腹与领套接在一起，衔接处通常是腹在外、领在内。另外，长宁遗址还出土有三大耳罐，均为泥质陶，制法也为泥条圈筑法。其形态与双大耳罐大同小异，只是在领及腹部附加三个大耳，故用法可能与双大耳罐略有差异，但功能应接近，此处将其一并讨论。此外，有极少数夹砂类双大耳罐以小泥片贴筑法制成。

1. 成型

（1）泥条圈筑法

部分双大耳罐领及腹内壁可见水平状泥条接缝或泥条凸棱。H31：38，腹部残片，内壁有两道大致呈水平状的泥条接缝，泥条宽0.6厘米（图版三，1）。H53：13，领部残片，内壁有五道呈水平状的泥条接缝，泥条宽0.5—0.7厘米，泥条是从内侧加上的（图版三，2）。H37①：5，领及腹部残片，领内壁可见一条水平状泥条接缝，腹内壁有一道明显的泥条凸棱，凸棱宽0.5厘米（图版三，3）。

另外，一些双大耳罐或三大耳罐腹内壁还有排列整齐的、呈水平状分布的指甲痕数周，这些指甲痕应是圈筑器壁时用手指在器内侧捏压泥条而形成的。H144①：6，领部稍残，腹内壁有一周连续的呈“)”形的指甲痕（图版三，4）。F7：14为三大耳罐，耳残，腹上部内壁有两周呈“︶”形的指甲痕，腹下部近底处也有一周大致呈“︶”形指甲痕，其间分布有零散的指甲痕（图版三，5）。

从双大耳罐的耳部断碴来看，耳部叠压在器表纹饰之上，说明器耳是在修整器表之后加上的，如H37①：5（图版三，6）。

（2）小泥片贴筑法

F14：18，领及腹部残片，其内壁残存三块泥片相互叠压痕迹，右侧泥片残高4.5、残长4厘米；中间泥片残高4、残长2—3.5厘米；左侧泥片残高2.3、残长1.8厘米，接缝处右侧泥片叠压在左侧泥片上。内壁有反绳纹，可能使用了内模（图版四，1）。但是否将这件器物列于“小泥片贴筑法”的范畴，尚存一定的疑虑，主要是因为此器物的陶胎未见分层，但内壁的反绳纹却表明其使用了内模。李文杰先生对模具敷泥法与模制法曾有界定。他认为，前者的操作方法是“揪一块泥料敷在模具上，通过挤压和拍打而铺开”，“坯体（包括胎心和表层）有二至五层”；后者则是“将泥料先搓成泥条，再盘筑或圈筑在模具上，通过挤压和拍打而铺开”，“坯体通常只有一层”[10]。对照李文杰先生的界定，因为此器腹部小泥片之间有互相叠压的痕迹，但长宁遗址未发现制陶模具，应不属模制法。又因仅此一件标本，且未见坯体分层现象，暂时还难以认定其为模具敷泥法成型。此处暂将其列入“小泥片贴筑法”的范畴，待今后积累更多的资料再做探讨。

2. 修整

泥质双大耳罐表面一般会先抹一层细泥陶衣，再打磨光滑。大部分夹砂双大耳罐的领部因压划产生数条平行的凹凸相间纹道（图版三，6），腹部先使用素面陶拍拍打，再滚压绳纹。腹内壁多有“（“或”）”形垫窝痕迹，以前者居多。

3. 装饰

泥质双大耳罐的器表一般素面磨光。有的在耳部戳印出镂空装饰，常见的为圆形及对三角形的组合。H26②：16，耳部残片，其上端中部以圆形及对三角形组成复合镂空图案，两侧各以两道竖线为界隔（图版四，2）。需要说明的是，这类镂空图案，有的完全钻透而有的未钻透。标本H26②：16为双面钻透。

部分双大耳罐施彩。一般领部绘横线纹，上腹部绘三角纹、复线倒三角纹或对三角纹等。有两个现象值得注意：其一，一些彩陶施彩方法为先以红彩绘出“底图”，再于其上描摹紫彩，故一些彩绘呈现紫红色[11]，如H41：12（图版四，3）；其二，一些彩陶施彩之前先以某种极细的工具于器表划出彩绘图案纹道，再循此纹道施彩，如H140：3（图版四，4）。夹砂双大耳罐大部分领部饰凸弦纹数道，凸弦纹宽0.3—0.5厘米，少数素面，腹部滚压竖向或斜向绳纹（图版三，6）。

（三）夹砂双耳罐

夹砂双耳罐均系泥条圈筑法制成。具体工序为：先于圆饼状或浅碟状器底上筑成器腹，一般为底部从外侧向上包住腹壁；尔后将腹上部向内拍打、挤压形成肩部；再将肩、领套接在一起，通常是肩在外、领在内。

1. 成型

部分夹砂双耳罐内壁可见水平状泥条接缝。TE4N5③：44、H77：25，均为领及肩部残片，前者领内壁有四道水平状泥条接缝，泥条宽0.4—0.5厘米（图版五，1）；后者领内壁有两道水平状泥条接缝，泥条宽1—1.5厘米（图版五，2）。一些夹砂双耳罐领肩交接处内壁还可见清晰的套接缝隙，其套接痕迹是领在内、肩在外，如G6：50（图版五，3）。

加双耳是在修整器表及施纹之后进行的。为了加固双耳，一般会在耳根处敷泥。有的还在耳上端附贴小泥饼，从而兼具加固与装饰的双重效果，如H99：11（图版五，4）。

2. 修整

唇部较多见的一种做法是压印凹槽，有的压印绳纹。口部一般经湿手抹平或用工具刮抹，有的还经慢轮修整。领部和腹部多饰绳纹，但很多标本领部的绳纹后期被抹光，其做法是先用素面陶拍拍打器壁，再滚压绳纹。由于陶垫的使用，腹内壁一般会形成“（”或“）”形垫窝，以前者居多，如H99：11（图版五，5）。一些素面夹砂双耳罐器表粗糙，布满驳杂的刮抹痕，修整不精。

3. 装饰

滚压绳纹是夹砂双耳罐装饰的主流。另外，齐家文化盛行花边堆纹的做法以夹砂双耳罐为典型代表。有的夹砂双耳罐先于口沿外部附加一道花边泥条，再加双耳，这类器物可以看成是花边罐加双耳而成的，如H129：6（图版五，6）。还有的夹砂双耳罐先于双耳上贴泥条，再将泥条做成花边状。H137②：3，领及肩部残片，耳正中自上而下附加一道宽1、厚0.4厘米的泥条（泥条下部残断），泥条被横向压印出一列花边凹槽，凹槽宽0.4厘米（图版六，1）。

（四）泥质双耳罐

泥质双耳罐的制法为泥条筑成法。制作工序同于夹砂双耳罐。

1. 成型

一些标本内壁有泥条接缝。H26①：8，肩部残片，内壁有一道泥条接缝，泥条是从内侧加上的（图版六，2）。但因该泥条接缝不连续且仅有一条，故以此孤证难以推断其为泥条圈筑还是泥条盘筑。但考虑到长宁遗址齐家文化陶器盛行泥条圈筑法，故其为泥条圈筑的可能性较大。此外，很多泥质双耳罐肩内壁有竖向变形褶皱。此做法是在腹部坯体筑成之后，向内拍打或挤压其上部从而与领部衔接而造成的。如H74：11（图版六，3）。

2. 修整与装饰

器表一般会抹一层细泥陶衣，打磨光滑。一般为素面，少数腹部拍印篮纹。腹内壁有的可见“（”或“）”形垫窝，以前者居多。个别口沿与肩部施彩。口沿一般绘短斜线纹，肩部一般绘复线倒三角纹。与双大耳罐相同的是，有的泥质双耳罐肩部也是先以红彩绘出“底图”，再于其上描摹紫彩，如H31：40（图版六，4）。

（五）花边罐

长宁遗址的花边罐有两种，一种是在唇部戳印一周连续的竖向或斜向凹槽，形成锯齿状“花边口”，如H28：6（图版六，5）；另一种是先于口沿外部（少数于领上部、中部）附加一道泥条，再将泥条戳印或压印出一周连续的凹槽，形成“花边堆纹”，以第二种做法居多。有时在一件器物上可以同时见到上述两种做法，但数量较少。这两种花边罐均系泥条圈筑法制成，制作工序同于泥质双耳罐和夹砂双耳罐。

1. 成型

部分标本内壁可见水平状泥条接缝。H31：55，泥条是从内侧加上的（图版七，1）。一些标本内壁可见领肩套接缝隙。H45：44，领及肩部残片，领肩交接处内壁有一道泥条接缝，可以看出采用了领在内、肩在外的套接方式（图版七，2）。将唇部做成花边状或于口沿外部、领上部附加花边堆纹是成型的最后一道工艺，后者还能起到装饰与加固器壁的双重效果。

2. 修整

口部一般经湿手抹平或刮抹，有的还经慢轮修整。大部分先使用素面陶拍拍打领部和腹部，使器型更加规整；之后滚压绳纹。拍打腹部的时候，为了防止腹壁坍塌，一般会使用陶垫抵住腹内壁，故形成“（”或“）”形垫窝，以前者居多。

3. 装饰

器表多滚压竖向或斜向绳纹，但很多标本领部绳纹后期被抹光。花边罐中的“花边堆纹”虽都是于器物口沿外部或领上部附加泥条，尔后做成花边，但具体做法不同，主要有以下三种。

（1）压印

借助工具斜向或竖向压印出大致呈条形的凹槽。H102：35，领上部泥条用某种长条形工具（可能是木棍）压印出宽0.4厘米的斜向凹槽。压印痕延伸至泥条外，在领部亦可见到长1—1.5、宽0.1厘米的较浅的压印痕（图版七，3）。

（2）戳印

以工具斜向或竖向戳印出花边凹槽。TE1N4③：21，领上部泥条被自右向左戳印成花边，花边凹槽宽0.4—0.5厘米（图版七，4）。H52：16，口外泥条下部以自左向右的方向戳印成宽0.3—0.4厘米的斜向花边，戳印痕延伸至领部0.6—0.8厘米的范围内（图版七，5）。

（3）戳印加捏压

先用工具戳印出凹槽，再以手指捏压相邻凹槽之间的突起部分使之圆润，故捏压这一步骤实际起到了修整凹槽的作用。H53：9、H150：25，均为领及肩部残片，都采用了此种做法，前者花边凹槽宽1—1.3厘米，后者花边凹槽宽1.4—1.5厘米（图版七，6；图版八，1）。

（六）半罐形器

半罐形器因其似罐形的一半而得名。根据长宁遗址及民和喇家遗址[12]的发掘资料可知，半罐形器系将一侈口或敛口的陶罐对剖而成。具体做法是：首先，以泥条圈筑法筑成一完整的筒形深腹罐；其次，在坯体未完全干燥时将陶罐一剖为二[13]；最后，入窑焙烧。

1. 成型

将半罐形器一剖为二，有以下两种做法：

（1）以锋利的工具从器外壁或内壁上自唇至底划一道沟槽。有的沟槽未完全划透，局部可见不整齐的断碴。F7：38，从外壁划沟槽，沟槽深0.6—0.8厘米，局部器壁未划透。从腹、底交接处的沟槽打破关系来看，应是先切割器壁，再切割器底。另外，在该沟槽旁还有一道极细的切痕，应是最初切割器壁的痕迹，但该器最终未从此处剖开，故留痕于器表。切痕残长3.4厘米，宽不足0.05厘米，深0.1厘米。由此可见，切割工具非常薄且锐利（图版八，2）。

（2）除刻划沟槽外，有的还在沟槽处打一排圆孔。H39：1，腹部残，腹部从外壁划出沟槽，底部从内底划出凹槽，局部器壁未划透。腹壁部分位置有圆孔，是从外向内戳成的；底部沿沟槽自内向外戳一排圆孔，孔径0.6—0.7厘米（图版八，3）。

2. 修整与纹饰

器表一般滚压竖向或斜向绳纹，纹道较粗。有的半罐形器内壁较光滑，这应该与此类器物内壁容易被使用者注意到，从而专门对内壁采取刮抹等修整手段有关。

总体来看，长宁遗址齐家文化陶器除少数以手捏制而成外（如部分泥质的单耳小杯等），大部分系泥条圈筑法成型，部分采用了泥片贴筑法。除上述几类器物外，侈口罐、单耳罐、盆、碗（钵）、豆、敛口瓮、敛口罐、粗陶瓮、带流罐等的陶胎断面均不见分层，有的外壁可见泥条凸棱，有的内壁有较清晰的“（”形或“）”形垫窝，少数可见水平状泥条接缝，故其制法应均为泥条圈筑法。泥条圈筑法的制作工序与前述几类相似，皆为先分筑器身各部位，再套接成型。如豆，先以泥条圈筑法分别筑成豆盘与圈足，再将二者粘接在一起。有的鬲或斝的袋足可能使用了模制法。一些粗陶瓮领部（或肩部）附加花边堆纹，较特殊的如TE3N5③：16，领部（肩部）附加一道宽2.8、厚0.7厘米的泥条，以手指直接按压出深0.4、直径1.5厘米的圆形凹窝一排（图版八，4）。

二、相关问题研究

1. 齐家文化的制陶工艺

根据以往的相关材料和研究可知，齐家文化的制陶工艺是以泥条盘筑法为主的，比较流行慢轮修整技术，先分筑器身各部位再套接成型的做法也很盛行。例如与长宁遗址同处河湟谷地的柳湾齐家文化墓地，其陶器“普遍采用泥条盘筑法，但已开始使用慢轮技术”[14]；处于河西走廊东端，与长宁遗址齐家文化面貌非常接近的武威皇娘娘台遗址，其陶器“都是手制的。一般器身用泥条盘筑，器物的底、耳、颈、圈足与器足等分别制成后，再按接在一起”[15]；位于洮河流域，年代上晚于长宁遗址齐家文化的永靖秦魏家、大何庄两处遗址，其制法亦以泥条盘筑法为主，流行先分筑成器底、腹及领部再套接在一起的做法[16]。由此可以看出，长宁遗址齐家文化陶器制作采取的慢轮修整及先分筑器身各部位再套接成型的做法与其他大部分齐家文化遗址相同，但其采用的泥片贴筑法与泥条圈筑法则不见于前述几处遗址，显得较为特殊。虽有报道称个别齐家文化遗址的陶器制作方法为“泥饼贴筑法”，如位于西汉水流域的成县何家嘴遗址[17]，但总体来看泥片贴筑法是极少见的。而泥条圈筑法则似乎极少见于其他任何一处齐家文化遗址[18]。其实，即使从长宁遗址所处的地理位置——河湟谷地来看，此前的马家窑文化遗址如乐都柳湾半山、马厂文化墓葬[19]、阳山半山文化墓地[20]等，或者此后的卡约文化、辛店文化遗址如大通黄家寨[21]、循化苏呼撒卡约文化墓地[22]，乐都柳湾辛店文化墓葬[23]、民和核桃庄辛店文化墓地群[24]等，它们的制陶工艺一般也为泥条盘筑法，少数直接用手捏制成型，而未见明确报道为泥片贴筑法或泥条圈筑法的[25]。可见，长宁遗址齐家文化陶器制作的泥片贴筑法尤其是泥条圈筑法确实很特殊。参照喇家遗址齐家文化陶器的制作特点，我们觉得这应该不是个例。要想解决这一问题，需要对甘青地区先秦时期遗址的制陶工艺做更多的系统考察和总结。

泥条盘筑法与泥条圈筑法均属于泥条筑成法的范畴。前者的做法是“泥条一根一根地连续延长，盘旋上升”；后者是“泥条一圈又一圈落叠而上，每圈首尾衔接”[26]，二者的区别在于泥条接缝（凸棱）是否呈水平状以及是连续延伸还是每圈均闭合。因此，如果仅观察器壁是否有泥条接缝而不详细考察其延伸趋势，很容易将二者混淆。此外，对相关概念界定不严密也是造成二者混用的一个原因，如有的报告虽将泥条盘筑与泥条圈筑两种不同的做法分开，但却统称之为泥条盘筑法[27]。这样看来，以前被认定为泥条盘筑法制成的器物，是否实际上也包括一些是以泥条圈筑法筑成的器物呢？当然，这还有待进一步的资料积累及相关研究来证实。

另外，泥片贴筑法的制作工艺还见于关中西部下魏洛遗址的客省庄二期文化陶器中。据研究，该遗址客省庄二期文化有3件圆腹罐的上腹部采用了小泥片贴筑法。H56⑤：2，口沿及上腹部残片，其“口沿及颈部用泥条法成型，上腹部间隔一段距离就有一条纵向的泥条缝隙，泥片长宽均3厘米左右，接合处右边的泥片压在左边的泥片上”[28]。这与长宁遗址双大耳罐F14：18腹部的小泥片贴筑法非常相似，只是后者内壁有反绳纹，可能使用了内模。齐家文化因与客省庄二期文化相毗邻，二者存在较多的文化交流，这从两者共有的双大耳罐、三大耳罐、双耳罐、塔状器盖等器物便可看出[29]（图一），只是以上诸器的陶系及其在各自陶器群中所占比例不尽相同。考虑到

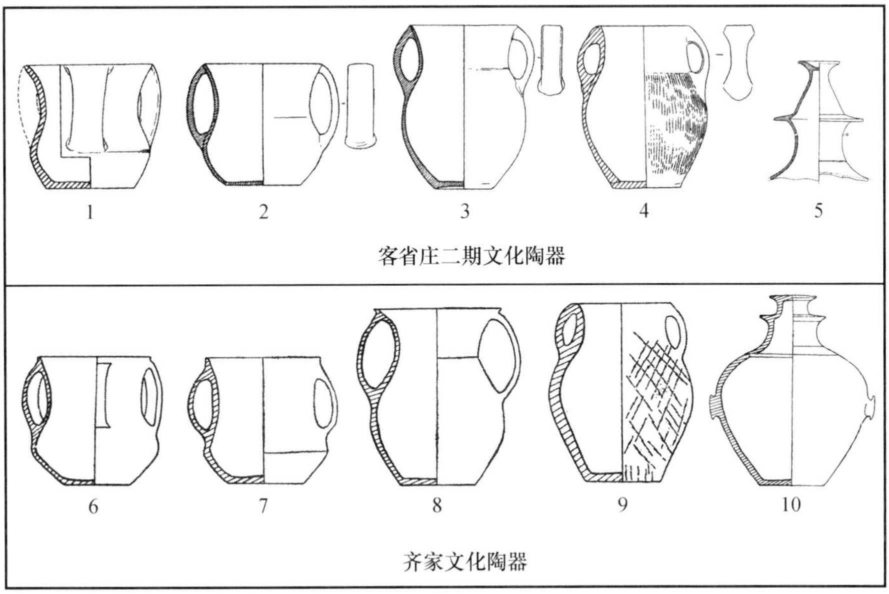

图一　客省庄二期文化陶器与齐家文化陶器

1、2、3、5. 西安米家崖H282：1、H42：10、H132：2、H42：9　4. 旬邑下魏洛H64：61　6—10. 青海柳湾M359：7、M292：1、M980：1、M1167：1、M1103：36

下魏洛遗址H56的年代可能稍早于长宁及何家嘴遗址齐家文化遗存[30]，故推测，后两者泥片贴筑制陶工艺不排除受到前者影响的可能性。这也提示我们：龙山末期，在泥条筑成法与慢轮修整盛行的西北地区，还有泥片贴筑法这种制陶工艺存在。

2. 关于新石器时代的泥片贴筑法[31]

以往的研究一般认为泥片贴筑法主要流行于新石器时代早、中期，新石器时代晚期已很少见[32]。根据最近的资料可知，在新石器时代晚期如长江中游的安乡汤家岗第一、二期遗存[33]、湘阴青山遗址[34]、秭归柳林溪新石器时代遗存[35]、珠三角地区咸头领遗址新石器时代遗存[36]及新石器时代末期西北地区下魏洛遗址客省庄二期文化[37]与长宁遗址中，都发现了以泥片贴筑法筑成的陶器。由此可见，对中国新石器时代制陶工艺，尤其是新石器时代晚期及末期制陶工艺的研究还需加强。当然，对泥片贴筑法的使用及其消亡过程也应重新估计。

注　释

［1］ 任晓燕：《青海大通长宁遗址》，《2006年中国重要考古发现》，北京：文物出版社，2007年，第27—30页；青海省文物考古研究所：《再现文明——青海省基本建设考古重要发现》，北京：文物出版社，2013年，第51—63页。

［2］ 长宁遗址出土的陶器中，有少部分属于马家窑文化及西城驿文化（“过渡类型”）。西城驿文化部分资料曾发表，见：任晓燕：《青海大通长宁遗址》，《2006年中国重要考古发现》，第27—30页；青海省文物考古研究所：《再现文明——青海省基本建设考古重要发现》，第51—63页。

［3］ 由于修整发达，陶器内壁除垫窝以外，很难看到明显的竖向泥片接缝（仅一件双大耳罐内壁有清晰地竖向泥片接缝，见下文），故判断长宁遗址陶器以泥片贴筑法成型的理由主要是从断面可见陶胎有两层甚至更多的分层现象。但因标本量有限且可观察到的分层现象主要出现在领、肩及腹下部等位置，故不排除出现分层是因为领肩、肩腹或腹底套接而敷泥形成的。本文暂将其列入泥片贴筑法范畴，待今后积累更多遗址的资料再行探讨。

［4］ 李文杰：《甘肃秦安大地湾一期制陶工艺研究》，《考古与文物》1996年第2期。后收入《中国古代制陶工艺研究》，北京：科学出版社，1996年，第25—38页。

［5］ 李文杰：《城背溪文化的制陶工艺》，《中国历史博物馆馆刊》1993年第1期。后收入《中国古代制陶工艺研究》，第119—125页。

［6］ 李文杰：《甘肃秦安大地湾一期制陶工艺研究》，《考古与文物》1996年第2期。后收入《中国古代制陶工艺研究》，第25页。

［7］ 李文杰：《城背溪文化的制陶工艺》，《中国历史博物馆馆刊》1993年第1期。后收入《中国古代制陶工艺研究》，第119—125页。

［8］ 该标本完整编号为“2006DCTE3N3H15①：39”，为节省篇幅，简写为“H15①：39”。下同。

[9] 城背溪文化有的圈足盘器身原胎内壁敷泥层出现龟裂状，李文杰先生认为是“敷泥层与原胎之间收缩率相差悬殊”造成的。长宁遗址的这件高领双耳罐领部残片，虽然其原胎内壁敷泥层没有出现龟裂，但器表敷泥层多处鼓起及其与胎心之间出现较大空隙，原因应与上述圈足盘出现龟裂一致。见李文杰：《城背溪文化的制陶工艺》，《中国历史博物馆馆刊》1993年第1期。后收入《中国古代制陶工艺研究》，第124页。

[10] 李文杰：《甘肃秦安大地湾一期制陶工艺研究》，《考古与文物》1996年第2期。后收入《中国古代制陶工艺研究》，第25页。

[11] 需要说明的是：紫红色彩是齐家文化彩陶的大宗，但笔者毕竟只是于少数彩陶上观察到了先施红彩、再以紫彩描摹而形成紫红彩的做法，且齐家文化其他遗址（墓地）并未见报道有这种施彩方法，故可能并非所有的紫红彩均系以上述方法绘成。另外，“红彩”与“紫彩”的色差究竟是由于原料成分构成的差异还是与彩的黏稠度相关，因未做具体检测，故难以确定。但不管哪种原因，这种“先施红彩、再以紫彩描摹”的绘彩方式都可以认定为一种有意识的行为。

[12] 资料现存于青海省文物考古研究所。

[13] 李文杰先生认为，长宁遗址出土的半罐形器为先分成两半再入窑焙烧，与宁夏菜园半罐形匝焙烧之后再分开不同。笔者同意这种看法。菜园遗址半罐形匝的制法见李文杰：《宁夏南部新石器时代的制陶工艺》，《中国古代制陶工艺研究》，第61—63页。

[14] 青海省文物管理处考古队等：《青海柳湾——乐都柳湾原始社会墓地》，北京：文物出版社，1984年，第220页。

[15] 甘肃省博物馆：《武威皇娘娘台遗址第四次发掘》，《考古学报》1978年第4期。

[16] 中国科学院考古研究所甘肃工作队：《甘肃永靖秦魏家齐家文化墓地》，《考古学报》1975年第2期；中国科学院考古研究所甘肃工作队：《甘肃永靖大何庄遗址发掘报告》，《考古学报》1974年第2期。

[17] 这里的“泥饼贴筑法”应该就是泥片贴筑法，只是表述不同而已。何家嘴遗址的报道见周者军：《成县发现齐家文化遗址》，《甘肃日报》2009 年11月23日第3版。

[18] 根据樊维华先生的研究，晚于齐家文化、位于甘南地区的“苉儿遗存”制陶工艺中使用了“泥圈叠筑法”。见樊维华：《苉儿遗址文化性质初探》，《考古》1994年第1期。

[19] 青海省文物管理处考古队等：《青海柳湾——乐都柳湾原始社会墓地》，第32、97页。

[20] 青海省文物考古研究所：《民和阳山》，北京：文物出版社，1990年，第67页。

[21] 青海省文物考古研究所：《青海大通县黄家寨墓地发掘报告》，《考古》1994年第3期。

[22] 青海省文物考古研究所：《青海循化苏呼撒墓地》，《考古学报》1994年第4期。

[23] 青海省文物管理处考古队等：《青海柳湾——乐都柳湾原始社会墓地》，第235页。

[24] 青海省文物管理处：《青海民和核桃庄山家头墓地清理简报》，《文物》1992年第11期；青海省文物管理处：《青海民和核桃庄小旱地墓地发掘简报》，《考古与文物》1995年第2期；青海省文物考古研究所等：《民和核桃庄》，北京：科学出版社，2004年，第22页。

[25] 一些研究者可能已经注意到了泥条盘筑法与泥条圈筑法的差别，但因表述过于简单，故

我们难以确认。如青海省文物考古研究所对民和二方遗址出土的辛店文化陶器制法的总结是："部分陶片口沿、耳、底部有明显泥条套接和接合痕迹"，句中"泥条套接"似乎表明其制法为泥条圈筑法，但从"口沿、耳、底部"等残片位置看又不能排除是指因先分筑器身再套接成型而形成的痕迹。见青海省文物考古研究所：《青海省民和县古文化遗存调查》，《考古》1993年第3期，第206页。另外，有研究者指出："甘肃彩陶主要成型方法是泥条筑成法……以盘筑法多见，马厂类型彩陶有时使用圈筑法"，见李新燕：《甘肃彩陶制作工艺实验与探索》，《考古与文物》2005年第6期。可见，甘肃地区马厂类型彩陶确有以泥条圈筑法筑成的，但青海地区马厂类型彩陶还未见明确报道。

［26］ 李文杰：《黄河流域新石器时代制陶工艺的成就》，《华夏考古》1993年第3期。后收入《中国古代制陶工艺研究》，第1—24页。

［27］ 如发掘者在总结宁夏菜园村林子梁遗址陶器制作技术时便指出，"陶容器……具体盘筑方式又有两种，一是间断叠筑式……使泥条首尾相接，然后再加另一周"；"另一种是连续螺旋式，即泥条不间断盘旋上升"。从描述可以看出，前者是典型的泥条圈筑法，后者是典型的泥条盘筑法，而发掘者却统称其为"盘筑成器"。见宁夏文物考古研究所等：《宁夏菜园——新石器时代遗址、墓葬发掘报告》，北京：科学出版社，2003年，第323页。

［28］ 郭梦：《关中西部龙山时代制陶工艺》，西北大学硕士学位论文，2009年，第37页。

［29］ 米家崖线图引自陕西省考古研究院：《西安米家崖——新石器时代遗址2004—2006年考古发掘报告》，北京：科学出版社，2012年，第270、278、313页；下魏洛线图引自西北大学文化遗产与考古学研究中心等：《旬邑下魏洛》，北京：科学出版社，2006年，第132页；柳湾线图引自青海省文物管理处考古队等：《青海柳湾——乐都柳湾原始社会墓地》，第211、218、223、225页。

［30］ 如H56出土的斝H56⑦：5、H56②：26及三大耳罐（原简报称为三大耳折腹罐）H56①：3，分别与师赵村斝F24：1、三大耳罐F9：4基本相同，其年代应该相近；而"师赵类型"的年代应早于长宁遗址齐家文化，故属于下魏洛遗址客省庄二期文化的H56的年代应早于长宁遗址齐家文化。何家嘴遗址测年据报道为距今约 3800 年，应晚于长宁遗址（关于齐家文化的分期，笔者有专文探讨，此不赘述）。相关发掘报告等见：中国社会科学院考古研究所：《师赵村与西山坪》，北京：中国大百科全书出版社，1999年，第201—204页；西北大学文化遗产与考古学研究中心：《陕西旬邑下魏洛遗址发掘简报》，《文物》2006年第9期；西北大学文化遗产与考古学研究中心等：《旬邑下魏洛》，第206—211页；周者军：《成县发现齐家文化遗址》，《甘肃日报》2009 年11月23日第3版。

［31］ 泥片贴筑法可分为小泥片贴筑法与大泥片贴筑法两种，如引文［7］。但因很多发掘报告并未详细区分，故本文在此统称其为"泥片贴筑法"。

［32］ 李文杰：《中国古代制陶工艺的分期和类型》，《自然科学史研究》1996年第1期。

［33］ 湖南省文物考古研究所：《安乡汤家岗——新石器时代遗址发掘报告》，北京：科学出版社，2013年，第61、161页。

［34］ 湖南省文物考古研究所：《湘阴青山——新石器时代遗址发掘报告》，北京：科学出版社，2015年，第47页。

［35］ 国务院三峡工程建设委员会办公室等：《秭归柳林溪》，北京：科学出版社，2003年，第31页。

［36］ 深圳市文物考古鉴定所：《深圳咸头领——2006年发掘报告》，北京：文物出版社，2013年，第313页。

［37］ 郭梦：《关中西部龙山时代制陶工艺》，第37页。

The Study on Ceramic Technology and the Related Issues of Qijia Culture In Changning Site，Datong Hui and Tu Autonomous County

Yu Mengzhou[1] Jiang Hui[1] Wang Qianqian[2]

(1. Department of Archaeology, Sichuan University 2. Qinghai Institute of Archaeology)

Abstract: Changning site，which locates in the Yellow River and the Huangshui River valley，is a significant Qijia culture settlement site. By observing its ceramic technology，we find that the upper most method of pottery making is roll building.Nevertheless，some of clay high-necked amphora and double-looped vase are made by molding with mud slices technique. Through the comparison with other Qijia cultural sites，we discover that the ceramic technology of Changning site has a certain particularity，and we analyze its causes. In addition，the article points out that we should re-estimate the process of using and dying away about the molding with mud slices technique in the Neolithic.

Keywords: Changning Site, Ceramic Technology, Roll Building, Molding with Mud Slices Technique

（责任编辑：白彬）

试论西南地区三叉格铜剑的年代与源流

陈心舟

（四川大学考古学系）

摘要：本文使用类型学方法，结合器物共存关系和测年数据，讨论了西南地区三叉格铜剑的年代，认为其主要流行时间在战国早中期而非西汉。其次结合其年代和分布讨论了三叉格铜剑的源流，认为从组合式剑的分布来看，三叉格剑来源于北方草原地区这个结论是可以接受的。考古年代学与科技考古学的线索可能显示，三叉格铜剑的传播并不是单线的直接传播，西北地区与西南地区的铜剑或自有其发展序列，而三叉格铜柄铁剑是由当地铜剑自行发展而来的。这一研究说明“边地半月形文化传播带”上传播图景应是复杂而多元的。

关键词：西南地区　战国秦汉　三叉格铜剑　铜柄铁剑　文化传播

三叉格铜剑是滇西及其邻近地区青铜文化的代表器型，形态特征明显，早已被研究者所注意，专题研究并不乏见，并多有以这种铜剑辅助单个遗址乃至考古学文化分期定年的研究。然而，由于考古发现的不平衡性以及可靠的碳十四测年数据的缺乏，这一地区的考古学年代框架和个别器物的谱系在学术界尚存在一定争议（该情况在春秋—战国—西汉这一时间段尤甚）。随着近年来盐源老龙头墓地发掘资料的系统刊布以及其他相关测年数据的逐步披露，有必要重新审视与三叉格剑相关的若干问题，并在前人研究的基础上对三叉格铜剑做一详细的专题研究。本文拟对目前研究概况做一梳理，并使用类型学的方法，结合器物共存关系以及科技考古研究成果对三叉格铜剑的年代和源流问题做进一步阐释。格呈三叉形的剑有铜剑和铜柄铁剑两类，后者争议不多。因此本文集中讨论前者，仅在必要时涉及对铜柄铁剑的分析。文中的三叉格剑若无特殊说明均指铜剑。

一、研究简述

童恩正是较早对西南地区铜剑进行系统研究的学者，他将云南滇池、洱海地区、贵州地区和川西高原的铜剑合称为西南夷系统铜剑。他注意到，洱海地区多见三叉格剑和双圆饼首剑，与其他地区有较大区别，并根据楚雄万家坝Ⅰ类墓的年代将其上限断在春秋晚期，其下限可能延续到西汉前期[1]。张增祺将滇西的青铜剑分为五型，其中仅B型剑有测年数据，分别为楚雄万家坝的2405 ± 105、大波那木椁铜棺墓的2350 ± 75以及江川李家山早期墓的2500 ± 105，因此他将B型三叉格剑的年代定在战国早中期。这样，三叉格剑的年代就从春秋末期延续到西汉中期，最终向铜柄铁剑过渡[2]。近年罗二虎对石棺葬的综合研究也涉及了三叉格剑的绝对年代，他赞同将三叉格铜剑的上限定在战国之前的论断[3]。

然而，不断有学者对滇西地区的测年数据以及与之相关的遗址年代提出质疑，自然动摇了原先对三叉格剑年代的判断。徐学书指出，李家山早期墓M21的棺木木炭测年样本不足量，且棺木的年代往往早于墓葬的实际年代。此外作为绝对年代重要依据的楚雄万家坝M23的四个碳十四测年数据竟然相差300年之多，同样的情况也发生在剑川海门口、宁蒗大兴、德钦纳古、剑川鳌凤山等墓地中，所以测年数据不足为凭。他通过将滇文化早期墓葬与川西北石棺葬对比，将滇文化的上限定在战国末期，再将滇西青铜文化的遗址与滇文化遗存进行对比，从而得出滇西青铜文化主要流行于西汉时期的结论[4]。持相似观点的还有米歇尔·皮拉左里[5]、李龙章[6]、杨勇[7]、杨建华[8]等学者。

由此可以看出，学术界对三叉格剑乃至云南青铜文化年代的认识上存在两种对立观点：一种观点把三叉格剑出现的上限提到春秋晚期，而其流行期主要在战国时代；另一种观点则认为西南地区的三叉格剑的流行年代应该在西汉之后。显而易见，这里的断代涉及两个存在广泛争议的问题：其一为不同考古学家对碳十四数据的采信程度不同，这影响到对滇西青铜文化年代的直接判断；其二为滇文化的年代。将滇西青铜文化的器物与滇文化器物进行对比从而做出绝对年代的判断是研究者的常见做法，但滇文化年代的上限同样也是一个聚讼不休的复杂问题[9]。继20世纪50年代石寨山的发掘以来，学术界通常将滇文化的年代定在西汉早期到东汉早期。1977年李家山M21的两个测年数据的发表又引起了对滇文化年代上限的改订，总体来看有春秋说、战国说、西汉说三种观点[10]。然而，石寨山第五次发掘又发现了比原石寨山文化第一期墓葬更早的遗存，对滇文化上限的认识直接影响了对滇西青铜文化年代的判断。

二、类型与年代

很多学者都对三叉格剑做了详细的类型学研究，早年有童恩正、张增祺、今村启尔等[11]，近年有罗二虎、杨建华等人[12]。以上研究多以器物形态的逻辑演变顺序为纲，使用共存器物和部分碳十四数据来确定绝对年代，这属类型学研究中的“盲排”法。鉴于西南地区测年数据的数量和质量以及对器物年代的巨大争议，这种企图以纯粹的形态顺序解决三叉格剑演变序列的研究方法似乎不够说服力。当然，在新的可靠的测年数据发表前，这两种观点都能够自圆其说，其年代谱系基本上是自洽的。这里我们试图从器物共存关系的角度出发，考察三叉格剑的相对和绝对年代，并将年代相对较确定的、最好是与可比较的叠压打破关系的单位中所出的器物作为划分型式的标准器（尽管从目前的材料看，这种理想的情况并不多见），并结合测年数据和零星的年代确定的外来器进行断代。

目前在西南地区发现有地层关系或器物共存关系的出三叉形剑的遗址有：宝兴汉塔山[13]、茂县城关[14]、剑川鳌凤山[15]、昌宁坟岭岗[16]、祥云大波那[17]、德钦永芝[18]、宁蒗大兴[19]、楚雄万家坝[20]、弥渡苴力[21]、盐源老龙头[22]、祥云红土坡[23]、宝兴等地。采集地点有宝兴[24]、大理[25]、甘孜[26]、西昌[27]、理县[28]等地。由于陶器对年代的变化是最敏感的，因此经检索报告，我们发现可以使用与三叉格剑共出的陶器并辅以个别年代相对确定的伴出物来确定部分三叉格剑的相对年代。上述遗址中铜剑与陶器伴出的单位有宝兴汉塔山M20、M27、M55，德钦永芝M2，宁蒗大兴M4、M7，楚雄万家坝M63和祥云大波那M12（该单位资料尚未全部发表）。除宝兴汉塔山墓地之外，这些单位均没有可直接比较的地层关系，只能使用相似器物的桥联法排定相对年代，而具备较理想的叠压打破关系的墓地仅有剑川鳌凤山墓地。该墓地叠压打破关系较复杂，且出有一定数量的陶器，可以作为分析的标尺。下面分析所有具有相对年代意义的地层及共存关系，并据此判断三叉格剑的演变规律进而开展类型学的研究。

汉塔山墓地本身缺乏叠压打破关系，陶器也不丰富，发掘报告认为该墓地不能进行分期，年代在战国中期到晚期。但检索器物登记表，我们发现青铜剑和青铜镞的形制变化及分布存在规律，墓葬中至少可以区分出三个组别（把出土器物较少的墓葬排除在外）：A组出AⅠ式三叉格剑（式别为原报告所定，下同），Ⅱ式、Ⅲ式双翼镞，三翼镞，Ⅰ式矛，Ⅱ式削刀，枇杷形带钩及若干装饰品，包括M12、M23、M27、M44；B组出AⅡ式三叉格剑，Ⅰ式双翼镞，鱼凫形带钩，蛇纹带钩及若干装饰品，包括M20、M34、M35、M42、M48、M50、M55；C组出B型剑，废品剑，Ⅰ式矛，Ⅱ式、Ⅲ式双翼镞，枇杷形带钩及若干装饰品，包括M16、M26、M38等（报告中所谓的A型剑即为三叉格形青铜剑，而B型剑则为巴蜀式柳叶形剑）。AⅡ式剑多与Ⅰ式双翼镞共出，AⅠ式剑与Ⅱ式、Ⅲ式剑共出，AⅠ式、AⅡ式剑不同出，Ⅰ式、Ⅱ式双翼镞亦不同出，A组有削刀而B组不出，A、B两组的带钩也截然不同。笔者认为，A、B两组器物在剑和青铜镞方面可以看出式的差别，且这种差别无一例外，应当是年代不同导致的。从上文的分析中我们知道汉塔山AⅠ式、AⅡ式铜剑的三叉格长短有别，分属不同墓组，应存在演变关系；从器物组合差别不大这一点来看，二者的年代差距可能也不大。但由于缺乏可对比的伴出陶器，两式铜剑孰早孰晚暂时还不能确定，因此只能将这两式铜剑放入三叉格剑的整体序列中去考察。

从鳌凤山墓地中还可以得到几组年代关系。万娇充分利用层位关系，对该墓地进行了重新分期，该文的分析基本符合事实情况，她的论述可以作为下文的依据之一（下称万文）[29]。鳌凤山墓地的陶器与本节开头所列的单位存在三组相似关系（以下为原报告所定型式）：Ⅰ式无耳罐与汉塔山M27所出BⅤ式无耳罐相似；Ⅰ式双耳罐与宁蒗大兴M4所出Ⅱ式双耳罐相似；Ⅱ式双耳罐与宁蒗大兴M4所出Ⅰ型2式双耳罐相似。根据后两组器物相似关系，鳌凤山Ⅰ式、Ⅱ式双耳罐应同时或至少有一段时间共存。又，鳌凤山Ⅰ式、Ⅲ式双耳罐出现在墓地早中期，Ⅱ式双耳罐出现在墓地中晚期，因此宁蒗大兴M4年代应与万文分期方案中的鳌凤山中期墓葬同时。根据鳌凤山M97无耳罐与汉塔山M27无耳罐的相似关系，汉塔山M27可能处在鳌凤山墓地的晚期，但是万文根据鳌凤山M80所出的残铁器将晚期墓葬年代定在西汉（M80并未出Ⅰ式无耳罐），这与汉塔山M27所出巴蜀式剑的年代相左。因此再次检查鳌凤山墓地的层位关系：M49中Ⅰ式无耳罐与Ⅱ式双耳罐共出（万文将其解释为Ⅱ式双耳罐沿用至晚期），与Ⅰ式无耳罐伴出器物均为铜器，且存在出Ⅰ式无耳罐的M97打破同出此器的M132的现象，因此不能排除这种无耳罐从墓地中期开始沿用的可能性。综合以上分析，宁蒗大兴M4三叉格剑与出现在鳌凤山墓地中期的鳌凤山Ⅱ式三叉格剑存在共时关系，汉塔山M27所出AⅠ式剑与前两者有共时关系但延续的年代下限可能更晚。

以宁蒗大兴、剑川鳌凤山以及汉塔山墓地铜剑为基础可以构建出三叉格剑演变的逻辑序列（图一）。全部三叉格剑依茎、格和整体形态的变化可分二型五式。

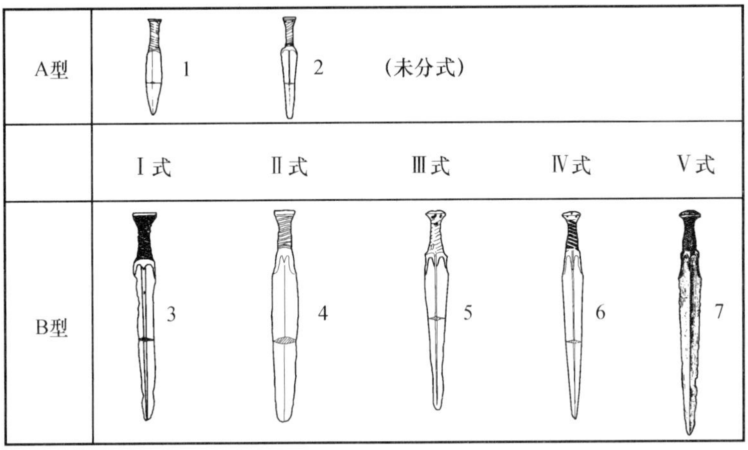

图一　三叉格铜剑型式

1.茂县城关（DM7：1）　2. 盐源老龙头（M4：3）　3. 剑川鳌凤山（M87：1）　4. 昌宁坟岭岗（M10：1）　5. 宝兴汉塔山（M35：1）　6. 宝兴汉塔山（M44：2）　7. 宝兴城内土坑墓采集铜剑

A型　资料过少，不能分式。整体形态矮胖，剑首多为平首，剑茎相对剑身较长，茎部素面或带粗螺旋纹，格与本连接处多呈弧形，三叉格较浅较短。属此式者有茂县城关DM7：1、德钦永芝采：07、盐源老龙头M4：3、弥渡苴力采集铜剑、德钦永芝采：09铜剑等。

B型　形态瘦长。依整体形态和三叉格的变化可分五式。

Ⅰ式：整体形态略瘦长，茎与本的连接处部呈弧形，茎部饰较细的螺旋纹。属此式者有宁蒗大兴M7：2、M4：8、剑川鳌凤山M87：1、楚雄万家坝M63：4等。

Ⅱ式：整体形态类似Ⅰ式，格与本连接处较平，三叉格变长，格部末端略外张。

属此式者有祥云大波那M12铜剑、昌宁坟岭岗二期墓葬铜剑、宁蒗大兴采：02，德钦永芝M2：7、祥云红土坡M59：1、祥云大波那木椁铜棺墓铜剑等。

Ⅲ式：整体形态更加瘦长，三叉格更长，格部末端略外张。属此式者有宝兴汉塔山B组铜剑等。

Ⅳ式：整体形态近似Ⅲ式，但三叉格长于Ⅲ式且格部末端明显外张，出现三叉格内填方格纹的铜剑。属此式者有宝兴汉塔山A组铜剑等。

Ⅴ式：形态瘦长，剑茎有饰粟点纹和螺旋纹两种，三叉格长且明显外张。属此式者有宝兴城内土坑墓采集铜剑、大理大墓坪采集铜剑等。

三叉格铜剑的变化趋势为整体形态向瘦长发展，茎与本的连接处由弧变平，格部逐渐变长且末端外张。

A型剑形态变异相对较大但材料不多，定年有一定风险。其中科学发掘所得者有茂县城关DM7：1与盐源老龙头M4：3。城关DM7所出双耳罐口径小于底径，口沿不平，口部形态为椭圆形，垂腹较甚。这一系列特点表明这种双耳罐处于从口部较平、口肩比较小的双耳罐向菱形口双耳罐过渡的阶段。有学者根据近年公布的茂县营盘山资料为基础，整理了岷江上游石棺葬所出陶器的分期，根据这一框架该双耳罐年代应在战国晚期之后[30]。盐源老龙头M4年代基本没有争议，所出菱形口双耳罐具有明显的战国晚期到汉代的风格[31]，因此老龙头铜剑的年代应该也与城关DM7相当或更晚。

BⅠ式剑中具有测年数据的有剑川鳌凤山M87：1与楚雄万家坝M63：4。楚雄万家坝墓地共四个碳十四数据，这一组数据的争议颇大，上文已述一些学者指出棺木测年通常偏早，并使用铜器的交叉对比将万家坝墓地的年代断在汉代。楚雄万家坝的陶器多破碎，仅公布了一张陶罐的线图。该陶罐风格近似汉塔山墓地报告所分的BⅠ式罐，因此万家坝墓地的年代下限似乎不太可能晚至西汉（见下文）。接着再看鳌凤山墓地的定年。鳌凤山M87与M50共出BⅠ式剑，M50测年数据为2350±80，为战国早期[32]，由于鳌凤山墓地M50测年所用的样品为人骨，因此应当是较为可信的。故BⅠ式剑定在战国早期为宜，上限可能进入春秋晚期。

BⅡ式剑中红土坡墓地M14的测年数据为2295±115[33]，为战国中期。祥云大波那木椁铜棺墓两次测年，2007年测年数据为2425±55[34]，1977年测年数据为2350±75[35]。考虑到棺木测年可能偏早，该式剑定在战国中期为宜。

BⅣ式剑无测年数据，也缺乏可供对比的陶器，但汉塔山M27中出一件巴蜀式剑。巴蜀式剑的研究较充分，可以用来作为判断年代的参考。根据江章华对巴蜀式剑的分期研究，这柄剑处在战国中晚期[36]。因此BⅣ式剑流行的时间可能也处在战国中晚期。

BⅢ式剑亦无测年数据，从三叉格逐渐变长的趋势来看，这种铜剑应早于BⅣ式剑。上文已述，Ⅲ式、Ⅳ式铜剑器物组合差别不大，因此Ⅲ式剑的年代定在战国中期左右较为合适。

BⅤ式剑均为采集所得，无法直接定年。这种剑已经脱离了三叉格铜剑的早期形态，相似的造型多见于铜柄铁剑，如茂县牟托一号墓、茂县城关墓地、江川李家山墓地等，因此该式铜剑的流行年代应在战国晚期左右，下限可能进入秦汉时期。

综合以上分析，三叉格铜剑的流行年代主要在战国早中期，上限可能进入春秋时期，下限可能晚至西汉。

三、三叉格铜剑源流的讨论

1. 来源

童恩正最先论及三叉格剑的来源，他认为德钦永芝所出空扁圆形茎铜剑是这种剑的雏形[37]。目前学界普遍认为三叉格剑的根本源头在远东草原地区。近年有学者详细论述了该观点，文章举出米努辛斯克盆地所出的一种形态矮短的铜剑，认为是三叉格剑的原型（图二，1），并从年代学的角度指出三叉格剑的年代在西北最早，川西其次，滇西及滇西北最晚，因此构建出三叉格剑南传的脉络[38]。米努辛斯克剑从形态上看似乎与本文所分A型剑比较类似，但格部仅出两叉，因此这一结论基本上是可以接受的，只是论者限于考古材料没有指出这种铜剑的具体传播图景，这里加以简单的补充论述。米努辛斯克盆地的铜剑与中国所发现的铜剑的区别在于，这种铜剑是组合式剑，其剑身是用铆钉固定在剑柄上的，如果将这种组合式剑的柄部拆卸下来，可以看到格部有若干个钉孔。组合式剑是中欧及东欧青铜时代常见的器物，在西到希腊克里特岛、东到乌克兰、北到波罗的海、南到意大利的广大地区都有分布，与之伴出的往往还有有銎斧、曲刃矛等具有明显草原特色的器物[39]。因此可以说，组合式剑是一种“异域”传统，在中国境内则并未出现这种铜剑。此外，从另一个角度看，欧亚草原的广大地区至今还没有发现格部呈三叉形的铜剑，中国的早期三叉格铜剑从形态上看就是比较特殊的。从制作技术上看，中国境内的三叉格铜剑均为一体铸成，而三叉格铜柄铁剑则使用焊接的方法将剑柄剑身结合在一起。这或许是由于东西方铜剑出现的年代不同所导致的，又或许是出于东西方技术传统的差别，将来如果在中亚或新疆地区发现更多此类铜剑，应该能够将这一图景补充得更加完全。

然而，三叉格铜剑南传的框架中还有一些值得考虑的地方。目前几乎所有学者都将形态短矮的三叉格剑置于铜剑演化链条的首端，这从器物变化的趋势来看似乎并无不妥。但从上文对各型式铜剑的年代判断来看，A型铜剑中可明确定年的两柄铜剑的年代都较晚，在战国晚期到西汉时期。如果说这个明显的矛盾是由考古发现的偶然性所导致的，但也无法看出A型铜剑与B型剑有什么样的直接演变关系，两者之间应该还有一些缺环。出土A型剑的茂县城关同样也采集到了属本文BⅡ式的三叉格铜剑，这似乎说明在战国晚期之后直至西汉初期，即B型三叉格铜剑渐趋消亡的时候，A型剑才在川西地区出现。此外，滇西地区至今无论是采集还是科学发掘者都没有发现A型铜剑，

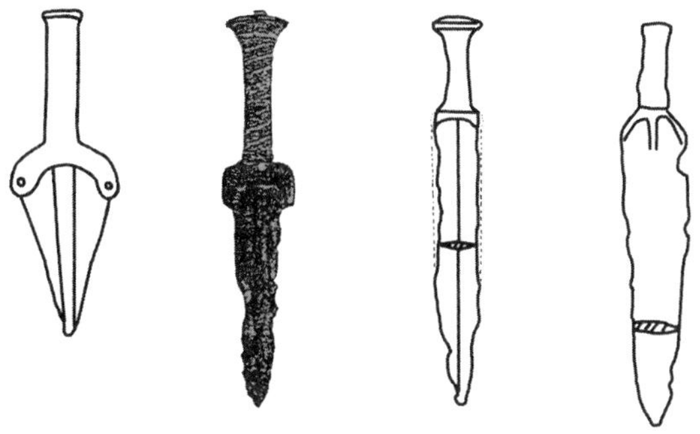

图二　三叉格铜剑的来源

1. 米努辛斯克盆地出土铜剑　2. 天理参考馆馆藏铜剑　3. 昌宁坟岭岗（M6：2）　4. 哈密天山北路墓地出土铜剑
（1改自《考古》2010年第4期，第73页，图二；2改自罗二虎：《文化与生态、社会族群：川滇青藏民族走廊石棺葬研究》，第301页，图6-15-4）

这说明A型剑可能并没有进入这一地区。因此，鉴于A型剑目前可断定的年代证据都很晚，且均发现于三叉格剑分布的核心区域（滇西地区）之外，我们很难认为这种剑是直接发展到滇西地区那种形态较稳定的三叉格剑的（图三）。事实上，滇西地区年代确定的最早的三叉格铜剑就是本文所划分的BⅠ式剑，其演化的链条中并没有向老龙头墓地和茂县城关墓地的那种A型铜剑演变的序列。

那么如何解释A型剑形态学上的"原始性"呢？我们认为，这一现象可能显示西南地区三叉格铜剑来源和发展过程比较复杂，并不一定直接来源于中国西北地区。滇西与滇西北地区的三叉格剑应当是受到了新疆天山北路铜剑在造型方面的影响，但却自己生产了具有本地特征的三叉格铜剑。

目前西北地区发现的年代较早的三叉格剑的遗址包括哈密天山北路墓地[40]、中卫狼窝子坑墓地[41]、庆阳北葬马坑[42]、礼县大堡子山墓地[43]等地，这也被很多学者援引为西南地区三叉格剑源于西北地区的证据。鉴于BⅠ式剑能够早到战国早期，这些材料中年代确定早于西南地区三叉格剑的仅有天山北路铜剑一例（图二，4）。天山北路铜剑带有较多原始特征，格部与本交界处呈弧形，茎部素面，但整体形态略瘦长。本文划分的BⅠ式剑从形态上与这柄剑的关系应比较密切，但这柄剑并没有从类型学的角度填补米努辛斯克铜剑和A型铜剑与B型铜剑之间的缺环，两者可能属于不同的系统。

如果把目光投向西南地区，我们发现更值得关注的是昌宁坟岭岗的二叉格剑。该遗址的分期显示这种剑在这个墓地中被三叉格剑取代（图二，3）。二叉格剑在当地并无源头，且与三叉格剑有明确的相对早晚关系，不能排除这种剑是原始二叉格剑传入西南地区后经过当地土著居民的改造后器型变得瘦长，最后再演变为三叉格剑的可能性。罗二虎在其研究文章中介绍了日本天理参考馆所藏青铜短剑[44]（图二，2）。从拓片观察该剑格部为二叉格，形态较为规整，首部和茎部都接近典型三叉格剑的形制，也处于二叉格剑发展到三叉格剑的中间环节，其年代应早于本文的BⅠ式剑和坟岭

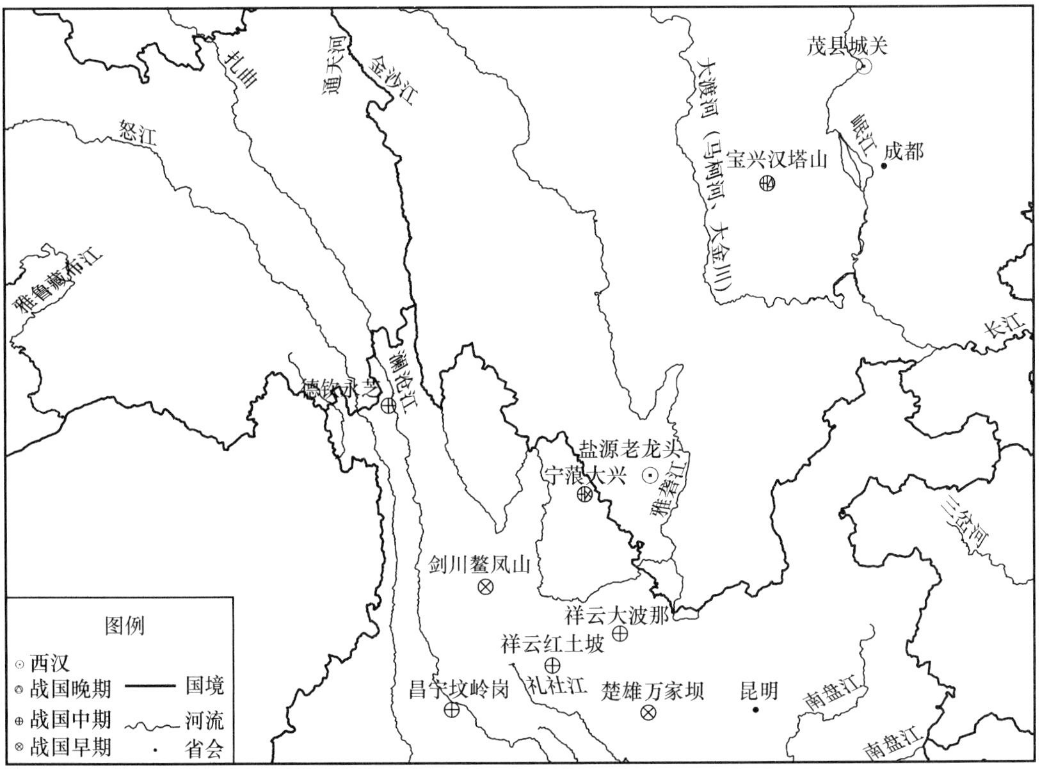

图三　西南地区科学发掘出土的三叉格铜剑分布示意图

岗二叉格剑。昌宁坟岭岗二叉格剑与天理参考馆铜剑从形态上正可以填补从原始三叉格剑发展到BⅠ式三叉格剑的缺环。这一发展序列不见于其他地区，可能是滇西地区铜剑演变过程中的特色。

此外，科技考古的研究也提供了一些线索。巢云霞等对昌宁坟岭岗五柄三叉格铜剑进行了金相分析，其中有明确出土单位的包括M23：2、M27：2两例，结果显示其材质均为铜锡合金，加工方式主要是热锻后冷加工和铸后冷加工[45]。李晓岑等曾在其对德钦永芝出土铜器的研究中指出，热锻后冷加工的技术为云南其他地区所不见。因此坟岭岗的三叉格铜剑、也包括永芝墓地的部分铜器很可能是当地生产的[46]。这与上文分析的结论是基本吻合的。当然，铜器的加工技术只属间接证据，最好是在当地发现和铸造明确相关的遗存，或具有铅同位素考古的证据。但目前资料还不具备进行这种分析的条件。

因此，综合类型学和科技考古资料，可做出这样的推测：铸造三叉格剑的观念与技术从北方草原地区经川西北传播到滇西和滇西北地区。至少在这种剑传至滇西地区时，当地土著人群就已经对其进行改造，在抛弃了西北地区铜柄铁剑的传统的基础上，生产了一些带有本地特征的铜剑，坟岭岗二叉格剑即是其中一例。最后作为典型滇西和滇西北文化特征的BⅠ式—BⅣ式三叉格铜剑在这一过程中脱胎而出。这一历史图景在考古学上的物质体现正是西北地区最早的三叉格剑均为铜铁合制却无铜质，而且在川西地区发现的原始形态的三叉格剑年代并不一定早于滇西和滇西北地区的BⅠ式—BⅣ式剑。川西地区在较晚的时期出现的A型剑表明域外文化因素不断地进入该地区，而滇西地区至少早在战国早中期就已经形成了自己的用剑传统，并没有受到这一波北方文化因素传播的强烈影响。追本溯源，三叉格铜剑在西南地区出现的早期阶段受到了来自欧亚草原、西北地区和本地传统的三重影响。

2. 去向

以往学者多认为三叉格铜柄铁剑是由西南地区的三叉格铜剑自行发展而来[47]，而20世纪80年代末宁夏中卫狼窝子坑、庆阳城北葬马坑等地所出的三叉格铜柄铁剑使一些学者开始重新审视这种剑的来源问题，认为西南地区的三叉格铜柄铁剑是从西北地区传播而来[48]。其中狼窝子坑M3所出铜柄铁剑被认为年代在春秋中期，是北方地区年代最早的一柄三叉格铜柄铁剑，甚至早于西南地区的三叉格铜剑，成为许多学者立论的基础[49]，因此这里不得不对这一材料加以讨论（图四，1）。这柄剑的形制比较特殊，首先其长度达48.7厘米，与早期三叉格剑的规格殊异。茎部有较为规整的螺旋纹。格部较粗，三叉格底部与茎相接处几乎平行。这些特点显示这种三叉格剑已经脱离了其原始形制，与年代更早的天山北路铜剑和米努辛斯克铜剑差别很大，更与西南地区形态短胖的三叉格铜剑（主要是本文所分的A型剑）缺乏演变关系。而且尽管该剑被认为可能在春秋时期，但具体年代并非没有讨论空间，如罗二虎认为中卫狼窝子坑墓地中至少部分墓葬可以晚到战国[50]。所以将所有三叉格剑的源头都追溯到这柄铜柄铁剑上，并将其纳入从西北到西南的三叉格剑整体演变序列中的做法显然是不恰当的。

从西南地区铜柄铁剑的序列中可以清楚地看出三叉格铜柄铁剑是在三叉格铜剑完全本土化后自然产生的。苏奎、尹俊霞对三叉格铜柄铁剑做了详细的类型学研究[51]（下称苏文），将其分为四式，其演变规律为剑格逐渐变长，纹饰由简单变得繁缛。其中苏文所分Ⅱ式、Ⅲ式、Ⅳ式均与半两钱共出，因此年代无疑。唯Ⅰ式剑年代较早，其中茂县牟托一号石棺所出的剑处在苏文分期的最早阶段，柱状剑首，剑身较长，形制近似本文所分BⅤ式剑，年代也较晚，在战国中晚期（图四，2）。在这一阶段之后，出现了剑格内填几何纹的三叉格铜柄铁剑，这种剑也是铜柄铁剑中较常见的形式，其剑格的装饰风格应当萌芽于西南地区的三叉格铜剑，如宝兴汉塔山M12：2铜剑，其剑格部位的纹饰与此后的铜柄铁剑极其类似，而这种装饰手法则不见于宁夏中卫狼窝子坑的年代较早的铜柄铁剑（图四，3）。可以看出，铜柄铁剑和三叉格铜剑的演变序列在西南地区是紧密衔接的，在形制上没有缺环。因此三叉格铜剑在西南地区自行演变为三叉格铜柄铁剑这一论断是没有问题的。不过，三叉格铜剑在战国中晚期演变为铜柄铁剑后其形态依然与西北地区的铜柄铁剑非常近似，考虑到三叉格铜柄铁剑在西北地区至少从春秋战国之际直至战国中晚期仍被使用，如宁夏西吉县陈阳川墓地铜柄铁剑、宁夏固原马庄墓地铜柄铁剑都属这一时期[52]，所以不能否认这一转变也

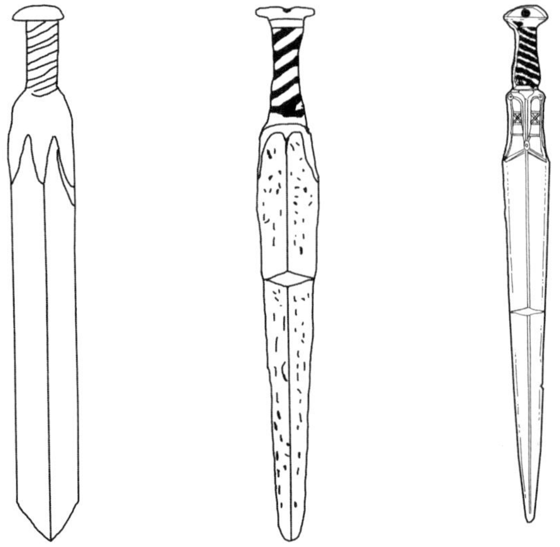

图四　西北与西南地区的三叉格铜柄铁剑

1. 中卫狼窝子坑（M3：2）　2. 茂县牟托（M1：147）　3. 宝兴汉塔山（M12：2）

带有北方文化因素的烙印，应当是西南与西北地区持续的文化交流所导致的。这一交流过程很可能与滇西及其邻近地区铁器的使用有关。

四、结　语

本文讨论了西南地区三叉格剑的年代，认为其主要流行时间可能在战国早中期而非西汉，并结合其分布讨论了其来源问题，目前可供使用的资料显示，三叉格铜剑在西南可能存在有别于西北地区的发展序列。西南地区的三叉格铜柄铁剑是直接由本地的同类型铜剑发展而来的。从三叉格铜剑的传播中可以发现，童恩正提出的边地半月形传播带上的文化传播图景并不是简单的直接传播，北方文化因素南下的过程中受到了当地人群的积极改造。这提示我们或许应当从另外一个角度来看待云南青铜文化产生与发展的过程。

另外需要注意的一点是，在滇西地区之外所发现的三叉格铜剑数量并不多，故本文对三叉格铜剑的相对年代和绝对年代的判定是基于数量不多的测年数据与地层关系做出的。目前基于不同器物对滇西地区及其邻近地区考古材料的定年研究有很多抵牾之处，尚需要一些合理的解释，但这已超出了本文的讨论范围。因此，三叉格剑的产生、发展和传播的图景还需要将来科学发掘的资料以及金相、同位素等科技研究的成果加以验证甚至修订。

注 释

[1] 童恩正：《我国西南地区青铜剑的研究》，《考古学报》1977年第2期。

[2] 张增祺：《略论滇西地区的青铜剑》，《考古》1983年第7期。

[3] 万娇：《剑川鳌凤山竖穴土坑墓的分期与年代》，《四川文物》2013年第1期；罗二虎：《文化与生态、社会族群：川滇青藏民族走廊石棺葬研究》，北京：科学出版社，2011年，第287—303页。

[4] 徐学书：《关于滇文化和滇西青铜文化年代的再探讨》，《考古》1999年第5期。

[5] 米歇尔·皮拉左里：《滇文化的年代问题》，《考古》1990年第1期。

[6] 李龙章：《楚雄万家坝墓群及万家坝型铜鼓的年代探讨》，《文物》2003年第12期。

[7] 杨勇：《战国秦汉时期云贵高原考古学文化研究》，北京：科学出版社，2011年，第201—257页。

[8] 杨建华：《三叉格护手剑与中国西部文化交流的过程》，《考古》2010年第4期。

[9] 由于石寨山第五次发掘的资料近年来才全面发表，因此早年一些学者的文章中所提的“石寨山文化早期”或“滇文化早期”实际上指的是以呈贡天子庙M41、M33等为代表的早期墓葬。石寨山第五次发掘发现了更早的石寨山文化遗存，蒋志龙根据新出资料对滇文化的上限进一步修正，原“滇文化早期”处在蒋志龙分期方案的第二期中。可参见蒋志龙：《金莲山墓地研究》，吉林大学博士学位论文，2013年，第3、4页。

[10] 蒋志龙：《金莲山墓地研究》，吉林大学博士学位论文，2013年，第3、4页。

[11] 童恩正：《我国西南地区青铜剑的研究》，《考古学报》1977年第2期；张增祺：《略论滇西地区的青铜剑》，《考古》1983年第7期；今村启尔著，黄德荣译：《滇西青铜剑》，《云南文物》1994年总第38期。

[12] 万娇：《剑川鳌凤山竖穴土坑墓的分期与年代》，《四川文物》2013年第1期；罗二虎：《文化与生态、社会族群：川滇青藏民族走廊石棺葬研究》，第287—303页；杨建华：《三叉格护手剑与中国西部文化交流的过程》，《考古》2010年第4期。

[13] 四川省文管会、雅安地区文管所、宝兴县文管所：《四川宝兴汉塔山战国土坑积石墓发掘报告》，《考古学报》1999年第3期。

[14] 四川省文管会、茂汶县文化馆：《四川茂汶羌族自治县石棺葬发掘报告》，文物编辑委员会编：《文物资料丛刊》（7），北京：文物出版社，1983年，第34—55页。

[15] 云南省文物考古研究所：《剑川鳌凤山古墓发掘报告》，《考古学报》1990年第2期。

[16] 云南省文物考古研究所：《云南昌宁坟岭岗青铜时代墓地》，《文物》2005年第8期。

[17] 云南省文物工作队：《云南祥云大波那木椁铜棺墓清理报告》，《考古》1964年第12期；云南省文物考古研究所、大理州文物管理所、祥云县文物管理所：《云南祥云大波那墓地》，《考古》2015年第7期。

[18] 云南省博物馆文物工作队：《云南德钦永芝发现的古墓葬》，《考古》1975年第4期。

[19] 云南省博物馆文物工作队：《云南宁蒗县大兴镇古墓葬》，《考古》1983年第3期。

［20］ 云南省文物工作队：《楚雄万家坝古墓群发掘报告》，《考古学报》1983年第3期。
［21］ 云南省博物馆文物工作队：《云南弥渡苴力战国石墓》，《文物》1986年第7期。
［22］ 刘弘、唐亮：《老龙头墓葬和盐源青铜器》，《中国历史文物》2006年第6期。
［23］ 资料未完全公布，仅见少量铜剑的照片，参见李晓岑、苏君川、杨伟林：《云南祥云县红土坡石棺墓出土铜器的再研究》，《大理学院学报》2014年第9期。
［24］ 宝兴县文化馆：《四川宝兴出土的西汉铜器》，《考古》1978年第2期。
［25］ 大理县文化馆：《云南大理收集到一批汉代铜器》，《考古》1966年第4期。
［26］ 安志敏：《四川甘孜附近出土的一批铜器》，《考古通讯》1958年第1期。
［27］ 童恩正：《我国西南地区青铜剑的研究》，《考古学报》1977年第2期。
［28］ 冯汉骥、童恩正：《岷江上游的石棺葬》，《考古学报》1973年第2期。
［29］ 万娇：《剑川鳌凤山竖穴土坑墓的分期和年代》，《四川文物》2013年第1期。
［30］ 何琨宇：《岷江上游石棺葬的分期与年代》，《四川文物》2009年第4期。
［31］ 凉山彝族自治州博物馆、成都市文物考古研究所：《老龙头墓地与盐源青铜器》，北京：文物出版社，2009年，第184页。
［32］ 中国社会科学院考古研究所实验室：《放射性碳素测定年代报告》（一二），《考古》1985年第7期。
［33］ 转引自李晓岑、苏君川、杨伟林：《云南祥云县红土坡石棺墓出土铜器的再研究》，《大理学院学报》2014年第9期。
［34］ 转引自李晓岑、韩汝芬：《云南祥云县大波那木椁铜棺墓出土铜器研究》，《考古》2010年第7期。
［35］ 中国科学院考古研究所实验室：《放射性碳素测定年代报告》（四），《考古》1977年第3期。
［36］ 江章华：《巴蜀柳叶形剑研究》，《考古》1996年第9期。
［37］ 童恩正：《我国西南地区青铜剑的研究》，《考古学报》1977年第2期。
［38］ 杨建华：《三叉格护手剑与中国西部文化交流的过程》，《考古》2010年第4期。
［39］ 此类铜剑数量很多，不一一注明出处。见G. Marija., *Bronze age cultures in central and eastern Europe*, The Hague: Mouton ＆Co, 1965.
［40］ 北京科技大学冶金与材料史研究所、新疆文物考古研究所、哈密地区文物管理所：《新疆哈密天山北路墓地出土铜器的初步研究》，《文物》2001年第6期。
［41］ 周兴华：《宁夏中卫狼窝子坑的青铜短剑墓群》，《考古》1989年第11期。
［42］ 庆阳地区博物馆、庆阳县博物馆：《甘肃庆阳城北发现战国时期葬马坑》，《考古》1988年第9期。
［43］ 早期秦文化联合考古队：《2006年甘肃礼县大堡子山东周墓葬发掘简报》，《文物》2008年第11 期。
［44］ 罗二虎：《文化与生态、社会族群：川滇青藏民族走廊石棺葬研究》，第301页。
［45］ 巢云霞、李晓岑、王黎瑞：《古哀牢地区出土青铜剑的科学分析》，《大理学院学报》2011

年第4期。
[46] 李晓岑、员雅丽、和桂华：《云南德钦永芝古墓葬出土铜铁器的初步分析》，《中国国家博物馆馆刊》2014年第5期。
[47] 张增祺：《云南铜柄铁剑及其有关问题的初步探讨》，《考古》1982年第1期。
[48] 宋治民：《三叉格铜柄铁剑及相关问题的探讨》，《考古》1997年第12期。
[49] 杨建华：《三叉格护手剑与中国西部文化交流的过程》，《考古》2010年第4期；宋治民：《三叉格铜柄铁剑及相关问题的探讨》，《考古》1997年第12期。
[50] 罗二虎：《文化与生态、社会族群：川滇青藏民族走廊石棺葬研究》，第302页。
[51] 苏奎：《试析西南夷地区的三叉格铜柄铁剑》，《四川文物》2005年第2期。
[52] 杨建华：《三叉格护手剑与中国西部文化交流的过程》，《考古》2010年第4期。

A Study on the Chronology, Origin and Development of Bronze Trident-shaped Swords in Southwest China

Chen Xinzhou
(Department of Archaeology, Sichuan University)

Abstract: Based on typological study and related ^{14}C data, this paper proposed that the majority of bronze trident-shaped swords found in southwest China can be dated to Warring state period instead of Western Han Dynasty. Then the origin and development of bronze trident-shaped swords is discussed. The author agrees with the original proposal that this trident-shaped swords are distributed from the Eurasia steppe, yet the pattern of diffusion could be complicated. Chronological and Archaeometallurgical evidence indicates two different local developments of bronze trident-shaped swords between Southwest and Northwest China. This study shows that general pattern of diffusion in the "half moon-shaped cultural zone" could be complex and multi-oriented.

Keywords: Southwest China, Warring-State Period, Western Han, Bronze Trident-shaped Swords, Iron Swords with Bronze Trident Guard, Cultural Diffusion

（责任编辑：吕红亮）

老官山M1木牍与西汉蜀商

索德浩　谢　涛

（成都文物考古研究所）

摘要：本文对老官山M1木牍中与商业有关的四段文字进行了释读。四段文字系武帝元狩至元鼎年间与商业有关的律文，涉及“算缗”“占租”“平贾”“借贷”等方面内容。律文对蜀商有重要影响。西汉前期，占据天时、地利、人和的蜀商迅速成为汉帝国内最具影响力的商业群体，备受瞩目。但至西汉中期，蜀商突然衰落。木牍记录的商业内容和形成时间为了解蜀商衰落提供了重要线索，该时期武帝实行了一系列打击商人的财政政策。

关键词：老官山汉墓　木牍　蜀商　西汉

一、M1木牍内容释读

近来，成都文物考古研究所、荆州文物保护中心在天回镇老官山清理了4座西汉时期竖穴土坑木椁墓，出土了大量器物，其中木牍、织机模型、医简及人体经穴漆人像等引起了学界诸多关注。笔者此处对木牍的部分内容略作探讨。

木牍出土于M1。M1形制与其他3座墓葬略有不同，无底箱，带墓道，平面呈“凸”字形，外有椁，椁内分箱，内有2具木棺。出土陶、漆、木、铜、铁、银、棕、竹、石等大量器物。时代为武帝时期[1]。墓主显非普通百姓，从出土的“景氏”耳杯来看，很有可能是楚国贵族景氏后裔[2]。

木牍约50余枚（含残片），内容大致可以分为官府文书、巫术、医方[3]三类。其中官府文书中有与商业有关的内容，摘录如下[4]（图一—图四）：

图一　1号木牍

（1）……陇西左右内史一道……/……赐者众算令曰诸……（M1：118）

（2）……欲以取利而不租者及……/……及贷钱斤（字有

图二　2号木牍

图三　3号木牍

图四　4号木牍

残缺，简报释为“斥”，笔者疑为“它”字）[5]物若赊……/……上者令出率万钱出……（M1：158）

（3）……勿治令诸郡国贾……/……皆益加朱十钱以均之……/…… 贾皆没以所不占县……（M1：158）

（4）……者宜重租之匿不自占占不以演（？）/……买物直万钱者而非（？）平者不/……（M1：158）

1号木牍中的“陇西”，即陇西郡，秦置，“有铁官、盐官。”[6]原属雍州，元朔二年（前127年）雍州改属凉州，元鼎三年（前114年）分置天水郡。

“内史”，简报释为“陇西内史”，误矣。

内史原是官职名，“周官，秦因之，掌治京师。景帝二年分置左〔右〕内史。”（师古曰：“《地理志》云：‘武帝建元六年置左右内史，而此表云景帝二年分置，表志不同。又据史记，知志误矣。’”）“右内史武帝太初元年更名京兆尹……左内史更名左冯翊。”[7]内史之名出现于西周中期左右，《周礼·宗伯》对其职责有明确记载：“内史掌王之八枋之灋，以诏王治。一曰爵，二曰禄，三曰废，四曰置，五曰杀，六曰生，七曰予，八曰夺。”[8]春秋时期，内史职能繁复，不仅代表周王到诸侯国行赏赐策命及聘问庆吊之礼，而且还对诸侯的行为道德进行评判，以赞王治。战国时期，内史职能转为主管财政经济，农、牧、工、商等行业似都与内史有密切关系。蜀地发现的青川木牍记载了一位秦内史：“王命丞相茂、内史匽，□□更修为田律。”[9]秦始皇统一六国后，从内史中分出治粟内史管财政，内史成为京师长官[10]。汉初，国家尚未安定，内史职责并未固定。稍后，汉承秦制，治粟内史掌财经事务，内史则专治京师[11]。观内史演变可知1号木牍成文下限在太初元年（前104年）。

秦以后，内史治京师，逐渐演变成地方行政区域名称。《汉书·地理志》：“本秦京师为内史”，师古曰：“京师，天子所都畿内也。秦并天下，改立郡县，而京畿所统，特号内史，言其在内，以别于诸郡守也。”[12]

故西汉“内史”有两层意思：

（1）京师长官，这批木牍中录有此职：

……内史臣信成□当署臣……/……□明界中宅二区在侍工……/……界河东各千百顷（？）八百……

信成，即李信成，元鼎四年（前113年）为右内史，表明该木牍成文上限是公元前113年[13]。此文主要内容是确定房、田边界。

（2）三辅地区，即秦代的京师。

可见地方郡县并未设有“内史”一职，当然也不存在“陇西内史”之职。1号牍文中的“陇西”和“左、右内史”系并指行政区。

“……赐者众算令曰诸……”，难点在“算令”二字。简报释为“关于缴纳算赋的法令”。笔者以为“算令”就是“算缗令”，乃汉武帝针对商人而发布的条令：

> 异时算轺车贾人缗钱皆有差，请算如故。诸贾人末作贳贷卖买，居邑稽诸物，及商以取利者，虽无市籍，各以其物自占，率缗钱二千而一算。诸作有租及铸，率缗钱四千一算。非吏比者三老、北边骑士，轺车以一算；商贾人轺车二算；船五丈以上一算。匿不自占，占不悉，戍边一岁，没入缗钱。有能告者，以其半畀之。贾人有市籍者，及其家属，皆无得籍名田，以便农。敢犯令，没入田僮。[14]

“赐者众”当是赏赐众多的意思。据《史记·平准书》，战争多、赏赐重是实行算缗令的一个重要原因。

（元朔五年）汉遣大将将六将军……击右贤王……明年，大将军将六将军仍再出击胡……捕斩首虏之士受赐黄金二十余万斤，虏数万人皆得厚赏，衣食仰给县官。[15]

（元狩二年）骠骑仍再出击胡……其秋，浑邪王率数万之众来降……既至，受赏，赐及有功之士。是岁费凡百余巨。[16]

（元狩四年）大将军、骠骑将军大出击胡……赏赐五十万金。[17]

文中众多赏赐应该就是牍文中的“赐者众”。于是才实行“算令”（算缗令）。据《汉书·武帝纪》记载：“（元狩）四年……初算缗钱”[18]，即元狩四年（前119年）实行算缗令，正与战事时间吻合。

4号木牍中的“……者宜重租之匿不自占占不以演（？）”与算缗令中的“匿不自占，占不悉”内容基本一致。意思是若有商人隐匿不自度财产的，或者隐瞒部分财产、上报不详尽的，将给予处罚，也属于算缗内容。其文原出于《墨子·号令》：

度食不足，食民各自占家五种石升数，为期，其在蓴害，吏与杂訾。期尽匿不占，占不悉，令吏卒微得，皆断。有能捕告，赐什三。[19]

“……买物直万钱者而非（？）平者不/……”与“平贾”制度有关。平即“平贾”又称为“平市”，即“由市署构基于时价制定的一种官定价格”[20]。此制度源于先秦，《周礼·地官·司市》云：“司市掌市之治、教、政、刑、量度禁令。以次叙分地而经市，以陈肆辨物而平市。”郑玄注：“陈，犹列也。辨物，物异肆也。肆异则市平。”孙诒让正义：“物各异肆，则种别相校，易以定其功沽，而价不至腾跃，故市得其平。”[21]西汉前期已见“平贾”记载：

然其居国以铜盐故，百姓无赋，卒践更，辄与平贾。[22]

元鼎元年，（邔侯）遂坐卖宅县官故贵，国除。[23]

（太始四年，梁期侯）坐卖马一匹贾钱十五万，过平，臧五百以上，免。[24]

由此可见，此时“平贾”制度已经入律，且执行严格。“平贾”制度不允许超过评定价格买卖，但低于“平贾”则不受限制。《汉书·食货志》载：“过平一钱，则以平贾卖与民。其价氐贱减平者，听民自相与市。”[25]主要是为了保护正常的市场活动，抑制富商大贾对市场价格的操纵。故扬雄云：“一閧之市，必立之平。”[26]平贾不仅限于市场买卖，财产评估、赏赐、赔偿、赋税、量刑等方面都会参考“平贾”。张家山汉简有这方面的律文：

亡、杀、伤县官畜产，不可复以为畜产，及牧之而病死，其肉、革腐败毋用，皆令以平贾偿（四三三）。

芻稾节贵于律，以入芻稾时平贾价入钱（二四二）。

有罚、赎、责，当入金，欲以平贾入钱……及当出金、钱县官而欲以除其罚、赎、责……各以其二千石官治所十月平贾予钱，为除（四二七、四二八）。[27]

故此牍文之意是买卖某种价值万钱的物品超过了“平贾”，则会如何。

2号木牍缺文甚多，内容不详，大概与商业活动中的租税、借贷等有关。

3号木牍亦缺字甚多。简报认为是“大约是因为某类对象太低，中央政府颁布命令要求增加十个五铢钱以平抑物价，令诸郡国遵行”。笔者以为此文可能与“占租”有关。《汉书·昭帝纪》：

秋七月，罢榷酤官，令民得以律占租。

如淳曰：“《律》，诸当占租者家长身各以其物占，占不以实，家长不身自书，皆罚金二斤，没入所不自占物及贾钱县官也。”师古曰：“占谓自隐度其实，定其辞也……今犹谓狱讼之辨曰占，皆其意也。盖武帝时赋敛繁多，律外而取，今始复旧。”[28]

如此看来，西汉确存在“占租”之制，且早在昭帝之前就以律文固定成制，故罢榷酤之后，才能有《律》可依收取占租税。依如淳、师古之释，占租是一种财产税。高敏先生认为“占租”专门针对商贾而收[29]，甚是。

“贾皆没以所不占县”与如淳所说的“没入所不自占物及贾钱县官也”基本一致，很可能表述同一问题。故此牍文大意为：诸郡国的商贾加“占租”之税十个五铢钱，如果有商人隐度其实，则没入所隐匿的钱和物于县府。3号木牍应写于元狩五年（前118年）之后，该年始发行五铢钱。

据上面四段牍文可以得出以下结论：①文字系管理商业方面的律令、文书；②内容主要与“算缗”“占租”“平贾”“借贷”等有关；③几块木牍残断严重，不能确定是否同属于一块木牍，但这几块残片字体统一，大概为时间相近、内容相关的一批商业文书，故可推断木牍是记录武帝元狩至元鼎年间的相关商业内容，成文大概也是此时；④牍文主要目的是增加赋税、稳定市场秩序；⑤至迟西汉中期，蜀地已经有了一套比较完善的管理商业的律令，亦可反观蜀地商业发达；⑥根据这些文书的时代，考虑下葬的滞后性，可以进一步推断墓主下葬年代在武帝后期，上限为元鼎四年（前113年）。

木牍所载的商业律令、文书虽是由汉中央政府颁发且通行于全国的，但这些木牍出土于成都老官山墓葬中，由此表明这些律文已在蜀地得到了贯彻执行，并不可避免地影响到一个群体——蜀商。

二、蜀　　商

“蜀商”概念最早见于《史记·西南夷列传》：

建元六年……唐蒙风指晓南越。南越食蒙蜀枸酱，蒙问所从来，曰“道西北牂柯，牂柯江广数里，出番禺城下”。蒙归至长安，问蜀贾人，贾人曰：“独蜀出枸酱，多持窃出市夜郎。”[30]

元狩元年，博望侯张骞使大夏来，言居大夏时见蜀布、邛竹杖，使问所从来，曰“从东南身毒国，可数千里，得蜀贾人市”。或闻邛西可二千里有身毒国……于是天子乃令王然于、柏始昌、吕越人等，使间出西夷西，指求身毒国。至滇，滇王尝羌乃留，为求道西十余辈。岁余，皆闭昆明，莫能通身毒国。[31]

以上两段文字中都提到“蜀贾人”。“蜀”，古四川之称。《说文》：“贾，市也。”段玉裁注：“市，买卖所之也。因之凡买凡卖皆曰市。贾者，凡买卖之偁也。”[32]故“蜀贾人”就是蜀地商人的意思，简称蜀商。

自司马迁、班固以后，少有人再关注“蜀商”。近几十年来，汉代中外文化交流和西南丝绸之路[33]成为研究热点。此背景下，“蜀商”渐受关注[34]。周永卫曾对西汉前期的蜀商进行了专门研究[35]。目前对蜀商的研究多依据历史文献，而史书仅见“蜀商”的只言片语，给人的印象始终模糊不清。幸好近年考古中新发现了大量汉代蜀物，给我们了解蜀商活动提供了更多的有效信息，丰满了“蜀商”形象。此处结合木牍内容和时代，探讨西汉特别是西汉中期以前的蜀商群体。西汉前期的蜀商能发展起来，主要有以下几个原因：

第一，蜀地有良好的商业贸易传统和氛围。自新石器文化时代至春秋战国时期，四川地区发现了大量外来物品，如三星堆的象牙、海贝[36]，金沙的A型玉琮[37]等。这些物品有些是移民迁徙带入，有些是赠送、掠夺，而更多的则是具有商品意义的交换或购买，由此表明，蜀地自先秦以来就有良好的商业贸易传统和氛围。至西汉，蜀地商业氛围更加浓厚，王褒《僮约》记录了西汉时期蜀地民间商业情况：

舍后有树，当裁作船，下至江州，上到湔主，为府掾求用钱。推访垩，贩棕索。绵亭买席，往来都雒。当为妇女求脂泽，贩于小市。归都担枲，转出旁蹉。牵犬贩鹅，武都买茶。杨氏担荷，往市聚，慎护奸偷。入市不得夷蹲旁卧，恶言丑骂。多作刀矛，持入益州，货易羊牛。奴自交精慧，不得痴愚。[38]

良好的商业传统和氛围促进了商人群体的发展和壮大。

第二，汉初政府又出台一系列惠商政策。“复驰商贾之律”[39]，“开关梁，弛山泽之禁，是以富商大贾周流天下，交易之物莫不通，得其所欲”[40]。

第三，蜀地富饶、物产丰富是商业繁荣的基础。《史记·货殖列传》云：“巴蜀亦沃野，地饶卮、姜、丹砂、石、铜、铁、竹、木之器。南御滇僰，僰僮。西近邛笮，笮马、旄牛。”[41]特别是盐、铜、铁，是蜀商致富的最重要物资。

> 蜀卓氏之先，赵人也，用铁冶富。秦破赵，迁卓氏。卓氏见虏略，独夫妻推辇，行诣迁处。诸迁虏少有余财，争与吏，求近处，处葭萌。唯卓氏曰：“此地狭薄。吾闻汶山之下，沃野，下有蹲鸱，至死不饥。民工于市，易贾。”乃求远迁。致之临邛，大喜，即铁山鼓铸，运筹策，倾滇蜀之民，富至僮千人。田池射猎之乐，拟于人君。
>
> 程郑，山东迁虏也，亦冶铸，贾椎髻之民，富埒卓氏，俱居临邛。[42]
>
> 邓通，蜀郡南安人也，以濯船为黄头郎……于是赐邓通蜀严道铜山，得自铸钱，“邓氏钱”布天下。其富如此。[43]
>
> 成、哀间，成都罗裒訾至巨万。初，裒贾京师，随身数十百万，为平陵石氏持钱。其人强力。石氏訾次如、苴，亲信，厚资遣之，令往来巴蜀，数年间致千余万。裒举其半赂遗曲阳、定陵侯，依其权力，赊贷郡国，人莫敢负。擅盐井之利，期年所得自倍，遂殖其货。[44]

《史记》和《汉书》所载的大蜀商都与盐、铜、铁有关。文献所载的卓氏、程郑冶铁致富，并将铁器大量卖于椎髻、滇之民，与考古资料吻合。此外西南夷发现的很多铁器都是蜀地生产[45]。童恩正先生认为越南、广东的铁器也是从蜀地输入[46]。由以上资料可看出，邓通利用铜山铸钱；罗裒则专井盐之利。《华阳国志》中所载的大姓、富豪，所在之地多有盐、铁或铜等矿藏之利，其财富积累估计与矿产有关。如临邛地有铁、盐、天然气等矿产，故“临邛中多富人”[47]。《华阳国志》有云：

> 然秦惠文、始皇，克定六国，辄徙其豪侠于蜀；资我丰土，家有盐铜之利，户专山川之材，居给人足，以富相尚。[48]

贩卖西南夷的僰僮、筰马、髦牛等物品，也是蜀商的重要致富渠道。

> 西南夷君长以什数……此皆巴蜀西南外蛮夷也……巴蜀民或窃出商贾，取其筰马、僰僮、髦牛，以此巴蜀殷富。[49]

服虔注：“旧京师有僰婢。”当系蜀商所为。

第四，蜀地发达的手工业进一步促进了蜀地商业繁荣。汉时，王室在蜀、广汉设有工官。蜀地的特色产品有蜀刀、蜀锦、蜀布、漆器、枸酱、邛竹杖、金银器等。

“蜀刀”见于《汉书》：

减省少府用度，买刀布蜀物，赍计吏以遗博士。[50]

“欲请蜀刀，问君贾几何，对曰率数百”。[51]

颜师古注：“刀，凡蜀刀有环者也。布，蜀布细密（环）也。二者蜀人作之皆善，故赍以为货，无限于书刀布刀也。”汉代墓葬发现很多铁刀、削，陶俑腰部常也束有刀、削，均为环首。可见颜师古所言非虚。

蜀刀直到东汉、魏晋时期仍享有盛名。东汉时供王室，《后汉书·邓皇后纪》：“其蜀、汉扣器九带佩刀，并不复调。”[52]江苏铜山东汉墓中出土一把蜀地生产的错金钢剑，铭文：“建初二年，蜀郡西工官王愔造五十湅□□□孙剑□。”[53]直至北朝时期，蜀刀仍然作为贵重的赏赐物。相关文献中还提到蜀牛、蜀车、几杖等蜀地特色产品。如《魏书·高允传》：“特赐允蜀牛一头，四望蜀车一乘，素几杖各一，蜀刀一口。”[54]

蜀地漆器一度贡奉皇室。《汉书·贡禹传》载：“蜀广汉主金银器，岁各用五百万”。如淳曰：“《地理志》：‘河内怀、蜀郡成都、广汉皆有工官。工官主作漆器物者也’。”[55]富人也争相使用，《盐铁论·散不足》：“今富者银口黄耳……中者野王纻器，金错蜀杯。”[56]从考古材料来看，在四川省、湖南省、湖北省、江苏省、贵州省，以及朝鲜平壤、蒙古国等地都发现有蜀地漆器。明文秀、白云翔曾对蜀地生产的漆器资料作了详细收集[57]，此处不再赘述。

蜀地自古以来丝织业发达，故蜀锦、蜀布名扬天下。“西南丝绸之路”的形成与蜀锦、蜀布关系密切。《说文》中有：“蜀，葵中蚕也。”[58]《蜀王本纪》也说：“蜀王之先，名蚕丛。”[59]于是有人便将“蚕丛”和蚕、桑联系起来。冯鉴《续事始》引《仙传拾遗》云：“蚕丛氏自立王蜀，教人蚕桑。”[60]正确与否姑且不论，但从三星堆铜人像的服饰来看，至迟商代，蜀地的丝织业就已经非常发达。故成都设锦官：“其道西城，故锦官也。锦江织锦濯其中则鲜明，濯他江则不好。故命曰锦里也。”[61]至蜀汉，蜀锦成为支柱产业，“决敌之资，惟仰锦耳”[62]。

至迟西汉中期，蜀布便被蜀商贩卖至域外，张骞“言居大夏时见蜀布“便是“蜀贾人市”。“蜀汉之布”与“齐阿之缣”齐名[63]非虚说，故两汉之际李熊云：蜀地“女工之业，覆衣天下”[64]。居延汉简中记载有蜀布：

广汉八稯布一九匹八寸大半寸直四千三百廿给吏秋百一人元凤三年正月尽六月积六月（居90.56，303.30）[65]

丝织品作为中国的特产，常被宫廷赠送、赏赐于他国，蜀锦、蜀布也应该在赏赐之列。童恩正先生认为阿富汗的亚历山大城发现的丝织品就是来自蜀地，甚至认为蜀地丝绸很可能到达希腊、罗马[66]。

其他还有蜀椒、蜀车等，在居延汉简中都有记载：

> 蜀椒四分桔梗二分薑二分桂（居136.25）
>
> 庚辰亡过客居长安当利里者雒阳上商里范义壬午实买所乘车马更乘骍牡马白蜀车膝布并载布睫（居127.24A）[67]

蜀车可与《华阳国志》相证："（锦里）西又有车官城。"[68]

邓通钱、枸酱、邛竹杖上文已言。有人认为邛竹杖非蜀地所产。仅据常理，如非蜀地所产，张骞又何必向武帝专门汇报？司马迁更无必要专门将其与蜀布一起写入《史记》。

蜀地物产很多，遍及天下，限于篇幅此处无法一一讨论。蜀商将蜀地物品贩卖出去，不可能空手而归，会将当地的产品贩运回来。如四川巴县冬笋坝[69]、重庆马鞍山西汉墓[70]中出土的蚀花琉璃珠很可能是蜀商从外地贩运回来。将各地发现的物产连接起来，便是一幅繁盛的汉代蜀贾商贸图，从扬雄《蜀都赋》可见一斑：

> 尒乃其人，自造奇锦，紌繏緷縜，缪缘卢中，发文扬采，转代无穷。其布则细都弱折，绵茧成衽，阿丽纤靡，避晏与阴。蜘蛛作丝，不可见风，筩中黄润，一端数金。雕镂扣器，百伎千工。东西鳞集，南北并凑。驰逐相逢，周流往来，方辕齐毂，隐轸幽輵，埃敦尘拂。万端异类，崇戎总浓般旋，阛齐嗜楚，而喉不感槩。万物更凑，四时迭代，彼不折货，我罔之械。财用饶赡，蓄积备具。[71]

第五，蜀商能够能遍行天下一个很重要有原因蜀地铸币业发达，特别是邓通钱流通天下，促进了蜀地商品流通。某种意义上说，邓通钱遍天下就是蜀地商品遍天下。

第六，繁盛的商业与蜀商群体能力和品质是分不开的。

蜀商敢于探索，蜀地与外界交通，特别是西南丝绸之路与蜀商的努力是分不开的。蜀商敢于冒险。汉代边关贸易受到政府严格管制，特别铁器、马匹等战略物资不允许出关。高后时曾令："毋予蛮夷外粤金铁田器；马牛羊即予，予牡，毋与牝。"[72]张家山汉简《津关令》也有相关记录："制诏御史，其令扞关……及诸其塞之河津，禁毋才出黄金，诸奠黄金器及铜（四九二）"，"禁民毋得私买马以出扞关……及诸河塞津关（五〇六）"[73]。但这些律令并未能约束住蜀商，"或窃出商贾，取其筰马、僰僮、髦牛"，或"窃出市夜郎"，或"奸出物者"至域外[74]。卓氏、程郑更是将铁器倾销于西南夷。

蜀商深谙经营之道，具有很强的商业实践知识和理论素养。秦汉时期已经形成了完善的商业理论，如计然的经商之道："积着之理，务完物，无息币。以物相贸易，腐败而食之货勿留，无敢居贵。论其有余不足，则知贵贱。贵上极则反贱，贱下极则反贵。贵出如粪土，贱取如珠玉。财币欲其行如流水。"[75]蜀地大商人多是从关中、关东地区迁徙过来，如卓氏、程郑。故扬雄说蜀地"秦汉之徙，充以山东"[76]。蜀商不可能不受到中原地区商业理论的影响，卓氏之先的商业选址、运筹策算等都可见其商业素养。

蜀商识时务、沟通能力强，获得了汉政府官吏、权贵和西南夷部落首领的支持。邓通无他能，"独自谨其身以媚上"，甚至为文帝唶吮毒疮，才能得赐严道铜山铸钱。而卓王孙通过攀附邓通，获得矿产开采权。"汉文帝时，以铁铜赐侍郎邓通。通假民卓王孙，岁取千匹。故王孙货累巨万亿，邓通钱亦尽天下。"[77]罗裒更是在权贵的支持下发家，为权贵持钱，往来巴蜀间，"依其权力，赊贷郡国，人莫敢负。"[78]

综上，蜀商占据天时、地利、人和，故至汉武帝中期成为汉帝国内极具影响力的商业群体。刘邦政权统一全国，天下太平，此为天时；蜀地富有盐、铁、火井等矿产，邻西南夷，物产丰富，此为地利；汉政府"开关梁，弛山泽之禁""复弛商贾之律"[79]，蜀地商人攀附权贵，与官吏、权贵搞好关系，是为人和；再加上蜀商深谙经营之道，富有冒险精神，无往而不利。

如此庞大而又有影响力的商业群体备受世人瞩目，故蜀商成为中央政府的重要监管对象。置于此背景下，便容易理解成都老官山出土的商业律文。

三、木牍内容与蜀商衰落

但至武帝中、后期，蜀商群体突然衰落，除西汉晚期新兴大商人罗裒外，直至东汉，再未见具有全国影响力的大商人。故《汉书》云："程、卓既衰，至成、哀间，成都罗裒訾至巨万"[80]，但未述原因。而老官山M1木牍内容为蜀商的衰落提供重要线索。上文已经谈到，以上几块木牍主要记录汉武帝元狩至元鼎年间的相关商业内容，此时汉政府遇到了财政危机。经过伐东瓯、两越，开拓西南夷，连续北击匈奴，至元狩年间山东又遭大水灾，以至"县官大空"[81]。于是汉武帝实行一系列打击商人的财政改革。

牍文中提到的算缗令对蜀商打击最大。算缗实行之初，"豪富皆争匿财……终莫分财佐县官，于是告缗钱纵矣。"令杨可主持告缗，"告缗徧天下，中家以上大氐皆遇告……得民财物以亿计，奴婢以千万数，田大县数百顷，小县百余顷，宅亦如之。于是商贾中家以上大氐破。"[82]如此看来，蜀商自是无法幸免。

盐铁官营政策。元狩四年（前119年），武帝启用东郭咸阳、孔仅领盐铁事，实行盐铁官营，"愿募民自给费，因官器作煮盐，官与牢盆……敢私铸铁器煮盐者，釱左趾，没入其器物。郡不出铁者，置小铁官，便属在所县。"[83]蒲江县曾发现汉代煮盐牢盆[84]。蜀地大商人多是靠盐、铁起家，盐铁官营等于是断了他们的财路。

剥夺蜀商的铸币权。元鼎四年（前113年），“悉禁郡国无铸钱，专令上林三官铸。钱既多，而令天下非三官钱不得行，诸郡国所前铸钱皆废销之，输其铜三官。”[85]货币对于蜀商的意义毋庸多言。

蜀商不知收敛、肆意骄纵也是其覆灭的原因。卓王孙“富至僮千人。田池射猎之乐，拟于人君。”“程郑亦数百人。”[86]促成了蜀地“以富相尚”的风气，“工商钱致结驷连骑，豪族服王侯美衣，娶嫁设太牢之厨膳，女有百两之徒车，送葬必高坟瓦椁，祭奠而羊豕夕牲，赠襚兼加，赗赙过礼……箫、鼓歌吹，击钟肆悬；富侔公室，豪过田文；汉家食货，以为称首。沃土丰，奢侈不期而至也。”[87]富商势力庞大，“礼抗万乘，名显天下”“大者倾郡，中者倾县，下者倾乡里者”，故司马迁称之“素封”[88]，已经威胁到刘氏政权的稳定，影响到中央集权，不可能再纵容发展。

均输、平准政策亦使蜀商“亡所牟大利”，但不在木牍成文时间范畴。

经过以上一系政政策，蜀商没落。不唯蜀地，汉武帝时期全国各地富商集体衰落。齐地“刀间既衰，至成、哀间，临淄姓伟訾五千万。”周地“师史既衰，至成、哀、王莽时，雒阳张长叔、薛子仲訾亦十千万。”关中“富商大贾，大氐尽诸田，田墙、田兰。韦家栗氏、安陵杜氏亦巨万。前富者既衰，自元、成讫王莽，京师富人杜陵樊嘉，茂陵挚网，平陵如氏、苴氏，长安丹王君房，豉樊少翁、王孙大卿，为天下高訾。”[89]可见汉武帝商业政策影响之大。

四、余　　论

文中考释的老官山M1四段牍文，系汉武帝元狩至元鼎年间与商业有关的律文，内容与“算缗”“占租”“平贾”“借贷”等有关，主要为了抑制大商人、增加赋税、稳定市场秩序。结合文献、考古、简牍等方面的资料看，经过西汉前期的发展，占据天时、地利、人和的蜀商成为汉帝国内最具影响力的商业群体，备受瞩目。但至西汉中期，蜀商突然衰落。木牍记录的商业内容和书成时间为了解蜀商衰落提供了重要线索，该时期汉武帝实行了一系列打压商人的财政政策。

汉武帝的财政政策造成了西汉中期的蜀商衰落，重创蜀地商业，但并没有完全摧毁蜀地的商业基础和氛围，至迟西汉晚期便又恢复。东汉出土的集市画像砖表明民间商业贸易已非常发达[90]（图五）。左思云：

> 亚以少城，接乎其西。市廛所会，万商之渊。列隧百重，罗肆巨千。贿货山积，纤丽星繁。都人士女，袨服靓妆。贾贸墆鬻，舛错纵横。异物崛诡，奇于八方。布有橦华，麪有桄榔。邛杖传节于大夏之邑，蒟酱流味于番禺之乡。舆辇杂沓，冠带混并。累毂迭迹，叛衍相倾。喧哗鼎沸，则咙聒宇宙；嚣尘张天，则埃壒曜灵。阛阓之里，伎巧之家。百室离房，机杼相和。

图五 新都出土画像砖

（采自龚廷万、龚玉、戴嘉陵：《巴蜀汉代画像集》，图28）

贝锦斐成，濯色江波。黄润比筒，籝金所过。侈侈隆富，卓郑埒名。公擅山川，货殖私庭。藏镪巨万，鈲摫兼呈。亦以财雄，翕习边城。[91]

蜀商群体依然存在，只是闻名于世的大商人有所减少。此时蜀商出现了新特点，汲取西汉前期商人的经验教训，与权贵紧密结合在一起。罗裒为此时期蜀商典型。《后汉书·第五伦传》亦云："蜀地肥饶，掾史家赀多至千万，皆鲜车怒马，以财货自达。"[92]掾史为官名，可见东汉时期大蜀商多有官方背景。

由于文献资料的缺乏，蜀商长期以来是一个被忽视的群体，本文利用老官山M1木牍对蜀商略作探讨，希望能引起学界关注，客观评价蜀商在"南方丝绸之路"和对外文化交流中的地位，更希望能对今天的"蜀商"提供借鉴意义。

注 释

[1] 成都文物考古研究所、荆州文物保护中心：《成都市天回镇老官山汉墓》，《考古》2014年第7期。

[2] 索德浩：《成都老官山汉墓M1墓主族属考察》，《考古》2016年第5期。

[3] 简报分为两类，医方内容据张雷、程国全：《老官山汉墓木牍医方注释》，《科技资讯》2014年第15期。

[4] 详细报告未发表，每片木牍具体编号不详，文中为临时编号，仅方便叙述。前三段文字采自简报，有所改动；第四段未发表，笔者释读。

[5] 如居延汉简记载的汉成帝永始三年诏书言："言既可许，臣请除贷钱它物律"。见伍德煦：《新发现的一份西汉诏书——〈永始三年诏书简册〉考释和有关问题》，《西北师大学报（社会科学版）》1983年第4期。

[6] 《汉书·地理志》下，北京：中华书局，1962年，第1610页。
[7] 《汉书·百官公卿表》，第736页。
[8] （清）孙诒让撰：《周礼正义》，北京：中华书局，1987年，第2129页。
[9] 四川省博物馆、青川县文化馆：《青川县出土秦更修田律木牍——四川青川县战国墓发掘简报》，《文物》1982年第1期。
[10] 高敏：《云梦秦简初探》（增订本），郑州：河南人民出版社，1981年，第206、207页。
[11] 尹弘兵：《汉初内史考——张家山汉简中所见汉初内史之演变》，《江汉考古》2008年第3期。
[12] 《汉书·地理志》，第1639、1640页。
[13] 《汉书·百官公卿表》下，第779页。
[14] 《史记·平准书》，北京：中华书局，1959年，第1430页。
[15] 《史记·平准书》，第1422页。
[16] 《史记·平准书》，第1424页。
[17] 《史记·平准书》，第1428页。
[18] 《汉书·武帝纪》，第178页。
[19] （清）孙诒让：《墨子间诂》，北京：中华书局，2001年，第608、609页。
[20] 慕容浩：《秦汉时期"平贾"新探》，《史学月刊》2014年第5期。
[21] （清）孙诒让撰：《周礼正义》，第1054—1056页。
[22] 《史记·吴王濞列传》，第2823页。
[23] 《史记·高祖功臣侯者年表》，第956页。
[24] 《汉书·景武昭宣元成功臣表》，第654、655页。
[25] 《汉书·食货志》，第1181页。
[26] 汪荣宝：《法言义疏》，北京：中华书局，1987年，第20页。
[27] 张家山二四七号汉墓竹简整理小组：《张家山汉墓竹简（二四七号墓）》，北京：文物出版社，2006年。
[28] 《汉书·昭帝纪》，第224页。
[29] 高敏：《秦汉赋税制度考释》，《秦汉史论集》，郑州：中州书画社，1982年，第90页。
[30] 《史记·西南夷列传》，第2993、2994页
[31] 《史记·西南夷列传》，第2995、2996页
[32] （清）段玉裁：《说文解字注》，上海：上海古籍出版社，1988年，第281页。
[33] 亦有人成为"蜀布之路"，任乃强先生于20世纪80年代最早提出，参见《中西陆上古商道——蜀布之路》，《文史杂志》1987年第1、2期。
[34] 余英时：《汉代贸易与扩张》第三章，上海：上海古籍出版社，2005年。
[35] 周永卫：《蜀商·汉使·胡人——试论两汉中外文化交流的三个时期》，《历史教学》2011年第2期；《西汉前期的蜀商在中外文化交流史上的贡献》，《史学月刊》2004年第9期；《中外文化交流史上的蜀商时代》，《西部学刊》2014年第10期。

［36］ 段渝：《中国西南早期对外交通——先秦两汉的南方丝绸之路》，《历史研究》2009年第1期。

［37］ 朱章义、王方：《成都金沙遗址出土玉琮初步研究》，《文物》2004年第4期。

［38］ 据（清）严可均：《全汉文》，北京：商务印书馆，1999年，第434、435页。

［39］ 《史记·平准书》，第1418页。

［40］ 《史记·货殖列传》，第3261页。

［41］ 《史记·货殖列传》，第3261页。

［42］ 《史记·货殖列传》，第3277、3278页。

［43］ 《史记·佞幸列传》，第3192页。

［44］ 《汉书·货殖传》，第3690页

［45］ 刘弘：《汉代铁器在西南夷的传播》，《四川文物》1991年第6期；周万利：《战国秦汉时期西南铁农具的传播与分布》，《西南师大学报》2000年第1期。

［46］ 童恩正：《略论秦汉时代成都地区的对外贸易》，《成都文物》1984年第2期。

［47］ 《史记·司马相如列传》，第3000页。

［48］ （晋）常璩撰，刘琳校注：《华阳国志·蜀志》，成都：巴蜀书社，1984年，第148页。

［49］ 《史记·西南夷列传》，第2991—2993页。

［50］ 《汉书·循吏传》，第3625页。

［51］ 《汉书·酷吏传》，第3660页。

［52］ 《后汉书·皇后纪》，北京：中华书局，1965年，第422页。

［53］ 徐州博物馆：《徐州发现东汉建初二年五十湅钢剑》，《文物》1979年第7期。

［54］ 《魏书·高允传》，北京：中华书局，1974年，第1088页。

［55］ 《汉书·贡禹传》，第3070、3071页。

［56］ 王利器：《盐铁论校注》，北京：中华书局，1992年，第351页。

［57］ 明文秀：《战国秦汉时期四川漆器的分期》，四川大学硕士学位论文，2004年；白云翔：《汉代“蜀郡西工造”的考古学论述》，《四川文物》2014年第6期。

［58］ （清）段玉裁：《说文解字注》，第655页。

［59］ 张震泽：《扬雄集校注》，上海：上海古籍出版社，1993年，第244页。

［60］ （宋）高承撰：《事物纪原》卷八《蚕市》，北京：中华书局，1989年，第433页。

［61］ （晋）常璩撰，刘琳校注：《华阳国志·蜀志》，第153页。

［62］ 张连科、管淑珍：《诸葛亮集校注》，天津：天津古籍出版社，2008年，第126页。

［63］ 王利器：《盐铁论校注》，第4页。

［64］ 《后汉书·公孙述列传》，第535页。

［65］ 谢桂华、李均明、朱国炤校：《居延汉简释文合校》，北京：文物出版社，1987年。

［66］ 童恩正：《略论秦汉时代成都地区的对外贸易》，《成都文物》1984年第2期。

［67］ 谢桂华、李均明、朱国炤校：《居延汉简释文合校》，第227页。

［68］ 《华阳国志·蜀志》，第153页。

[69] 四川省博物馆：《四川船棺葬发掘报告》，北京：文物出版社，1960年，图版叁陆：5、6。
[70] 龚廷万、庄燕和：《重庆市南岸区的两座西汉土坑墓》，《文物》1982年7期。
[71] 张震泽：《扬雄集校注》，第28页。
[72] 《汉书·南粤传》，第3851页。
[73] 张家山二四七号汉墓竹简整理小组：《张家山汉墓竹简（二四七号墓）》，第83、85页。
[74] 《史记·大宛列传》，第3166页。
[75] 《史记·货殖列传》，第3256页。
[76] （清）严可均：《全汉文·扬雄》，第518页。
[77] 《史记·佞幸传》，第3192、3193页。
[78] 《汉书·货殖传》，第3690页。
[79] 《华阳国志·蜀志》，第157页。
[80] 《汉书·货殖传》，第3690页。
[81] 《史记·平准书》，第1425页。
[82] 《史记·平准书》，第1432—1435页。
[83] 《史记·平准书》，第1529页。
[84] 龙腾、夏晖：《蒲江县出土汉代牢盆考》，《盐业史研究》2002年第2期。
[85] 《史记·平准书》，第1434、1435页。
[86] 《史记·司马相如列传》，第3000页。
[87] （晋）常璩撰，刘琳校注：《华阳国志·蜀志》，第113页。
[88] 《史记·货殖列传》，第3283页。
[89] 《汉书·货值传》，第3692—3694页。
[90] 龚廷万、龚玉、戴嘉陵：《巴蜀汉代画像集》，北京：文物出版社，1998年，图28。
[91] 左思：《蜀都赋》，《文选》，上海：上海古籍出版社，1986年，第184、185页。
[92] 《后汉书·第五伦传》，第1398页。

The Bamboo Slips from Laoguanshan Grave M1 and the Western Han Shu Merchants

Suo Dehao Xie Tao
(Chengdu Institute of Archaeology)

Abstract: This paper provides a reading and interpretation of the four commerce-related wooden slips found in grave M1 at Laoguanshan. These four slips contain commerce-related statues dating between the Yuanshou and Yuanding periods of Emperor Wu and concern “account estimates”, “accounting for rent”, “settle disputes between merchants”, “loans”, and other topics. These status had a profound impact on the Shu merchants. During the first part of the Western Han, the Shu merchants occupying a region with favorable climate, geographic position, and a sufficient number of people became the most influential business group in the empire, and thus they became the focus of much attention. By the middle of the Western Han, however, the Shu trade suddenly declined. The wooden slips provide important material for understanding the objects and form of trade at the time and the reasons for the decline of the Shu merchants and at the same time provides insights into some of the political measures that Emperor Wu took to regulate the merchants.

Keywords: Laoguanshan Grave M1, Wooden Slips, Shu Merchants, Western Han

（责任编辑：赵德云）

四川成都老官山汉墓出土《六十病方》题名简的初步研究*

赵怀舟[1]　李继明[2]　和中浚[2]　任玉兰[2]　王　丽[2]
周兴兰[2]　谢　涛[3]　索德浩[3]

（1. 山西省中医药研究院　2. 成都中医药大学　3. 成都文物考古研究所）

摘要：四川成都天回镇老官山3号汉墓出土医简《六十病方》200余枚，其中题名简15枚，这是近年来我国汉代考古的重大发现。通过对15枚题名简之形制、内容特点、题名简与病方简的对勘、学术价值等问题的研究，笔者认为，15枚"题名简"相当于《六十病方》的"目录"，可据此把握全书的体例结构，明确简序格局，揭示简册的卷放过程，并可依据"题名简"的文献特征为这份珍贵的医学文献重新命名。

关键词：老官山汉墓　题名简　形制　特点　价值

2012—2013年，考古工作者在四川成都天回镇老官山发掘西汉土坑墓4座，其中3号墓出土简牍700多支，多为医简。"从出土九部医书的内容分析，部分医书极有可能是失传的中医扁鹊学派经典书籍，为中医发展史研究的重大发现。"[1]医简中的第106—342简（除283—302简的《尺简》部分）被定名为《六十病方》，之所以如此定名，与其中包含非常特殊的15枚题名简密切相关。本文拟对《六十病方》题名简的形制、内容特点、与病方简的对勘、学术价值作一初步探讨。不妥之处，请批评指正。

一、《六十病方》题名简形制描述

题名简是《六十病方》中较为特殊的一类竹简，共15枚。其性质相当于书前目录，提示全书正文的整体格局。它的特殊之处并非其形制大小，而体现在内容格式上。题名简（目录）与病方简（正文）的载体并无二致，均为竹简，长34.5、宽0.8、厚0.1厘米。每枚竹简上分栏书写4个病症名称，每个病症名称下均标有序号数字。为使相关表达更加条理、清晰，特制表一以示之。

* 本文系2014年度国家社科基金项目"成都老官山汉墓出土医简整理研究"（项目批准号：NO.14BAS005）、成都市科技局"成都老官山出土汉代医简的中医药学术价值研究"项目（项目批准号：NO.2014-RK00-00066-ZF）阶段性成果；赵怀舟系成都中医药大学项目组特邀成员。

表一　老官山医简《六十病方·题名简》一览表

题名简序	第一栏	第二栏	第三栏	第四栏
题名简1（T1）	治风痹汗出方一	276.治積山十六	276.治鲜卅一	276.治消渴卌六
题名简2（T2）	治頣[2]二	280.治女山十七	280.治肠已［身之］[3]不用者卅二	280.治字难者卌七
题名简3（T3）	351[4].治瘕三	351.治肠山十八	378[5].治伤歙卅三	378.治女子瘕卌八
题名简4（T4）	266.治心腹承瘕四	266.止内傰[6]十九	266.治伤寒足清养者[7]卅四	266.治风瘴卌九
题名简5（T5）	187.治腹后膏成农者五	187.治女子不月廿	187.治身□伤[8]卅五	187.治内瘴五十
题名简6（T6）	186.治金伤六	186.治沦[9]廿一	186.治过及恶伤[10]卅六	186.治内风五十一
题名简7（T7）	137.治益气轻劲七	137.治黄瘴廿二	137.治婴［儿间方卅七］[11]	137.治伤中五十二
题名简8（T8）	136.治风八	136.治石瘁廿三	136.治蹷卅八	136.备内傰[12]金伤赤沦五十三
题名简9（T9）	319.治风聋九	319.治寒热欬醪廿四	319.治温病卅九	319.治隔中五十四
题名简10（T10）	308.止风汗十	308.治目多泣廿五	308.治伤肺卌	308.治内瘀五十五
题名简11（T11）	332.治风热中[13]十一	332.治白徙廿六	332.治风偏清卌一	332.治风痹初发[14]五十六
题名简12（T12）	324.治寒热十二	324.歙消石[15]廿七	324.治大伏蜡蜴[16]蛸卌二	324.治暴血血痹五十七
题名简13（Ti3）	328.治上气十三	328.治下气廿八	328.治心腹卌三	328.治心暴痛五十八
题名简14（T14）	342.治欬十四	342.治身大疕廿九	342.治逆气卌四	342.治气暴上徒[17]嗌五十九
题名简15（T15）	341.治鼠十五	341.治四支挛[18]诎卅	341.治内消歙少溺多者卌五	341.治泄而烦心六十

说明：题名简序1—15（简称T1—T15）由复原后由右向左的原始顺序依次排定，如果将此表顺时针旋转90°，则本表所示的主体内容与格式便与《六十病方》题名简原件完全一致。题名简各栏中所系276、280等阿拉伯数字是原始简号，表格中未能给出原始简号的T1-1栏“治风痹汗出方一”、T2-1栏“治頣二”，其内容由相应的病方简118、339简推定。

上述15枚题名简在老官山汉墓出土医简中的编号依次是：276、280、351-378、266、187、186、137、136、319、308、332、324、328、342、341简。需要说明的是351-378简已经超越了《六十病方》106—342简的初步归类。351简今归属于《病源论》，其实相当于“题名简3”的上半段，其文曰：“治瘕三、治肠山十八”；378简今归属于《诸病症候》，其实相当于“题名简3”的下半段，其文曰：“治伤歙卅三、治女子瘕卌八”。

每枚题名简均分4栏书写，总计15枚，故有60病症。这就是本书命名为《六十病方》的文献依据。个别题名简属于残简，其已损失的内容是由正文中对应病方简补足的，比如：题名简1“治风痹汗出方一”，实由正文病方118-108简反推而得，其文曰：“一、治风痹汗出方。水三石，陈粟三斗，盐三斗煮之。每醸水一石，粟、盐各一斗，三沸三襄，前美食，齐取其汁$_{118}$浴之，已复美食，毋令汗出$_{108}$。”与此类似，题名简2“治頤二”由正文病方339简的内容反推而得。能够做出上述判断的原因在于凡与题名简相吻合的病方简均冠以“一”至“六十”的病症序号，这为复原《六十病方》的原始顺序提供了极大的帮助。

二、《六十病方》题名简内容特点

《六十病方》题名简的性质相当于书前目录，题名简中每个细目所述内容，特点鲜明。

其一，以强调病症为主。严格来说60个细目中仅有2处是以方剂名称或一个特殊的动宾结构作为标题的，即“治寒热咳醪廿四”和“歙消石廿七”。其余题名简细目皆以病症名为名，虽然“治风痹汗出方一”保留“方”字，但这是在题名简缺失的情况下据病方简拟补的结果，故暂不归入统计之列。除此例之外的题名简，每每通过删去“方”字的方式，将病方简中的“治某方”改造为“治某病”，从而突出其强调病症的目的。

其二，多冠以“治”字。题名简细目的格式多为“治某病几几”。病方简无“治”处题名简也偶增一“治”字，如“治身□伤卅五”。甚至病方简无“治”字、且不宜加“治”处，题名简也勉强加一“治”字，如“治益气轻劲七”。此外，第廿九、卅等病，病方简用“已”字，题名简仍统一用“治”字。题名简统一以“治”字起始的现象，仅有“止风汗十”“止内僃一九”“歙消石廿七”等少数例外。笔者认为，虽然题名简细目多冠以“治”字，但其目的仍然在于突出病症。

其三，或有局部之简省。多数情况下《六十病方》题名简“治某病”与病方简“治某病”的表述是一致的。仅有大约十三四条题名简细目中表述比照病方简存在减字现象，这是可以理解的。目录求简大约是为了达成提纲挈领这一朴素目标最为自然而然的选择。比如：病方简“廿七、歙消石方”，题名简“歙消石廿七”，省一“方”字；病方简“卅三、治伤歙方”，题名简“治伤歙卅三”，省一“方”字；病方简“卅九、治温病发”，题名简“治温病卅九”，省一“发”字；病方简“卌八、治女子病瘕”，题名简“治女子瘕卌八”，省一“病”字；病方简“七、益气令人轻劲”，题名简“治益气轻劲七”，省“令人”二字；病方简“十、止风汗出方”，题名简“止风汗十”，省“出方”二字；病方简“廿九、已身病大疕方”，题名简“治身大疕廿九”，省“病”“方”二字；病方简“卌一、治风偏清之方”，题名简“治风偏清卌一”，省“之方”二字；病方简“卌五、治内消畬少溺多有膏”，题名简“治内消歙少溺多者卌五”，省“有膏”二字；病方简“卌三、治心腹□新发”，题名简“治心腹卌三”，省“□新发”三字；病方简“五十三、治内傰金傷及女子赤淪方”，题名简“治内傰金伤赤沦五十三”，省“及女子”“方”四字；病方简“卌二、治心腹为病也如大伏蜡敫蛸动”，题名简“治大伏蜡螃蛸卌二”，省七字；病方简“卅、已人身及四支挛诎不可信者方”，题名简“治四支挛诎卅”，省八字；病方简“廿一、治女子沦及内备及弱血者”，题名简“治沦廿一”，省九字。题名简中也间有增字之例，唯所增者不过“治”“者”等与具体病症无关的字词，不烦例举。

三、《六十病方》题名病方简对勘

《六十病方》题名简与病方简相互对勘意义重大。二者对勘固然可以解决对医简个别字迹模糊难辨的问题，但更为重大的现实意义，在于发现那些隐藏着的“题名简”细目，或细目对应的、佚失病症序号的“病方简”条文。

事实上，题名简的前两个细目“治风痹汗出方一”“治頣二”，就是通过这样的方法加以补全的。而通过题名简与病方简的对勘，初步可以找回的细目对应“病症序号”佚失或磨损的病方简至少有如下8条：

（1）十一　治风[19]热中。苦萎四分，□石三分，小椒、圭、兔丝实各一分，提母二分，合和以方寸匕取药，直$_{272}$。

（2）廿一[20]　治女子沦及内备及弱血者。取榖三把，以淳酒一斗，三沥煮之，孰浚而歙其汁。已尝试。毋禁。精$_{144}$。

（3）廿七[21]　歙消石方。取汤一升置杯中，消石半升置汤中。盖毋使见风，挠泽歙之。歙之使人泄，三出之后，即渴。温糒汁宰相半$_{267}$。

（4）卅四　治伤寒[22]面足清养者。取桐根、蛇床莁各一斗，盐一升，煮以水六斗，一溃济取其汁，以渍足已，炙巾，尉之$_{133}$。

（5）卅五[23]　身有疵伤（？）。取柳、杨、荆、藜枝叶莁长寸，以水洎三温煮而浴若洗之。其甚者，莁榖、柏支以益此四物者，并$_{124}$。

（6）卅六[24]　治过及恶伤，取虆垸屑之，以凋煎之，令可以途面，以途之，去辙更施之。·已试行。·《济北守丞方》$_{161}$。

（7）卅七[25]　治婴儿间方。渍黍米取溲汁六斗，渍月布其中令色如赤叔汁，浞，去布因莁榖茎五斗，苿三罢，父且段，并内汁$_{270}$。

（8）五十六[26] 治风痹初发，身为寒热洒洒痛者。用杏核十四取中人，细辛一小扸，蜀株一合，姜二果，圭二尺，父沮，置酒半斗232。

由于种种原因，《六十病方》上述272、144、267、133、124、161、270、232诸简简端出现了程度不同的磨损和断裂，以至于极端关键的“病症序号”信息有所损失。通过病方简与题名简的对勘，我们可以初步找回上述条文。之所以不是切实找回而是初步找回，那是因为《六十病方》存在“一病多方”和“一方多态”的特殊现象。欲证实上述结论，就必须特别留意老官山汉墓医简除《六十病方》以外，其他部分散落的残篇碎简。举例而言，232简仅仅从病方简“治风痹初发”的主治内容上来说，与题名简“治风痹初发五十六”完全吻合没有问题，但它也有可能是这一细目下的相关病症，因为《六十病方》有“一病多方”的可能。同时也不除外它是我们要寻求条文“其一曰”所指示的另一首主治接近、组方雷同的条文，因为《六十病方》还有“一方多态”的校勘特例。如果我们在其他地方可以发现一段有可能长度尚不足2厘米的残简，它保留了“五十六”三字，并且其断端下缘碴口恰好可与232简简端上缘碴口形状相吻合，就可以证实232简正是题名简细目五十六所对应的病方简了。

到目前为止，仍有3个题名简细目“治寒热十二”[27]“治白徙廿六”“治内瘅五十”找不到对应的病方简简文，这是今后特别需要着力找寻的地方。

四、《六十病方》题名简学术价值

该批题名简具有很高的学术价值，主要体现在以下四个方面。

1. 帮助确立书名

如何给出土简策书籍命名，是一件很有讲究的事情。如马王堆医书《五十二病方》的命名就是“因卷前有疾病标题‘凡五十二’，帛书整理小组便据以定为篇名。”[28]《六十病方》命名的主要依据是题名简中病症组的数量编号，每简4个（组），总计六十，其第15支简的最后编号刚好为六十，其基本内容为病症名称（以病名为方剂名称），从题名简记载中可以统计得到六十个（组）病症名称，再结合全书的内容、体例特点，最后定名《六十病方》。

2. 提示全书结构

《六十病方》中实际包含的处方（或条文）远超过60之数，这一现象与《五十二病方》的“一病多方”状态相类同。本文依据《马王堆古医书考释》一书进行讨论，其书之《五十二病方》考释部分共收录原文291条。每一病下，除首条之外多冠以“一方”2字，其中“方”字系马继兴先生所补。事实上，每病的首条除强调病名而外，就其本质来说仍是一首处方，故《五十二病方》不妨诸条皆以方视之。换言之，《五十二病方》每病之下平均有5—6首处方（291 ÷ 52=5.596）。当然，其具体分布极不均匀，具体统计结果如下所示：

一、诸伤（17方）；二、伤痉（6方）；三、婴儿索痉（1方）；四、婴儿病痫（1方）；五、婴儿瘛（1方）；六、狂犬啮人（3方）；七、犬噬人（3方）；八、巢者（2方）；九、夕下（1方）；十、毒乌喙（7方）；十一、厉（6方）；十二、蛭蚀（2方）；十三、蚖（12方）；十四、疣者（7方）；十五、癫疾（2方）；十六、白处（3方）；十七、大带（2方）；十八、螟病（1方）；一九、□蠸者（1方）；二十、□者（5方）；二一、瘽（2方）；二二、人病马不痫（2方）；二三、人病□不痫（1方）；二四、人病羊不痫（1方）；二五、人病蛇不痫（1方）；二六、诸食病（1方）；二七、诸□病（1方）；二八、癃病（28方）；二九、溺□沦者（1方）；三十、膏溺（1方）；三一、肿橐（1方）；三二、肠癞（24方）；三三、脉痔（1方）；三四、牡痔（4方）；三五、牝痔（9方）；三六、朐痒（2方）；三七、疽病（18方）；三八、□□（3方）；三九、□烂者（18方）；四十、胻燎（4方）；四一、胻伤（2方）；四二、痂（24方）；四三、蛇啮（1方）；四四、痈（8方）；四五、鬃（7方）；四六、虫蚀（9方）；四七、干瘙（8方）；四八、久疕（14方）；四九、蛊（5方）；五十、鬾（2方）；五一、去人马疣（2方）；五二、治痔（3方）[29]。

《六十病方》的条文数（不是简数）由于简序调整工作尚未全部完成，还无法给出确切的统计。但是现阶段我们仍不妨仅以简数为标准做一简单估算，《六十病方》存简217枚，除去题名简15枚；除去显非《六十病方》的竹简13枚（即311、312、320、323、325、326、329、330、331、333、333'、335、336）；除去3枚（即310、334、340）残损过甚，疑非《六十病方》的竹简；除去空白或字迹模糊几至完全无法辨识竹简4枚（即106、217、254、256），真正包含《六十病方》的简数约为182枚左右。事实上，有些条文需要根据内容进行拼合，并非一简一条文。换言之，有些条文需要2枚或2枚以上的竹简才能组合成一段完整的内容。是则，《六十病方》所收疾病种类虽然超过《五十二病方》的数目，但仅就目前保存的竹简数量来看，本书所收方剂数（或独立条文数）明显少于《五十二病方》291条的纪录。

由于有《五十二病方》作为一个参照物，结合《六十病方》题名简的涵盖范围和本书的内容特点，我们有理由相信《六十病方》也是在每个病名之下收载一条或几条主治接近，或组方类同的方剂（条文）构成全书的整体框架。

3. 确立简序格局

由于《六十病方》出土时固定每一枚竹简的编纶已经腐朽，217枚竹简的简序已经失去其入葬时的原貌，所以对《六十病方》条文顺序的重新排列是一项非常关键的工作。

在上述调整简序的过程中，无疑题名简发挥着确立整体格局的重要作用。虽然到目前为止简序调整工作仍未最终完成，即便将来有一个大的方案公布，对其细节排序的讨论也必将是仁者见仁、智者见智。但是我们相信，因为有上述15枚题名简的存在，全书的总体格局是不存在较大争议的。换言之，把握了题名简及其相对应的病证内容就把握了《六十病方》的核心内容。

4. 揭示卷放过程

前述15枚题名简相当于《六十病方》全书的目录，因此题名简当出现于全书的开篇部位，即最右手端的位置是不难想象的。我们观察这15枚题名简，可以发现：T1、T2发生了简端断裂并佚失的情况；T3虽未有内容佚失却也发生了明确的中上部断裂现象，致使其题名内容分别归属于351和378两简；其余13枚题名简基本上完好地保存了2000余年。此外，可以顺便指出的是，题名简中有些部位出现了较为明显的编纶伤字现象，由此可以判断“题名简”系先书写后编联。

按照一般的常识可以推测，一束简策在卷好之后最里面的若干竹简最不容易断裂、佚失，最外面的数枚竹简最容易断裂、佚失。因此，笔者推测虽然《六十病方》的毛笔书写、麻绳编联的过程都是从右向左依次操作的，但是成书之后的卷束过程却恰恰相反，是左到右渐次推卷进行收贮的。可以设想，这样的收贮过程事实上是便于阅读的。需要阅读时解开外边的绳结，将书册展开，首先进入眼帘的便是题名简。因为题名简位于卷束好的《六十病方》的最外面，所以题名简的前二、三枚竹简出现断简和佚失的情况是可以理解的。

五、结　论

《六十病方》的15枚“题名简”相当于全书的“目录”性质。由于“题名简”的存在，可以相对准确地把握全书的体例结构，并在此基础上确定《六十病方》的简序格局；可以依据“题名简”的文献特征为这份珍贵的医学文献重新命名。时至今日我们不但能够有幸目睹2000多年前的汉简原件，而且还有可能尽量准确地对其加以研究和复原，不得不说是数量并不大（占全书简数7%左右）的“题名简”提供了关键而准确的信息。

注　释

［1］成都文物考古研究所、荆州文物保护中心：《成都市天回镇老官山汉墓》，《考古》2014年第7期。

［2］頣，音gěn。《说文解字·页部》："頣，颊后也。"段玉裁注："颊后谓近耳及耳下也。"頣即䫀、頣、頣也。此字《考古》2014年第7期释作"頣"，形体小异。

［3］"身之"两字原简残泐难辨，《考古》2014年第7期拟作"阴痿"，不确。按：T2-3栏与病方简151-147相呼应，考147简有"令人摩身之不用者"一语，故断此两字为"身之"。

［4］351简的范围超出《六十病方》（106—342简）之外。今属《病源论》，当移回。

［5］378简的范围超出《六十病方》（106—342简）之外。今属《诸病症候》，当移回。

［6］此字《考古》2014年第7期辨作"㣃"，不从。

［7］治伤寒足清养者：此条疑与病方简133相应，133简简端残损。

［8］"治身□伤"，此条疑与病方简124相应，124简简端残损，现保留文字似作"身有疵伝"云云。《考古》2014年第7期辨作"治身疕伤"，可参。

［9］"治沦"，此条疑与病方简144相应，144简简端信息不完整。

［10］"治过及恶伤"，此条疑与病方简161相应，161简简端残损。《考古》2014年第7期辨作"治□及要（腰）伤"，可参。

［11］"治婴儿间方卅七"，题名简中"儿"下字迹漫漶难识。由于此简与病方简270（270简简端残损）相应，故可相互参研作出如上拟补。《考古》2014年第7期作"治婴（瘿）［卅七］"，不从。

［12］此字《考古》2014年第7期辨作"㣃"，不从。

［13］"治风热中"，此条疑与病方简272相应，272简简端残损。另按：题名简中"热"字右侧中部有一顿点，其具体含义待考。

［14］"治风痹初发"，此条疑与病方简232相应，232简简端残损。

［15］"歙消石"，此条疑与病方简267相应，267简简端残损。

［16］蜉：178简、《考古》2014年第7期作"敫"。

［17］此字《考古》2014年第7期作"徙"，义长。病方简236作"走"。

［18］此字《考古》2014年第7期辨作"弯"，不从。

［19］十一治风：此4字原简缺失，据题名简332补。

［20］一：此字原简缺失，据题名简186补。

［21］廿七：此2字原简缺失，据题名简324补。

［22］卅四治伤寒：此5字原简缺失，据题名简266拟补。

［23］三五：此2字原简缺失，据题名简187补。

［24］卅六：此2字原简缺失，据题名简186补。

［25］卅七：此2字原简缺失，据题名简137补。

［26］五十六：此3字原简缺失，据题名简332补。

[27]　近期得见残简360，仅保留“十二、治瘤寒”等五字，似是该题名简对应病方简残文。
[28]　周一谋、萧佐桃：《马王堆医书考注》，天津：天津科学技术出版社，1988年，第49页。
[29]　马继兴：《马王堆古医书考释》，长沙：湖南科学技术出版社，1992年，第321—652页。

A Preliminary Study of the Bamboo Slips of the *Treatments for Sixty Illnesses* Excavated from the Han Graves of Laoguanshan, Chengdu, Sichuan

Zhao Huaizhou[1]　Li Jiming[2]　He Zhongjun[2]　Ren Yulan[2]　Wang Li[2]　Zhou Xinglan[2]
Xie Tao[3]　Suo Dehao[3]
(1. Shanxi Institute of Traditional Chinese Medicine　2. Chengdu University of Traditional Chinese Medicine　3. Chengdu Institute of Archaeology)

Abstract: From the Han grave number 3 at Laoguanshan, Tianhui Township, Chengdu, Sichuan, several hundred medical bamboo slips on *Treatments for Sixty Illnesses* have been retrieved, 15 of them carrying titles, making this one of the major discoveries in Han-Dynasty archaeology during recent years. The form and content of these 15 title-carrying bamboo slips makes it clear that they served as a table of contents of the *Treatments for Sixty Illnesses* making it possible to reconstruct the overall structure of the text which was very clear and structured in ce and juan. This list of titles furthermore reflects the choosing of new titles for important medical literature.

Keywords: Laoguanshan Han Graves, Bamboo Slips, Shape, Characteristics, Value

（责任编辑：白彬）

附录 《考古》2014年第7期《六十病方》“题名简”复原文字

［治风痹汗出方一］治穨山（疝）十六　治鲜（癣）卅一　治消渴卌六

［治頣二］［治女山（疝）十七］治肠已［阴痿］不用者卅二　治字难者卌七

治瘕三　治肠山（疝）十［八］治伤饮卅三　治女子瘕卌八

治心腹承瘕四　止内備十九　治伤寒足清养者［卅四］治风痺卌九

治腹后賁成农者五　治女子不月廿　治身疕伤卅五　治内痺五十

治金伤六　治沧廿一　治□及要（腰）伤卅六　治内风五十一

治益气轻劲七　治黄痺廿二　治婴（瘿）［卅七］治伤中五十二

治风八　治石癃廿三　治餍卅八　备内備金伤赤沧五十三

治风聋九　治寒热咳齺廿四　治温病卅九　治隔中五十四

止风汗十　治目多泣廿五　治伤肺卌　治内瘀五十五

治风热中十一　治白徙（癣）廿六　治风偏清卌一　治风痹初发五十六

治寒热十二　饮消石廿七　治大伏蜡螯蛸卌二　治暴血血痹五十七

治上气十三　治下气廿八　治心腹卌三　治心暴痛五十八

治欬十四　治身大疕廿九　治逆气卌四　治气暴上徙嗌五一九

治鼠十五　治四支（肢）弯诎（屈）卅　治内消饮少溺多者卌五　治泄而烦心六十

对郑州发现北魏石刻的再认识

张雪芬

（成都文物考古研究所）

摘要：本文主要是对1989年郑州陇海路郑州铁路管理局招待所内发现的“北魏”石刻佛座真伪进行考证。通过对佛座侧面的供养人像、题记等分析，认为它是一件近代伪作，它的铭文和浮雕内容与《龙门二十品》和北魏正光六年“曹望憘造石佛像座”密切相关。

关键词：北魏　石刻　佛座　曹望憘造像

1989年，郑州陇海东段、郑州铁路管理局招待所发现了一块四面带有浮雕的佛座（图一）和一件空心画像砖，其中佛座为一石雕方形，四个侧面有减地浅浮雕像，佛座图像的安排为北魏时常见的组合，即：正面刻香炉、双狮供养，两侧对称刻礼佛图，背面刻造像题记，最后落款为“大魏正光二年岁次癸巳三月朔甲子”[1]。宿白先生在1996年发表《洛阳地区北朝石窟的初步考察》一文的注释中，曾引用该材料，“北朝晚期窟龛流行双狮相对举爪姿势，如古阳洞北壁中层天平三年（536年）比丘尼昙会阿容造观音像龛下部双狮……现存零散石刻中，出现双狮相对举爪的图像，似

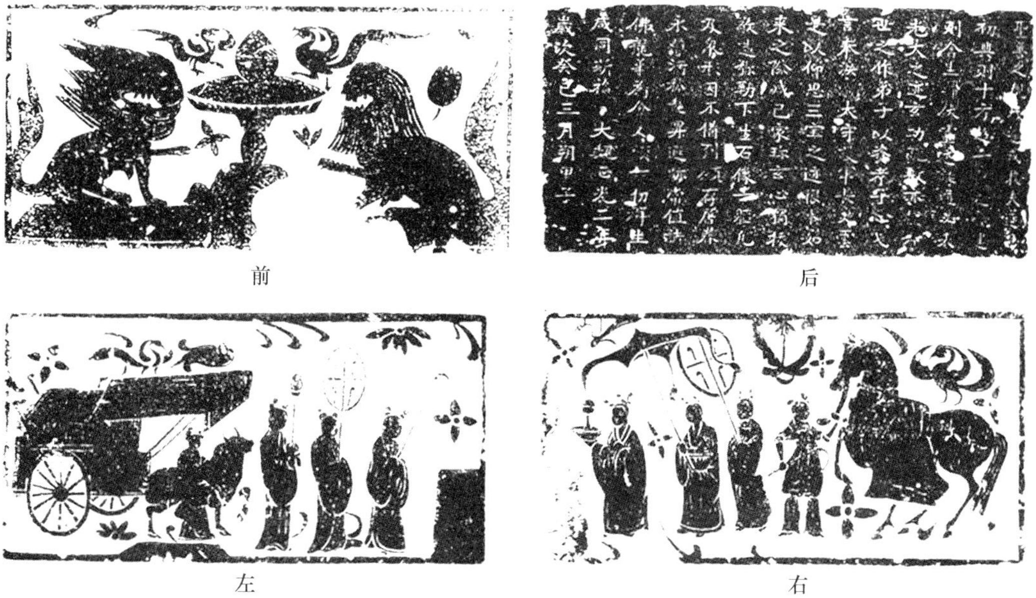

图一　郑州出土北魏石刻拓片

（采自《华夏考古》1990年第4期，第51、52页）

较窟龛为早，如1989年于郑州铁路局招待所发现的正光二年（521年）三月弥勒石像座”[2]。然而笔者对这一带有题记为“大魏正光二年”的佛座进行考证后，确认其为后世的仿造品，现论述如下，以求教于诸专家学者。

一、关于礼佛图

郑州出土的北魏佛座左右两侧礼佛图内容接近，所有人物均为女性。左侧最前一人持莲花供养，右侧最前者持香炉供养；其后为侍从执扇、华盖、莲枝等。左侧跟在最后的是一辆牛车，其旁立一驭者；右侧为马及一驭者。从服饰、发式上看，所有人物身份相类。这种梳双角发式的女性在龙门石窟及巩县石窟北魏佛教造像中多是侍从身份，即与浮雕中表现的礼仪规格不符。在龙门石窟北魏洞窟，如皇甫公洞、宾阳中洞以及巩县石窟等的礼佛图，可以发现在艺术形象处理上，功德主一般较为高大突显[3]。这一点在此处也看不到。

二、关于造像题记

郑州出土北魏佛座背面的题记晦涩生硬，令人难以明了其中含义。为方便讨论，现录其文如下：

圣善之规戒途戎捻夫道法/初兴则十方趋一释迦启建/则含生归伏灵迹诞遘必表/光大之迹玄功既敷亦标希/世之作弟子以资孝子心戈/言奉汨太守护军长史云/是以仰思三宝之迹恨卜如/来之际减己家珍玄心独拔/敬造弥勒下生石像一躯凡/及众形因不备列愿存居眷/永离污秽超升遐迹常值诸/佛龙华为会又愿一切群生/咸同斯福/大魏正光二年/岁次癸巳三月朔甲子

在参考《龙门二十品》碑文后，推知上述这段铭文应是从“二十品”碑文中摘取拼凑而成。

（1）“圣善之规戒途戎捻”和“弟子以资孝子（应作‘之’）心戈言奉汨”一句可参见：太和二十二年北海王元详为母子平安造弥勒像记。

“……太妃以圣善之规，戒途戎捻，弟子以资孝之心，戈言奉汨。其日，太妃还家伊川。立愿母子平安，造弥勒像一区（躯）以置于此。”[4]

（2）“灵迹诞遘必表光大之迹玄功既敷亦标希世之作”可参见：太和末至正始末年陆浑县功曹魏灵藏薛法绍造释迦像记。

“夫灵迹诞遘，必表光大之迹；玄功既敷，亦标希世之作。自双林改照，大千怀缀瑛之悲，慧日潜晖，含生衔道慕之痛。是以应真悼三乘之靡，凴遂腾空，以刊像爰暨下代慈容厥作钜镳魏灵藏河东薛法绍二人等……”[5]

（3）“太守护军长史云”可参见：景明二年云阳伯郑长猷为亡父敬造弥勒像记。

“前　太守护军长史云阳伯长猷为亡父敬造弥勒像一躯……”[6]

（4）“……石像一躯凡及众形因不备列”一句中，“因不备列”不见于其他碑刻行文，在龙门二十品“魏灵藏造像记”和“仇池杨大眼龛造像记”中有“罔不备列”说法，魏碑体中“罔”字多书写为“冈”，与“因”颇为相似。

（5）“愿存居眷永离污秽，超升遐迹，常值诸佛龙华为会，又愿一切群生咸同斯福”，可参见正始四年安定王元燮为亡祖考妣等造释迦像记。

“仰为亡祖亲太妃、亡考太傅静王 亡妣蒋妃及存眷属敬就静窟造释迦之容并其立侍众娱圆饰云仙焕然。愿亡存居眷永离秽趣，升超遐迹，常值诸佛龙华为会，又愿一切群生咸同斯福，正始四年二月中讫。”[7]

此外，郑州出土北魏佛座造像题记最末落款也有不通之处，按“大魏正光二年岁次癸巳三月朔甲子”，正光二年为521年，干支纪年为“辛丑”年，与正光二年相距最近的“癸巳”年是延昌二年（513年）。在雕刻题记时，年号、纪年等漏刻、误刻现象虽偶有出现，但干支纪年出错的则极为少见。

三、对仿品原型的推测

通过上述论断，初步确认这件郑州出土北魏石刻为仿品后，我们在金申先生《中国历代纪年佛像图典》中找到一件与此佛座非常接近的石刻文物，即北魏正光六年（525年）“曹望憘造石佛像座”（图二）。这个佛座原出山东临淄县西桐林民宅墙间，曾归山东潍坊陈介祺收藏，1921年流入法国，现藏巴黎博物馆[8]。此碑全称《襄

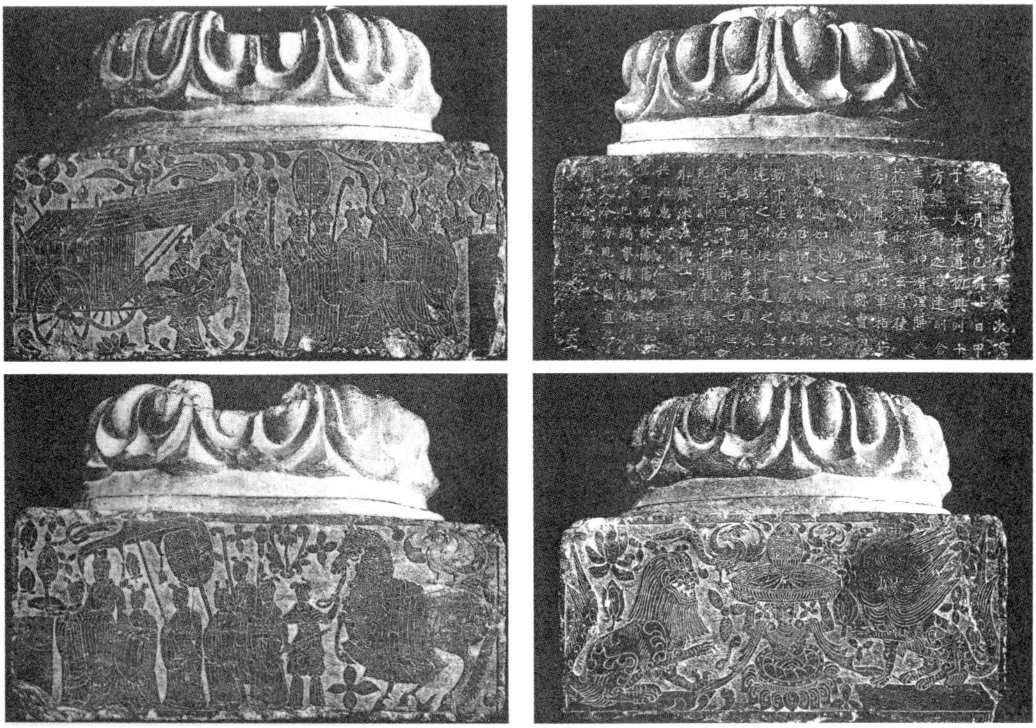

图二 曹望憘造像底座

（采自金申：《中国历代纪年佛像图典》，图版123）

威将军柏仁令齐州魏郡魏县曹望憘造像》，为金石学名碑，碑文曾收录在《山左金石志》、《神州国光集》、日本大村西崖《支那美术史雕塑篇》[9]等书中，“齐州魏郡魏县”在今天的山东省境内。现录曹望憘造石佛像碑文如下：

大魏正光六年岁次乙/巳三月乙巳朔廿日甲/子夫道法初兴则十方趋一释迦启建则含/生归伏然神潜涅槃入/于空境形坐玄宫使迷/后轨襄威将军柏仁/令齐州魏郡魏县曹望/憘是以仰思三宝之迹/恨不逢如来之际灭已/家珍玄心独拔敬造弥/勒下生石像一躯愿以/建立之功使津通之益仰为家国己身眷属永/断苦因常与佛会七世/先亡神升净境亲表内/外齐沐法泽一切等类/共沾惠液堂堂福林荡荡难名知/财非己竭家精成佛潜/已久今方现形匪宜普/润六合扬名大□[10]

郑州发现的这件佛座上也可以见到“夫道法初兴则十方趋一释迦启建则含生归伏”和“是以仰思三宝之迹恨不逢如来之际灭已家珎玄心独拔敬造弥勒下生石像一躯”两段文字。结合上文中我们从《龙门二十品》中找到部分句子，郑州出土北魏佛座题记中，所有的句子基本都可以找到出处。

此外，结合曹望憘造像佛座看，我们原来对郑州出土北魏佛座所存疑虑皆可以得到很好的解释。如供养人图像，在曹望憘造佛座中，一侧是女功德主带领的供养人行列，女主形象较其他人高大，身着华服，左右二侍女托臂服侍前行，其后有三个侍女执扇、莲花等，还有一侍女在牛车旁驭牛随行。另一侧是男功德主，同样身着华服，头戴高冠，左右二侍女托臂，身后侍女持华盖、扇、莲花等，最后是一驭者手执棍状物驭马（郑州出土北魏佛座为驭者持鞭）。由此可见，伪造者在制作时省去功德主，因此浮雕中仅可见到侍从手持华盖、羽扇，而不见她们所服侍的对象。曹望憘造像座正面为双狮对坐，各举外侧一爪，左侧狮子胸毛向后飞扬，右侧狮子胸毛下垂，双狮中间有一夜叉举托香炉，而郑州出土北魏佛座正面，同样为一狮胸毛向后张扬，一狮胸毛下垂，但其位置与曹氏造佛座中双狮位置正好相反。从供养人仪仗行列看，发愿人具有一定的社会地位。据题记可知，曹望憘的官职是“襄威将军柏仁令”，按《魏书·官氏志》：“……太和十八年十二月，降车、骠将军，侍中，黄门秩，依魏晋旧事。一九年八月，初置直齐、御仗左右武官。二十三年，高祖复次职令，及帝崩，世宗初班行之，以为永制……”[11]来看，“襄威将军”与“令”同为右第六品。

由上可知，郑州出土北魏佛座应为伪作，其图像以“曹望憘造石佛像座”为蓝本，铭文则从当时已经小有名气的《龙门二十品》及曹氏碑文中断章截句拼凑而成。此像既仿曹氏造像又不全取其图文，可能是担心伪作被识破。参考《龙门二十品》被推崇的时间[12]，这尊石刻佛座的伪造时代可能在清末或者民国初年。

注释

[1] 陈立信：《郑州发现北魏石刻》，《华夏考古》1990年第4期，第51、52页。

[2] 宿白：《洛阳地区北朝石窟的初步考察》，《中国石窟寺研究》，北京：文物出版社，1996

年，第163页，注释第26条。
[3] 龙门文物保管所、北京大学考古系编：《中国石窟·龙门石窟（一）》，北京：文物出版社，1991年，图版142。
[4] 刘景龙编：《龙门二十品——北魏碑刻造像聚珍》，北京：中国大百科全书出版社，1997年，图版73。
[5] 刘景龙编：《龙门二十品——北魏碑刻造像聚珍》，图版93。
[6] 刘景龙编：《龙门二十品——北魏碑刻造像聚珍》，图版138。
[7] 刘景龙编：《龙门二十品——北魏碑刻造像聚珍》，图版188。
[8] 金申：《中国历代纪年佛像图典》，北京：文物出版社，1994年，第174页，图版123，第476页。
[9] 转引自金申：《中国历代纪年佛像图典》，第476页。
[10] 笔者抄录碑文，其中个别字与金申《中国历代纪年佛像图典》第476页所录文字有出入。
[11] 《魏书·官氏志》，北京：中华书局，1989年，第766页。
[12] 《龙门二十品》最早出现于清末学者康有为《广艺舟双楫》和方若《校碑随笔》中，是在龙门四品和龙门十品的基础上经后世补充而确定的，其发展脉络可参见刘景龙主编：《龙门二十品——北魏碑刻造像聚珍》前言，文中有较详细介绍。

A Renewed Discussion of the Stone Carvings of the Northern Wei Dynasty discovered in Zhengzhou

Zhang Xuefen
(Chengdu Institute of Archaeology)

Abstract: This article provides an assessment of the authenticity of the Northern Wei Buddha seat carved from stone discovered in 1989 discovered in the guest house of the Zhengzhou Railway Administration in Longhai Street in Zhengzhou. Based on an analysis of the images of attendants on the sides of the seat and the overall topic, I suggest that it is a modern-day forgery. Its inscription and the content of the reliefs closely resembles the *Twenty Works of Art from Longmen* and the *Stone Carving Buddha Seat of Cao Wangxi* dating to the sixth year of Zhengguang of the Northern Wei.

Keywords: Northern Wei, Stone Carvings, Buddha (lotus) Seat, Cao Wangxi Statues

（责任编辑：董华锋）

洛扎吐蕃摩崖石刻补释

夏吾卡先[1]　徐承炎[2]

（1. 西藏大学古籍研究所　2. 塔里木大学西域文化研究院）

摘要：本文以实地考古调查资料为基础，结合前人的研究成果与新史料，重新对洛扎县境内现存两处吐蕃石刻即得乌穷、门当石刻进行了校订、转译和对比研究，并对两处石刻年代先后和主人公得乌穷为维护吐蕃社会的稳定作出卓越的贡献而被册封结盟的缘由做了探索。

关键词：得乌穷　门当　吐蕃　石刻

位于西藏山南地区的洛扎县境内得乌穷、门当石刻因记述内容相同、距离相近而被学界统称为洛扎吐蕃摩崖石刻。洛扎县地处西藏南部，与不丹接壤，1960年，宗溪合并成立该县之前，此地属多瓦宗管辖。县内现存的两处吐蕃摩崖石刻是西藏边境地区所发现为数不多的吐蕃时期重要遗迹，对西藏历史研究和吐蕃考古具有重要价值（图一）。自20世纪80年代巴桑旺堆发现两处吐蕃石刻以来[1]，国内外先后有李方桂、柯蔚南（South Coblin）[2]、黎吉生（H. E. Richardson）[3]、阿贵[4]、B. Dotson[5]、霍巍、新巴・达娃西[6]、格桑多杰[7]、武白卡（H・Uebach）[8]、江荻[9]等众多专家学者展开过以得乌穷石刻为主的专题研究；何强[10]、强巴次仁[11]、曾科[12]、席琳[13]等在对吉堆吐蕃墓地研究时交叉引用过两处石刻的铭刻内容；江白尊追[14]、恰噶・旦正[15]、严尾一史（Kazuchi Iwao）[16]等人在其编著的吐蕃石刻书籍中也收录了得乌穷石刻的铭文资料；近期在席琳、张建林、卓玛等人执笔撰写的《西藏洛扎县吉堆墓地与吐蕃摩崖刻石考古调查简报》一文中首次刊布了两处石刻的临摹图[17]。多年来，学者们在洛扎吐蕃石刻的研究工作虽然取得了一些成绩，但终因石刻所处的位置偏僻、研究成果的语种差异较大[18]等原因，致使产生了诸如石刻内容录入不全、诸文所采数据不一、两处石刻随意整合以及译文参差不齐等问题。上述问题的出现进而导致某些历史信息遗失，这对进一步研究石刻产生的历史背景是很不利的。本文以2012年8月笔者与四川大学考古学系部分师生在对洛扎吉堆墓地与两处石刻进行的实地考古调查所获资料，和陕西省考古研究院等多家单位联合发表的调查简报为基础，结合前人研究成果和新史料，重新校订和转译了石刻铭文，进而探讨石刻主人公得乌穷和父洛朗家族被册封的历史背景。

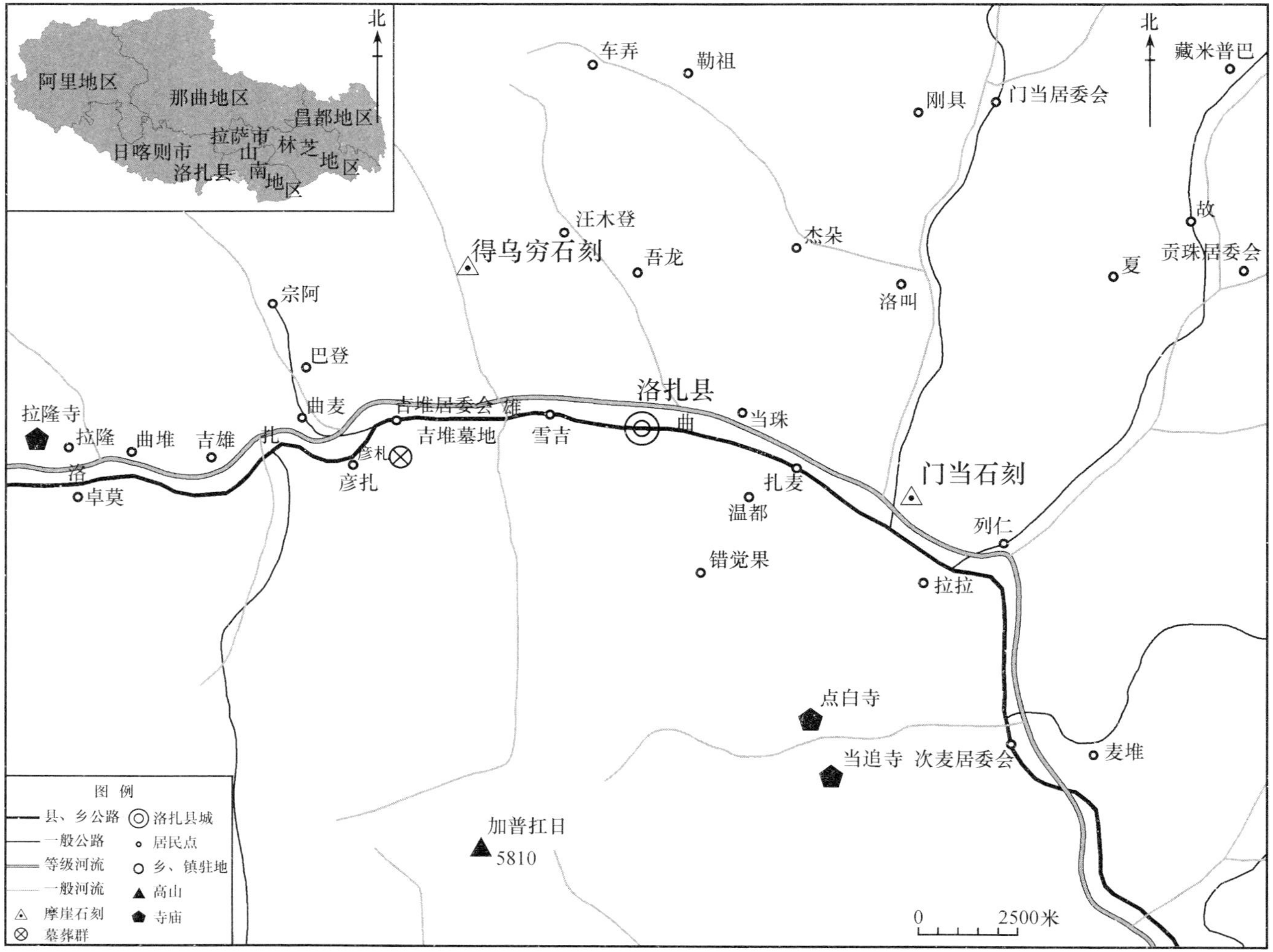

图一　洛扎吐蕃摩崖石刻位置示意图（徐承炎绘图）

一、得乌穷石刻的翻译与研究

得乌穷石刻位于得乌穷村（也译为多穷村）境内的洛扎怒曲河分支——普曲河东岸一处呈正南方向的崖壁上，地理坐标为北纬28°25′10.9″，东经90°48′22.2″，海拔4112米。东南距县城约7.24千米，当地习惯称之为Aa ce rgya bza'i yi ge即“汉妃文（或公主文）”[19]。整幅石刻采用阴线刻的手法凿刻在一处稍加平整的高约4.25、宽约3.4米自然崖壁上，崖壁的左、右两边以藏文双句号符为界。崖面现存自左往右横排刻写的藏文12行，上部保存较为完好，下部第9—11行部分存有文字残损或漫漶不清现象。在石刻的上下两端各有一阴线刻成的右旋“雍仲万字”符号。整幅石刻高出河岸约6米（图二、图三）。

图二　得乌穷石刻（夏吾卡先摄）

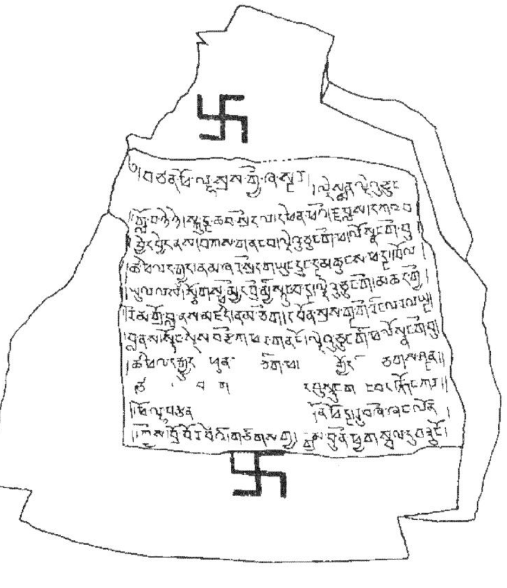

0　80厘米

图三　得乌穷石刻临摹图

（采自《考古与文物》2014年第6期，第24页，图一八）

巴桑旺堆早年发现石刻时，因条件所限未能全面、准确地记录摩崖石刻上的所有内容。这一点霍巍、新巴·达娃扎西和巴桑旺堆本人在他们近期的研究中都有所说明，此外他们还对石刻的内容做了更正和补充[20]。李方桂、柯蔚南和黎吉生等学者还曾开展过基于巴桑旺堆最初抄录文本的校正和英译工作，在海内外藏学界产生了较大的影响[21]。直到今天，以中国社会科学院江荻为例，还有研究者在对洛扎吐蕃摩崖石刻开展研究时仍沿袭巴桑旺堆的做法。即以得乌穷石刻内容为主，参考门当石刻的部分内容对石刻所记历史事件进行释读翻译。这种互补式的研究方法虽然厘清了石刻所记事件的主要内容，但却忽视了两石刻间存在的差异，甚至其文本释读和译文更加偏离原文的倾向。笔者选取霍巍、新巴·达娃扎西（2010年）、恰嘎·旦正（2012年）、巴桑旺堆（2013年）、阿贵（2014年）等具有代表意义的得乌穷石刻释读文本作为比较对象，重新对石刻内容进行了逐字、逐行的校订。兹将成果转录如下[*]：

第一行：○btsan pho lha sras gyI zha sngar.

第二行：.[1] lde sman lde'u[2] cung[3].

第三行：..glo ba nye nye.sku dang chab srId la dphen pha'I[4].[5] rje blas.dka' ba.

第四行：..byed byed nas.[6] bkas gnang ba.[7] lde'u cung gI[8] pha.[9] lo snang gI[10] bu.

第五行：..tsha [11]pheld rgyud nam zhar srId gyung drung dang mtshungs pha dang. khol.

第六行：..yul las.[12] stsogs pha[13] myI dbrI myi[14] snyung ba dang.lde'u cung gI.[15] mchad gyI.

第七行：..rIm gro bla nas mdzade. nam cig.[16] dbon sras gang gI ring la ral yang.

第八行：.bla nas.[17] stong sdes brtsIg[18] phar gnango.[19] lde'u cung gi pha lo snang gI[20] bu.

第九行：.tsha pheld rgyud dang phu nu cig pha bka' gyod□cags[21] shang na[22].

---

* 文本撰写体以国际惯用的Wylie体为基础，尚未统一的撰写方式如藏文起头符号以○代替；缩写词以斜体表示。

① 每行起头和结尾就有一到两个句号符，只有在2014年的临摹图中有所表现。

② 巴桑旺堆：lde.

③ 霍巍：第一、二行计为一行。

④ 阿贵：pa'I.

⑤ 旦正、巴桑旺堆：分隔号。

⑥ 霍巍：分隔符号。

⑦ 旦正、巴桑旺堆：分隔号。

⑧ 旦正：i.

⑨ 巴桑旺堆：分隔号。

⑩ 霍巍：i.

⑪ 阿贵：句号符。

⑫ 旦正、巴桑旺堆：分隔符号。

⑬ 阿贵：stsogspa；旦正、霍巍：stsogs pha.

⑭ 阿贵：myI.

⑮ 旦正、巴桑旺堆：分隔号。

⑯ 霍巍、旦正、巴桑旺堆、阿贵：分隔号。

⑰ 霍巍、旦正、巴桑旺堆、阿贵：分隔号。

⑱ 旦正：brtsig.

⑲ 霍巍：分隔号。

⑳ 霍巍：gi.

㉑ 旦正：tsigs.

㉒ 巴桑旺堆、阿贵补录改写为：ci la chag gyang.

第十行：□□□[①]dbu snyung gnang ba[②] dang.[③] rkong kar..

第十一行：..pho lha brtsan[④] pho spun□□□n[⑤] pho dang.[⑥] ru[⑦] bzhI[⑧] zhang lon..

第十二行：..kyIs[⑨].[⑩]bro bor[⑪] ba'i.[⑫] gtsigs gyI[⑬].[⑭]sgrom bu nI [⑮]phyag sbal du bzu ngo..

在对石刻进行藏文转写对照过程中发现，前人对得乌穷石刻主体部分的录入除有断句上的问题外，基本准确。不过对待得乌穷石刻出现漫漶不清的第9行句末和第10行首的时候，没能注意得乌穷石刻与门当石刻的措辞差异而以门当石刻的内容进行补录改写的痕迹。笔者另根据最新的藏文转写，并参照巴桑旺堆（1982年）、霍巍、新巴·达娃扎西（2010年）、旦正（2012年）的三篇中译文与黎吉生和李方桂等的英译成果，对得乌穷石刻内容重译如下：

> 天神之子赞普御前，德门得乌穷忠贞不二，为利赞普之身与政，呕心沥血。为此诏敕曰：得乌穷之父洛朗子孙后代，其权势犹如“雍仲万字”般永固。其所属奴隶及封地等绝不减少，得乌穷之丧葬法事由上层（王室）承办。在任何赞普后裔掌政期间，其墓若有毁坏，由上层安排东岱修缮。得乌穷之父洛朗子孙后代及亲属闯何等祸事，□□立盟誓。贡格布，天神赞普兄□□□，四茹尚伦参与盟誓，誓文置于龛内藏之。

新译文在某些词语的理解上与前人释读有所不同，这将辅助我们重新认识石刻始造年代和得乌穷的册封规格。如，石刻中的“dka' ba byed byed nas”一句，旧译中分别被译为“曾作殊胜功德”“呕心沥血、业绩卓著”“历尽艰辛”，笔者从石刻内容

① 霍巍补录为：□□□gyod ci la chags gyang,na cig gis□□□；巴桑旺堆根据门当刻补录为：na cIg gis××××ste.'di××；阿贵补录为：na cIg gis××××ste.'dI ltar.

② 霍巍：缺ba字。

③ 霍巍：分隔号。

④ 旦正、巴桑旺堆：btsan.

⑤ 巴桑旺堆、阿贵补录为：mtsan dang.srid kyi blon.

⑥ 霍巍、旦正、巴桑旺堆、阿贵：分隔号。

⑦ 霍巍：bu.

⑧ 霍巍、旦正、巴桑旺堆、阿贵：bzhi.

⑨ 旦正、巴桑旺堆、阿贵：gIs；霍巍：gi.

⑩ 霍巍、旦正、巴桑旺堆：分隔号。

⑪ 霍巍：缺bor字。

⑫ 霍巍、旦正、巴桑旺堆、阿贵：分隔号。

⑬ 霍巍：gyi.

⑭ 霍巍、旦正、巴桑旺堆、阿贵：分隔号。

⑮ 霍巍：句号符。

宏观角度上考量，将其译为“呕心沥血”。又如“srId gyung drung dang mtshungs pha dang”一句，巴桑旺堆和旦正分别译为“若社稷之永固”和“基业永固”；虽然参照原文中“雍仲”一词的“永固不变”之寓意来看，两位学者的转译均合意境，但较霍巍、新巴·达娃扎西的译文相比又略显语气不足，故在新译中保留了后者所译“其权势犹如“‘雍仲万字’般永固”的翻译。再如“lde’u cung gI. mchad gyI. rIm gro bla nas mdzade. nam cig. dbon sras gang gI ring la ral yang. bla nas. stong sdes brtsIg phar gnango.”这句，三位学者分别译为“得乌穷之丧葬应法事优隆。在任何赞普后裔掌政期间，其墓若有毁坏，由东岱专事修建”“得乌穷之丧葬应法事优隆。在任何赞普后裔掌政期间，其墓若有毁坏，由东岱专事修缮”“于德吾炯陵丘供奉有加，若后时毁之，亦赐千户起垒”。在几个汉译文中，均不见石刻中多次出现“bla”一词的对应转译，而在黎吉生和李方桂英译中却有涉及。“bla”的字面义为“上”或“上层”，而在这里特指“吐蕃王室”或其权力机构，也就是说“得乌穷”墓的最初营建和后期修护均由王室负责。因此，笔者将此句改译为“得乌穷之丧葬法事由上层（王室）承办。在任何赞普后裔掌政期间，其墓若有毁坏，由上层安排东岱修缮”。另外，笔者新译的“得乌穷之父洛朗子孙后代及亲属闯何等祸事……”一句，在旧译中也未能获得准确的翻译。根据笔者的录文和译文知，这份殊荣的受益对象不局限于父洛朗的直系亲属，也包括远亲。另在石刻结尾处，有部分崖面脱落致使文字遗失，但仔细观察仍能发现参与此次会盟者包括贡格布、赞普和四茹尚伦[22]等至少六位吐蕃核心人物。但在国内外公布的诸多版译文中尚未见有学者梳理过参加此次会盟成员的身份，且前人的转译文有把所有盟誓成员理解为目击证人[23]，而有把四茹尚伦理解为四子舅臣的[24]。

二、门当石刻的翻译与研究

门当石刻位于洛扎县城向东约5千米的门当河与洛扎怒曲河交汇处的崖壁上，地理坐标为北纬28°22′15.7″，东经90°54′48.5″，海拔3794米。石刻镌刻在距地表高1.12米的一处西向的崖壁上，整幅石刻高2.18、宽2.19米。石刻上现存藏文10行，且文字保存较差，多已模糊不清。在石刻的上下部各有一采用阴线手法凿刻而成的“雍仲万字”符号，然上下符号的旋转方向不同，上部呈左旋而下部的呈右旋（图四、图五）。需要补充的是，据1988年拍摄的石刻图像资料显示，在石刻文字和“雍仲万字”的刻槽内曾涂有色泽鲜艳的颜料，且下部“雍仲万字”左右还分别深刻有藏文字母“sa”和“ta”，另在字母“ta”下方还可有一“雍仲万字”符号的痕迹[25]。

图四　门当石刻（夏吾卡先摄）

门当石刻因保存较差，除阿贵（2008年）、武白卡（2013年）和陕西省考古研究院于2014年公布的石刻临摹图外[27]，其他学者很少给予过关注。笔者将结合前人的研究成果对门当石刻进行重新转录，并与得乌穷石刻之间的异同逐字、逐行对堪如下：

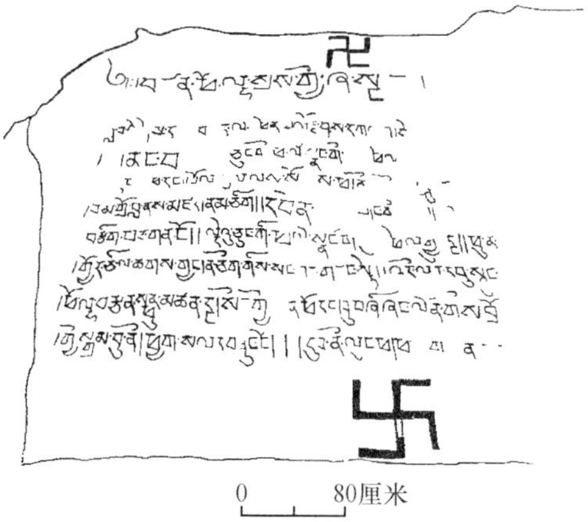

图五　门当石刻临摹图

（采自《考古与文物》2014年第6期，第24页，图一九）

第一行：Obtsan pho lha sras gyI zha sngas.

第二行：. □□□.

第三行：glo ba nye nye.sku dang chab srId[1] la dphen pha'I [2]rje blas.dka' ba. □□□

第四行：. gnang ba. lde'u cung gI pha [3]lo snang gI□□□

第五行：□□□pha dang[4]. Khol yul las [5]sogs pha[6].□□□

第六行：rIm gro bla nas mdzade. nam cig..[7] dbon□gang[8] gI□□□.

第七行：brtsig[9] phar gnango..[10] lde'u cung gi pha lo snang gI bu□□phel[11] rgyudang[12]..[13]phu nu□□□

第八行：gyod ci la chags gyang.na cIg gis s□□□gnang ste.. □□□'dI ltar dbu snyung gnang□□□

第九行：pho lha brtsan [14]spun mtshan dang.srId gyI blon pho dang. ru bzhi[15] zhang lon

---

① 得乌穷：srid.

② 得乌穷：间隔符。

③ 得乌穷：句号符。

④ 得乌穷：*dang*缩写体。

⑤ 得乌穷：句号符。

⑥ 得乌穷：*stsogspha*缩写体。

⑦ 得乌穷：单句号符。

⑧ 得乌穷：*gang*缩写体。

⑨ 得乌穷：brtsig.

⑩ 得乌穷：单句号符。

⑪ 得乌穷：phel.

⑫ 得乌穷：rgyud dang.

⑬ 得乌穷：间隔符。

⑭ 得乌穷：多出了Po字。

⑮ 得乌穷：bzhI.

gis① bro bor □□

第十行：gyI ②sgrom bu nI ③phyag sbal du bzung ngo④…dur nI lung pha. pa□ogs na□□

在重新转录及与得乌穷石刻的比较中我们发现：首先，门当石刻所记内容较得乌穷相比多了一部分[28]，另外中间部分文字有意大写；其次，两处石刻在藏文元音符号古格（gu ge）的正反写、缩写字、断句及万字符号的转向上存有差异；最后，两处石刻损毁的内容不同，门当石刻在某种程度上起到补充印证得乌穷石刻的作用。现将重新转录的石刻文本翻译如下：

> 天神之子赞普御前，×××。为利赞普之身与政，呕心沥血。×××敕曰：得乌穷之父洛朗×××法事由上层（王室）承办。在任何×××修缮。得乌穷之父洛朗子孙后代及亲属闯何等祸事，×××进行盟誓。×××，天神赞普及兄弟、宰相同平章事（掌政大臣）[29]、四茹尚伦参与盟誓。誓文置于龛内藏之。墓在河谷之岸×××

门当石刻历史价值主要有以下几点：首先，补充和完善了石刻的内容。仅根据得乌穷石刻，我们无法确定参与此次盟誓的所有成员，因得乌穷石刻中“赞普兄□□□等”一句因有文字遗失，无法了解准确的信息。结合门当石刻中的藏文内容，我们能够最终确定“赞普兄”不仅是赞普两兄弟，还包括了一位宰相同平章事的官员。这个补充使我们清楚了参加此次盟誓活动的所有成员，即贡格布王、天神赞普及王兄、一位宰相同平章事和四茹四位尚伦共8位吐蕃要员。其次，指明了得乌穷墓地的位置。在门当石刻结尾处有一句话，大意为“墓在河谷对岸”，此话透露出王室主持营建的得乌穷之墓在河谷对岸。再次，洛扎石刻是国内现存唯一一处由吐蕃官方负责勒崖的“一式两份”的石刻文书，两石刻文之间的差异不仅体现在前文所指的语法和符号上，我们更加注意以下两点出入：以往所译得乌穷和门当石刻文字开头部分“赞普驾前”一语在原文上存在“zha sngar”和“zha sngas”的区分，两词意思虽相近且仅一字之差，后者却强调事件发生的具体时态，即有赞普现场勒令凿刻之意；另外一个是门当石刻敕令“下发”一词“gnang ba”两字专门刻成大写字。语法差异可能系匠人勒石时所依文本或其大意所为，但后两条细节可能如武白卡所说与两处石刻的年代先后有关系，即门当系赞普御前勒写，而得乌穷为后期复刻所为。最后，“雍仲万字”的左旋、右旋与宗教信仰无关联。得乌穷上下石刻符号均呈右旋而门当石刻上部则为左旋。我们结合同一时期《工布雍仲增摩崖石刻》所刻九副右旋“雍仲万字”符号[30]和

① 得乌穷：kyIs.

② 得乌穷：句号符。

③ 得乌穷：句号符。

④ 得乌穷：*bzungo*缩写体。

藏东石渠县新发现吐蕃石刻大日如来及其赞颂题记尾处阴刻的左旋“雍仲万字”符号来看[31]，至少吐蕃时代“雍仲万字”符号的左旋、右旋不能当做信仰佛教和苯教的标识图像。

三、摩崖石刻的补充论证和历史背景探析

两处石刻文字均显示德门得乌穷和其父亲洛朗为两位关键人物，而德门得乌穷也可以简称之得乌穷。由吐蕃王室主持营建得乌穷坟墓与对父亲洛朗及子孙结盟册封的内容看，正值年轻时期的得乌穷以身殉职，故由其父方继承了得乌穷为整个家族带来的荣誉，反之得乌穷本人及家属子嗣才是合法继承人，这一点在同一时期的《谐拉康碑甲、乙》和《工布雍仲增摩崖石刻》（或称之《工布第穆萨摩崖石刻》）等记功奖赏碑的内容类比中得到明确的答案[32]。另据参加盟誓人员的数量和社会地位分析，此次册封的规格高于同时期的贡格布王而略低于娘·定埃增家族。但以上两位的册封文书均未提到修建陵墓的相关事宜。

目前学界常将洛扎县规模巨大的吉堆墓地与石刻所提的得乌穷和父洛朗家族进行联系研究[33]，但却无确凿的证据可证明两者之间存有关系。门当石刻中“墓在河谷对岸”一句似乎可作为二者必然联系的证据。

有关石刻的年代问题，巴桑旺堆曾提出石刻凿刻于赤德松赞在位时期（804—815年），然这一论断却遭到了黎吉生的反驳[34]。继黎吉生之后的研究者如霍巍和H. Uebach等又分别在赤德松赞时期所刻的《工布雍仲增摩崖石刻》中找到了“贡格布”和“雍仲万字”符，这些都为巴桑旺堆先生所做的关于石刻的年代提供了间接的佐证。2010年，格桑多吉又从成书于12世纪的藏文古籍《娘氏宗教源流》和13世纪的《第吴宗教源流》中发现德门得乌穷是牟尼赞普（足之煎）时期三大臣之一[35]，这对我们认识石刻主人公生平年代大有裨益。笔者又进一步发现，门当石刻中出现的“宰相同平章事（掌政大臣）”的官职系赞普赤德松赞时期所新设[36]。另外，有以下证据可进一步缩小其年代范围：第一，得乌穷作为牟尼赞普时期的三大大臣之一，在赤德松赞执政时期就已以身殉职；第二，石刻中出现了赞普两兄弟，这表明在对洛朗家族册封时赞普赤德松赞和二兄牟如赞普都健在，同样《谐拉康碑甲》（705年立）中也出现有赞普二兄，而《谐拉康碑乙》（712年立）中却不见，与此相应的是文献中所记，其弟赤德松赞继位不久仅有的二兄（牟如赞普）也遇害身亡[37]；第三，赤德松赞执政时期，洛朗家族已与跟王室产生了联姻关系[38]，而这种联姻关系当与得乌穷有莫大的关系[39]；第四，2014年陕西省考古研究院等单位将被认为得乌穷家族墓地——吉堆墓地中M48夯层中所夹的灌木枝进行了加速器质谱（AMS）碳十四年代测试，结果为790AD—810AD[40]。综上所述，笔者认为得乌穷逝世和王室对其父亲洛朗家族的册封结盟应该发生在赞普赤德松赞执政的上半段时期。

吐蕃王室对得乌穷及其父洛朗家族进行超规格册封、结盟的历史原因，在格桑多

吉和阿贵两位的文章中有所论及，他们认为《娘氏宗教源流》所载得乌穷助母后蔡邦萨投毒杀害牟尼赞普是册封结盟活动的主因，并得出了王室对得乌穷及洛朗家族重赏和册封就是为了回报王室内斗中得乌穷助弟弑兄、夺取王位的结论[41]。这种推理看似合情合理，但笔者在仔细梳理藏、汉文古籍史料后发现，其结论在某种程度上过于武断。虽然得乌穷助蔡邦萨杀害了长兄牟尼赞普，然而他也不过是整个事件中的小角色，并不足于获得吐蕃王室给予高规格回报。即使是作为回报，又为何要等到他死后？

根据主流史料如《娘氏宗教源流》《雅砻尊者教法史》《汉藏史籍》《西藏王统记》《贤者喜宴》等可知，赞普赤松德赞育有三子[42]，而牟尼赞普系赞普赤松德赞跟蔡邦萨玛杰东嘎所生。牟尼赞普继位后，秉承父王旨意，与庶母泊雍萨加木尊成婚。由此引发了母后蔡邦萨玛杰东嘎和庶母泊雍萨加木尊之间的矛盾，最终母后蔡邦萨以赞普偏护泊雍萨为由，（在得乌穷的协助下）投毒杀害了长子牟尼赞普，继而立幼子赤德松赞为王。主流史料虽这般记载，但新史料却显示这一时期吐蕃王室遇到了前所未有的内外执政压力，故牟尼赞普的逝世和赤德松赞的继位亦没有这样的简单了事。首先，据《底吾史记》载，在牟尼赞普执政一年九个月时，赞普因任命纳囊·加擦拉囊（尚结赞）、许布·赤章孔赞和德门得乌穷三位为大臣一事与母后发生分歧，而被（母后）弑于雍布拉康宫内[43]。这一史料揭示牟尼赞普之死并不是母后和王后之间的矛盾所致，而是母子之间争权夺利的结果。其次，成书于11世纪的藏文古籍《斯堆史记》中记载，在牟尼赞普登基之初成大臣们商议赤松德赞殡葬方式时，吐蕃诸大臣已分成了佛、苯两派，两派就赞普丧葬方式的选择问题进行了一场针锋相对的激烈辩论[44]。这场辩论以佛方胜利而结束，大臣间的佛苯之争也表明这一时期吐蕃内部极不太平，暗流涌动。再次，长子被弑身亡，按理应由次子牟（底）如赞普继位，但是最后却由幼子赤德松赞继位。次子牟（底）如赞普被废除王位一事在《底吾史记》中有记录：牟底赞普因未能继位而杀了纳囊·拉囊子，结果被贬为香吉晋蔡地之唐蚕[45]。《娘氏宗教源流》则言，纳囊氏为了干涉不让牟底赞继位，从被发配之地门域请来，……牟底赞普开胸而亡[46]。吐蕃著名古籍《桑瓦恰嘉坚》中也有记载称，牟底赞普是被纳囊氏杀害身亡的[47]，次子牟如赞普先被剥夺王位继承权，随后又被杀害，这些不仅是政治斗争的结果，也是吐蕃外戚贵族间的力量博弈；最后，赤德松赞的继位也曾遇到过不确定性。据《娘氏宗教源流》云，当商议幼子赤德松赞继位时，一部分民众建言：王子年幼不能统管民事，不如推举一位贤臣摄政吐蕃；另一部分则云：当赤德祖赞逝世时，王子（赤松德赞）尚幼，曾举三位尚伦摄政吐蕃，因尚伦的灭法之举国家既遭受了内乱，又发生了战乱，故坚持让幼子赤德松赞登基王位……[48]如此看来赤德松赞的继位也历经不少波折。

综上，赤松德赞逝世至赤德松赞王位巩固之前这段时间，吐蕃内部各王子之间、各外戚贵族之间、各信仰团体之间都曾为争权夺利进行过激烈的斗争。这一期间复杂多变的政局在《谐拉康碑甲》中有如下记载：“息父王及王兄先后崩殂，予尚未即位，斯时，有人骚乱，陷害朕躬，尔班第·定埃增了知内情，倡有益之议，纷乱消泯，奠定一切善业之基石，于社稷诸事有莫大之功业”[49]。另《新唐书 · 南诏列传》有载：贞元九年，南诏王异牟寻遗韦皋帛书云：“天祸蕃廷，降衅萧墙，太子弟兄流窜，近臣横汙。皆尚结赞阴计以行屠害……”[50]在变幻不定的时局中，赤德松赞最终能继承王位全靠他所拥有的一批忠诚贞坚、致死不渝的家臣。这些家臣不仅包括娘氏和韦氏家族，也包括像得乌穷这类大臣。得乌穷在这儿起宫廷夺权斗争中发挥了重要作用，同时又在赤德松赞王位尚不稳定的时期里一直效忠新王，积极推广赤德松赞提出的政教主张[51]。他的这些举措，为维护吐蕃社会的稳定起到了重要作用，直至其以身殉职。故吐蕃王室为德乌穷营建了墓地，举行了隆重的安葬仪式，同时与其父洛朗家族进行了结盟，并进行了册封。

注　释

[1] Pa sang dbang ‘dus.gsar du rnyed b’I btsan po’I skabs kyi brag brkos yi ge.bod ljong zhib ‘jug, 1982(2)；巴桑旺堆：《新见吐蕃摩崖石刻》，《西藏研究》1982年第2期；Pa sang dbang ‘dus.sphu rgyal bod kyi rdo brkos yi ge phyogs bsgrigs kyi ma yig dag bsher dang de‘i tshig ‘grel dangs sang gangs chu.bod ljongs mi dmangs dpe skrun khang, 2011, pp.126-132.

[2] Li fang kuei and South coblin, "A study of the old Tibetan inscriptions", *Nankang*,1987.

[3] H. E. Richardson, "Early Tibetan Inscriptions Some Recent Discoveries", *Tibet Journal*, Vol.12, no. 2(1987), pp.3-15.

[4] Bar kha ngag dkon.lho brag gi lde’u cung na mchis pa’i brag brkos yi ge’i skor gleng ba.bod ljong slob grw chen moai rig deb, 2008(3); Bar kha ngag dkon. lho brag lde’u cung brag brkos yi ger ksal ba’i bod btsan po’I dus kyi blon chen lde sman lde cung dang ‘brel yod kyi lo rgyus gnad don skor mdo tsam gleng ba,krung goa’i bod rig pa, 2014(2).

[5] Dotson, Brandon, “The Old Tibetan Annals, An annotated translation of Tibet’s first history. With an annotated Cartographical Documentation by Guntram Hazod”, *Vienna der sterreichischen Akademie der Wissenschaten*, 2009, p.381.

[6] 霍巍、新巴 · 达娃扎西：《西藏洛扎吐蕃摩崖石刻与吐蕃墓地的调查与研究》，《文物》2010年第7期。

[7] skal bzang rdo rje. lho brag gi brag brkos yi ge’i skor la rags tsam dpyad pa.bod ljong slob grw chen moai rig deb, lo’I ched bsgrigs, 2010, pp.22-26.

[8] Helga Uebach, “The lHo-brag Cliff Inscription: An Attempt to Read it with the Help of Katia Buffetrille’s Photographs of 1988”, *Nepalica-Tibetica Festgabe for Christoph CÜppers Band 2*, IITBS International Institute for Tibetan and Buddhist Studies GmbH, 2013, pp.261-268.

[9] 江荻：《西藏洛扎吐蕃摩崖石刻的语法特征及翻译》，《民族翻译》2014年第4期。

[10] 何强：《西藏吉堆吐蕃墓地的调查与分析》，《文物》1993年第2期。

[11] 强巴次仁：《吉堆吐蕃墓群》，《西藏民族学院学报》1995年第2期。

[12] 曾科：《7 世纪中叶至9 世纪中叶吐蕃大型墓地研究》，西北大学硕士学位论文，2012年，

第25、26页。

［13］ 陕西省考古研究院、山南地区文物局、洛扎县文广局：《西藏洛扎县吉堆墓地与吐蕃摩崖石刻考古调查简报》，《考古与文物》2014年第6期。

［14］ ‘jam dbal brtsaon ‘grus. Lho brag gnas yig, bod ljongs mi dmangs dpe skrun khang, 2010, pp.217-220.

［15］ chab ‘gag rta mgrin.bod yig rdo ring zhib ‘jug.bod ljongs mi dmangs dbe skrun khang. 2012, pp.91-92.

［16］ Kazuchi Iwao, Nathan Hill and Tsuguhito Takeuchi, “Old Tibetan Ducuments online Monogragh Series”, Vol. II, *Old Tibetan Inscripions*，ILCAA，Tokyo University of Foreign Studies, Tokyo, 2009, p.66.

［17］ H. E. Richardson, "Early Tibetan Inscriptions Some Recent Discoveries", *Tibet Journal*, Vol.12, no. 2(1987), pp.3-15.

［18］ 地处偏僻而很难获取相关图像资料也是这处石刻研究进展缓慢的主要问题之一。据霍巍和武白卡的观察，国内学术刊物上2010年才首次刊布两处石刻的图像资料，而海外则2009年和2013年才先后刊布了得乌穷和门当的图像资料。

［19］ Bar kha ngag dkon.lho brag gi lde’u cung na mchis pa’i brag brkos yi ge’i skor gleng ba.bod ljong slob grw chen moai rig deb, 2008(3). 这个传说非常有意思，藏区很多吐蕃石刻都跟文成公主加以联系，尤其近年新发现的藏东石刻群，民间同样归功于文成公主，进而有的内地学者提议需要重新考证文成公主的进藏路线问题。

［20］ 霍巍、新巴·达娃扎西：《西藏洛扎吐蕃摩崖石刻与吐蕃墓地的调查与研究》，《文物》2010年第7期；Pa sang dbang ‘dus.sphu rgyal bod kyi rdo brkos yi ge phyogs bsgrigs kyi ma yig dag bsher dang de‘i tshig ‘grel dangs sang gangs chu.bod ljongs mi dmangs dpe skrun khang, 2011, pp.26-32.

［21］ Helga Uebach, “The lHo-brag Cliff Inscription: An Attempt to Read it with the Help of Katia Buffetrille’s Photographs of 1988”, *Nepalica-Tibetica Festgabe for Christoph CÜppers Band 2*, IITBS International Institute for Tibetan and Buddhist Studies GmbH, 2013, pp.261-268.

［22］ 吐蕃腹地四大行政区域的统称，地理范围基本囊括今天的拉萨、山南、日喀则、林芝、部分那曲等地。

［23］ H. E. Richardson, "Early Tibetan Inscriptions Some Recent Discoveries", *Tibet Journal*, Vol.12, no. 2(1987), pp.3-15.

［24］ 霍巍、新巴·达娃扎西：《西藏洛扎吐蕃摩崖石刻与吐蕃墓地的调查与研究》，《文物》2010年第7期。

［25］ Helga Uebach, “The lHo-brag Cliff Inscription: An Attempt to Read it with the Help of Katia Buffetrille’s Photographs of 1988”, *Nepalica-Tibetica Festgabe for Christoph CÜppers Band 2*, IITBS International Institute for Tibetan and Buddhist Studies GmbH, 2013, pp.261-268.

［26］ Bar kha ngag dkon.lho brag gi lde’u cung na mchis pa’i brag brkos yi ge’i skor gleng ba.bod ljong slob grw chen moai rig deb, 2008(3); Helga Uebach, “The lHo-brag Cliff Inscription: An Attempt to Read it with the Help of Katia Buffetrille's Photographs of 1988", *Nepalica-Tibetica Festgabe for Christoph CÜppers Band 2*， IITBS International Institute for Tibetan and Buddhist Studies GmbH, 2013, pp.261-268.

[27] 陕西省考古研究院、山南地区文物局、洛扎县文广局：《西藏洛扎县吉堆墓地与吐蕃摩崖石刻考古调查简报》，《考古与文物》2014年第6期。

[28] Bar kha ngag dkon.lho brag gi lde'u cung na mchis pa'i brag brkos yi ge'i skor gleng ba.bod ljong slob grw chen moai rig deb, 2008(3); 陕西省考古研究院、山南地区文物局、洛扎县文广局：《西藏洛扎县吉堆墓地与吐蕃摩崖石刻考古调查简报》，《考古与文物》2014年第6期。

[29] 也被译为平章政事之社稷大论，本文采用赞普赤祖德赞时期所立唐蕃会盟碑译文，宰相同平章事官位在不同时期有一定的变化。

[30] 王尧：《吐蕃金石录》，北京：文物出版社，1982年，第93—101页。

[31] 石渠县须巴神山石刻群第7幅石刻。参见四川省文物考古研究院、石渠县文化局：《四川石渠县新发现吐蕃石刻群调查简报》，《四川文物》2013年第6期。

[32] 吐蕃时期后继无人者才向其父方或亲属进行册封，如钵禅布因作为受戒僧人而不能结婚生子，故向其家父进行了册封。详见王尧：《吐蕃金石录》，第105—128页。

[33] 霍巍、新巴·达娃扎西：《西藏洛扎吐蕃摩崖石刻与吐蕃墓地的调查与研究》，《文物》2010年第7期；何强：《西藏吉堆吐蕃墓地的调查与分析》，《文物》1993年第2期；强巴次仁：《吉堆吐蕃墓群》，《西藏民族学院学报》1995年第2期。

[34] 巴桑旺堆早年断代为赤德松赞在位时期（804—815年），黎吉生曾对他的论证进行了强有力的反驳。另赤德松赞在位时期目前较为普遍认可的时段公元798—815年。参见'bri gung skyabs mgon che tshang.Btsan poa'i rgyal rabs.srong btsan dbe mdzod khang, 2010, p.448.

[35] skal bzang rdo rje. lho brag gi brag brkos yi ge'i skor la rags tsam dpyad pa.bod ljong slob grw chen moai rig deb, 2010，lo'I ched bsgrigs； Bar kha ngag dkon. lho brag lde'u cung brag brkos yi ger ksal ba'i bod btsan po'I dus kyi blon chen lde sman lde cung dang 'brel yod kyi lo rgyus gnad don skor mdo tsam gleng ba,krung goa'i bod rig pa, 2014(2). 另，十二世纪的古籍文献《底吾史记》中亦有相同的记述. Lde'u jo sras.chos 'byung chen mo bstan ba'I rgyal mtshan,bod ljongs mi rigs dbe skrun khang, (1987), p.133.

[36] 这一官职高居众臣之首，一般由僧官担任。根据传世赞普诏书显示，这一时期任此官职的只有娘·定埃增和钵阐布云丹两位。

[37] 谐拉康碑甲、乙分别立于赞普赤德松赞执政十七内的先后不同时期，目前能确认立碑时段的是后期碑乙，碑乙立于812年，但早期的碑甲中出现有赞普兄牟如赞普而碑乙中却没有出现；另《娘氏宗教源流》载，当牟尼赞普身亡，为阻挠其（牟底赞普）继位，也为了报复那囊妃，牟底赞普从发配之地木恩请来，被戳胸而亡，陵墓建于加布桑桑之地；（Nyang nyi ma 'od zer.chos 'byung me tog snying po sbrang rtsi'I bcud,bod ljongs yig rnying dpe skrun khang, (2010), p.383）。《底吾史记》言，牟底赞普兄未能继位而被贬为唐蚕；（Lde'u jo sras.chos 'byung chen mo bstan ba'I rgyal mtshan,bod ljongs mi rigs dbe skrun khang, 1987, p.133.）类同的

内容在《第吴宗教源流》中也有反映。

[38] 如赤德松赞早年夭折的王子姓得乌，而有关吐蕃王陵的文献《桑瓦央琼》中也有姓氏得乌的赞普王妃。详见Mkas pa lde'u.lde'u chos 'byung rgyas pa, bod ljongs dbe rnying dbe skrun khang, 2010, pp.301-358.同样黎吉生文也收录了邻近不丹王国至今流传着洛扎地区曾经由吐蕃王室后裔得乌穷顿珠进行统治一说。

[39] 在以往研究当中，石刻中的德门得乌穷或得乌穷作为其家族姓氏来处理，据石刻，此时的“得乌”或“得乌穷”系一般的称谓而非家族姓氏，随着得乌穷事迹而出现了子替父姓的现象。

[40] 陕西省考古研究院、山南地区文物局、洛扎县文广局：《西藏洛扎县吉堆墓地与吐蕃摩崖石刻考古调查简报》，《考古与文物》2014年第6期。

[41] skal bzang rdo rje. lho brag gi brag brkos yi ge'i skor la rags tsam dpyad pa.bod ljong slob grw chen moai rig deb, 2010, lo'I ched bsgrigs; Bar kha ngag dkon. lho brag lde'u cung brag brkos yi ger ksal ba'i bod btsan po'I dus kyi blon chen lde sman lde cung dang 'brel yod kyi lo rgyus gnad don skor mdo tsam gleng ba,krung goa'i bod rig pa, 2014(2).

[42] 一般人认为，长子牟尼赞普；次子牟如赞普或牟底赞普，幼子赤德松赞三位。也有五子说，其中的得乌和林智早年夭折。

[43] Lde'u jo sras.chos 'byung chen mo bstan ba'I rgyal mtshan,bod ljongs mi rigs dbe skrun khang, 1987, p.133.

[44] 巴桑旺堆：《韦协译注》（二），《中国藏学》2011年第2期。

[45] Lde'u jo sras.chos 'byung chen mo bstan ba'I rgyal mtshan,bod ljongs mi rigs dbe skrun khang, (1987), p.133. 另《第吴宗教源流》也载有相似的内容. Mkas pa lde'u.lde'u chos 'byung rgyas pa,bod ljongs dbe rnying dbe skrun khang, 2010, p.339.

[46] Nyang nyi ma 'od zer.chos 'byung me tog snying po sbrang rtsi'I bcud, bod ljongs yig rnying dpe skrun khang, 2010, p.383.

[47] Mkas pa lde'u.lde'u chos 'byung rgyas pa,bod ljongs dbe rnying dbe skrun khang, 2010, p.355.

[48] Nyang nyi ma 'od zer.chos 'byung me tog snying po sbrang rtsi'I bcud, bod ljongs yig rnying dpe skrun khang, 2010, pp.383-384.

[49] 王尧：《吐蕃金石录》，第93—101页。

[50] 纳囊氏在牟尼赞普时期的佛苯辩论中始终站在苯教一方，同时他也是向赞普发难的人之一，曾经还参与废除牟底赞普的王位继承权和谋划弑杀活动。

[51] 得乌穷生前能够成为赞普赤德松赞的亲信，还有一个关键因素可能是对佛教的信仰。赤德松赞可能出于抗衡多数外戚贵族信奉苯教的缘由，他重用的人员基本为佛教徒或有信佛教倾向的成员，如著名僧官娘·定埃增和钵阐布云丹等。得乌穷同样是个佛教徒，这点从他生前修建过洛曲奇拉康和洛堆拉康两座寺庙行为中可以推知。参见 Mkas pa lde'u.lde'u chos 'byung rgyas pa, bod ljongs dbe rnying dbe skrun khang, 2010, p.282; nea'u chos 'byung. bod ljongs dbe rnying dbe skrun khang, 2010, p.28.

Re-interpretation of the lHo-brag Cliff Inscription

Shawo Khacham[1] Xu Chengyan[2]
(1. The Institute of Ancient Books, Tibet University 2. Talimu University)

Abstract: This paper based on the archaeological field survey and previous studies, also newly founded historical documents to reexamination the similarity and different of the two sites cliff inscriptions, and the problem of previous translation, further to explore why the Lde'u family got the glory and his specific contributions on the stability of the imperial societies of Tibet.

Keywords: Lde'u Chung, Smandang, Tibet, Inscriptions

（责任编辑：李帅）

中古墓志附刻易占类谶言的初步研究

赵　川

（四川大学考古学系）

摘要：北朝至隋唐时期北方部分地区的墓志上附刻预测墓葬被发的谶言，其分布地域和出现时间均较为集中，内容上有很强的一致性，其本身并不属于墓志文的一部分，应为墓志文刻写完之后另行加刻，这些谶言可能与《易三备》有一定的关系。谶言所带卦象应该是一条完整的《下备》中某卦占辞的一部分，前面的卦名、卦象与后文的占辞是相互对应的关系，占卜所得之卦则直接决定后面占辞的内容，甚至是对葬地吉凶的判定。谶言中出现的“黄头”跟十六国北朝时期少数民族进入中原之后屡次组织盗墓活动的社会大背景有关。墓志附刻易占类谶言的墓主人群体呈现出从高等级少数民族贵族向汉人中下级士大夫甚至平民、妇女变化的倾向，这些墓主人生前并没有明确的道教信仰，有的甚至还具有明显的佛教信仰，故谶言与这一时期流行的天师道信仰并没有明显的关系。

关键词：《易三备》　堪舆风水　八卦　天师道　族群

北朝到隋唐时期，北方部分地区的墓志文和志盖中附刻有预测墓主埋葬后墓葬被发的谶言类文字，极个别的还在谶言前刻有重卦卦象或卦名。由于此类材料并不多见，且多是未经科学考古发掘所得，因此并未被学界广泛注意，仅赵振华[1]、陆扬[2]、陈昊[3]、刘天琪[4]等学者寥寥可数的几篇文章有所涉及。上述学者们的研究得出了一些颇有参考价值的结论和意见，但还或多或少地存在不足：首先，未系统梳理此类材料的类型、分布地域以及流行时间；其次，对此类谶言的文本依据及相关问题的认识仍有进一步探讨的余地。故笔者不揣浅薄，拟在系统梳理此类材料的基础上，对北朝到隋唐时期墓志上的易占类谶言石刻的类型、年代、性质及相关问题作初步研究。不妥之处，敬请批评指正！

一、中古墓志易占类谶言材料的发现与分期

参考前人研究成果，笔者搜集到见于近人金石学著录、今人墓志汇编或考古发掘报告公布的中古墓志易占类谶言材料共21件（表一），而其中经科学考古发掘出土的仅3件[5]。

表一　中古墓志附刻易占类谶言统计表

时代	序号	墓主	纪年	出土地	谶言内容	出处[6]
北齐	1	元子邃	天宝六年（555年）	河南安阳	今葬后九百年必为张僧达所开。开者即好迁葬，必见大吉	释文见《汉魏》[7]第401、402页；拓片见：《藏石》[8]第155页
	2	库狄回洛	河清元年（562年）	山西寿阳	□天度八百年后开吾墓，改封更葬起丘坟，宜官享禄多福祚	释文见《汉魏》第414—416页；拓片见王克林：《北齐库狄回洛墓》，《考古学报》1979年第3期，第394页图一五，第395页图一六
隋	3	徐之范	开皇四年（584年）	山东嘉祥	卜此墓地，得《泰》卦。后一千八百年为孙长寿所发，所发者灭门	释文见《隋补遗》[9]第104—106页；拓片见嘉祥县文物管理所：《山东嘉祥英山二号隋墓清理简报》，《文物》1987年第11期，第59页图三、图四
	4	赵洪	开皇九年（589年）	河南安阳	千七百年为乐受所发，发者灭门，还覆大吉	释文见《隋补遗》第129页；未见拓片
	5	张茂	开皇九年（589年）	河南洛阳	筮占：葬后一迁八百年，为吴奴子所发掘。诫奴子必宜还葬之，子孙得福，家炽盛，大富贵。如违，招致殃祸绝灭	释文见康聪斌：《隋代墓志校辑》，南京师范大学硕士学位论文，2006年；拓片见《邙洛》[10]第38页
	6	尔朱敞	开皇十一年（591年）	河南洛阳	一千八百年，孙……	释文见《隋补遗》第137、138页；拓片见《藏石》第178页
	7	王节	开皇十五年（595年）	河南洛阳	䷇一千八百年，吴奴子所发。诫之：厚葬得福累世	释文见王其祎、周晓薇：《洛阳新见隋代墓志铭辑释三种》，《华夏考古》2011年第4期，第112、113页；志文拓片见《华夏考古》2011年第4期，图版三-2，附刻谶言的志盖拓片未见
	8	吴通	开皇二十年（597年）	河南洛阳	䷬萃，六月卦，大吉之。䷎谦[11]，九月卦。葬后壹迁（千）捌百年，吴奴子所发掘。诫吴奴子厚葬之，得大吉昌	释文见王连龙：《隋吴通墓志道教文化内涵考论》，《世界宗教研究》2011年第4期，第65、66页；拓片见《搜佚》第一册[12]，第92、93页
	9	董穆	大业六年（610年）	河南洛阳	《易》卜此地，安葬大吉……张（？）大（天？）安所发此墓。不胜悲哉，业存铭采	释文见《隋补遗》第253、254页；拓片见《洛阳卷》第一册[13]，第55页
	10	李吁	大业六年（610年）	河南洛阳	吾殡后三千年有崔胸显所破	释文见康聪斌：《隋代墓志校辑》，南京师范大学硕士学位论文，2006年，第25、26页；拓片见《邙洛》第48页

续表

时代	序号	墓主	纪年	出土地	谶言内容	出处[6]
唐	11	柳山涛	乾封元年（666年）	河南洛阳	易占云：葬后一千三百年为黄头所发。其所开发者，当更好埋葬之，若不好埋葬者，凶不出年	释文见《千唐志斋》[14]第25、26页；未见拓片
	12	韩净识	总章三年（670年）	河南洛阳？	九百年后，张僧达	释文见《唐补遗》第8辑[15]第277页；拓片见《拾零》[16]第83页
	13	严高	咸亨三年（672年）	河北沧州	葬后一千年，班边开	释文、拓片并见《沧州》[17]第34、35页
	14	郗瑞达	上元三年（676年）	河南洛阳	占曰：葬后一千五百年，有孙长寿发，若不掩藏，凶不出年	释文见《千唐志斋》第41页；未见拓片
	15	郭祥	垂拱四年（688年）	河北邢台	葬后四百年，为奇黄头所发	释文见《唐续集》[18]第294、295页；拓片见辛明伟、李振奇：《河北南和唐代郭祥墓》，《文物》1993年第6期，第27页图三五、图三六
	16	李宗	天宝二年（743年）	河南，具体地点不详	葬后一千七百年，有张天安所发	释文见《唐汇编》（下册）[19]第1545页[20]；拓片见《河南卷》[21]第68页
	17	张剑	天宝二年（743年）	山西晋城？	吾葬以后一百卅年，被彭里来开发，破坟者凶，茔坟者吉	释文见《唐续集》第586、587页；未见拓片
	18	苏崇侠妻张氏	天宝十四年（755年）	山东临沂	忽有程陆开此墓，必灭程氏	释文见《唐续集》第662页[22]；拓片见《江苏山东卷》第一册[23]，第47页
	19	贾嫔	建中二年（781年）	河北石家庄	后一千三百年，为刘黄头所发	释文见《唐汇编》（下册）第1825页；拓片见《北京大学卷》第二册[24]，第19页
	20	郑晃	贞元四年（788年）	河北石家庄	殡后一千八六十年被西门庆所发墓。损吾宅兆者，身死家破灭门；存吾宅者，世世三公不绝	释文见《唐汇编》（下册）第1850、1851页[25]；拓片见《河北卷》[26]第77、78页
	21	郭远	贞元十五年（799年）	不详	筮，得解卦，葬后一千三百年大富，孙位登刺史	未见释文；拓片见《碑林》[27]，第593 页

从地域上讲，以上21件材料主要集中分布在洛阳及其以东、以北的部分区域。以现今行政区划而言，河南最多，共12件；河北次之，有4件；山东、山西各2件。由于无缘亲眼拜读查阅相关书籍，郭远墓志出土地不详。就时代而论，北朝（北齐）2件，隋朝8件，唐朝11件。年代最早者为北齐天保六年（555年）下葬的上洛县开国男、征西将军元子邃墓志。从刊刻位置来看，刻于志盖者5件，余下16件皆附刻于志文末或墓志背面。

谶言字数至多者为隋张茂墓志，有51字；短者仅寥寥10字不到。谶言内容有繁有简，如隋吴通墓志谶言中刻有卜卦所得重卦的卦象、卦名，其后对墓葬被发掘的时间和发掘者名字作了预测，末尾还有对发墓者的告诫（图一）；而唐郭祥墓志谶言有对墓葬被发掘时间和发掘者名字的预测（图二）；唐苏崇侠妻张氏墓志谶言则只有对发墓者的告诫。根据内容的差异，可将21件谶言材料分为以下5种不同的类型。

图一　隋吴通墓志盖拓片
（采自赵君平、赵文成：《秦晋豫新出土墓志搜佚》第一册，第92页）

图二　唐郭祥墓志盖拓片
（采自《文物》1993年第6期，第27页，图三五）

A型　4件。谶言中有带有卜卦的卦象或卦名，或两者兼而有之。可细分为三亚型。

Aa型　2件。谶言中有卦名而无卦象，后有对墓葬被掘时间的预测。徐之范墓志谶言末还包括掘墓者的姓名及对其诅咒，郭远墓志谶言末有对下葬之后子孙祈祷祝愿的文字。

Ab型　仅隋王节墓志1件。谶言中有卦象而无卦名，后有对后世墓葬被掘时间、掘墓者姓名的预测和对掘墓者的告诫。

Ac型　仅隋吴通墓志1件。谶言中出现了两个重卦的卦象和卦名。其后有对后世墓葬被掘时间、掘墓者姓名的预测和对掘墓者的告诫。

B型　4件。谶言中无卦名、卦象，但开头有“卜”“筮”“占”等字。其后有对后世墓葬被掘时间、掘墓者姓名的预测和对掘墓者的告诫。张茂、董穆、柳山涛、郗瑞达墓志谶言属此类。

C型　5件。谶言中有对后世墓葬被掘时间、掘墓者姓名的预测和对掘墓者的告诫。无卦名、卦象，也无“卜”“筮”“占”等字。元子邃、厍狄回洛、赵洪、张剑、郑晃墓志谶言属此类。

D型　7件。谶言中有对后世墓葬被掘时间、掘墓者姓名的预测。无对掘墓者的告诫，无卦名、卦象，也无“卜”“筮”“占”等字。李吁、韩净识、严高、郭祥、李宗、贾嫔墓志谶言属此类。此外，隋尔朱敞墓志盖中刻“一千八百年，孙……”，其后泐蚀，所刻具体文字不清楚。经仔细核对墓志文及墓志盖拓片，不难发现其后磨灭之字仅有一二，“孙”乃掘墓者的姓氏，其后当为其名。故尔朱敞墓志谶言也可归于此类。

E型　1件。谶言中仅有掘墓者姓名及对其告诫。苏崇侠妻张氏墓志谶言属此类[28]。

5种类型的材料中，A型仅在河南洛阳、山东嘉祥两地分布，流行时间仅限于隋唐。B型有很强的地域性，仅在河南洛阳有发现，流行时间仅限于隋到唐代中期以前。C型在河南、山西、河北等地均有零星分布。此类谶言北朝就已出现，隋唐时期依旧流行。D型在河南、河北分布，隋唐时期均为流行。E型仅在山东发现有一例唐代的材料（表二）。

表二　类型与地域分布情况

类型 / 地域	A型			B型	C型	D型	E型
	Aa型	Ab型	Ac型				
河南		1	1	4	2	4	
河北					1	3	
山东	1						1
山西					2		

虽然此类谶言材料发现数量并不多，但是也呈现出比较明显的阶段性差异。根据类型、流行年代的不同，北朝到隋唐时期墓志的易占类谶言可分为三期。

第一期：北齐。这一时期墓志所带有的易占类谶言材料类型单一，数量少，仅2件，且都为C型。

第二期：隋。这一时期墓志所带有的易占类谶言材料种类复杂，除E型外，其余类型材料均有出现。主要集中发现于河南洛阳地区，共7件。河南安阳、山东嘉祥各1件。

第三期：唐。这一时期墓志所带有的易占类谶言材料种类复杂，除Ab、Ac、E型外，其余类型材料均有出现。河南地区最为流行，河北地区开始出现且数量较多，此外山西、山东均有少量发现（表三）。

表三　类型与时代分布情况

类型 / 时代	A型			B型	C型	D型	E型
	Aa型	Ab型	Ac型				
北齐					2		
隋	1	1	1	2	1	2	
唐	1			2	2	5	1

除上述所列碑刻拓片材料之外，历代文献也有不少关于此类材料的记载，文字不一，内容各异。笔者所见最早的文献是《西京杂记》。《西京杂记》卷四记载："滕公驾至东都门。马鸣，局不肯前，以足跑地久之。滕公使士卒掘马所跑地，入三尺所，得石椁。滕公以烛照之，有铭焉。乃以水洗写其文，文字皆古异，左右莫能知。以问叔孙通。通曰：'科斗书也'。以今文写之曰：'佳城郁郁。三千年见白日。吁嗟滕公居此室'。滕公曰：'嗟呼，天也！吾死其即安此乎？'死遂葬焉。"[29]滕公得石椁之事虽发生在汉代，但并未见诸于任何正史，考虑到《西京杂记》一书博采轶事的性质，以及葛洪生活的东晋南朝地区堪舆风水术的盛行[30]两个因素，故笔者认为滕公之典极有可能在东晋时期才开始流行。

唐宋以来的笔记小说以及正史中也有相关记载，但其中不少可能仅系讹传，而非当时真实发现的材料。今试举几例如下：

《水经注》卷四十《渐江水注》：

> 榖水东径独松故冢下，冢为水毁，其砖文："筮言吉，龟言凶，百年堕水中。"今则同龟繇也。[31]

《宣室志》卷五：

> 开元中，江南大水，溺而死者千数，郡以状闻。玄宗诏侍御史郛载往巡之。载至江南，忽见道傍有古墓，水溃而穴出，公念之，命工迁其骸于高原。既发墓，得一石，錾而成文，盖志其墓也。志后有二十言，乃卜地者之词。铭曰："尔后一千岁，此地化为泉。赖逢郛侍御，移其向高原。"因校其年，果千岁矣。[32]

《朝野佥载》卷五：

> 后魏高流之为徐州刺史，决滹沱河水绕城，破一古墓，得铭曰："吾死后三百年，背底生流泉。赖逢高流之，迁吾上高原。"流为造棺椁衣物，取其柩而改葬之。

东都丰都市在长寿市之东北。初筑市垣，掘得古冢，土藏，无砖甓。棺木陈朽，触之便散。尸上着平上帻，朱衣。得铭云："筮道居朝，龟言近市。五百年间，于斯见矣。"当时达者参验，是魏黄初二年所葬也。[33]

《新唐书》卷二百：

郭钦说，后魏濮阳太守敬叔八世孙。开元初，繇新津丞请试五经，擢第，授巩县尉、集贤院校理。历右补阙内供奉。通历术，博物。初，梁太常任昉大同四年七月于钟山圹中得铭曰："龟言土，蓍言水，甸服黄钟启灵址。瘗在三上庚，堕遇七中巳。六千三百浃辰交，二九重三四百圮。"当时莫能辨者，因藏之，戒诸子曰："世世以铭访通人，有知之者，吾死无恨。"昉五世孙升之，隐居商洛，写以授钦说。钦说出使，得之于长乐驿，至敷水三十里而悟曰："卜宅者廋葬之岁月，而先识墓圮日辰。甸服，五百也，黄钟十一也，繇大同四年却求汉建武四年，凡五百一十一年。葬以三月十日庚寅，三上庚也。圮以七月十二日己巳，七中己也。浃辰，十二也，建武四年三月至大同四年七月，六千三百一十二月，月一交，故曰六千三百浃辰交。二九，十八也。重三，六也。建武四年三月十日，距大同四年七月十二日，十八万六千四百日，故曰二九重三四百圮。"升之大惊，服其智。[34]

《太平广记》卷三百九十一引《史系》：

后魏天赐中，河东人张恩盗发汤冢，得志云："我死后二千年，困于恩。"恩得古钟磬，皆投于河。此又别见《圣贤城冢记》。[35]

以上内容大多于史无据，荒诞不经，不足为信，或系伪刻，或为杜撰[36]。但我们如果将其当做某种社会思想或现象的客观反映，以研究这些记载出现或形成时的社会背景的话，却是再好不过的"史料"。首先，虽然关于刘宋时期谢灵运见到这类材料的记载不一定可靠，但是仍不难看出隋唐时期这类材料或类似观念的流行；其次，这些铭刻皆出自墓葬，多刻于石头（含墓志）或铁券上，铭刻内容跟本文所讨论的中古墓志附刻的易占类谶言材料较为接近，都有关于死者葬埋之后墓葬被发的时间、重修或迁葬的预测，都希望墓葬被发掘之后还能得到保全或修复；再次，上述引文所记诸事多发生在今山西、河南洛阳及江南地区，虽然江南地区目前尚未有考古出土材料证实，但在山西和河南洛阳地区均发现有为数不少的带有此类谶言的墓志。仔细分析上述引文亦不难发现，江南地区的谶言多为预测墓葬被自然灾害损毁，与本文所讨论谶言中预测的墓葬被后世盗发有所不同，这点需要注意。

综合上述分析，中古时期此类材料具有如下几点较为明显的特征：第一，地域分布较为集中，主要分布在河南洛阳以北、以东，最北、最东到河北沧州盐山，洛阳以西、以南以及南方的广大区域均未发现有此类材料出土或关于此类材料的著录；第二，流行时间较为集中且阶段性特征较强，从最早的一件北齐天保六年（555年）元子邃墓志到最晚的唐贞元十五年（799年）郭远墓志，共历245年，其中又主要集中在北朝末年到隋和唐代中晚期，尚未发现有唐高祖、太宗年间的此类材料，唐末及以后则鲜有发现[37]；第三，从内容上讲，5种材料繁简程度不一，其中A、B、C型较为复杂，而D、E型则稍简短，往往10字不到，内容的繁简与字数的多少与时代、地域没有直接的关联；第四，尽管这类材料内容有繁有简，字数多少不一，但仍不难发现这类材料在内容上的一致性。如谶言中带掘墓者姓名者20例，其中“吴奴子”出现3次，“张僧达”“孙长寿”“张天安”“（刘）黄头”各2次（表四）[38]。

表四　发墓者姓名出现情况统计表（仅限出现2次及以上者）

名字	墓志主人	时间	出土地点	谶言内容
张僧达	元子邃	北齐天保六年（555年）	河南安阳	今葬后九百年必为张僧达所开。开者即好迁葬，必见大吉
	韩净识	唐总章三年（670年）	河南洛阳?	九百年后，张僧达
吴奴子	张茂	隋开皇九年（589年）	河南洛阳	筮占：葬后一迁（千）捌百年，为吴奴子所发掘。诫奴子必宜还葬之，子孙得福，家炽盛，大富贵。如违，招致殃祸绝灭
	王节	隋开皇十五年（595年）	河南洛阳	一千八百年，吴奴子所发。诫之：厚葬得福累世
	吴通	隋开皇二十年（597年）	河南洛阳	萃，六月卦，大吉之。谦，九月卦。葬后壹迁（千）捌百年，吴奴子所发掘。诫吴奴子厚葬之，得大吉昌
孙长寿	徐之范	隋开皇四年（584年）	山东嘉祥	卜此墓地，得《泰》卦。后一千八百年为孙长寿所发，所发者灭门
	尔朱敞	隋开皇十一年（591年）	河南洛阳	一千八百年，孙……
	郗瑞达	唐上元三年（676年）	河南洛阳	占曰：葬后一千五百年，有孙长寿发，若不掩藏，凶不出年
张天安	董穆	隋大业六年（610年）	河南洛阳	《易》卜此地，安葬大吉……张（？）大（天？）安所发此墓。不胜悲哉，业存铭采
	李宗	唐天宝二年（743年）	河南，具体地点不详	葬后一千七百年，有张天安所发
（刘）黄头	柳山涛	唐乾封元年（666年）	河南洛阳	易占云：葬后一千三百年为黄头所发。其所开发者，当更好埋葬之，若不好埋葬者，凶不出年
	贾嫔	唐建中二年（781年）	河北石家庄	后一千三百年，为刘黄头所发

“吴奴子（益）”仅在洛阳有发现，最早与最晚的一例时间相距八年，而“张僧达”“孙长寿”“张天安”等姓名则出现地域较广，且年代间隔较大。又如前文所述，各类型谶言在墓志所刊刻的位置上都比较特殊，无一例外地全部刻于志盖或附刻于志文末，表明此类文字在当时就并未纳入传统墓志刻写的范畴进行考虑，或言之并不属于墓志撰写者所撰墓志文的内容，当为墓志文刻写完之后另行加刻，应当有其时人的特殊考虑之处。

二、谶言可能与《易三备》有关

民国及以前，人们对墓志附刻易占类谶言材料的认识可大致分为两种，一种认为是无知妄刻；另一种认为是数术之学的体现。前者较典型者如民国顾燮光《石刻之前知》一文：

> 术数谶纬之学，在虚无缥缈之间，附会者于金石文字，亦神妙其说，若为信有其事，是可惑矣。《两浙金石记》云《晋保母砖》云“后八百余载知献之保母宫于兹土。”墓砖之出实八百三十八年，献之前知，异哉！临桂况夔笙先生《蕙风簃随笔》云：唐《贾氏夫人墓志》末一行云“后一千三百年为刘黄头所发。”道光初元氏县人刘黄头垦地得此碑。《李辅光墓志铭》末云“水竭原迁，斯文乃传”，某年泾河南岸崩，壅水绝流三日，是碣适出。考古者因谓唐人术数至精。按贾夫人之葬为建中二年，距道光才及千年。钱仪古跋辩之，唯刘黄头之名乃巧合耳……方氏彦闻《河南县志》云：唐《范夫人墓志铭》中有“长夜穷泉兮一闭千年”句，此志于乾隆二十七年出土，距唐天宝三载恰符千载之数。铭曰“一闭千年”，遂为谶语。又适于道光三年搜采入志，岁次亦在甲申，盖甲子十八周矣！吻合之奇，亦非偶然。罗氏叔蕴《隋赵洪专（砖，笔者加，下同）志》跋云：志有“千七百年为乐受所发”语，与《董穆墓志》末记“为张大安所发”、唐李君妻贾氏墓志“一千三百年为刘黄头所发”，语正相似。《贾志》以道光三年出土，上距唐建中二年计千又四十三年。今此专（砖）自开皇己酉至今适得二十二己酉，计一千三百二十年，亦不合七百之数，意此等乃当时好奇者随意妄书，非真有先知之术也。[39]

后者如清张衍度跋贾嫔墓志曰（图三）：

> 此石于道光八年为乡民刘黄头所发，居千载上而逆知千载下必为人所发，且知发者姓名。古人数学之精，亦奇矣哉！予久闻此石而未见埸（拓）本，同治庚午春来元氏，得与石遇，朝夕观玩，极惬素怀。因识数语，以俟后之有同嗜者。[40]

图三　张衍度跋贾嫔墓志拓片

（采自孙兰凤、胡海帆主编：《隋唐五代墓志汇编·北京大学卷》，第二册，第19页）

顾氏指出此类材料的性质属于术数谶纬之学，并将其与诸如唐《范夫人墓志铭》之“长夜穷泉兮一闭千年”等材料放在一起进行比较，似乎认定二者同属“石刻之前知”；并在将墓志所记发掘年份和实际发掘年份比对之后指出，这些预测墓葬被发的文字为“好奇者随意妄书”。由于此类材料数量并不多，民国时期更是零星可见，因此顾氏得此结论已实属可贵。然而在今天看来，其说仍有可商之处，如唐《范夫人墓志铭》之“长夜穷泉兮一闭千年”与《贾氏夫人墓志》之“后一千三百年为刘黄头所发”二者虽皆有属于“石刻之前知”的文字，但二者重点并不一样。前者文字乃隋唐墓志中常见之文字，意在祈望墓主人墓葬永远幽闭，而后者乃在预测被发掘时间之后希望掘墓者能将墓葬及时封闭。两者的重点并不一样。另外，正如前面所言，前者文字乃古代墓志常见之辞，而后者或有文本依据（详后），绝非“好奇者随意妄书”。

赵振华、王学春先生在研究唐《柳山涛墓志》志文末之“易占云：葬后一千三百年为黄头所发。其所开发者，当更好埋葬之，若不好埋葬者，凶不出年”时，将这段文字定名为“《易》占谶言”，并注意到了隋唐墓志中此类材料的相似性，认为诸如吴奴子、张大安等姓名“其人必有来历，或源于卜筮之书”[41]。陈昊先生将此类谶言定名为“厌劾卜辞”，并指出其“与《周易》有密切的关系。以《周易》占卜葬地或者墓葬是否会被盗掘，见于吐鲁番写本《易杂占》……敦煌文书《易三备》之《下备》即以《易》占坟地风水之休咎。但目前并未从现存文献中见到以《易》占墓葬被盗事件的例子”[42]。

以上诸位先生都注意到了这类材料的一致性，并注重考虑其文化内涵，具有很强的借鉴意义。笔者尝试将这些谶言与敦煌写本《易三备》比对，发现二者可能有极深的渊源关系。如隋吴通墓志：“萃，六月卦，大吉之。谦，九月卦。葬后壹迁捌百年，吴奴子所发掘。诫吴奴子厚葬之，得大吉昌。”S.6349与P.4924缀合本《易三备》之《下备》：“萃[43]，（前缺）六月卦，世在二，应在五。世爻定，其下八尺，得伏尸。世爻动，其下三尺，得锡。应爻定，其下九尺，得铜钱。应爻动，其下四尺，得花枝，似蛇。葬得此地，大吉。四（西）有伏尸，勿动。”“谦，艮下坤上，兑家，五变。谦，九月卦。世在五，应在二。占世爻定，其下一尺，得/清钱。世爻动，其下六尺，得钱。应爻定，其下三尺，得小豆。应爻动，其下六尺，得白穄。葬得此地，大吉。孔子云：葬之，封侯。”[44]

同本《中备》：“谦，艮下坤上。兑家，五世。谦，九月卦。世在五，应在二。穿井深三尺，得小豆。六/尺，得白穄。居得此宅，吉。又云，生死安乐富贵微。八百年有奴益/得□□。六二爻□□□□。”[45]《下备》中的“萃”卦占辞与《吴通墓志》志盖“萃卦”文字几乎一致。不同之处在于《吴通墓志》“谦卦”文字中关于盗墓人和时间的推测以及警告性话语，是《下备》的“谦”卦占辞所没有的，《中备》“谦卦”占辞是对阳宅被后世人居住的时间和姓名作的预测。墓志所带易占类谶言与写本之间虽有不同之处，但仍不难看出二者可能有密切的渊源关系。

《易三备》又名《周易三备》。据陈槃先生考证，此书之著录始于《隋书·经籍志·五行》，其后《旧唐书·经籍志·五行》《新唐书·艺文志·五行》《宋史·艺文志·蓍龟》及《崇文书目》等书均有著录。《永乐大典》本《易纬稽览图》之《推天元甲子之术》与《推易天地人之元术》均从《易三备》引用若干文字。由此可知，此书明代初年仍可见，明末已失传[46]。然而，随着清末敦煌藏经洞的打开、敦煌文献的面世和敦煌学的日渐兴盛，学者们在敦煌文献中发现了4件《易三备》的写本，分别是S.6349、S.6015、P.4924、P.5031（11）。陈槃、张志清等先生先后对敦煌写本《易三备》做了详细的校录[47]。其中S.6349和P.4924这两件分别藏于英国、法国的抄本实际上是一种抄本的两个部分，张志清、林世田先生成功地将它们进行了缀合和校录。因此，敦煌本《易三备》实际上仅可见3种互有差异的抄本[48]。然而3种写本皆各有缺损，特别是P.5031（11）仅为一小块方形的残片，字迹模糊，前后文字残缺严重（图四）。笔者将P.5031（11）残片文字与其他两种写本作比对之后，发现其应是内容与S.6349+P.4924、S.6015略有差异的另外一种《三备》之《中备》中的“需卦”抄本残片（表五），但又与S.6349较为接近，而与S.6015《下备》“需卦”差别稍大，故推测P.5031（11）残片

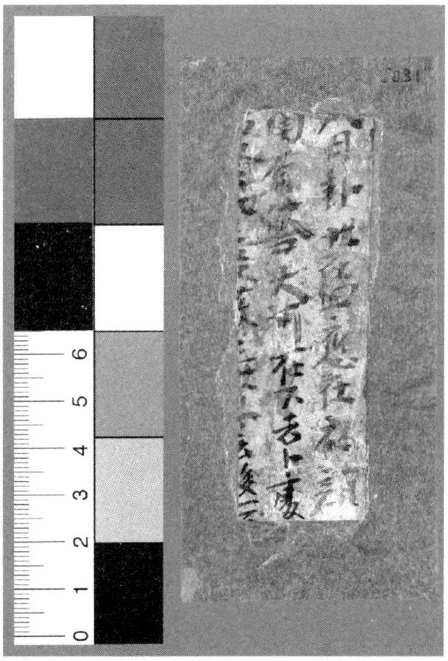

图四　P.5031（11）照片
（采自国际敦煌项目（IDP，International Dunhuang Project）网站http://idp.bl.uk/database/oo_scroll_h.a4d?uid=10057164708;recnum=62548;index=4）

极有可能就是根据S.6349+ P.4924原抄本而形成的一种简写本[49]。

表五　P.5031（11）与S.6349、S.6015“需卦”内容对比分析

抄本序号	内容对比
P.5031（11）	八月卦，世在四，应在初。颜……南有伏尸，大何（河）在下。去卜处……[50]
S.6349《中备》“需卦”	需䷄，干下坎上。坤家游魂。需，八月卦。世在四，应在初。颜渊曰：居得此宅，鬼神安利。孔子曰：虽吉，宅南有伏尸，大何（河）在下，有玉石。去卜处三百步，南厢下如西，玉在中，不见。居得此宅，大吉。又云：九三爻发，三世卦。云：后一百八十年，有许子贤来[51]
S.6015《下备》“需卦”	䷄需，八月卦。身在四，应在初。身爻定，深一丈二尺，得谷。爻动，其下四尺，得黄沙土。应爻定，深七尺，得穴。爻动，深五尺，得鼠。孔子云：葬得此地，鬼神安，利生人。南有伏尸，大河在下，有玉。去卜处三百步，南相（厢）如西，玉在中，不见。葬得此地，大吉[52]

从内容上看，《三备》即《上备》《中备》和《下备》，《三备》所占内容不同，S.6349：“上备，天也；中备，筮人中宅舍吉凶也；下备，筮地下盘石涌泉深浅吉凶安葬地也。”[53]据此可知，《中备》和《下备》分别占人阳宅和阴宅之吉凶，《三备》当为中国古代占卜住宅和坟地风水休咎的专书。现存的三种《易三备》都没有《上备》占天的内容，S.6015仅存《下备》，P.5031（11）残片仅存《中备》需卦，唯S.6349和P.4924缀合本内容较多，保存有《中备》和《下备》的残本。

现存的两种版本占阴宅吉凶的《下备》各卦占辞中，没有对后世墓葬被发时间和发墓人的预测以及警告性文字，仅有对各卦所代表的墓地吉凶的推断。S.6349和P.4924缀合本《中备》中仅前述之“谦卦”，还有“遘”“否”“观”“晋”“复”“临”“泰”“夬”“需”等卦占辞，都有对后世人占据住宅的时间和姓名作了预测，其余重卦或由于写本残破导致文字残缺、内容不明。但是，从残存部分来看，《中备》中含有对后世人占据住宅的时间和姓名作预测的重卦所代表的地方，无一例外地都利于生人居住。

结合影印照片，将《易三备》与中古墓志易占类谶言核对，不难发现虽然推断阴宅吉凶的《下备》占辞中并没有对墓葬被破坏的预测，但是《中备》中预测阳宅被人占据的文字与本文前面所涉及的易占类谶言无论是行文格式、还是文字内容上都非常相似。隋《吴通墓志》中“䷬萃，六月卦，大吉之”更是能与《下备》“萃”卦占辞相吻合。此外，本文所举21例墓志中的易占类谶言材料，其中带明确的卦象或卦名者凡4例，即泰卦、谦卦、萃卦和解卦，在《下备》中的占辞表明所卜之地均为下葬的吉地。因此，中古墓志上的易占类谶言可能与当时流传的《易三备》有一定的关系。

三、相关问题研究

1. 谶言中的卦象与原始巫术无关

谶言中多涉及八卦重卦卦名、卦象及相应的占卦之辞或“筮”“占”“易”等词，《徐之范墓志》末刻“卜此墓地，得《泰》卦。后一千八百年为孙长寿所发，所发者灭门”[54]，明确指出徐之范的墓地是由占卜所定，且占卜的结果就是“得《泰》卦。后一千八百年为孙长寿所发，所发者灭门”。因此可知，在刻写此类谶言之前应该普遍存在占卜环节，且占卜的结果直接决定了谶言的内容。

刘天琪先生整理出17例隋唐墓志中的易占类谶言，他认为其“以八卦符号的形式刻画在象征着地下宇宙的墓志上，是原始巫术思想的延续……体现了隋唐时期的丧葬理念和一定的生死观”[55]。笔者认为，虽不能完全排除“原始巫术的延续”这种可能性的存在，但正如前文所提到的那样，谶言所带八卦（重卦）符号应该是一条完整的《下备》中某卦占辞的一部分，卦名、卦象与占辞是相互对应的关系，而占卜所得之卦则直接决定后面占辞的内容，甚至是对葬地吉凶的判定。当然，我们并不能将这一时期墓志（含志盖）上附刻的八卦符号都归于《易三备》的影响，但就本文所讨论的内容而言，将谶言所带重卦符号理解为“原始巫术思想的延续”的结果，则未免有过分解读之嫌。

2. “黄头”与盗墓活动有关

唐陈子昂撰写的《堂弟孜墓志铭》上记载陈孜死于周长寿二年（693年），时年三十五岁，并于当年“卜地不吉，权殡于真谛寺之北园。始以今甲午岁献春一月乙酉朔二十五日己酉，窆于石溪山之北冈，陪考域也。”即在将陈孜权殡之后另选葬地，待占卜曰吉，才建墓立坟，并最终将其安葬。志文末铭曰：“我祖之葳蕤兮邈于陈，缅遥裔兮此江滨。五代崇光兮至夫君，徽烈英曜兮始氛氲，何意严霜兮降青春。玉树摧落兮成黄尘，南山无隙兮永幽沦。悠悠昭代兮卜尔辰，吾恸感伤兮哭苍旻。问之蓍策兮立兹坟，乃言千岁兮寇来臻。黄头之子白眼人，呜呼黄头兮勿伤神。”[56]占卜虽吉，但却显示千载之后墓葬会被“黄头之子白眼人”所发，因此陈子昂才要在志文末告诫“黄头兮勿伤神”，意思是希望发墓者不要扰乱墓主人陈孜的魂神。虽然该墓志铭全文并未出现如本文所讨论的卦象与占辞，但是其最后两句话包含了墓葬被发时间、发掘人姓名的预测以及对发墓人的告诫，这与本文所讨论材料的内容正好契合，其中“黄头”之称亦见于郭祥、贾嫔墓志所附刻谶言，表明依据《下备》相关内容进行的占卜活动，曾直接地影响了当时对陈孜死后葬地的吉凶判断与最终选择。据考证，墓主陈孜生于显庆四年（659年），卒于长寿二年（693年），次年（694年）正式下葬之前，陈子昂为撰墓志[57]，该志年代也正好在本文所讨论材料的时间范围之内。

志文以及本文其他所讨论材料中的“黄头”“吴奴子”“孙长寿”等是否就是盗墓者，值得讨论。本文所研究的材料中对发墓者的告诫之辞可分三类，一是希望发墓者能将墓主人重新迁葬；二是希望发墓者能不扰乱墓葬，而将墓葬重新掩埋；三是直接诅咒发墓者合家丧亡。而在表达发墓者与墓葬关系时采用的词汇有“发”“发掘”“破”“开”“开发”等，并未直接言盗。王子今先生分析认为，古代发墓动机有“物利”“怨仇”“象征”三方面，其中“物利”包含求生与求富的营生手段、发取墓材、占用墓圹以及盗墓者的一些特殊追求；“怨仇”包括对墓主个人的政治惩罚、对墓主家族的政治惩罚、极端的复仇的形式以及战争中为心理征服对手而采取的盗墓行为；“象征”包括厌气破势、发冢求亲、打旱骨桩[58]。综合墓志文及附刻谶言本身内容来考虑，针对政治惩罚、复仇、亲属迁葬以及为祭奠导致墓葬被发的行为的可能性不大，而极有可能是针对墓葬被后世盗取墓材、随葬品的行为[59]。

在谶言预测的发墓人的姓名中，有“张僧达”“□天度”“孙长寿”“乐受”“吴奴子”“崔胸显”“班边”“张天安”“程陆”“彭里”“西门庆”“黄头”“奇黄头”“刘黄头”14种，其中绝大多数为一般姓名，除本文所涉及墓志文之外极少见于其他文献记载。而包括“奇黄头”“刘黄头”在内的“黄头”，带姓或不带姓者共三件，若再加上陈孜墓志中出现的“黄头之子白眼人”，则一共有四件。“黄头白眼”谓掘墓之人以黄头发白眼珠为特点，与黑发黑眼之汉人特征不同，而与北方鲜卑、室韦、突厥（今之维吾尔）等少数民族特征相吻合。南北朝以来，北方鲜卑、室韦、突厥屡屡南犯中原之际发掘汉人墓葬以取珠玉珍宝，于是墓志谶言中遂有“黄头之子白眼人，呜呼黄头兮勿伤神”语。刘义庆在《世说新语》中有记载，王敦称晋明帝为“黄头鲜卑奴”[60]。刘敬叔《异苑》载：“帝所生母荀氏，燕国人，故貌类焉。”[61]《晋书》卷六《明帝纪》记载：“帝母荀氏，帝状类外氏，须黄。”[62]“须黄”即胡须呈黄色，或与黄色头发均为东晋明帝的毛发特征；或因字形相近，“须黄”乃“头黄”之误。同书《刘聪载记》亦言“鲜卑之众星布燕、代”[63]，由此可知东晋时期南迁中原地区的鲜卑人，在外貌上一个重要的特征就是“黄头”。匈奴、鲜卑等少数民族进入中原对民族融合和文化交流有着积极的意义，但在当时战乱频仍的背景下也对中原甚至是江南地区产生了一定程度的破坏，唐张籍《永嘉行》：“黄头鲜卑入洛阳，胡儿持戟升明堂。晋家天子作虏，公卿齐走如牛羊。紫陌旌旛暗相触，家家鸡犬惊上屋。妇人出门随乱兵，夫死眼前不敢哭。九州岛诸侯自顾土，无人领兵来护主。北人避胡多在南，南人至今能晋语。”[64]《宋书》卷九十五《索虏传》，沈约论述刘宋在与北魏之战败后的情景曰：“既而虏纵师归，歼累邦邑，剪我淮州，俘我江县，喋喋黔首，跼高天，蹐厚地，而无所控告。强者为转尸，弱者为系虏，自江、淮至于清、济，户口数十万，自免湖泽者，百不一焉。村井空荒，无复鸣鸡吠犬。……六州荡然，无复余蔓残构，至于乳燕赴时，衔泥靡托，一枝之间，连窠十数，春雨裁至，增巢已倾。”[65]

南北朝时期，无论北方和南方也都流行术数谶言的习俗，不少与鲜卑等北方少数民族的破坏活动有直接关联。如《宋书》卷三十一载：“王恭在京口，民间忽云：‘黄头小人欲作贼，阿公在城下，指缚得。’又云：‘黄头小人欲作乱，赖得金刀作蕃扞。’‘黄’字上，‘恭’字头也，‘小人’，‘恭’字下也。寻如谣者言焉。”[66]虽然《宋书》所记针对王恭，然而在民间出现此类谶言当与当时鲜卑等少数民族进入中原的破坏活动等社会大背景有一定关系。十六国时期匈奴、鲜卑、羯、氐、羌等少数民族先后建立了各自的政权，战乱纷争、政权更迭。统治者常常出于各种目的，组织大规模的、破坏性极大的、盗发前代古冢和仇敌政权帝王、贵族墓葬的活动，对此，王子今先生在《中国盗墓史》一书中已有比较详细的论述[67]。大规模的盗掘活动一直持续不断，到北朝末年已经成为一种普遍存在的社会现象。《周书》卷二十《贺兰祥传》记载当时荆州“州境先多古墓，其俗好行发掘”[68]。可能正是在这一大背景下社会上对墓葬的关注逐渐发生变化，人们不再只是考虑墓葬风水对后世子孙的影响和亡魂在地下的安稳，也同时考虑到墓葬本身的安稳，希望能免受盗掘，或者遭到盗掘之后能被重新掩埋或迁葬它处。而墓志上附刻易占类的谶言，就是为了使盗墓者见到此谶言之后能赶紧掩埋墓圹或重新迁葬。因此，笔者认为，谶言中的“黄头”可能跟十六国北朝时期少数民族进入中原之后屡次组织盗墓等破坏性活动的社会大背景有关。

3. 墓主人族群及身份地位分析

从志文所载的墓主生平事迹看，21位墓主均非社会普通平民，而是有一定的社会地位，但又并非固定在某个特殊的阶层（表六）。如非出土的偶然性，结合各墓志时代分析，我们或可对中古时期墓志附刻易占类谶言的群体特征得出以下几点认识：①墓志附刻易占类谶言的群体逐渐从高等级贵族向中下级士大夫延伸，年代最早的北齐两方墓志的墓主人地位均较高；到隋代仍不乏上层统治者，但是个别级别较低的官员如相州零泉县阳邑乡故仪同赵洪、襄城郡汝南县主簿董穆等人的墓志也开始附刻易占类谶言；唐代墓志附刻易占类谶言的墓主人阶层进一步扩大，一些隐居不仕之人，甚至妇女的墓志也开始附刻易占类谶言，反而尚未发现较高级别官员的墓志附刻有易占类谶言。②北齐墓志附刻易占类谶言的墓主人均为少数民族，如元子邃墓志言其“曾祖魏高家文成皇帝、祖太尉安丰国王，父太保大司马问宣王”[69]，由此可知，墓主人是北魏鲜卑皇室后裔。厍狄回洛墓志言其为“朔州部落人也”[70]，因此，他应属少数民族。隋代墓志附刻易占类谶言的墓主人既有羯人尔朱端、尔朱敞[71]，也有汉人。目前所发现的唐代墓志附刻易占类谶言的墓主人全为汉人，尚未发现有少数民族墓志附刻此类谶言。但这是否就表明在墓志附刻易占类谶言的习俗是由少数民族传至汉族，尚待更多的材料证实。③关于墓志附刻易占类谶言的墓主人的宗教归属问题，陆扬先生认为这类材料“很可能具有特殊的宗教上的意义”，并进一步暗示“和天师道墓葬礼仪有关联”[72]。但从墓志、墓主生平以及《易三备》等方面来看，实际情况可能并非如此。陈昊先生从墓志出发，对南北朝丹阳医家徐氏家族的身份认同与宗教信仰进行研究，他认为“此类墓志旁的占辞只能说明墓志主人在埋葬之前，曾求助于精通数术之人（虽然也可能是道士），或者本身就有数术的知识背景，但却很难将其看作与天师道葬送仪式相关的表达。”[73]从墓志的形制和志文内容等方面分析，本文所讨论的材料中带有道教因素者仅吴通墓志一例[74]。从志文所载墓主人的生平事迹看，21位死者生前并没有明确的道教信仰，个别墓主人甚至被明确记载为佛教信徒[75]。因此，虽不能完全排除天师道曾参与死者丧葬仪式的可能性[76]，但从内容与思想内涵等方面分析，北朝至隋唐时期墓志附刻的易占类谶言与天师道并没有明显的关系。

表六　墓主身份统计表

时代	序号	墓主	死者身份
北齐	1	元子邃	金紫光禄、征西将军、上洛县开国男[77]
	2	厍狄回洛	“天保之季，改开府三司，为三师，食章武郡干，加特进，除使持节都督肆州诸军事、肆州刺史。……肃宗御历……封顺阳郡王，除使持节都督朔州诸军事、朔州刺史，□博陵郡干。大宁二年，兼太尉公，除太子大师”[78]
隋	3	徐之范	恒山太守[79]
	4	赵洪	相州零泉县阳邑乡故仪同[80]
	5	张茂	“君世袭冠冕，解巾行参军，又转车骑兵参军，加轻车将军”[81]
	6	尔朱敞	“开皇元年，迁都督金、洵、直、上、罗、迁、绥、井八州诸军事、金州总管、金州刺史。二年，改封边城郡开国公、都督徐、邳、兖、沂、泗、海、楚、宋八州八镇诸军事、徐州总管”[82]
	7	王节	北齐散骑常侍、梁州别驾[83]
	8	吴通	“开皇三年，敕使郃阳公梁子恭版洺州广年县令”[84]
	9	董穆	襄城郡汝南县主簿[85]
	10	李吁	皇朝将军[86]
唐	11	柳山涛	唐显庆年间，“为贝州鄃县主簿”，后“袟满归来……杜门不出，闲居乐道……”[87]
	12	韩净识	佛教徒。父韩元寿“隋任恒州槁城县令”，韩净识本人及夫家记载不详，仅知其丈夫为“刘府君”[88]
	13	严高	骠骑大将军、沧州长史、检校沧州刺史、盐饶二县令[89]
	14	郗瑞达	“入随（隋）授谒者台散从员外郎”，入唐后不仕[90]
	15	郭祥	“永隆元年，诏授宾徒（从？）令，又授蒲州安邑及恒州衡、唐三县令”[91]
	16	李宗	襄阳郡乐道县尉[92]
	17	张剑	陪戎副尉[93]
	18	苏崇侠妻张氏	其夫不仕，隐居于家族荫田[94]
	19	贾嫔	其夫李府君为宣城尉[95]
	20	郑晃	赵州司法参军[96]
	21	郭远	不详

北齐附刻易占类谶言墓志出现在今河南安阳与山西寿阳，即北齐时期的邺城和并州地区，隋代向北、向东扩展至河南洛阳、山东嘉祥，以洛阳地区最多，唐代进一步向河北、山西等地发展。整个北朝至隋唐时期，在南方地区、中原以北的云代、幽蓟及以西的关中、河套等地并未出现附刻有易占类谶言的墓志。而此时的南方地区与西北的甘肃地区墓葬中普遍盛行随葬买地券、解注器、衣物疏等遗物，但在中原地区特别是北齐的并州、邺城等地区的墓葬中却基本不见买地券、解注瓶等随葬品。同时，整个东魏、西魏到北齐、北周时期并州、邺城、定冀地区墓葬在墓葬形制、随葬品特征等方面具有较高的一致性，而与周边青齐、关中地区的墓葬差别十分明显[97]，进一步表明墓葬中盛行随葬买地券、解注器的区域与盛行在墓志附刻易占类谶言的区域在对待丧葬及墓地风水的观念上有着明显差异。但是我们也不难发现，南朝买地券在文字上与墓志附刻的易占类谶言之间存在一定的关联，如湖南长沙东晋升平五年（357年）潘氏墓出土衣物疏末言：“其随身衣物，皆潘生存所服饰，他人不得妄认诋（抵）债。”[98]广东始兴县出土刘宋元嘉一九年（442年）妳女石券末言：“地下先人，蒿里父老，墓卿右秩，左右冢侯，丘丞墓伯，地下二千石，安都丞，武夷王等，皆□听妳女于此地中掘土作冢葬埋，不得使左右比居，妄志此冢地分界。”[99]湖南湘阴出土隋大业六年（610年）陶智洪买地券末言：“券成之后，勿使里域真官呵问亡人犯座。毕事之后，千年不惊，万年不动，亡人安乐，子孙安稳。”[100]由此可知，在墓志附刻易占类谶言及在墓中随葬买地券等遗物等事情，都是希望亡人冢墓安稳。同时，也要注意二者的差别。如前者是针对或告诫后世的发墓人不要破坏墓葬，或者破坏之后能够重新迁葬或就地重新掩埋，而后者系命令地下神祇护佑亡人魂灵不被干扰；前者更注重后世冢墓安稳，后者则侧重于精神层面的亡魂安稳，其侧重点不一样；又如前者与天师道之间并没有明显的关联，而后者则带有明显的道教性质[101]。

四、结　论

结合文献记载和考古发现可知，北朝至隋唐时期北方地区部分墓志上附刻预测墓葬被发谶言的分布地域和出现时间均较为集中，内容上有很强的一致性。谶言本身并不属于墓志文，应为墓志文刻写完之后另行加刻，可能跟这一时期流行的《易三备》有一定的关系。谶言所带卦象符号应该是一条完整的占辞的一部分，前面的卦名、卦象与后文的占辞是相互对应的关系，占卜所得之卦则直接决定后面占辞的内容，甚至是对葬地吉凶的判定。谶言中出现的“黄头”，跟十六国北朝时期少数民族进入中原之后屡次组织盗墓等破坏性活动的社会大背景有关。墓志附刻易占类谶言的墓主人群体呈现出从高等级少数民族贵族向汉人中下级士大夫甚至平民、妇女发展的倾向，这些墓主人生前并没有明确的道教信仰，谶言本身与天师道也并没有明显的关联。

附记：感谢匿名审稿人指出文中的不足，并提出宝贵的修改意见。

注　释

［1］赵振华、王学春：《谈隋唐时期丧葬文化中的墓志谶言——读柳山涛墓志及其谶言》，西安碑林博物馆编：《碑林集刊》（十），西安：陕西人民美术出版社，2004年，第193—200页。

［2］陆扬：《从墓志的史料分析走向墓志的史学分析——以〈新出魏晋南北朝墓志疏证〉为中心》，《中华文史论丛》2006年第4辑。

［3］陈昊：《墓志所见南北朝医术世家的身份认同与宗教信仰——以丹阳徐氏为中心》，《文史》2008年第2辑。

［4］刘天琪：《隋唐墓志盖题铭艺术研究》，西安美术学院博士学位论文，2009年。另见氏作《隋唐“谶语”墓志及相关问题》，《唐都学刊》2009年第4期；《墓志“谶语”现象及志盖地域风格——以西安碑林新入藏隋唐潞州地区墓志为例》，《荣宝斋》2013年第6期。

［5］古代文献也有关于类似材料发现的记载和著录。但由于记载的真伪和复杂性，笔者并未将这些材料未列入上述资料进行统计，相关或相似文献材料将在后文相应部分分别提及。

［6］此处所及之参考文献为有完整可靠释文及清晰的拓片者，并非首次著录之书目。凡言“未见释文”或“未见拓片”者，均表示笔者未找到相关释文或拓片图版。

［7］赵超：《汉魏南北朝墓志汇编》，天津：天津古籍出版社，1992年。

［8］赵力光：《鸳鸯七志斋藏石》，西安：三秦出版社，1995年。

［9］韩理洲：《全隋文补遗》，西安：三秦出版社，2004年。

［10］赵君平编：《邙洛碑志三百种》，北京：中华书局，2004年。

［11］䷽为小过，非为谦，谦为䷎，此处或因卦象形近，致刻写失误。然而究竟是卦象为小过，后面卦名错将卦名刻为“谦”；还是卦名为“谦”，前面错将卦卦象刻为䷽。但结合下文讨论结果来看，小过为二月卦，而非六月卦，故此处应为误将谦卦卦象刻成小过卦象。下文据改之。

［12］赵君平、赵文成：《秦晋豫新出土墓志搜佚》，北京：国家图书馆出版社，2011年。

［13］陈长安主编：《隋唐五代墓志汇编·洛阳卷》，天津：天津古籍出版社，1991年。

［14］吴钢主编：《全唐文补遗·千唐志斋新藏专辑》，西安：三秦出版社，2006年。

［15］吴钢主编：《全唐文补遗》第8辑，西安：三秦出版社，2005年。

［16］赵君平、赵文成：《河洛墓刻拾零》，北京：北京图书馆出版社，2007年。

［17］沧州市文物局：《沧州出土墓志》，北京：科学出版社，2007年。

［18］周绍良、赵超主编：《唐代墓志汇编续集》，上海：上海古籍出版社，2001年。

［19］周绍良主编：《唐代墓志汇编》（下册），上海：上海古籍出版社，2001年。

［20］《唐代墓志汇编》所录碑文中死者为李字，按验拓片，当为李宗，或因形近而误。

［21］郝本性编：《隋唐五代墓志汇编·河南卷》，天津：天津古籍出版社，1991年。

［22］经核对拓片，《唐代墓志汇编续集》所录碑文或有误，本文所引内容系参照拓片改订文字。

［23］王思礼、印志华等主编：《隋唐五代墓志汇编·江苏山东卷》，天津：天津古籍出版社，

1991年。

［24］ 孙兰凤、胡海帆主编：《隋唐五代墓志汇编·北京大学卷》，天津：天津古籍出版社，1992年。

［25］ 《唐代墓志汇编》未录墓志背面谶言，今据《隋唐墓志汇编·河北卷》所附拓片补上。

［26］ 孟繁峰、刘超英主编：《隋唐五代墓志汇编·河北卷》，天津：天津古籍出版社，1991年。

［27］ 西安碑林博物馆编：《西安碑林博物馆新藏墓志汇编》，北京：线装书局，2007 年。

［28］ 隋开皇十一年（591年）尔朱端墓志末刻："开吾墓者，改葬之，大富贵。"又，乾封元年（666年）董师墓志末刻："后有人开，不早闭，当灭门。"两则材料内容上讲虽也是希望墓葬被发之后能被及早掩埋或迁葬，但均只有对发墓者的告诫，而不带掘墓者姓名和时间范围的文字，故暂未归入此类一并统计。尔朱端墓志释文见《全隋文补遗》，第138、139页；拓片图版见北京图书馆金石组编：《北京图书馆藏中国历代石刻拓本汇编》，郑州：中州古籍出版社，1989年，第九册，第73页。董师墓志释文、拓片图版并见毛汉光：《唐代墓志铭汇编附考》，台北：中央研究院历史语言研究所，1988年，第6册，第397—401页。

［29］ 葛洪撰，周天游校注：《西京杂记》，西安：三秦出版社，2006年，第173页。

［30］ 李蔚然：《论南京地区六朝墓的葬地选择和排葬方法》，《考古》1983年第4期；张爱冰：《南朝葬制考》，《东南文化》1989年第2期；张齐明：《〈改葬崇宪太后诏〉与六朝皇室风水信仰》，《历史研究》2008年第2期。

［31］ 《太平广记》卷三百九十一引《水经》作："宋浦阳江有琵琶圻，圻有古冢，堕水。甓有隐起字云：'筮吉龟凶，八百年，落江中。'谢灵运取甓诣京，咸传视焉。乃验龟繇，古冢已八百矣。"郦道元著，陈桥驿校证：《水经注校证》，北京：中华书局，2007年，第937页；（宋）李昉等：《太平广记》，北京：中华书局，1961年，第8册，第3124页。

［32］ 张读撰，张永钦、侯志明点校：《宣室志》，北京：中华书局，1983年，第66页。

［33］ 《两京记》卷五，"修善坊"亦载此事，内容基本一致，仅个别词句略异。张鷟撰，赵守俨点校：《朝野佥载》，北京：中华书局，1979年，第118页；韦述撰，辛德勇辑校：《两京新记辑校》，西安：三秦出版社，2006年，第86页。

［34］ 《新唐书》，北京：中华书局，1975年，第18册，第5704页。

［35］ （宋）李昉等：《太平广记》，第8册，第3123、3124页。

［36］ 典型者如"晋王羲之保母砖"，史树青：《从〈萧翼赚兰亭图〉谈到〈兰亭序〉的伪作问题》，《文物》1965年第12期。

［37］ 山西屯留宋村金代壁画墓墓室西壁中部有墨书题记为："天会十三年岁次乙卯三月一日甲戌廿一日甲午日癸时下□，宋村宋三命名荣（？）在此于□墓……家茔。当年本村修盖佛殿……迁奉父母家兄大哥……归大□，命庵幽谷，葬于□□。后世五百年间，必逢张强到此，马四败（？）地（？）不良，必须再葬"，其上部又题写"张强张强，马四不良，谢你来觑，必须再葬"。北壁正中砌有门框，门左侧有墨书题记为："元（原）本住屯留县宋村宋三命，坟东至右基（墓），西至岐（？）山，南至本村鬼庙，北至岭中（？）。劝人休毁坏，坏者必定身亡。且记耳。"几处题记不仅预测了墓葬被发时间，发墓人姓名，还刻有严

厉的警戒之辞。这在唐以后的墓葬中并不多见，值得注意。但是此题记与本文所讨论材料之关系仍需探讨。王进先、杨林中：《山西屯留宋村金代壁画墓》，《文物》2003年第3期。简报题记释读大致不误，仍略有不当之处，笔者此处径改之。该墓其余几则题记的考释可参考李浩楠：《山西屯留宋村金代壁画墓题记考释》，《北方文物》2010年第3期。

[38] 尔朱敞墓志末谶言“孙”字后有两字漶漶不识，也有可能为“孙长寿”，姑且存疑，不计入此处统计资料中。

[39] 顾燮光著，王其祎点校：《梦碧簃石言》，沈阳：辽宁教育出版社，2001年，第106、107页。

[40] 孙兰风、胡海帆主编：《隋唐五代墓志汇编·北京大学卷》，第20页。

[41] 赵振华、王学春：《谈隋唐时期丧葬文化中的墓志谶言——读柳山涛墓志及其谶言》，西安碑林博物馆编：《碑林集刊》（十），第193—200页。

[42] 陈昊：《墓志所见南北朝医术世家的身份认同与宗教信仰——以丹阳徐氏为中心》，《文史》2008年第2辑。

[43] 加方框的文字表示该字系原抄本脱落或漶漶不清，对照他本或据文意添补，下同。

[44] 文字释读采自张志清、林世田：《S.6349与P.4924〈易三备〉写卷缀合整理研究》，《文献》2006年第1期。后收入林世田：《敦煌遗书研究论集》，北京：中国藏学出版社，2010年，第157、158页。本文引用两位先生的文章均采自该文集。S.6349照片见中国社会科学院历史研究等编：《英藏敦煌文献（汉文佛经以外部分）》第十一卷，成都：四川人民出版社，1994年，第28—40页；IDP网站仅公布了该抄本装帧样式的彩色照片，未分别公布各页彩色照片。P.4924照片见上海古籍出版社、法国国家图书馆编：《法国国家图书馆藏敦煌西域文献33》，上海：上海古籍出版社，2005年，第277页；IDP网站亦公布了该抄本的彩色照片。

[45] 张志清、林世田：《S.6349与P.4924〈易三备〉写卷缀合整理研究》，林世田：《敦煌遗书研究论集》，第149、150页。

[46] 陈槃：《敦煌唐咸通钞本三备残卷解题——古谶纬书录解题附录之一》，《历史语言所集刊》（第十本），北京：中华书局，1948年，第381—401页。此文后经增订，收入氏著《古谶纬研讨及其书录解题》（下），上海：上海古籍出版社，2010年，第543—596页。本文所引陈先生此文之相关论述内容，皆采自增订版。

[47] 陈槃：《敦煌唐咸通钞本三备残卷解题——古谶纬书录解题附录之一》，氏著《古谶纬研讨及其书录解题》，第543—596页；张志清、林世田：《S.6015〈易三备〉缀合与校录——敦煌本〈易三备〉研究之一》，《敦煌吐鲁番研究》第9卷，创刊十周年纪念专号，北京：中华书局，2006年，第389—401页，该文后收入林世田：《敦煌遗书研究论集》，第116—133页；张志清、林世田：《S.6349与P.4924〈易三备〉写卷缀合整理研究》，林世田：《敦煌遗书研究论集》，第149、150页。

[48] 张志清、林世田先生指出“S.6349《易三备》内容包括《易中备卷第二》与《周易下备》，显然属于两个两个不同的抄本拼合而成”，其理由是：①前者与后者字体不一，显然为二人

所抄；②首题格式不同，前者题“筮宅吉凶法”，后者题“周易下备占葬日及地下事”；③尾题格式不同，前者题“易中备卷二”，后者题“下备一卷”；④《新唐书·艺文志·五行类》著录云：“易三备三卷。又三卷。”说明当时皇家藏书即有两种不同的版本，而敦煌文献中我们至少可以发现三种不同的版本；⑤前者每卦均有卦象，后者每宫的纯卦有卦象，变卦则没有卦象；⑥前者完全不避“世”字，后者“世”“身”混用；⑦前者有乌丝栏，后者没有乌丝栏。因此两位先生认为“《中备》与《下备》是根据同一文献的不同底本先后抄成的，《中备》在前，《下备》在后，书写抄完《下备》及《占侯验吉凶法》之后，与《中备》连接在一起。”如此，加上S.6015和P.5031（11），我们就可以看到4种内容各异的抄本形态。但笔者在本文中仍会将S.6349和P.4924看成是一件抄本，除去方便行文的考虑外，另有理由如下：S.6349虽然两部分且底本不一，且抄写时间先后不一，但当时抄写者定有一定的考虑才将两部分连接在一起，并最终与P.4924拼合成一件“文本”，这种各部分抄写时间、底本不同的抄本按照一定想法而拼合的“文本”，本身就代表着当时抄写者或装帧者对原《易三备》文本的认识和想法；再者，S.6349和P.4924本身就能进行准确无误的拼合，能够反映出抄本形成时《易三备》在当时该地区的流行情况或本身的面貌。故今断不可为了追求文本差异，不顾当时抄写者或装帧者的想法，不顾当时时代背景，而将S.6349算成两件抄本，反而，其本身在当时就已经成了一件得到认可的文本。

［49］ 拙作于2014年2月草成之后，发现2013年12月出版的王晶波先生《敦煌占卜文献与社会生活》一书中也有关于P.5031（11）与S.6349+ P.4924关系的研究，王先生认为P.5031（11）“确实是中备《筮宅吉凶法》之坤宫需卦中的一段”，与笔者推断一致。王晶波：《敦煌占卜文献与社会生活》，兰州：甘肃教育出版社，2013年，第18页。

［50］ 抄本照片见《法藏敦煌西域文献》第34卷，上海：上海古籍出版社，2005年，第87页；IDP网站公布有该抄本彩色照片。

［51］ 张志清、林世田：《S.6349与P.4924〈易三备〉写卷缀合整理研究——敦煌本〈易三备〉研究之二》，林世田：《敦煌遗书研究论集》，第148页。

［52］ 张志清、林世田：《S.6015〈易三备〉缀合与校录——敦煌本〈易三备〉研究之一》，林世田：《敦煌遗书研究论集》，第125页。

［53］ 张志清、林世田：《S.6349与P.4924〈易三备〉写卷缀合整理研究——敦煌本〈易三备〉研究之二》，林世田：《敦煌遗书研究论集》，第134—161页。

［54］ 韩理洲：《全隋文补遗》，第106页。

［55］ 刘天琪：《隋唐墓志盖题铭艺术研究》，第178、179页。另见氏作《隋唐“谶语”墓志及相关问题》，《唐都学刊》2009年第4期；《墓志“谶语”现象及志盖地域风格——以西安碑林新入藏隋唐潞州地区墓志为例》，《荣宝斋》2013年第6期。

［56］ 李昉：《文苑英华》，北京：中华书局，1966年，第6册，第5055页。

［57］ 毛汉光：《唐代墓志铭汇编附考》，台北：中央研究院历史语言研究所，1992年，第12册，第269页。

［58］ 王子今：《中国盗墓史》，北京：九州出版社，2011年，第216—251页。

［59］ 考古发现表明，魏晋时期盗用汉墓材料造墓的现象在中原北方地区较常见到，盗用者既有王公贵族，也有平民百姓，盗用汉墓材料甚至占据墓坑下葬或是出于风水考虑，或由于经济原因。这些建墓材料既有可能是死者家属直接盗取，也可能是他人盗取后出售。这种现象自西晋时期已经出现，而目前所能见到的最早的墓志附刻谶言材料的年代为北齐天保六年（555年）。在今峡江地区就发现有为数不少的唐宋借室葬时代在安史之乱至南宋末期，其出现与墓主人来自中原有关。虽然本文所讨论材料出现的时间集中在北朝至隋唐时期，地域主要分布在以洛阳为中心的中原地区，在南方地区没有发现相关材料，但仍不能排除两者之间存在某种关联的可能性。吴敬：《南方地区宋代墓葬的区域性及相关问题研究》，吉林大学博士学位论文，2008年，第140页；吴小平：《三峡地区唐宋时期的借室葬研究》，《江汉考古》2013年第4期；杨爱国：《魏晋人盗用汉代坟墓材料造墓研究》，《中国国家博物馆馆刊》2013年第12期。

［60］ 刘义庆著，刘孝标注，余嘉锡笺疏：《世说新语笺疏》，北京：中华书局，2011年，第737页。

［61］ 刘敬叔撰，范宁校点：《异苑》，北京：中华书局，1996年，第28页。

［62］ 《晋书》，北京：中华书局，1974年，第1册，第161页。

［63］ 《晋书》，第9册，第2674页。

［64］ 李冬生：《张籍集注》，合肥：黄山书社，1989年，第42页。

［65］ 《宋书》，北京：中华书局，1974年，第8册，第2359页。

［66］ 《宋书》，第3册，第918页。

［67］ 王子今：《中国盗墓史》，第119—121页。

［68］ 《周书》，北京：中华书局，1971年，第2册，第337页。

［69］ 赵超：《汉魏南北朝墓志汇编》，第401页。

［70］ 《北齐书》载厍狄回洛"代人也"，与志不合。简报认为当系传记记载有误。赵超：《汉魏南北朝墓志汇编》，第414页；王克林：《北齐厍狄回洛墓》，《考古学报》1979年第3期；《北齐书》卷十九《列传第十一·厍狄回洛传》，北京：中华书局，1972年，第1册，第254页。

［71］ 姚薇元：《北朝胡姓考》，北京：中华书局，1962年，第360-362页。

［72］ 陆扬：《从墓志的史料分析走向墓志的史学分析——以〈新出魏晋南北朝墓志疏证〉为中心》，《中华文史论丛》2006年第4辑。

［73］ 陈昊：《墓志所见南北朝医术世家的身份认同与宗教信仰——以丹阳徐氏为中心》，《文史》2008年第2辑。

［74］ 王连龙：《隋吴通墓志道教文化内涵考论》，《世界宗教研究》2011年第4期。

［75］ 《大唐故刘府君韩夫人（净识）墓志铭并序》载韩净识"忻兹净业，识寂照之可依；厌此浮生，知梦幻之难久。每至金乌启旦，银兔腾霄，礼□觉而归心，想大乘而起念，诵维摩而破滞，习观音而遣惑。而阎浮报尽，奄堕七尺之躯；净土业成，俄登八正之路。"吴钢主编：《全唐文补遗》第8辑，第277页。

[76] 关于天师道参与丧葬活动的时间及方式，可参考张勋燎：《东汉墓葬出土解注器和天师道的起源》，氏著《中国历史考古学论文集》（上），北京：科学出版社，2013年，第180—412页；张超然：《早期道教丧葬仪式的形成》，《辅仁宗教研究》2010年总第20期。

[77] 赵超：《汉魏南北朝墓志汇编》，第402页。

[78] 赵超：《汉魏南北朝墓志汇编》，第415页。

[79] 韩理洲：《全隋文补遗》，第105页。

[80] 韩理洲：《全隋文补遗》，第129页。

[81] 康聪斌：《隋代墓志校辑》，南京师范大学硕士学位论文，2006年，第26页。

[82] 韩理洲：《全隋文补遗》，第137页。

[83] 王其祎、周晓薇：《洛阳新见隋代墓志铭辑释三种》，《华夏考古》2011年第4期。

[84] 王连龙：《隋吴通墓志道教文化内涵考论》，《世界宗教研究》2011年第4期。

[85] 韩理洲：《全隋文补遗》，第253页。

[86] 康聪斌：《隋代墓志校辑》，第36页。

[87] 吴钢主编：《全唐文补遗·千唐志斋新藏专辑》，第25页。

[88] 吴钢主编：《全唐文补遗》第8辑，第277页。

[89] 沧州市文物局：《沧州出土墓志》，第34页。

[90] 吴钢主编：《全唐文补遗·千唐志斋新藏专辑》，第41页。

[91] 周绍良、赵超主编：《唐代墓志汇编续集》，第294页。

[92] 周绍良主编：《唐代墓志汇编》（下册），第1545页。

[93] 周绍良、赵超主编：《唐代墓志汇编续集》，第586页。

[94] 周绍良、赵超主编：《唐代墓志汇编续集》，第662页。

[95] 周绍良主编：《唐代墓志汇编》（下册），第1825页。

[96] 周绍良主编：《唐代墓志汇编》（下册），第1850页。

[97] 李梅田：《魏晋北朝墓葬的考古学研究》，北京：商务印书馆，2009年，170—179页。

[98] 李正光：《长沙北门桂花园发现晋墓》，《文物参考资料》1955年第11期；释文照录自白彬：《吴晋南朝买地券、名刺和衣物疏的道教考古研究》，张勋燎、白彬：《中国道教考古》，北京：线装书局，2006年，第3册，第956、957页。

[99] 廖晋雄：《广东始兴发现南朝买地券》，《考古》1989年第6期；释文照录自白彬：《吴晋南朝买地券、名刺和衣物疏的道教考古研究》，张勋燎、白彬：《中国道教考古》，第3册，第851、852页。

[100] 熊传新：《湖南湘阴隋大业六年墓》，《文物》1981年第4期；释文照录自白彬：《吴晋南朝买地券、名刺和衣物疏的道教考古研究》，张勋燎、白彬：《中国道教考古》，第3册，第875—878页。

[101] 白彬：《吴晋南朝买地券、名刺和衣物疏的道教考古研究》，张勋燎、白彬：《中国道教考古》，第3册，第805—1001页。

Preliminary Research on Medieval Grave Epitaphs with Yijing-Type Predictions

Zhao Chuan
(Department of Archaeology, Sichuan University)

Abstract: Some northern grave epitaphs from the time of the Northern Dynasties, Sui, and Tang contain engravings of prophecies made in connection with the tomb. Connecting textual and archaeological evidence in my analysis, I am able to show that these texts are concentrated in a specific region and time period and that the texts have a specific structure and close similarity in content. Originally, they were not part of the epitaphs they appear on, but they were added after the main text had been engraved, and they were composed based on pre-existing texts. In this paper, I suggest that these inscriptions were likely based on the Yijing Three Prerequisites (Yijing Sanbei), a book that became widely popular in the Northwest during middle and late Tang times. For various reasons, the "Third Prerequisite" (Xiabei) was not included in all versions of the text, leading to errors in the additional texts on the epitaphs. The symbols of the eight trigrams (zhonggua) appearing in the prognostications should be part of predictions from the Xiabei with the trigram name and symbol in the front and the interpretation coming later, the two of them being juxtaposed to each other. The prognostication received from the trigrams thus directly determined the content of the prediction, providing an assessment of the (in) auspiciousness of the burial. Judging from an analysis of the content and the underlying concepts, the prognostic texts engraved into epitaphs of graves dating to the Northern Dynasties, Sui, and Tang Dynasties are not directly related with the Way of the Celestial Masters (Tianshidao), but the treatment of the grave occupant showed obvious particularities of his time and ethnic affiliation.

Keywords: Yijing Three Prerequisites (Yijing Sanbei), Geomancy, Eight Trigrams, Way of the Celestial Masters (Tianshidao), Ethnic Groups

（责任编辑：李帅）

2014年青海玉树地区岩画调查简报

青海省文物考古研究所
四川大学考古学系
成都文物考古研究所

摘要：本文介绍了2014年在青海玉树地区岩画调查工作中所取得的部分成果。从岩画分布地点、雕刻方式、图案内容等方面进行了初步分析，认为岩画是玉树地区古代文明的一种重要载体，亦是玉树地区与西藏地区以及欧亚草原存在密切联系的证据。

关键词：玉树地区　岩画　青藏高原

2012—2014年，由青海省文物考古研究所、四川大学考古学系、四川大学中国藏学研究所以及成都文物考古研究所组建的联合考古队在玉树地区开展了较为系统的考古工作，旨在获取关于玉树地区考古遗存的相关信息，进一步制定相应的文物保护计划。这项工作收获了一批丰富的材料，岩画便是其中一项重要内容。2014年度的工作更以岩画调查为主，在玉树藏族自治州境内通天河流域的玉树市、曲麻莱县、称多县等地共发现岩画地点12个（图一），这为玉树地区古文化的研究提供了重要材料，下文将对其做一简单介绍。其中曲麻莱县曲麻河乡的岩画由于分布较为集中、岩面图形较多、关系复杂，将另文介绍，兹不赘述。

一、概　　况

玉树藏族自治州位于青海省西南部，自治州首府驻地为玉树市结古镇，“玉树”在藏语里意为“遗址”。玉树地区总面积26.7万平方千米，是长江、黄河、澜沧江的发源地，境内河网密布，水源充裕。地形以高山峡谷和山原地带为主，其间有许多小盆地和湖盆，平均海拔在4200米以上，属典型的高原高寒气候，年降雨量520毫米左右，年平均气温为0℃，以牧业为主，农牧业兼营。玉树地区的地理位置十分重要，其北与海西蒙古族藏族自治州为邻，东与果洛藏族自治州相通，东南与四川省甘孜藏族自治州毗连，南及西南同西藏自治区的昌都和那曲地区交界，西北角与新疆维吾尔自治区的巴音郭楞蒙古自治州接壤。

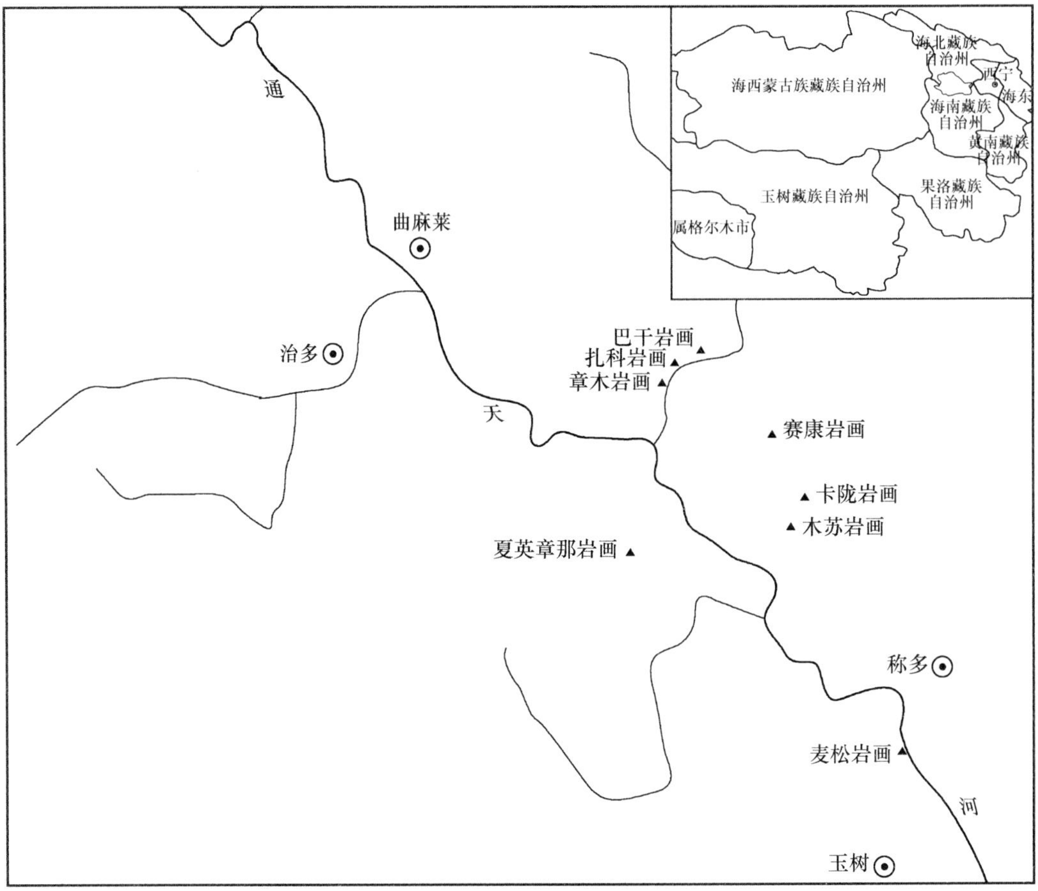

图一　岩画点分布示意图

本文所涉及的岩画点分布范围广大，海拔多在4000米左右，由于自然力以及人为破坏，目前所见的岩画多数已不完整。岩画按制作方法可以分为二型：A型为“凿点法”，是用尖头工具以垂直或者倾斜于岩面的角度凿击而成。以这种方法凿刻成的岩画，从图形的表现方式来看又可分为三个亚型：Aa型为“集点成线法”，又叫“外轮廓凿刻法”，即以凿点形成线条来表现图形的外轮廓，躯干内留白；Ab型为“集点成面法”，又叫“通体凿刻法”，即用凿点集合成岩画图形的整体；Ac型介于前二者之间，即在图形轮廓内又加上一些修饰性线条，但又不通体凿刻，这些线条使岩画图形更加灵动和富有艺术性。B型为“线刻法”，即用尖状工具直接在岩面上反复刻划，形成较深的线条来表现图形，这种方法形成的岩画一般较晚，多为“六字真言”、佛塔等与佛教有关的主题。此外还有一种情况：在以Aa型方式制成的轮廓上再以工具刻划，使之成为贯通的线条。这种方法结合了以上两种制作方法，并不常见，往往不是一次行为的结果。

二、岩画点介绍

下文分地点对这次调查发现的岩画作简单介绍。在行文过程中，为了便于叙述，对每个地点的岩画采取岩面—画面—单个图形的层级编号，例如2014CMSY1①：1，代表称多县木苏岩画岩面1的第1幅画面的第1个图形。

1. 巴干岩画

巴干岩画（2014QBG）位于曲麻莱县巴干乡乡政府驻地西南方向约3.5千米处的代曲河右岸，岩画所在山体紧邻公路内侧，公路外侧即为代曲河，地理坐标为北纬33° 52′，东经96° 29′，海拔4010米。仅在山脚处的一个岩面上发现有岩画。

2014QBGY1所在岩面较为平整竖直，岩面倾角91°，岩面朝向140°（图二）。岩面距河岸约10米，岩画最高处距公路面约2.5米。按照图形的集中情况，可以将岩画分为两个画面，分别编号为2014QBY1①和2014QBY1②，二者之间有宽0.4米的间隔。Y1①位于岩面的左侧，共7个图形，其中Y1①：2、Y1①：3和Y1①：4为鹿，可以看出分叉的鹿角，其余较为潦草，难以辨认。Y1②位于岩面的右侧，共包括5个图形，除个别残缺不全外，余均为鹿。所有图形的制法接近，均采用凿点法制成，图形的表现方式均为Aa型。动物形象——尤其是鹿，线条僵直、简单、比较呆板，且凿痕很浅，有的凿

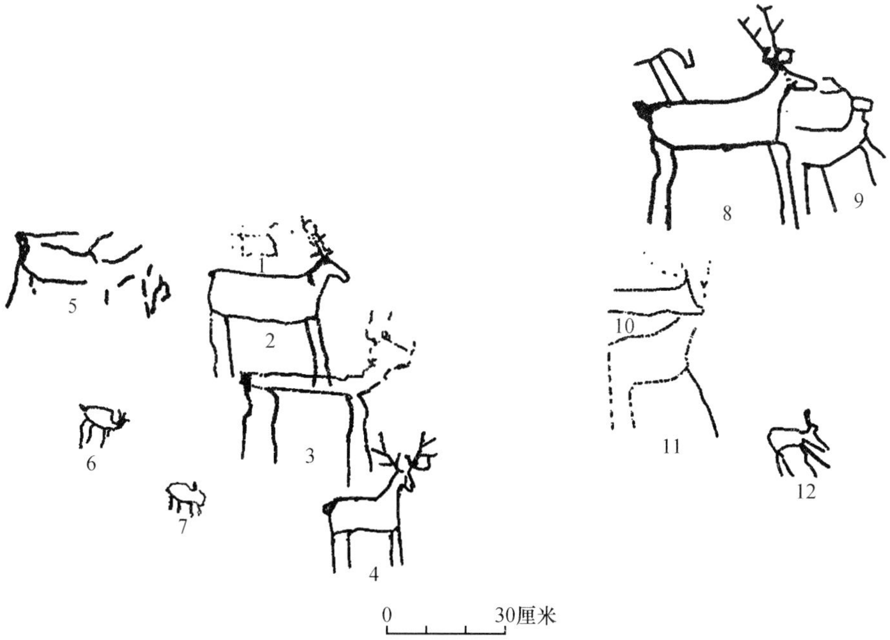

图二　2014QBGY1

1. 2014QBGY1①：1　2. 2014QBGY1①：2　3. 2014QBGY1①：3　4. 2014QBGY1①：4
5. 2014QBGY1①：5　6. 2014QBGY1①：6　7. 2014QBGY1①：7　8. 2014QBGY1②：1
9. 2014QBGY1②：2　10. 2014QBGY1②：3　11. 2014QBGY1②：4　12. 2014QBGY1②：5

点极为稀疏，整体凿刻水平不高，显得较为随意、潦草。可能为晚期仿制而成。两幅画面上均可见现代石刻经文，左侧下部个别图形被经文打破。

2. 章木岩画

章木岩画（2014QZM）位于玉树州曲麻莱县巴干乡红旗二队章木山脚，在代曲河右岸，岩画所在岩面距代曲河约20米，距路面高度约6米，坐标为北纬33° 48′ 8.3″，东经96° 28′ 26.8″，海拔3966米。岩画主要分布于山坡处海拔接近的三个岩面之上，共三幅；由于岩石崩塌，目前可见44个单体图形，能辨认出的形象有牦牛、鹿、虎、人骑马等。

2014QZMY3（图三）位于岩画分布区最右侧的岩面上；残宽约1.05、高约1.2米，

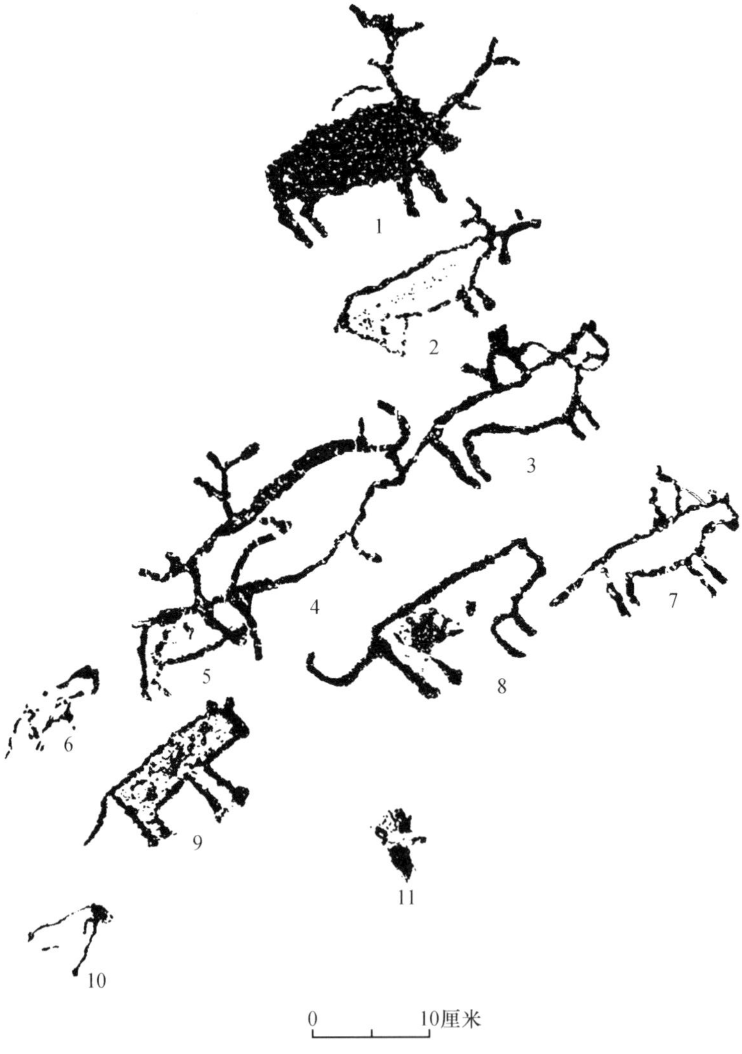

图三　2014QZMY3

1. 2014QZMY3：1　2. 2014QZMY3：2　3. 2014QZMY3：3　4. 2014QZMY3：4　5. 2014QZMY3：5　6. 2014QZMY3：6　7. 2014QZMY3：7　8. 2014QZMY3：8　9. 2014QZMY3：9　10. 2014QZMY3：10　11. 2014QZMY3：11

倾角88°，岩面朝向127°。岩面的下半部崩塌，目前存11个图形，可辨认的形象有鹿、牦牛、虎、人骑马等。均采用凿点法制成。

Y3：1，鹿。鹿身健壮，鹿角分叉，采用Ab型通体凿击法，但外轮廓的凿点与躯体的填充凿点呈现出的不同类型代表了凿击时角度的差异，应该是采用了先凿出外轮廓，然后以凿点填充内部的技法。制作原理与之类似的Y3：2（鹿）、Y3：9（虎）则采用了Ac型表现方式，即在躯干内填充以十分稀疏的凿点。Y3：3，人骑马。马颈部与人上肢之间有缰绳连接，人身后有一长条形物体，或为工具。采用Aa型方式，仅刻出外轮廓。Y3：4，牦牛。采用Aa型方式，被其后部采用同样制作技法的鹿（Y3：5）打破。Y3：7，人骑马。与Y3：3相似，采用Aa型凿点方式制作，凿痕浅且新，明显区别于其他图形，系后期仿作。Y3：8，虎。尾部上卷，头部被一些晚期凿点扰乱，在后腹部也有一些斑驳的凿点。整体来看，采用了Ac型方式。另有3个图形难以辨识。

2014QZMY3各图案之间虽然从表现方式上存在差别，个别图案甚至存在打破关系，但所有动物（人）的方向一致，整个画面风格统一，除后期仿刻而成的Y3：7外，应是一幅骑马狩猎图。

3. 卡陇岩画

卡陇岩画点（2014CKL）位于称多县尕朵乡政府驻地以东约3千米处，在卡陇村卡曲河右岸约120米的公路内侧，岩画所在岩面距公路约10米。地理坐标为北纬33°39′，东经96°44′，海拔4027米。岩面均位于山脚处，由于当地修路和取石等人为因素对岩面的破坏，保存下来的岩画已寥寥无几，此次共发现两个岩面3个图形，但仅能辨认出牦牛。

2014CKLY1（图四）所在位置相对较高，分布于一片较为平整黑亮的岩面之上，岩面呈三角形，高约1.33、宽约0.85米，倾角105°，岩面朝向147°。Y1：1，牦牛。位于画面中心位置，采用Aa型表现方式，风格简练，线条优美，头部及后腿凿痕较重，其余轮廓较浅。牛首略垂，峰脊高耸，重心后倾，似在发力前奔。牦牛的尾部上方及后肢下方均有少量稀疏凿点，且凿痕较浅，难以辨认。

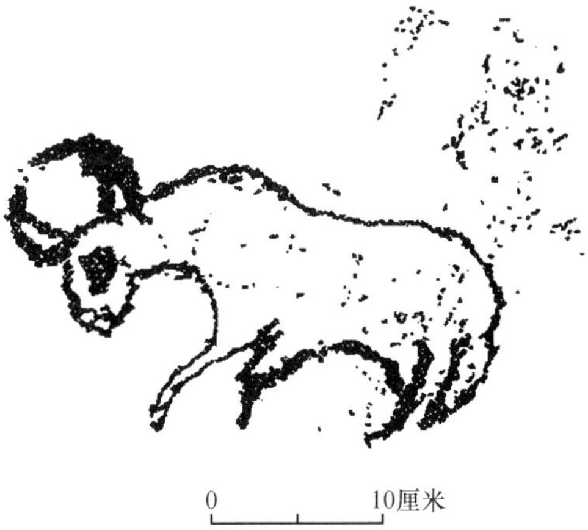

图四　2014CKLY1：1

4. 木苏岩画

木苏岩画（2014CMS）点位于称多县尕朵乡卓木齐村木苏沟右岸公路内侧的岩面上，距离细曲河的一条小支流——木苏沟约9米，距河流交汇口约3千米。岩画点地理坐标为北纬33° 35′，东经96° 42′，海拔3910米。岩画所在岩面最高处距地面公路约5.4米。此处岩画共计95个单体图形，分布在六个岩面上，人类活动造成部分岩石崩落，加上有较多的石藓，使岩画图案遭到破坏。除了岩面1、3、5可以辨认出较多的图形外，其余图形较少或难以辨认。总体看来，这处岩画凿点较为深厚，线条粗犷。

2014CMSY1（图五）位于一片棕色的平整岩面上，大体呈方形；高约1.3、宽约1米，倾角为95°，岩面朝向为191°。其上分布着40个岩画图形，主要为动物形象，除后期自然或人为破坏造成部分岩面崩裂之外，整个画面构图十分紧密，加之制作过程（也可能是仿制过程）产生的额外凿点，使画面看起来较为杂乱。此外，个别图形还存在叠压打破关系，应该非一次制作而成，仅按照风格的差异，将所有图形分为两类，代表不同的两个画面。

2014CMSY1①，包括17个图形，有牦牛6只、鹿6只、马1只、人骑马1个，其中Y1①：1、Y1①：2、Y1①：3等被Y1②打破。这组图形均以凿点集成较细的线条来构成外轮廓，鹿的脖子细长，鹿角也很发达，多采用Ac型表现方式，于躯干内添加勾线或者漩涡纹修饰，使得鹿的身体看上去圆润矫健，似处于奔跑之中，加上牦牛与人骑马的图案，应该是一幅狩猎图。

2014CMSY1②，包括23个图形，部分图形较为杂乱难以辨认，目前能确认有牦牛6只、鹿9只、马1只。与Y1①所刻画的主题基本一致，表现手法也类似——多为Ac型方式——以凿点形成外轮廓然后添加修饰性线条，更有一些图形直接仿照Y1①。例如Y1②：23即是对被其所打破的Y1①：17的模仿。不同的是Y1②的图形凿点更加宽大深厚，线条更加粗犷僵直，整体画风不如Y1①圆润优美。根据二者的打破关系及风格的差异来判断，Y1②这组图案的制作年代应该晚于Y1①。

5. 赛康岩画

赛康岩画（2014CSK）点位于称多县扎朵镇西9千米处细曲河右岸公路内侧，紧邻路边，岩画距离河床约10米，已公布为青海省级文物保护单位。岩画点地理坐标为北纬33°44′，东经96°40′，海拔4019米。目前仅发现一个岩面上分布有岩画。

2014CSKY1（图六）位于一处较为平整黑亮的岩面上，该岩面是一块山前靠河的断面；高3、宽1.1米，倾角108°，岩面朝向141°。岩面上方布满经幡，并有当地人员为保护岩画而搭建的房子，保存情况较好。岩面上部有一较深的崩裂痕，将岩面分成了两个部分，上部仅一幅画面，编号2014CSKY1①，仅有一个图形：Y1①：1，采用Ab型方式制成，凿点大，凿痕较浅，造型不甚完整。岩面下部根据凿点情况，分为三个画面，分别编号为2014CSKY1②、2014CSKY1③、2014CSKY1④，其中Y1②包括两个动物图形，均采用Aa型方式凿刻出外轮廓。Y1②：1，不能辨认。Y1②：2，牦牛。牛头低垂，峰脊明显，二者凿痕均较浅，头向均向右。Y1③共有3个图形，均为鹿。头向一致。由于岩石崩落，使鹿的头部缺失。均采用Ac型方式制作，着重刻画外轮廓，躯干内仅有少量修饰线条。凿点较大，凿痕较浅，呈红褐色。Y1④，共有13个图形，其中10个为鹿，另有三个图形难以辨认。依次编号为Y1④：1—Y1④：13，鹿头均向左，互相之间无叠压打破关系，组成一幅兽奔图。根据处在画面边缘和中心的位置的

图五　2014CMSY1

1. 2014CMSY1②：1　2. 2014CMSY1②：2　3. 2014CMSY1②：3　4. 2014CMSY1②：4　5. 2014CMSY1①：1　6. 2014CMSY1①：2　7. 2014CMSY1②：5　8. 2014CMSY1②：6　9. 2014CMSY1②：7　10. 2014CMSY1②：8　11. 2014CMSY1②：9　12. 2014CMSY1②：10　13. 2014CMSY1②：11　14. 2014CMSY1②：12　15. 2014CMSY1①：3　16. 2014CMSY1②：13　17. 2014CMSY1②：14　18. 2014CMSY1②：15　19. 2014CMSY1②：16　20. 2014CMSY1②：17　21. 2014CMSY1①：4　22. 2014CMSY1①：5　23. 2014CMSY1①：6　24. 2014CMSY1①：7　25. 2014CMSY1①：8　26. 2014CMSY1①：9　27. 2014CMSY1①：10　28. 2014CMSY1①：11　29. 2014CMSY1①：12　30. 2014CMSY1①：13　31. 2014CMSY1②：18　32. 2014CMSY1②：19　33. 2014CMSY1②：20　34. 2014CMSY1②：21　35. 2014CMSY1①：14　36. 2014CMSY1①：15　37. 2014CMSY1①：16　38. 2014CMSY1①：17　39. 2014CMSY1②：22　40. 2014CMSY1②：23

图六　2014CSKY1

1. 2014CSKY1①：1　2. 2014CSKY1②：1　3. 2014CSKY1②：2　4. 2014CSKY1③：1　5. 2014CSKY1③：2　6. 2014CSKY1③：3　7. 2014CSKY1④：1　8. 2014CSKY1④：2　9. 2014CSKY1④：3　10. 2014CSKY1④：4　11. 2014CSKY1④：5　12. 2014CSKY1④：6　13. 2014CSKY1④：7　14. 2014CSKY1④：8　15. 2014CSKY1④：9　16. 2014CSKY1④：10　17. 2014CSKY1④：11　18. 2014CSKY1④：12　19. 2014CSKY1④：13

不同，表现出近大远小的透视效果。均采用Ac型方式，即“轮廓+修饰性线条法”制成，凿点细密，凿痕较深，多数鹿身上附加了较为复杂的涡旋纹装饰，似表现发达的肌肉，矫健的身形；鹿角巨大且分叉较多，整幅画面显得生动有力。

6. 夏英章那岩画

夏英章那岩画点（2014YXY）位于玉树市哈秀乡云塔三社拉藏容曲和拉让可曲两条河流交汇处的三岔口右岸公路的内侧，距河床约10米的岩面上。据当地藏民言，因此处岩面上刻有鹿等动物，因此将岩画所在山称作“夏英章那”山，藏语意为“鹿自显”山。地理坐标为北纬33° 34′，东经96° 23′，海拔4076米。岩画位于山脚下的一处断面上，整个岩面宽约12.3米，岩画最高处距地面高度约3.5米，整个断面根据破裂的情况可以分为六个岩面。岩画整体保存情况不佳，晚期的六字真言和杂乱的线条对其造成了较大的破坏，部分岩画图形已无法辨识。岩面的缝隙和台阶上摆满了许多动物（牛、羊）的尸体和头骨，岩体前方平地上有一人工堆砌的平台，高约1米，为祭祀台。

2014YXYY4（图七）位于岩面的中部，朝向为134°，倾角为105°，从中间裂成左右两部分，共有5个图形。根据风格的差异和距离的远近，可以将其分为三个画面。Y4①位于左侧岩面上，整个画面的下半部有较多杂乱的凿点，部分凿点被二次磨刻成

图七　2014YXYY4

1. 2014YXYY4①：1　2. 2014YXYY4②：1　3. 2014YXYY4②：2　4. 2014YXYY4②：3　5. 2014YXYY4③：1

线条，形成动物形象，但头部残缺，可能为鹿。Y4②位于右侧岩面上方，为一大两小的牦牛母子形象，均凿刻而成，凿点痕迹明显。前后各有一小牦牛，分别采用Ab型（通体凿刻法）和Aa型（外轮廓凿刻法）制法，大牦牛位于中部，采用Ac型制法，即先用凿点刻画出外轮廓，又于身体内部添加数根线条以表现肌肉等细部特点。三个图形虽然表现方式有所不同，但是三头牛的方向一致，动作协调，而且凿点大小、深浅和腐蚀颜色基本一致，据此判断凿刻时间应比较接近。Y4③位于右侧岩面的中部，仅有1个图形，系以凿点集成较粗的线条表现出鹿的轮廓。由于凿点大且密集，凿刻痕迹已不明显。

2014YXYY4的这三幅画面，风格迥异，应非一次制成。

7. 麦松岩画

麦松岩画点（2014YMS）位于玉树市仲达乡麦松村，处在通天河右岸边一块孤立的小山石上，小山石外侧即为通天河，此山石高约7—8米，宽约30米，被当地人视为“神山”。山石较为破碎，故岩画所在岩面一般不大，但较平整，岩面的朝向不一，共发现十二个岩面上分布有岩画，岩面朝向总体集中在182°—223°和88°—110°两个区间内，即方向多偏向东和南。地理坐标北纬33°18′，东经96.59′，海拔3615.4米。

所有岩画除一个晚期的油灯采用B型制法——线刻法制成外，其余均采用凿点方式制成。由于岩面已经出现腐蚀破坏，很多图形难以辨认，目前可以看出鹿、牦牛两种动物形象。

2014YMSY4（图八）位于山体左侧中部，距地面约4.2米，倾角56°，岩面方向198°；岩面剥落严重，对岩画造成了较大的破坏。目前仅存一幅由5个单体图形组成的画面，其中Y4：1和Y4：2由于过于残缺，难以辨认。Y4：3和Y4：5头上有较大的鹿角，可以判断为鹿。Y4：4有弯曲的犄角，应为牦牛。岩画均采用凿点法制成，其中Y4：5采用Ac型表现方式，在躯干上凿刻有“∽”形装饰纹来表现骨骼与肌肉形状，

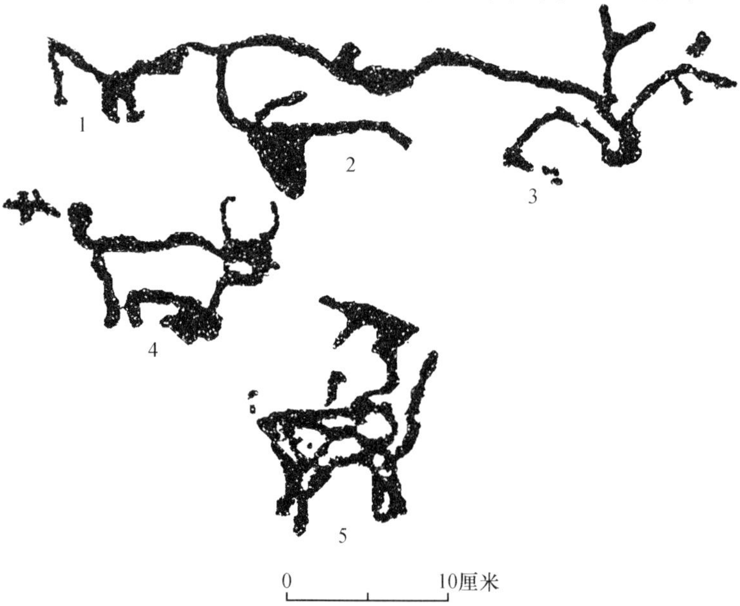

图八　2014YMSY4

1. 2014YMSY4：1　2. 2014YMSY4：2　3. 2014YMSY4：3　4. 2014YMSY4：4　5. 2014YMSY4：5

其余图案仅采用Aa型制法凿刻出轮廓。所有图案的凿点均较为密集，凿痕较深，动物头向均向右，构成一幅兽逐图。

三、结　语

通过对通天河流域所发现的众多岩画点的分析，可以看出当时人们对刻制岩画的地点有所选择：这些地点一般都位于河岸边百米内的山岩上，离地面10米以内具有适宜的岩面——一般为便于攀爬、易于凿刻的较为平滑完整的深色岩面，岩面的朝向也以偏向东方和南方为佳。玉树地区本次发现的这几处岩画以鹿、牦牛这两种动物为最基本的题材，此外还有少量的马、狗、虎、鹰等动物形象，画面多为反映兽奔和狩猎活动的图像，反映出这一地区当时的动物资源较为丰富，经济生产方式可能以游牧、狩猎为主。

关于玉树地区这几处岩画的制作年代，可以从以下几个方面来分析。

第一，这批岩画主要采用在岩面上敲凿成像的制作方法，这是青藏高原早期岩画制作的常见方式，从刻制技术来看应该已经使用了金属工具，所以其制作年代至少也应进入了早期金属时代。同时，这几处岩画中均未共存油灯、佛塔、“六字真言”等明显属于公元7世纪初佛教传入青藏高原后所形成的图像。所以，本文公布的这几处岩画的年代应该在吐蕃以前到早期金属时代这一阶段。

第二，以集群动物为主题的岩画在青藏高原东北部以及西藏西部甚至印度河上游地区均有发现，与之相关的研究也并不少见，这为我们确定玉树岩画的主体年代提供了线索。在赛康、木苏等地点的岩画中，鹿身上常见“∽”纹，这种装饰在青海省海西州的卢山岩画早期[1]、西藏日土地区的任姆栋[2]等地点的岩画中均有发现，在后者中尤其多见。张建林将日土地区的岩画根据凿刻技法和造型风格分为三期，这种“∽”纹造型属于中期的典型特征；早期动物线条较为简单，不表现细节；晚期动物的装饰性更强，“∽”纹已经演变为更加繁缛的双勾线涡旋纹，动物形象更注重细节刻画。因此，在玉树岩画中，赛康、木苏地点的岩画基本上相当于日土岩画的中期，而相对简洁粗犷的章木地点则相当于早期。

第三，关于日土地区岩画的年代，张建林判断是吐蕃时期以前的作品，年代下限不晚于吐蕃早期[3]；汤惠生提出任姆栋的第12号岩画地点（相当于三期中的晚期）的动物形象表现出典型的斯基泰艺术风格，认为其年代应确定在公元前5—前3世纪为宜[4]；吕红亮认为任姆栋12和13号画面的做回首状的鹿的形象与欧亚草原青铜时代晚期和铁器时代早期的所谓“斯基泰-西伯利亚动物纹”相类似，年代大致为公元前第一千纪的后半期[5]。这应是玉树岩画年代的下限。通过进一步对比发现，张建林所划分的日土岩画三期中的早、中期与汤惠生所划分的青海岩画四期中的第一期从制作技法及表现风格上均有相似之处，二者的区别主要是划分刻度的差异，故其年代上限应该较为接近。汤惠生经过综合比较，将青海岩画的第一期年代定为公元前1000—前500

年[6]，日土岩画的早、中期也应与之相当，因此，玉树岩画的年代也大致可以确定在公元前1000—前500年这段范围内。

在判断了岩画年代的基础上，接下来就结合相关材料及已有研究对这些岩画的制作人群进行推定。公元前1000—前500年大致相当于中原地区的西周早期到春秋晚期这一阶段，对应到西藏则处于史前阶段的早期金属时代[7]，此时包括玉树在内的青藏高原地区的人群都被泛称为羌戎，但其内部应该还存在有文化和族群的差异，由于目前玉树地区这一阶段的考古材料还比较稀少，而相关的文献材料也出现得很晚，因此还无法就该区域的族群作进一步认识。结合岩画的主题、技术及地缘位置来看，我们认为玉树地区这类岩画的绘制者当是一批以游牧和狩猎为主的人群，他们与同时期活动于青藏高原甚至广阔欧亚草原地带的其他人群应该存在广泛的联系与交流。

岩画作为玉树地区古代文化的一部分，同遗址、墓葬一样可以反映出当时人们的生活状态。从目前玉树发现的这几处岩画的内容来看，似乎多是对自然场景的描绘，在画面中未加入太多与人类相关的因素，除了受制作者所处社会发展阶段的限制外，这可能也与岩画制作者的目的或岩画的功能有关。我们认为这些岩画或许是制作者对岩画所在区域存在的动物资源的标示，以达到保存和传递狩猎信息的目的，这对于在高原地区河谷山岭纵横地带狩猎的人们应该非常重要。

附记：本次田野工作的领队为任晓燕，参加田野调查的人员有青海省文物考古研究所蔡林海、顾希娟；玉树州博物馆索南旦周；四川大学考古学系何元洪、李帅、潘绍池、朱德涛、韩芳、张红刚、张寒冬、魏楠、郭峰、任星河；成都文物考古研究所马春燕、李佩。

绘图：李　帅　李佩
执笔：李　佩　李　帅　蔡林海
马春燕　张红刚

注　　释

［1］汤惠生、张文华：《青海岩画——史前艺术中二元对立思维及其观念的研究》，北京：科学出版社，2001年，第30—42页。

［2］西藏文管会文物普查队：《西藏日土县古代岩画调查简报》，《文物》1987年第2期。

［3］张建林：《日土岩画的初步研究》，《文物》1987年第2期。

［4］汤惠生、高志伟：《青藏高原岩画年代分析》，《青海社会科学》1996年第1期。

［5］吕红亮：《西喜马拉雅岩画欧亚草原因素再检讨》，《考古》2010年第10期。

［6］汤惠生、张文华：《青海岩画——史前艺术中二元对立思维及其观念的研究》，第170—172页。

［7］童恩正：《西藏考古综述》，《文物》1985年第9期。

Preliminary Report on the 2014 Survey of the Petroglyphs of Yushu Region, Qinghai

Archaeological Institute of Qinghai Province
Department of Archaeology, Sichuan University
Chengdu Institute of Archaeology

Abstract: This paper introduces the preliminary results of an analysis of the petroglyphs of Yushu region in Qinghai Province based on a survey conducted there in 2014. This paper discusses the distribution on the petroglyphs, the carving technics, and the motives depicted, suggesting that they are an important expression of the early civilization of the Yushu Region as well as evidence for a close connection between the Tibetan Plateau and Central Asia.

Keywords: Yushu Region, Petroglyphs, Qinghai-Tibet Plateau

（责任编辑：黎海超）

忠县上油坊遗址发掘报告

广州市文物考古研究所
重 庆 市 文 物 局
忠县文物保护管理所

摘要：上油坊遗址位于重庆市忠县县城西北约40千米处的汝溪河东岸，2001年进行考古发掘，发现了西周春秋直至明清时期的遗存堆积，揭露出不同时期的灰坑、灰沟、窑址、石板路等遗迹，出土大量的陶瓷器、建筑瓦件等。其中，尖底杯和花边口沿罐是上油坊遗址西周春秋时期遗存最典型的陶器，当与制盐有关；发现了东汉时期的龙窑4座、马蹄窑3座，推测分别与煮盐和烧制砖瓦有关。作为配合三峡库区建设开展的抢救性发掘，上油坊遗址的考古发现为研究峡江地区西周至汉唐时期的社会变迁，尤其是盐业考古提供了实证资料。

关键词：上油坊　尖底杯　花边口沿罐　龙窑　马蹄窑　制盐业

一、地理沿革与遗址概况

忠县位于重庆市中部，东与石柱土家族自治县相邻，西接垫江县，南与丰都县毗邻，北与梁平区、万州区接壤。低山丘陵相间，长江及其支流㽏井河、汝溪河流经县境（图一）。忠县历史悠久，“禹贡梁州之城，周为巴国地，秦属巴郡，汉置临江县仍属巴郡，……”[1]唐贞观八年（634年）取“地边巴檄，意怀忠信”之意，改临州为忠州。白居易曾在此任刺史三年，写下“巫峡中心郡，巴城四面春”等诗句。民国二年（1913年）忠州被裁，改为忠县。

忠县是三峡移民搬迁的重点区域，县境列入三峡工程地下文物保护项目50多项，新石器时代中期的唐家河石器点[2]，新石器时代中晚期至商周阶段的哨棚嘴遗址[3]和瓦渣地遗址[4]，新石器时代末期至春秋战国时期的中坝遗址[5]，商周至秦汉时期的老鸹冲遗址[6]，以及㽏井沟[7]、中坝春秋墓葬[8]，崖脚[9]、石匣子、罗家桥战国墓葬[10]，老鸹冲[11]、花灯坟汉代墓葬[12]，宣公墓群[13]、仙人洞、土地岩[14]、翠屏山[15]等地的汉至六朝时期的崖墓等，都是经考古发掘揭露的比较重要的古遗址、古墓葬，上油坊西周春秋时期遗存和汉代窑址也是其中之一。

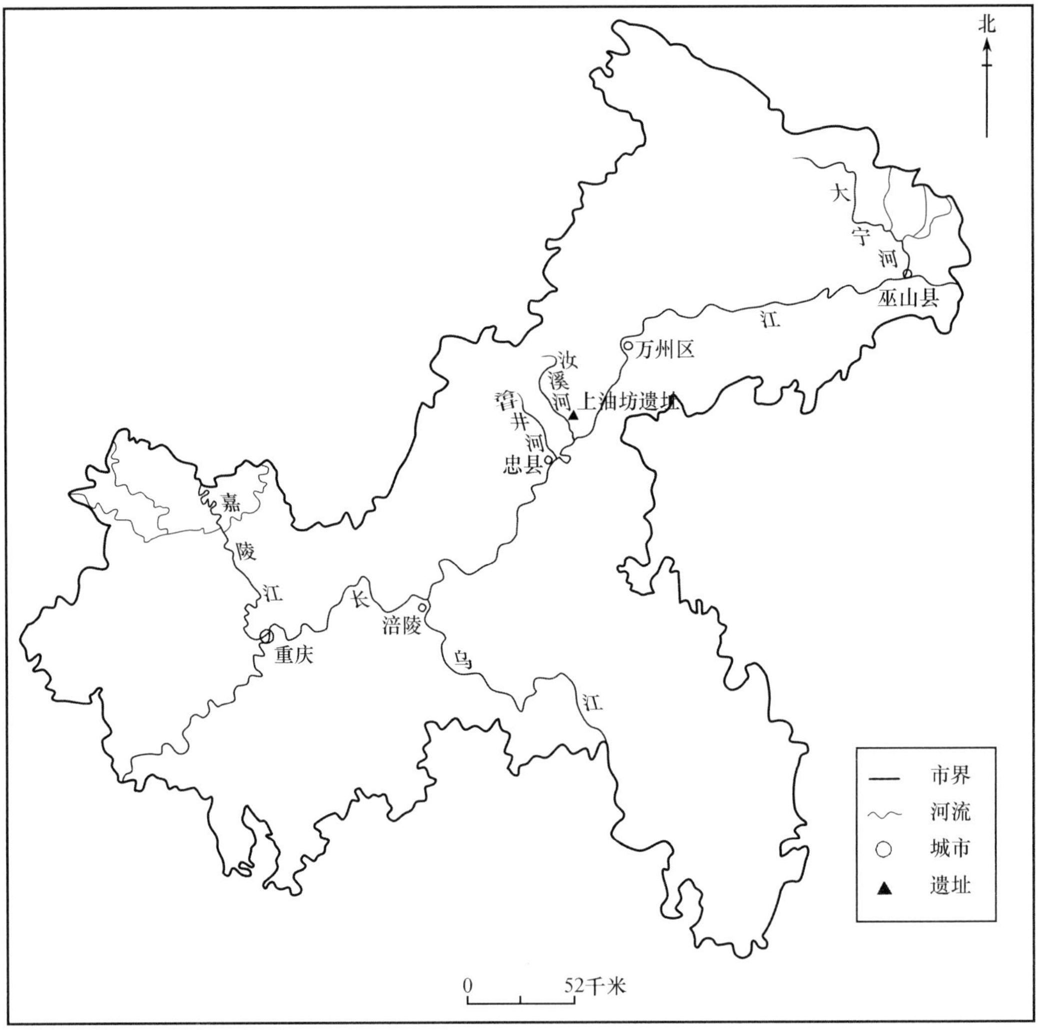

图一　忠县位置示意图

上油坊遗址西南距忠县县城40千米，东南距石宝寨12千米（图二）。遗址分布于涂井乡凤山村四组（又名苞豆梁）汝溪河东岸的第一级至第三级阶地上，汝溪河（又名涂井河、涂溪河）由北向南蜿蜒流入长江，四周山峦起伏。流水溪从遗址的北侧由东向西注入汝溪河。遗址所在的阶地南北长约345、东西宽30—45米，高程120—125米。东侧高地为猫岭；汝溪河对岸即是涂井蜀汉崖墓群[16]；流水溪对岸与上油坊遗址相望处为李园遗址[17]（图三；图版九，1）。

受国家文物局三峡工程库区文物保护规划领导小组的委派，广州市文物考古研究所会同忠县文物保护管理所于2001年4月对上油坊遗址进行了考古勘探，勘探面积1万平方米。遗址地表采集到不少板瓦、尖底杯和花边口沿罐残片等。从勘探可知，遗址的中、南部表土层之下即为生土，北部文化层堆积较厚，距地表为0.2—1米，明清时期的冲积层最深则达3米之多，主要分布在第二阶地之上。经过勘探，我们对遗址的保

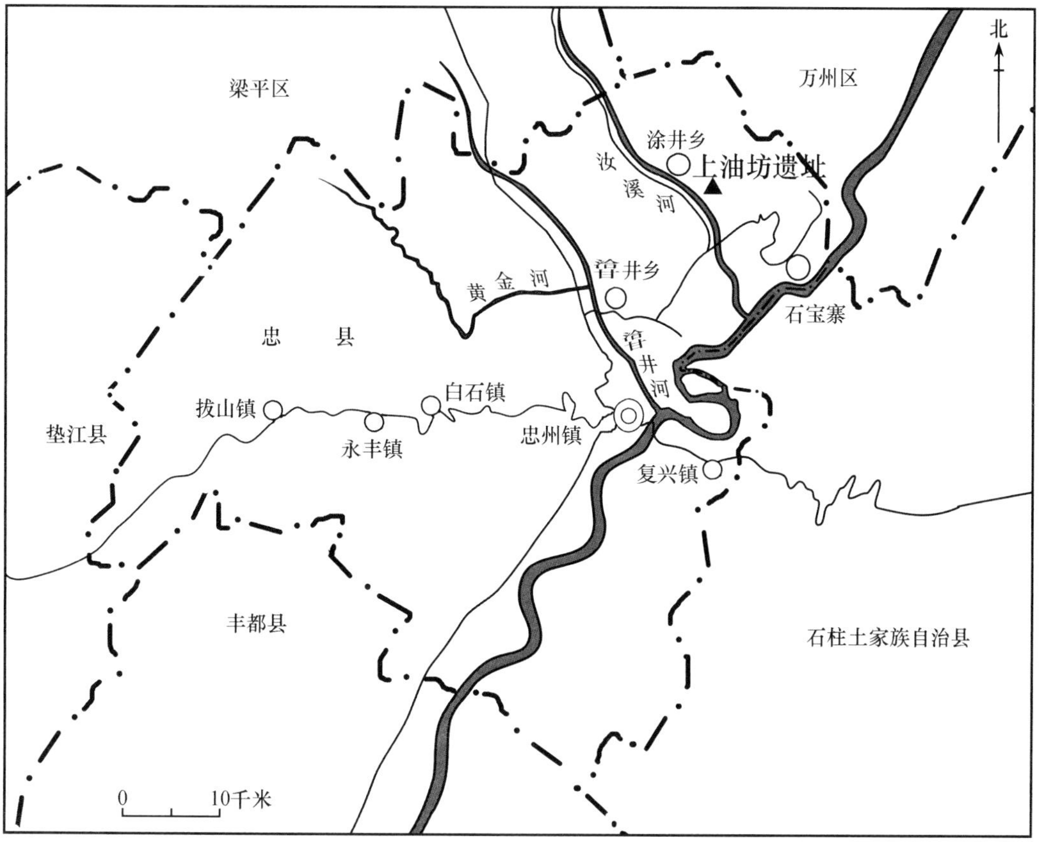

图二　上油坊遗址位置示意图

存情况、分布范围、文化性质等有了比较清晰的了解。随后于2001年6—9月，选定遗址北部作为重点区域进行了抢救性考古发掘。遗址北部平面近长方形，南北长65、东西宽45米。布方60个，揭露面积为1500平方米，总坐标基点为北纬38°25′73″，东经180°07′74″，田野编号为“2001CZS”（图四；图版九，2）。

二、地层堆积与层位关系

忠县上油坊遗址分布于河岸阶地上，由于高低落差较大，地层堆积多呈不连续状。有人为活动留下的遗迹，也有山体滑坡和水流冲积等形成的自然堆积和次生堆积，不同区域堆积范围、深度和厚度等都有差别。大体上受地势影响，地层由东向西往河边倾斜分布。

遗址发掘采取统一编号，主要根据土质土色的不同，将地层划分九个大层：

第1层：农耕土层，分布整个遗址区域。

第2层：坡积土，分布在遗址发掘区域的东半部。

第3、4层：明清文化层，分布在遗址发掘区域的中、西部。

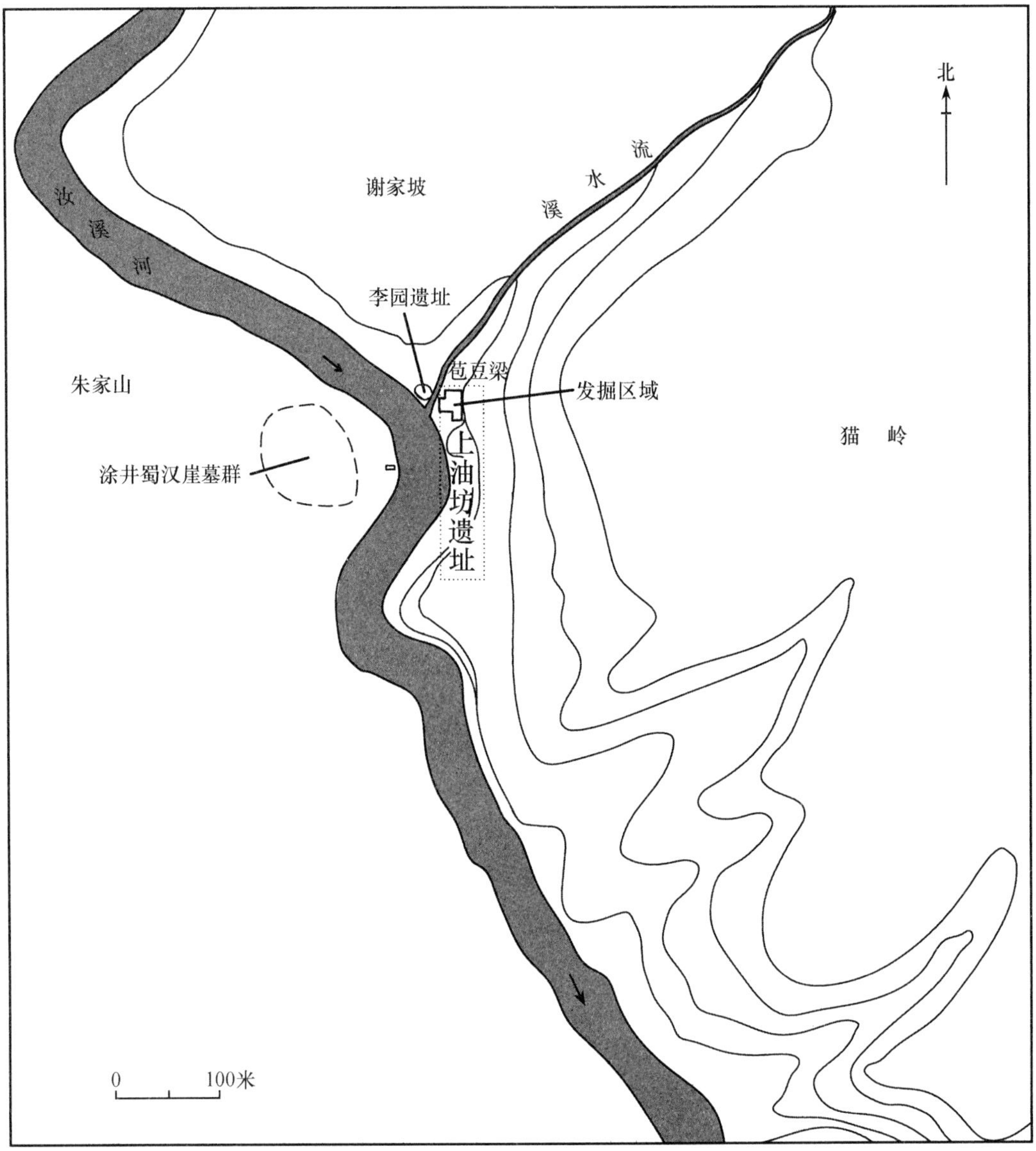

图三 上油坊遗址地形图

第5、6层：唐宋文化层，分布在遗址发掘区域的南部。

第7层：汉代文化层，分布在遗址发掘区域的最南端，出土有较多的陶罐、盆及碗等生活用品和板瓦、筒瓦及瓦当等建筑构件（图版二三）。

第8层：西周春秋文化层，分布在遗址发掘区域的南端。

第9层：次生土层，无遗物出土，分布在遗址发掘区域的南端。

第9层下是黄红色生土。

现在分别以T0602东壁、T0804西壁、T0907北壁、T0908北壁、T0807北壁及T0601北壁为典型剖面，介绍遗址地层堆积情况。

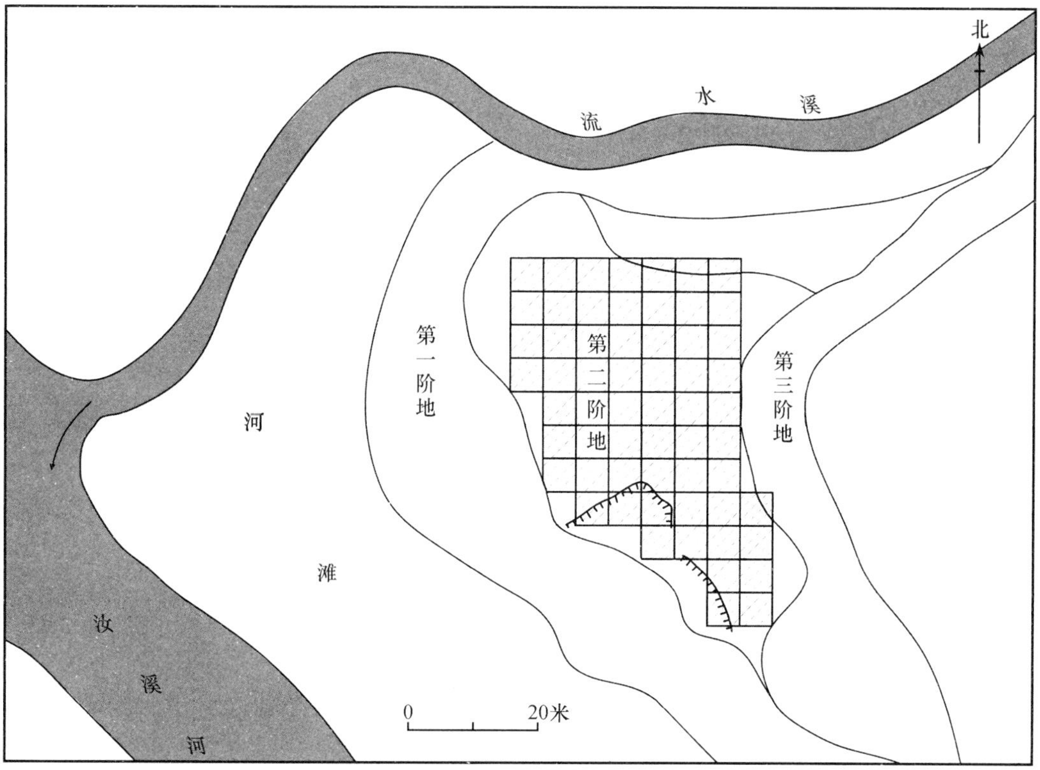

图四 上油坊遗址探方分布示意图

1. T0602东壁

第1层：耕土层。呈红褐色，沙质土，疏松，含有少量青灰色土斑块。遍布探方。厚15—25厘米。出土有白瓷、青花瓷片和少许泥质灰陶片。

第2层：坡积土。呈紫灰色，沙质土，疏松，含有较多青灰色土斑块。分布在探方东部。距地表15—25、厚0—25厘米。出土有白瓷、青花瓷片和少许泥质灰陶片。

第3A层：冲积土。呈黄灰色，疏松，含青灰色土斑块。分布在探方西部。距地表15—50、厚0—20厘米。出土有白瓷、青花瓷、绿釉陶片和少量的泥质灰陶片。

第3B层：冲积土。呈褐黄色，疏松，沙质，含青灰色土斑块。分布在探方西部。距地表15—50、厚0—20厘米。出土有白瓷、青花瓷片和少许泥质灰陶片。

第6层：灰褐色，黏土，较疏松，含较多的青灰色土斑块。分布在探方南部。距地表15—70、厚0—55厘米。出土有少量的青瓷片和汉代瓦片。

第7A层：灰黑色，黏质土，致密，含有较多的青灰色土斑块。分布在探方南部。距地表70—85、厚0—35厘米。出土有大量的板瓦、筒瓦、陶罐及盆等残片。

第7B层：灰褐色，黏质土，致密，含有较多青灰土斑块。分布在探方南部。距地表75—95、厚0—15厘米。出土有大量的板瓦、筒瓦、陶罐及盆等残片。

第7B层下是黄红色生土（图五）。

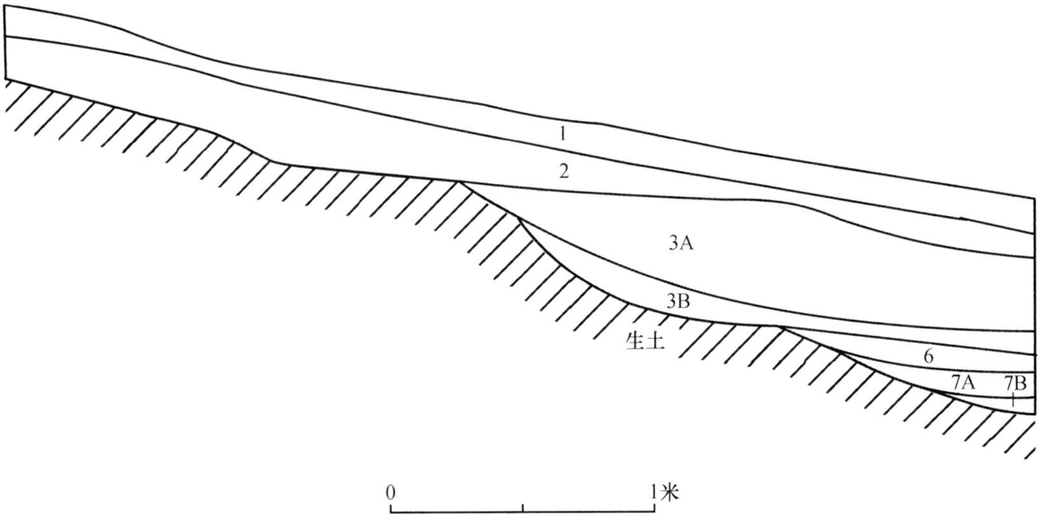

图五　T0602东壁剖面图

2. T0804西壁

第1层：耕土层。呈红褐色，沙质土，结构疏松，含有少量青灰色土斑块。遍布探方。厚15—20厘米。出土有白瓷和青花瓷片。

第2层：坡积层。呈紫灰色，黏质土，较疏松，含大量青灰色土斑块。分布在探方的南部，距地表15—20、厚0—25厘米。出土有白瓷、青花瓷片及少许泥质灰陶片。

第3C层：冲积土层。呈灰黑色，结构紧密，含少量青灰土斑块。分布在探方西南部。距地表20—35、厚0—20厘米。出土有白瓷、青花瓷片和少许泥质灰陶片。

第3E层：冲积层。呈灰褐色，致密，含少量青灰土斑块。分布在探方西南部，距地表20—35、厚0—20厘米。出土有青瓷片和大量的泥质灰陶片。Y05和Y06开口在该层下，其中Y05打破Y06，Y06打破H38。

第8A层：黄褐色，沙质土，结构紧密。分布在探方西北大部。距地表40—60、厚0—15厘米。出土有大量的尖底杯和少量的花边口沿罐残片。

第8B层：褐黄色，沙质土，致密。分布在探方西北大部。距地表60—65、厚0—95厘米。只出土有数片陶片。

第9层：黄褐色，黏质土，结构紧密，含有灰白膏泥状斑块。分布在探方西北部。距地表160—170、厚0—35厘米。无人工遗物。该层下是黄红色生土（图六）。

T0804内有一组叠压和打破关系：③E→‖Y05→Y06→H38→⑧A→‖⑧B→‖⑨。

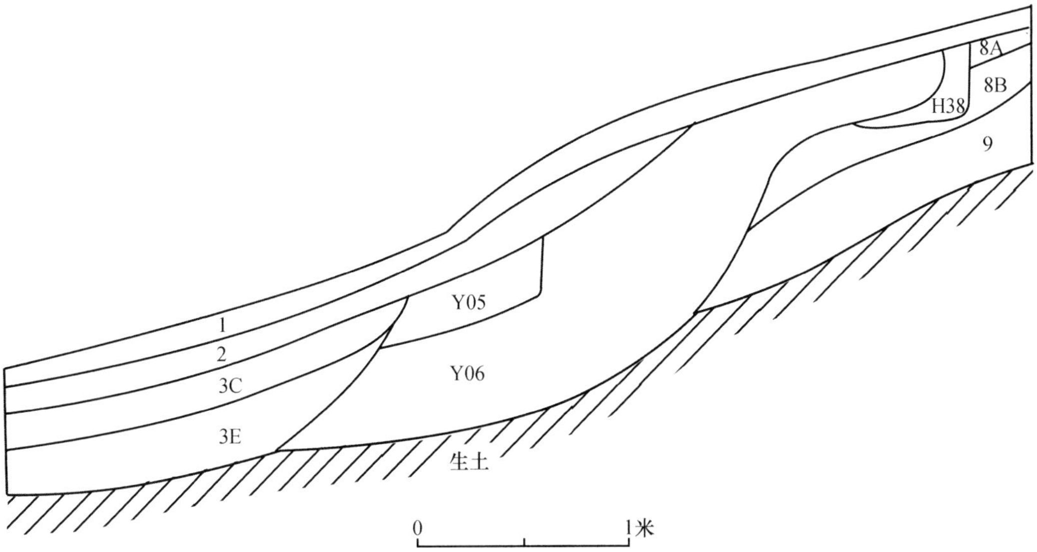

图六　T0804西壁剖面图

3. T0907北壁

第1层：耕土层。红褐色，沙质土，土质松软。厚10—30厘米。出土有瓦片、陶片、青花瓷片及石块等。

第3A层：冲积土。黄灰色，沙质土，疏松。仅分布在探方西半部。距地表10—50、厚0—40厘米。包含物较少，仅见少量绳纹瓦片和泥质灰陶片。

第3B层：冲积土。褐黄色，沙质土，较疏松，含黑灰色土斑块。仅分布在探方东半部。距地表15—40、厚0—25厘米。出土有绳纹瓦片、泥质灰陶片和青花瓷片。

第3C层：冲积土。灰黑色，较疏松。仅分布在探方西北角。距地表35—80、厚0—35厘米。出土有瓦片、陶片和青花瓷片，瓦片多为绳纹灰瓦，陶器有盆、缸及钵等。

第3D层：冲积土。深灰色，较致密。仅分布在探方西北角。距地表35—80、厚0—40厘米。出土有瓦片、陶片和青花瓷片，瓦片多为绳纹灰瓦，陶器有盆、缸及钵等。

第4层：灰黑色，黏土，较疏松，含红色烧土颗粒和黑灰色土斑块。分布在探方中部和东部。距地表30—110、厚0—50厘米。出土遗物以瓦片和陶片为主，也有少量青瓷和青花瓷片。

第5层：灰褐色，黏土，含红色烧土颗粒，较疏松。分布在探方中部和东北部。距地表40—115、厚0—50厘米。主要出土物有瓦片和陶片，器形以红陶尖底杯为主。

第6层：灰褐色，黏土。分布在探方北半部。距地表90—135、厚0—50厘米。包含物不多，有釉陶片和素面灰瓦片。

第6层下为黄红色生土，纯净致密（图七）。

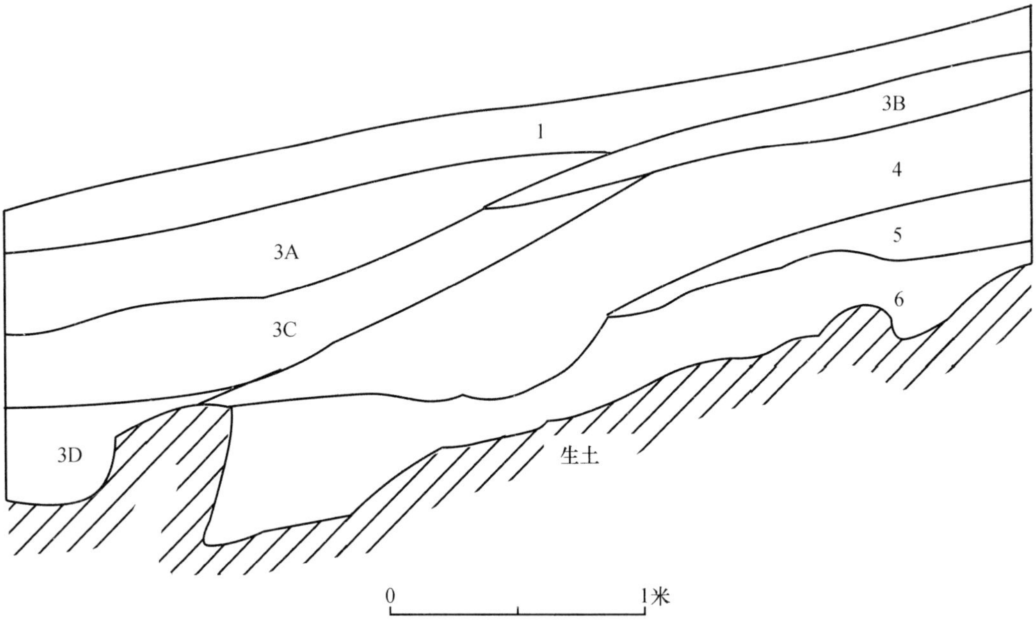

图七　T0907北壁剖面图

4. T0908北壁

第1层：耕土层。红褐色，沙质土，土质松软。整个探方均有分布。厚10—25厘米。出土有瓦片、陶片、青花瓷片及石块等。

第3A层：冲积土。黄灰色，沙质土，疏松。仅分布在探方西半部。距地表10—60、厚0—40厘米。包含物较少，仅见少量绳纹瓦片和青花瓷片。

第3B层：冲积土。褐黄色，沙质土，较疏松，含黑灰色土斑块。仅分布在探方东半部。距地表15—30、厚0—25厘米。出土有绳纹瓦片、泥质灰陶片和青花瓷片，陶器见尖底杯等较早期器物。

第3C层：冲积土。灰黑色，较疏松。分布在探方西部和西北部。距地表25—70、厚0—45厘米。出土有瓦片、陶片和青花瓷片，瓦片多为绳纹灰瓦，陶器多为尖底杯残片。

第3D层：冲积土。深灰色，较致密。分布在探方东南部。距地表25—75、厚0—40厘米。出土有瓦片、陶片和青花瓷片，瓦片多为绳纹灰瓦，陶器有盆、缸及钵等。

第3E层：冲积土。灰褐色，沙质土，疏松。分布在探方的西部。距地表23—95、厚0—25厘米。包含物以瓦片和陶片为主，另出有少量青花瓷片。

第3F层：冲积土。灰黄色，沙质土，疏松。分布在探方西部和西北部。距地表40—145、厚0—60厘米。包含物主要有瓦片和陶片，其中瓦片多见绳纹瓦，陶片较多，主要器形为尖底杯和花边口沿罐。

第3G层：冲积土。黄灰色，沙质土，疏松。分布在探方西北部。距地表95—195、厚0—70厘米。包含物主要有板瓦和尖底杯。

第3G层下为黄红色生土，纯净致密（图八）。

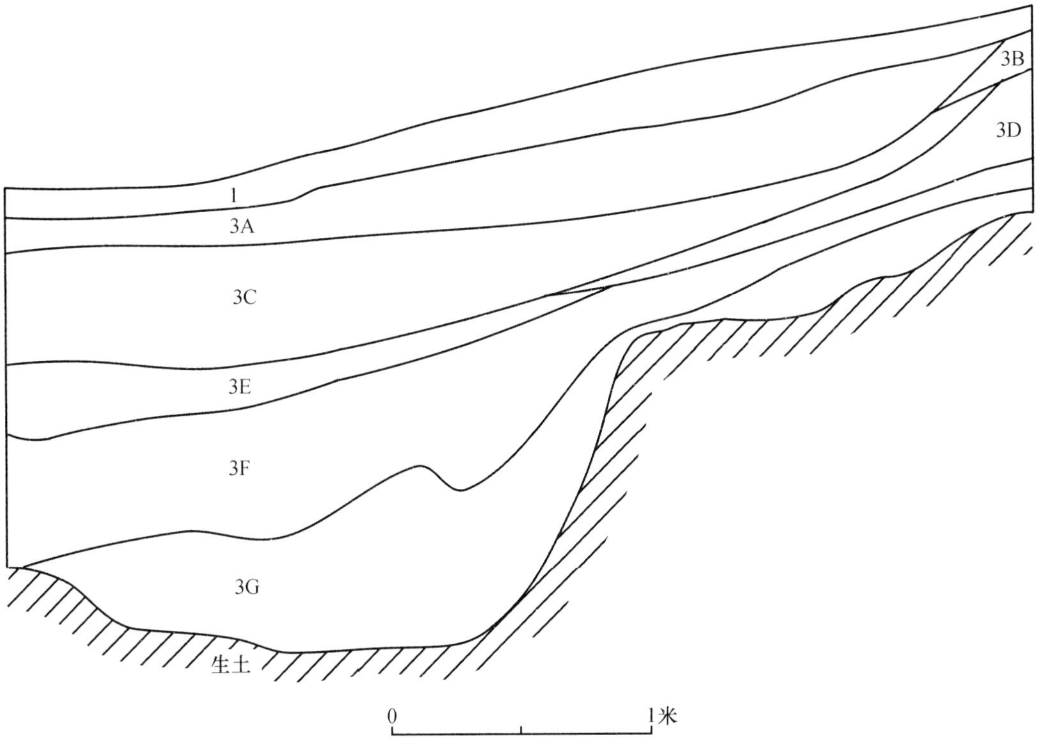

图八　T0908北壁剖面图

5. T0807北壁

第1层：耕土层。红褐色，沙质土，土质松软。整个探方均有分布。厚10—25厘米。出土有瓦片、陶片、青花瓷片及石块等。

第3A层：冲积土。黄灰色，沙质土，疏松。仅分布在探方西北大部。距地表10—60、厚0—40厘米。包含物较少，仅见少量绳纹瓦片和青花瓷片。

第6层：灰褐色，黏土。分布在探方北半部。距地表90—135、厚0—50厘米。包含物不多，有釉陶片和素面灰瓦片。

第6层下为黄红色生土，纯净致密（图九）。

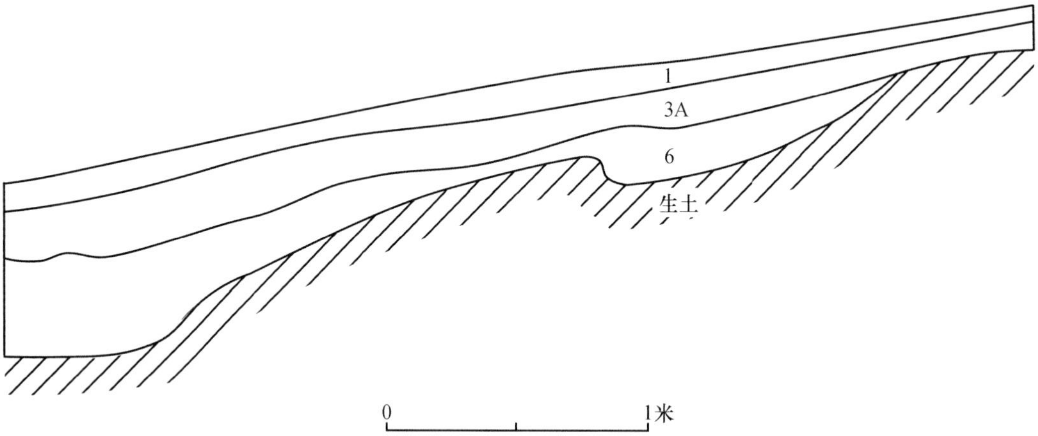

图九　T0807北壁剖面图

6. T0601北壁

第1层：耕土层。红褐色，沙质土，土质松软，含有少量的青灰色颗粒。在整个探方均有分布。厚15—20厘米。出土有瓦片、陶片、青花瓷片及石块等。

第2层：坡积层。呈紫灰色，黏质土，较疏松，含大量青灰色土斑块。分布在探方的东部，距地表15—20、厚0—15厘米。出土有白瓷、青花瓷片及少许泥质灰陶片。

第3A层：冲积土。黄灰色，沙质土，疏松。仅分布在探方东北部。距地表20—25、厚0—20厘米。包含物较少，仅见少量绳纹瓦片和青花瓷片。

第3B层：冲积土。褐黄色，沙质土，较疏松，含黑灰色土斑块。仅分布在探方东北部。距地表15—35、厚0—60厘米。出土有青花瓷、白瓷和绿釉陶片。

第6层：灰褐色，黏土，土质结构紧密，含有少量的青灰色颗粒。分布在探方东部。距地表30—80、厚0—65厘米。出土有少量的青瓷和汉代瓦残片。

第7A层：灰黑色，黏质土，致密，含有较多的青灰色土斑块。探方内均有分布。距地表15—85、厚20—40厘米。出土有大量的板瓦、筒瓦、陶罐及盆等残片。

第7B层：灰褐色，黏质土，致密，含有较多青灰土斑块。探方内均有分布。距地表65—100、厚10—20厘米。出土有大量的板瓦、筒瓦、陶罐及盆等残片。

第7B层下为黄红色生土，纯净致密（图一〇）。

从层位关系和出土遗物的时代特征分析，上油坊遗址包含西周春秋、汉代、唐宋及明清四期文化遗存，其中以西周春秋时期和汉代的文化遗存最为丰富。因原生地层人为和自然因素破坏严重，所以西周春秋和汉代的遗物多出土在唐宋、明清等晚期地层或遗迹单位当中。考虑到这批西周春秋和汉代的遗物时代特征明显，较易区分，我们还是拣选出来按其时代加以介绍。

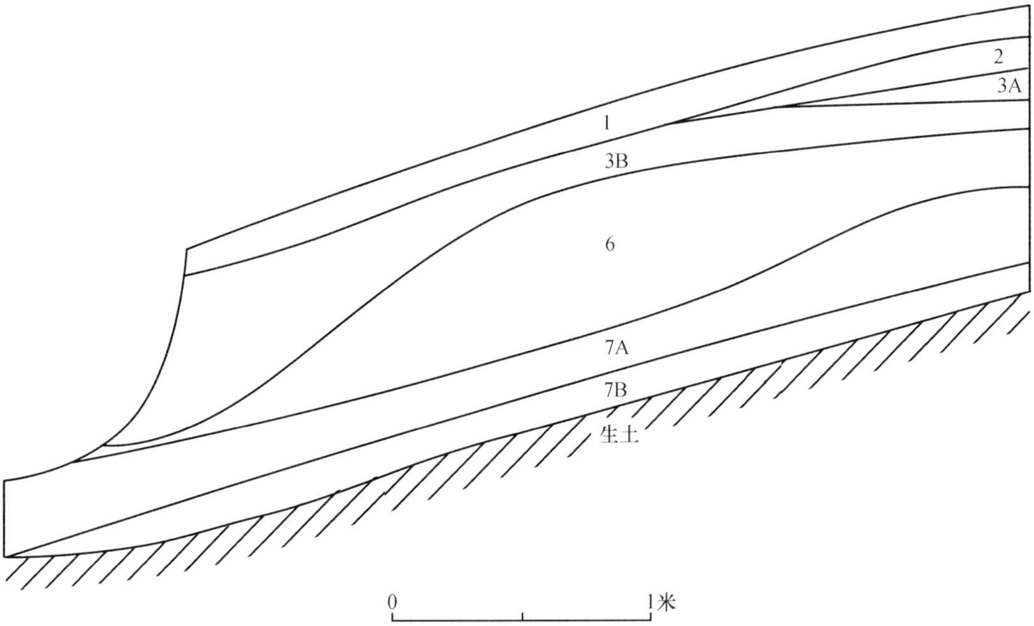

图一〇 T0601北壁剖面图

三、西周春秋文化遗存

（一）遗迹

有灰坑和灰沟两类，主要分布在发掘区的南部（图一一）。

1. 灰坑

共发现灰坑13座（详见附表一）。以坑口形状的不同，可分方形或近方形、长方形、圆形及椭圆形坑。这些坑虽说形状不同，但其内堆积都基本相同：填土均为黄褐色沙质土，结构紧密呈块状；出土陶器以尖底杯最多，花边口沿罐次之，绳纹罐最少。

（1）方形或近方形灰坑

7座。结构规整，坑壁陡直，平底。口径40—104、深20—80厘米。分布无规律可循。

H06 位于T0605西北部，开口在第4层下，打破生土。坑口边长95、深46—50厘米。出土物以泥质红陶最多，泥质灰陶次之；纹饰以素面为主，绳纹次之；主要器形

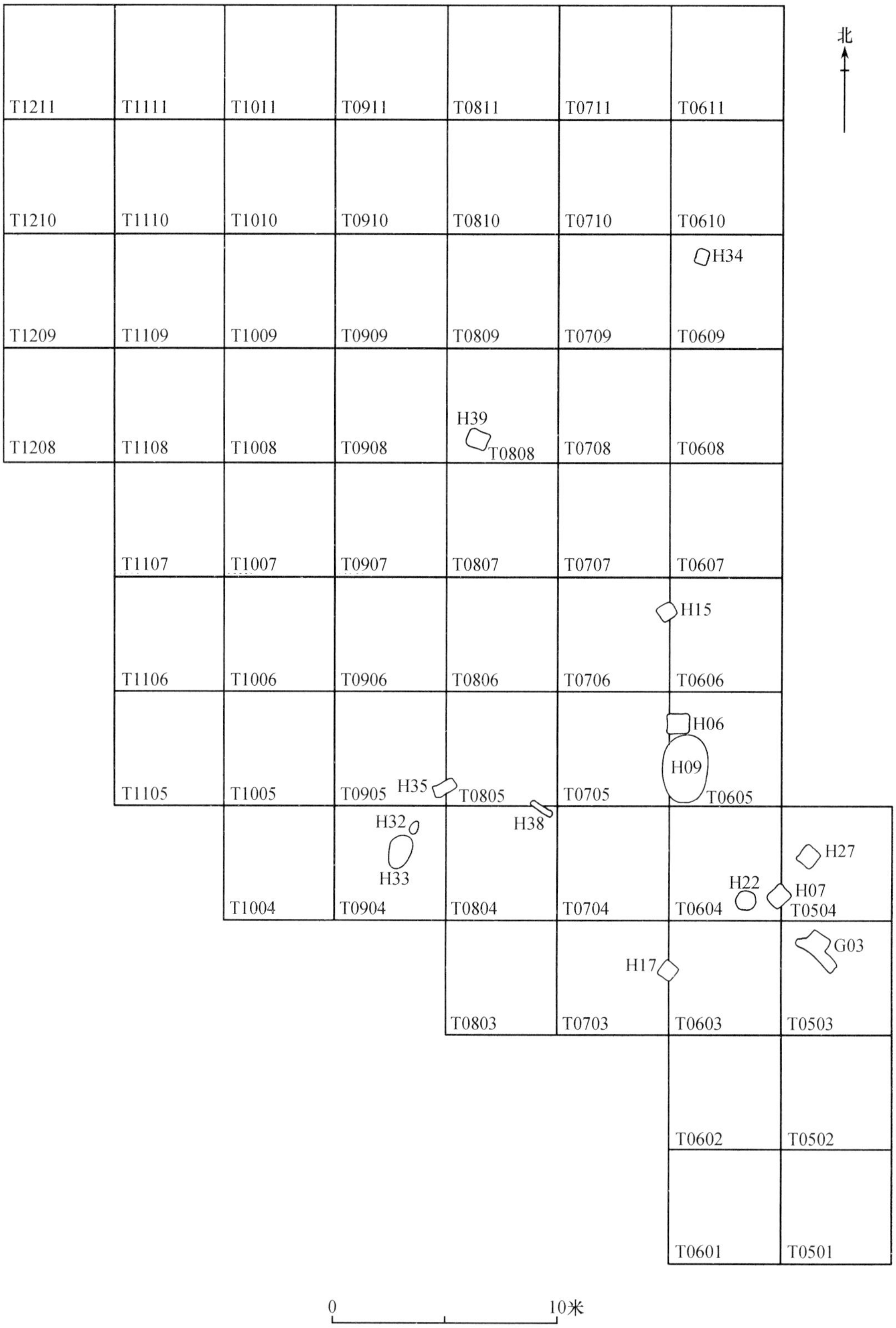

图一一　西周春秋遗迹分布图

是尖底杯，还有少量的花边口沿罐（图一二）。

H07　位于T0604东南部，开口在第2层下，打破生土。坑口边长104、深34—40厘米。出土物以泥质红陶最多，泥质灰陶较少；主要纹饰是素面，也有少量的绳纹；器形以尖底杯为多（图一三）。

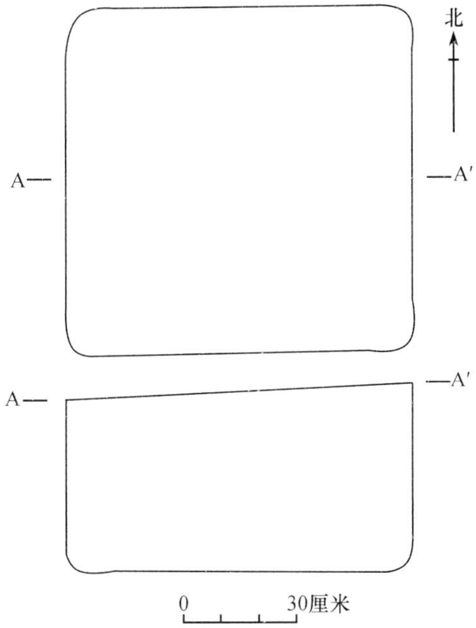

图一二　H06平、剖面图

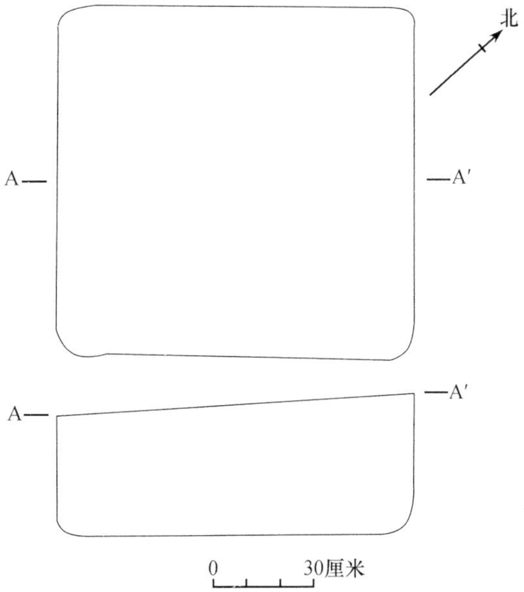

图一三　H07平、剖面图

（2）长方形灰坑

2座。两者相距较近，不足1米。

H35　位于T0805西南部，开口在第5层下，打破第8A层。一端壁略外弧，坑壁陡直，平底。坑长110、宽60、深57—70厘米。出土物以泥质红陶最多，泥质青灰陶次之，夹砂灰陶和夹砂黑陶较少；素面为主，绳纹较少；主要器形是尖底杯，也有少量的陶罐残片（图一四；图版一〇，1）。

（3）圆形灰坑

1座。位于遗址的南部。

H22　位于T0604东南部，开口在第4层下，打破生土。坑壁陡直，平底。直径85、深50—60厘米。出土物以泥质灰陶最多，泥质红陶次之；仅少量的绳纹陶片，余多为素面；主要器形是尖底杯，罐较少，有四块兽骨（图一五；图版一〇，2）。

（4）椭圆形灰坑

3座。比其他形状的坑大，分布无规律可循。

H32　位于T0904东北部，开口在第5层下，打破第8A层。坑壁略内收，平底。坑口长径70、短径40厘米，坑底长径60、短径30厘米，深66—76厘米。出土物以泥质红

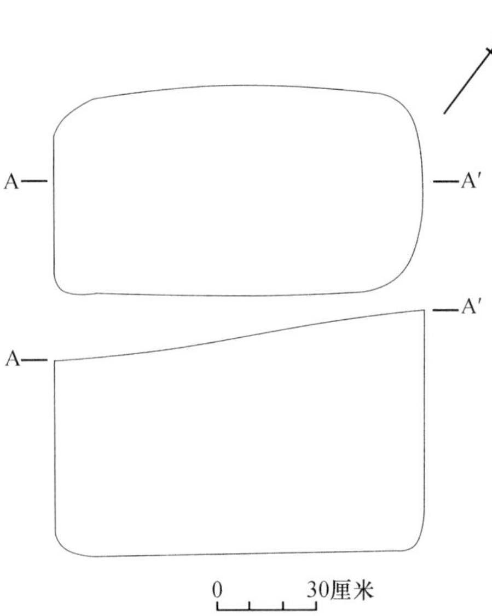

图一四　H35平、剖面图

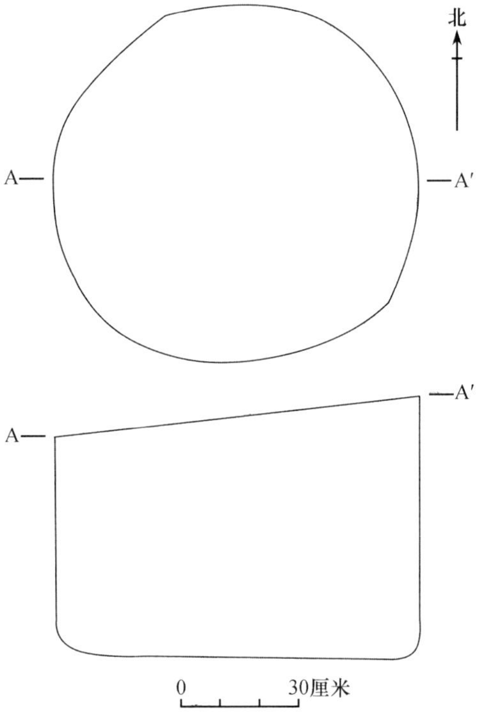

图一五　H22平、剖面图

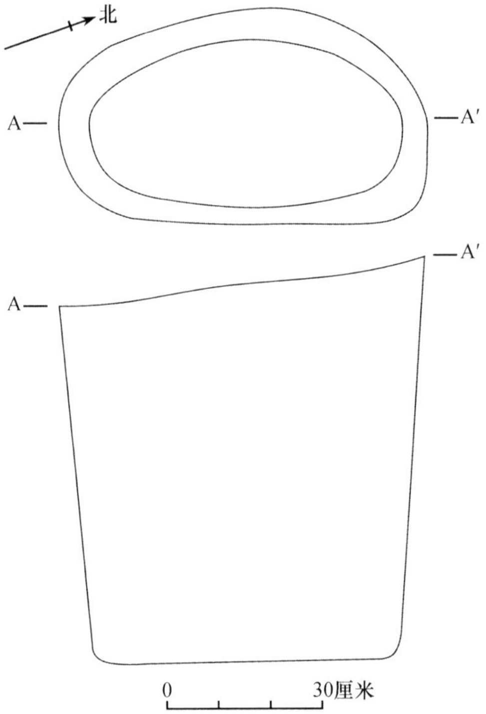

图一六　H32平、剖面图

陶最多，泥质青灰陶次之；主要纹饰是素面，绳纹较少；器形多是尖底杯，花边口沿罐较少（图一六）。

2. 灰沟

1条。位于遗址的南部。

G03　位于T0503西北部，开口在第2层下，打破生土。不规则形，西端被H21打破。分两部分：西段近方形，宽90—100、深52厘米；东段近长方形，长104、宽60、深50厘米。沟壁陡直。填土呈黄褐色，土质紧密，含有少量的烧土颗粒。出土物以泥质红陶最多，泥质灰陶次之，夹砂灰陶最少；纹饰多为素面，也有少量的绳纹；器形主要是尖底杯，也有少量的绳纹罐和花边口沿罐（图一七）。

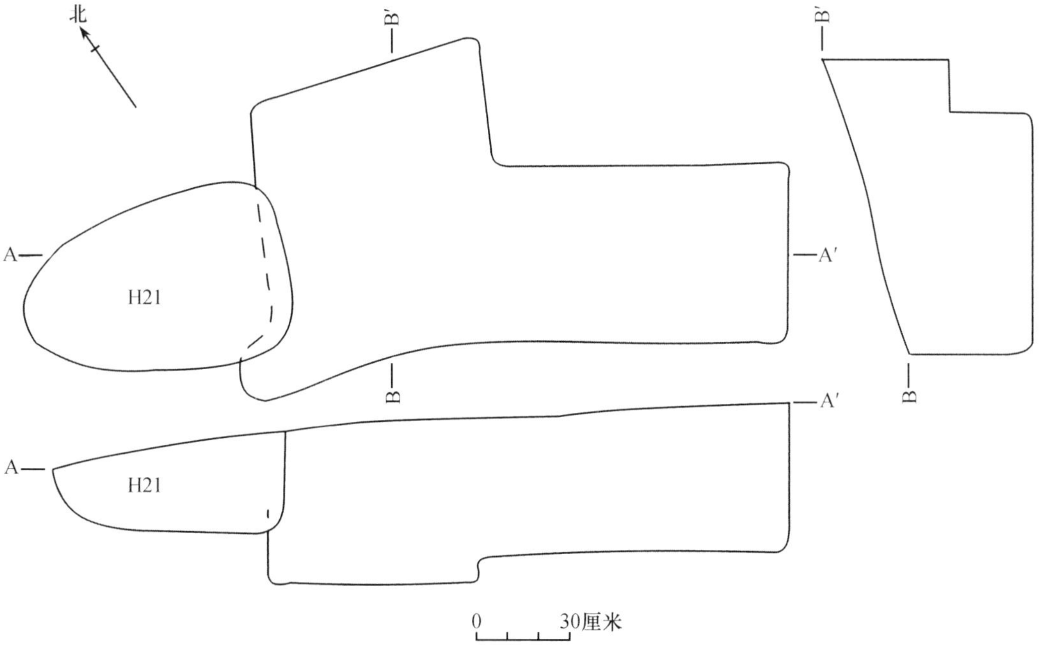

图一七　G03平、剖面图

（二）遗物

出土遗物按其质地的不同，可分为陶器和石器两大类。陶器多是生活用品，石器多为生产工具。

1. 陶器

从陶质陶色来看，泥质红褐陶较多，泥质灰陶次之，少量为夹细砂红陶；纹饰以素面最多，粗绳纹次之，细绳纹最少；器形则有尖底杯、花边口沿罐、高领罐、釜、盆及豆（盘）等。制法有轮制和手制。盆及豆盘为轮制，尖底杯为泥条盘筑，花边口沿罐及釜为手制，又经慢轮修整。罐及盆等多饰绳纹，有粗、细之分（图一八）。

尖底杯　42件（根据残存的底部统计）。碎片较多，大部分只残存底部，只有2件能复原。斜直腹，尖底。残高6—9.4厘米。泥条盘筑，从口部开始至底部结束，盘筑痕迹明显。多数胎质夹有少量的细砂，均为素面。夹细砂质红褐陶较多，夹细砂质灰陶和泥质灰陶次之。底部有尖形、乳状及鸟喙状等，是否有用途上的不同还不清楚（图版一一，1）。依底部不同可分二型。

A型　22件。外底部较尖或近圜形。T0807③G：2，能复原。夹少量细砂，红褐陶。口径8.4、高8.6厘米（图一九，1）。T0907⑤：37，夹少量细砂，红褐陶。残高7.6厘米（图一九，2）。T0907③G：22，夹少量细砂，红褐陶。残高8厘米（图一九，

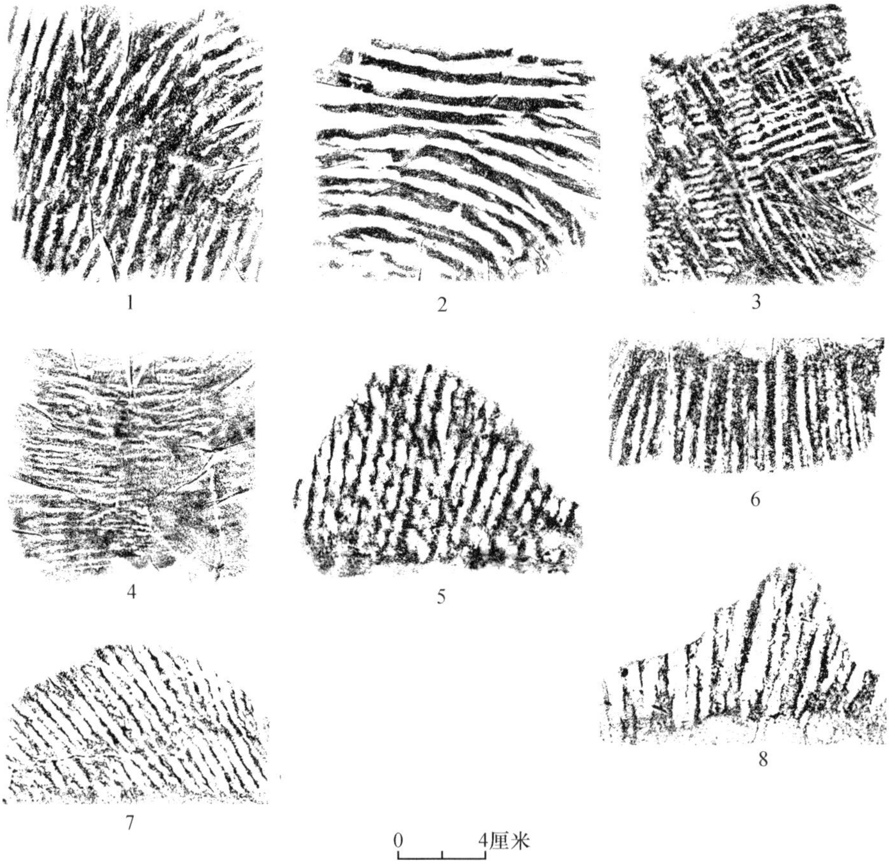

图一八　西周春秋陶器纹饰拓片

1、2、5、6、8. 粗绳纹（T0907⑤：25、T0907⑤：29、T0909③F：6、T0907⑤：46、T0910⑧A：6）
3、4、7. 细绳纹（T0907⑥：48、T1009③F：1、T0907③F：19）

3）。T0907⑤：26，能复原。夹少量细砂，红褐陶。口径8.2、高9.4厘米（图一九，4；图版一一，2）。T0807⑤：3，泥质红褐陶。内底近平，内壁有指捺痕。残高6.9厘米（图一九，5）。T0907③G：21，泥质红褐陶。残高6.6厘米（图一九，6；图版一一，3）。T0805⑧A：2，泥质灰陶。下腹略弧，外底近圜状。胎质较薄。残高5.3厘米（图一九，7）。T0907⑧A：36，夹少量细砂，红褐陶。胎质较薄。残高5.8厘米（图一九，8；图版一一，4）。T0908⑤：2，夹少量细砂，红褐陶。残高6厘米（图一九，9）。

B型　20件。外底部呈乳状、鸟喙状或外底尖部歪向一侧。T1108③G：8，外底尖部歪向一侧。泥质灰陶。腹部略弧。薄胎。器表有指捺痕。残高8.6厘米（图二〇，1）。T1108③G：14，外底呈乳状。泥质红褐陶。腹部略弧。残高7.4厘米（图二〇，2）。T0807⑤：7，外底呈鸟喙状。夹少量细砂，灰陶。内底近平。残高6.6厘米（图二〇，3）。T0805⑧A：4，外底呈乳状。泥质红褐陶。下腹弧。残高4.4厘米（图

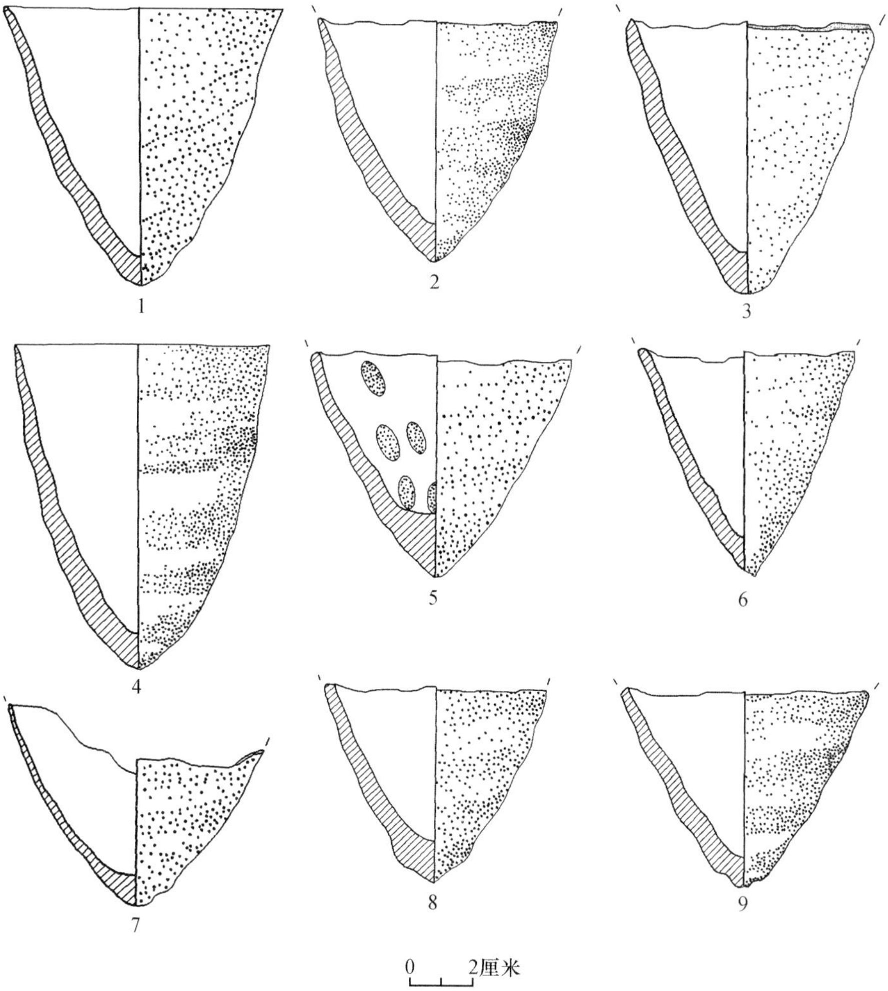

图一九 西周春秋A型陶尖底杯

1. T0807③G：2 2. T0907⑤：37 3. T0907③G：22 4. T0907⑤：26 5. T0807⑤：3 6. T0907③G：21 7. T0805⑧A：2 8. T0907⑧A：36 9. T0908⑤：2

二〇，4）。T0606③G：1，外底尖部歪向一侧。夹少量细砂，红褐陶。残高3.8厘米（图二〇，5）。T0804⑧A：5，外底呈鸟喙状。泥质红褐陶。下腹略弧。薄胎。残高5厘米（图二〇，6）。T0804⑧A：4，外底呈乳状。夹少量细砂，红褐陶。下腹略弧。残高6.6厘米（图二〇，7）。

花边口沿罐 15件（根据口沿统计）。残片数量少于尖底杯残片，多是底部残缺，能复原者只有5件。夹砂，多呈红褐色，少量呈褐灰色。器表饰绳纹。依口部花边不同和器形大小的差异，可分二型。

A型 11件。器形较小。夹细砂。口部花边稀疏。口微侈，尖圆唇，束颈，弧腹或圆腹，底部近圜底或大圜底。胎质厚。口径9.6—12、高11.2—12.4厘米。T0907③G：18，红褐陶。复原口径10、腹径11.2、高12.4厘米（图二一，1）。

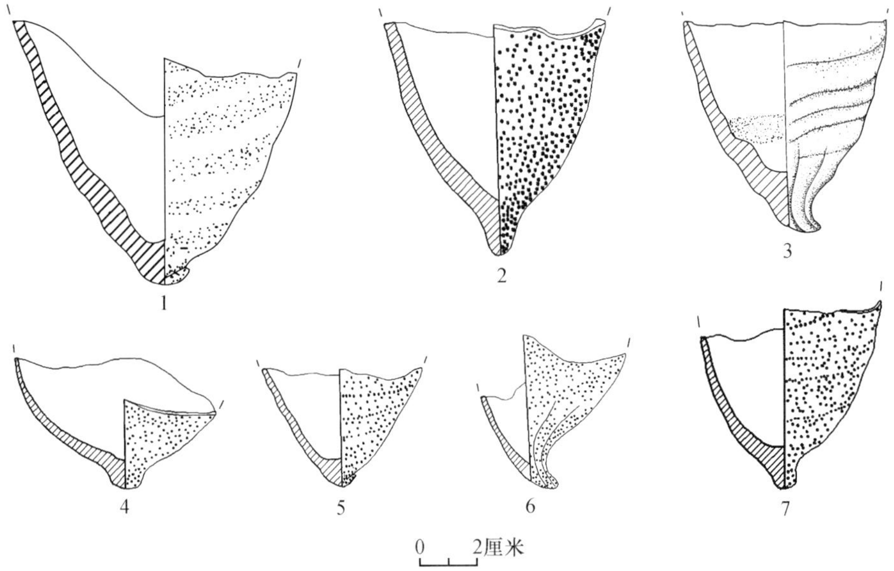

图二〇　西周春秋B型陶尖底杯

1. T1108③G：8　2. T1108③G：14　3. T0807⑤：7　4. T0805⑧A：4　5. T0606③G：1　6. T0804⑧A：5　7. T0804⑧A：4

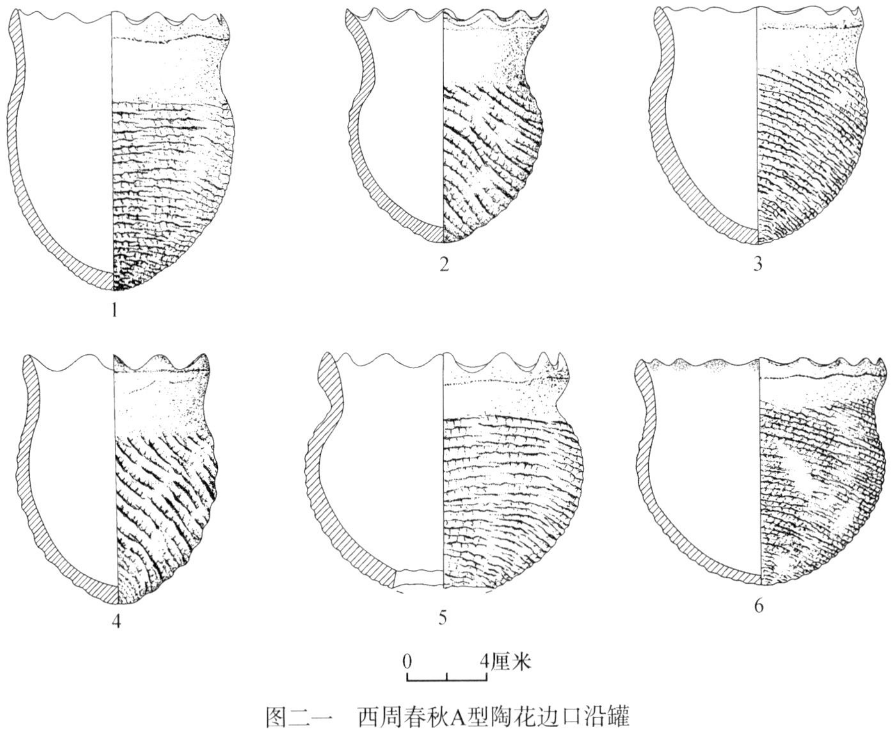

图二一　西周春秋A型陶花边口沿罐

1. T0907③G：18　2. T0907⑤：24　3. T0907⑤：25　4. T0907⑤：14　5. T0907⑤：29　6. T0907③G：17

T0907⑤：14，红褐陶。复原口径9.6、腹径10.4、高12.2厘米（图二一，4；图版一二，2）。T0907⑤：24，褐灰陶。大敞口。复原口径10.8、腹径10.4、高11.8厘米（图二一，2；图版一二，1）。T0907⑤：25，红褐陶。复原口径10、腹径10.8、高11.6厘米（图二一，3）。T0907③G：17，红褐陶。复原口径12、腹径12.6、高11.2厘米（图二一，6）。T0907⑤：29，褐灰陶。复原口径12、腹径14.4、残高12厘米（图二一，5）。

B型 4件。夹砂。口沿捏成锯齿状花边，较密，尖圆唇，卷沿。肩部饰粗绳纹。复原口径17.6—30厘米，远大于A型（图版一二，3）。T0909③F：6，褐灰陶。复原口径28、残高10厘米（图二二，1）。T0910⑧A：6，红褐陶。复原口径30、残高8厘米（图二二，2）。

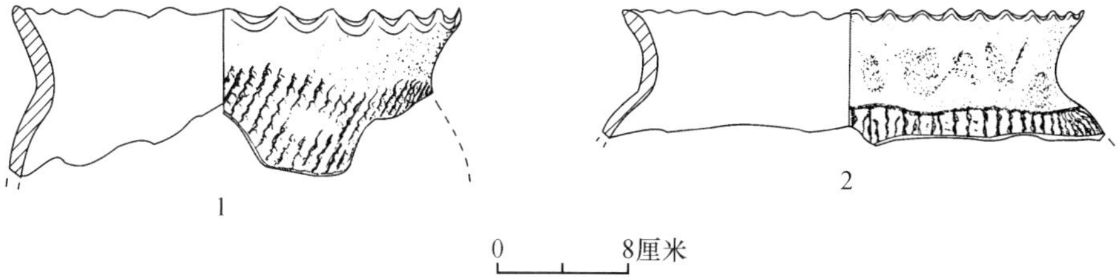

图二二 西周春秋B型陶花边口沿罐

1. T0909③F：6 2. T0910⑧A：6

罐 6件。只复原1件。夹砂褐灰陶。尖唇或圆唇，束颈或卷沿，弧腹。器腹饰细绳纹。口径7.5—12厘米。T1009③F：1，器形较小，侈口，圜底。颈部有指捺痕。复原口径7.5、腹径8.4、高10厘米（图二三，2；图版一二，4）。T0907⑤：46，仅存口沿。复原口径12、残高6.4厘米（图二三，4）。

盆 1件。T0907③F：43，泥质褐灰陶。近盘口，尖唇，弧腹，口径大于腹径。素面。复原口径12、残高3厘米（图二三，6）。

高领罐 1件。T0809③G：8，泥质灰陶。近直口，圆唇外翻，溜肩。素面。复原口径14、残高9厘米（图二三，5）。

釜 3件。仅存口沿。根据口部不同可分二型。

A型 2件。T1209③E：13，夹砂褐灰陶。折沿，沿面略内凹，方唇，斜肩。肩部饰绳纹。复原口径28、残高10厘米（图二三，1）。

B型 1件。T1010③G：3，夹粗砂褐灰陶。卷沿，尖圆唇，溜肩。肩部饰绳纹。复原口径21.2、残高8.4厘米（图二三，3）。

豆 5件。均夹砂褐灰陶。素面。依盘口不同可分二型。

A型 3件。豆盘为敛口，圆唇，弧腹，下附喇叭形矮圈足。T0907⑤：33，复原

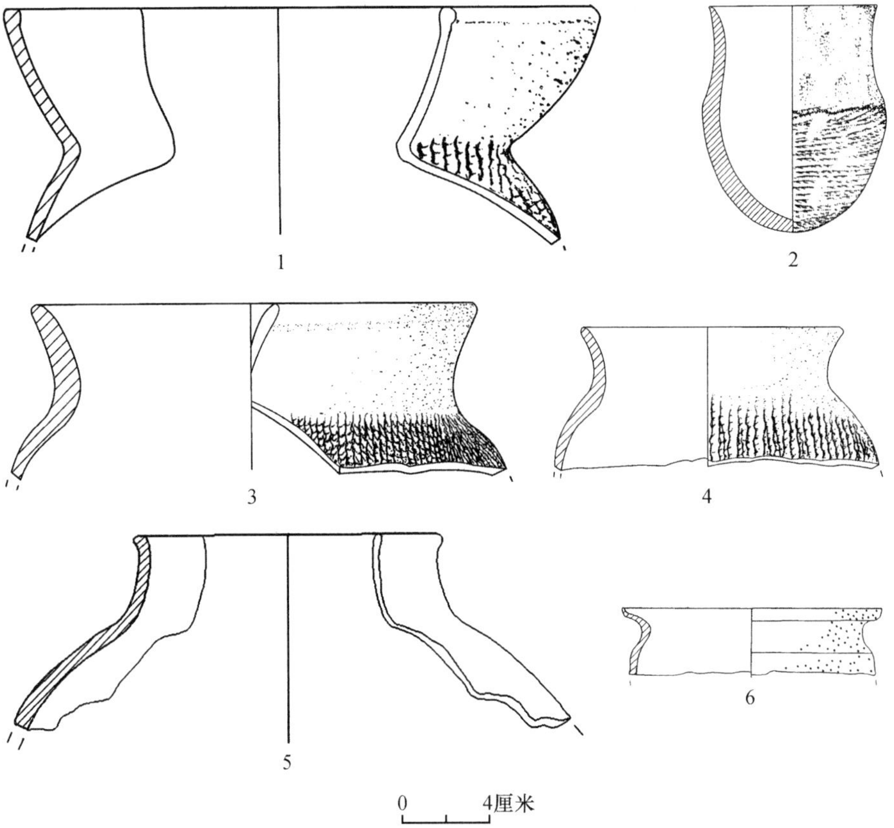

图二三　西周春秋陶器

1. A型釜（T1209③E：13）　2、4. 罐（T1009③F：1、T0907⑤：46）　3. B型釜（T1010③G：3）　5. 高领罐（T0809③G：8）　6. 盆（T0907③F：43）

口径14.4、底径5.4、高5.8厘米（图二四，1）。

B型　2件。豆盘为敞口，尖唇，浅斜直腹，柄残缺。T0809③G：6，复原口径16、残高3.5厘米（图二四，2）。

鬲足　3件。属于不同的个体。T1009③G：4，夹砂褐灰陶。圆柱状，上粗下细，向外微弧。表面饰有三角形和菱形印痕。残高6.2厘米（图二四，5）。

鼎足　3件。属于不同的个体。T1210③E：3，夹砂红褐陶。圆柱状，下部残。上部饰有绳纹。残高8厘米（图二四，6）。

陶纺轮　3件。中部有穿孔。分二型。

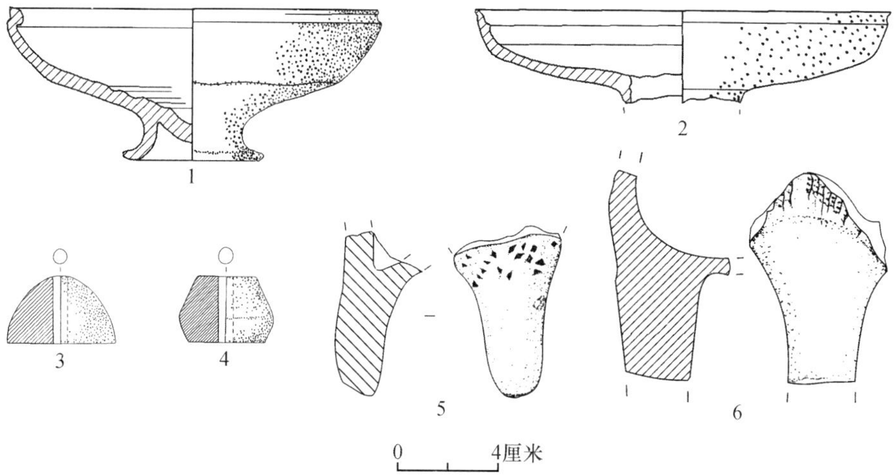

图二四　西周春秋陶器

1. A型豆（T0907⑤：33）　2. B型豆（T0809③G：6）　3. A型纺轮（T0904③F：3）
4. B型纺轮（T0907⑤：28）　5. 鬲足（T1009③G：4）　6. 鼎足（T1210③E：3）

A型　2件。圆形，立体接近半球状，平底。T0904③F：3，夹砂褐黄陶。孔径0.6、底径4.2、高2.6厘米（图二四，3）。

B型　1件。算珠形。T0907⑤：28，夹砂黑灰陶。最大直径为3.6、高2.5厘米（图二四，4）。

2. 石器

有斧、锛及纺轮。

斧　2件。凝灰岩。近长椭圆形，顶部呈弧形，两侧较平。通体磨光。T0909③C：4，刃部有崩疤。弧刃正锋。长11.4、宽4.6、厚2.2厘米（图二五，1；图版一二，5）。T1009③G：8，刃部残。残长9、宽5.2、厚1.6厘米（图二五，2；图版一二，6）。

锛　2件。凝灰岩。长方形，平顶，两侧较平，刃部为偏锋。通体磨光。T1009③G：10，刃部有较大的崩疤。长6、宽3.3、厚1.4厘米（图二五，3）。T1006③C：2，弧刃。长5.4、宽2.4、厚0.8厘米（图二五，4）。

纺轮　1件。T0904③C：4，凝灰岩。圆形，中有穿孔。台面上有“乂”形划痕。最大直径为3.8、厚1厘米（图二五，5）。

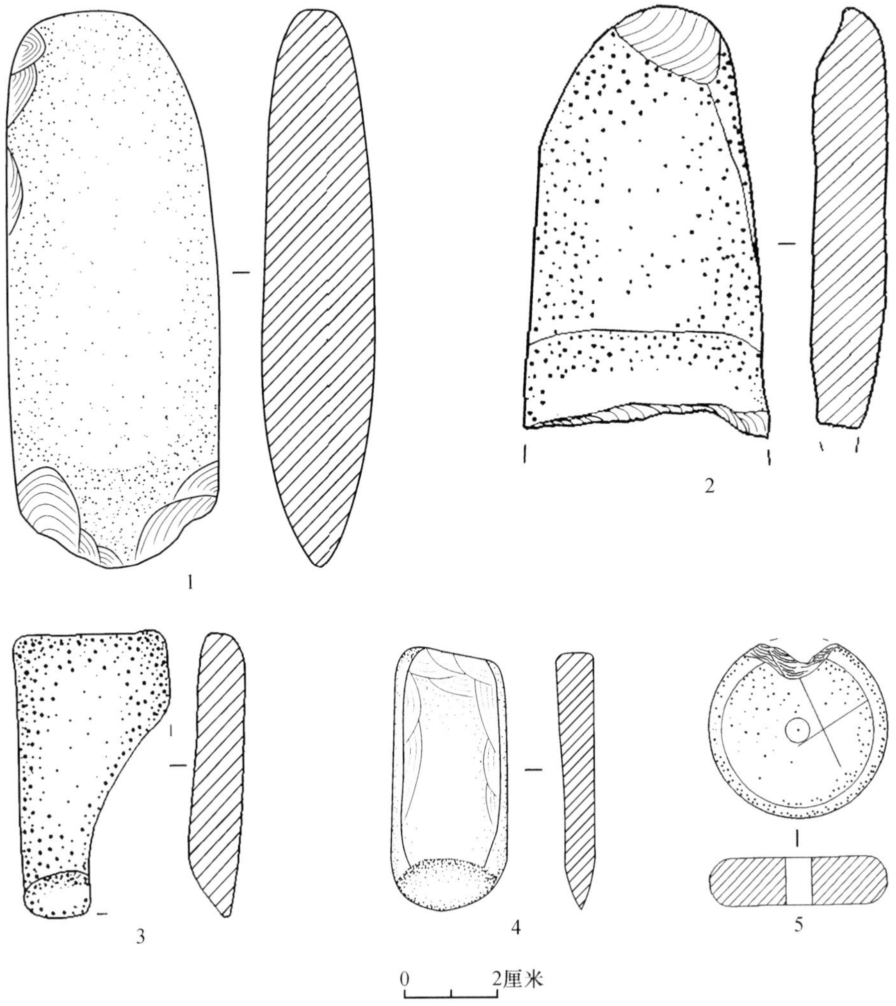

图二五　西周春秋石器

1、2. 斧（T0909③C：4、T1009③G：8）　3、4. 锛（T1009③G：10、T1006③C：2）　5. 纺轮（T0904③C：4）

四、汉代遗存

（一）遗迹

有灰坑、窑址及柱洞，多分布在发掘区南部。窑址分布比较有规律，依山就势，均呈西南至东北向；在Y01与Y02之间同时期的灰坑分布密集（图二六）。

1. 灰坑

22座（详见附表二）。以坑口形状不同可分近长方形、圆形、椭圆形、圆角方形及瓢形等。填土均呈黑灰色，土质较紧密，呈块状，有的含有少量的烧土颗粒。出土器物以板瓦和筒瓦最多，尖底杯、绳纹罐较少，个别坑内出有陶盆和石斧等。

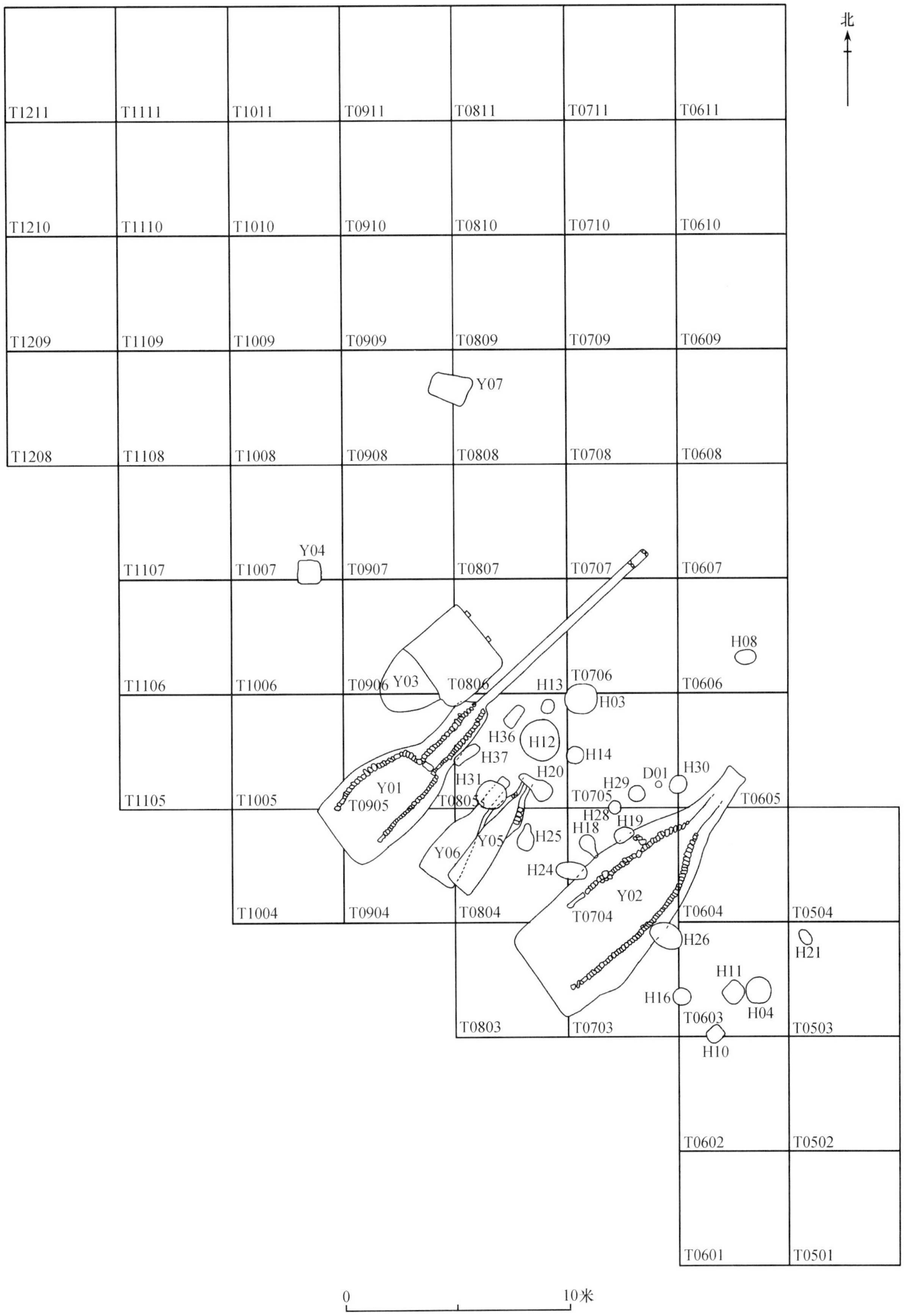
北
T1211
T1111
T1011
T0911
T0811
T0711
T0611
T1210
T1110
T1010
T0910
T0810
T0710
T0610
T1209
T1109
T1009
T0909
T0809
T0709
T0609
Y07
T1208
T1108
T1008
T0908
T0808
T0708
T0608
Y04
T1107
T1007
T0907
T0807
T0707
T0607
H08
T1106
T1006
T0906
Y03
T0806
H13
T0706
H03
T0606
H36
H12
H37
H14
H31
H20
H29
D01
H30
Y01
T1105
T1005
T0905
T0805
T0705
T0605
H28
H18
H19
Y05
H25
Y06
H24
Y02
T1004
T0904
T0804
T0704
T0604
T0504
H26
H21
H11
H16
H04
T0803
T0703
T0603
T0503
H10
T0602
T0502
T0601
T0501
0
10米

图二六　汉代遗迹分布图

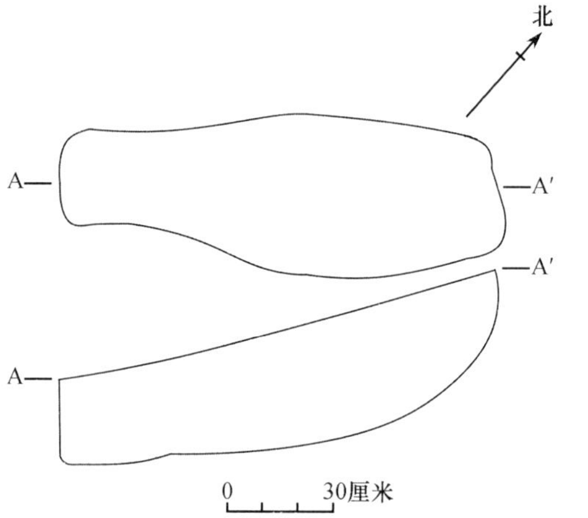

图二七　H37平、剖面图

（1）近长方形坑

2座。坑壁不规整。

H37　位于T0805西侧中部，开口在第5层下，打破第8A层。两侧壁近直，底部呈东高西低斜坡状。口长126、宽24—44厘米，底长90、宽24—44、深24—36厘米。出土物以泥质灰陶最多，泥质红陶较少；纹饰主要是绳纹，素面较少；陶器以板瓦和筒瓦居多，也有少量尖底杯残片（图二七；图版一三，1）。

（2）圆形坑

7座。直壁或略内收，平底。口径60—130、深10—45厘米。

H13　位于T0805东北部，开口在第4层下，打破生土。直径70、深40—44厘米。出土物只有十几件板瓦、筒瓦残片（图二八）。

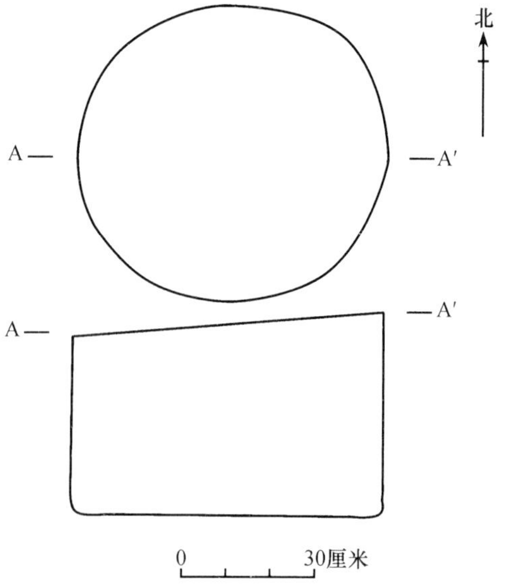

图二八　H13平、剖面图

H31　位于T0805西南部，开口在第4层下，打破Y06火道。口径132、底径100、深70—138厘米。出土物以泥质灰陶最多，泥质红陶次之，泥质褐灰陶、夹砂灰陶较少；纹饰以绳纹最多，素面次之；陶器以板瓦、筒瓦较多，尖底杯次之，也有少量的陶盆残片（图二九；图版一三，2）。

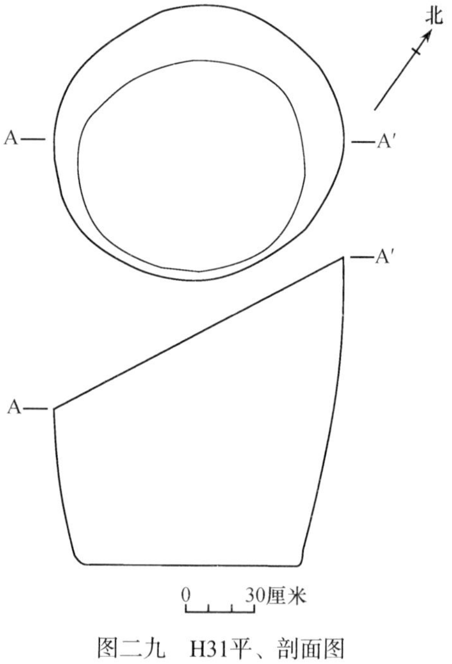

图二九　H31平、剖面图

（3）椭圆形坑

7座。坑壁为筒状或斜壁内收。

H24　位于T0704西侧中部，开口在第4层下，打破Y02操作坑左侧壁，并打破生土。坑口长径150、短径90厘米，坑底长径92、短径

50、深83—105厘米。出土陶器以泥质灰陶最多，也有少量泥质红陶；器形有板瓦和筒瓦及少量的尖底杯和罐残片；纹饰有绳纹，还有少量素面（图三〇）。

H26 位于T0703东北部，开口在第3A层下，打破Y02操作坑右侧壁，并打破生土。坑口长径114、短径80、深43—60厘米。出土陶器均是泥质灰陶，板瓦和筒瓦最多，纹饰多是绳纹。坑中还出土有石斧（图三一）。

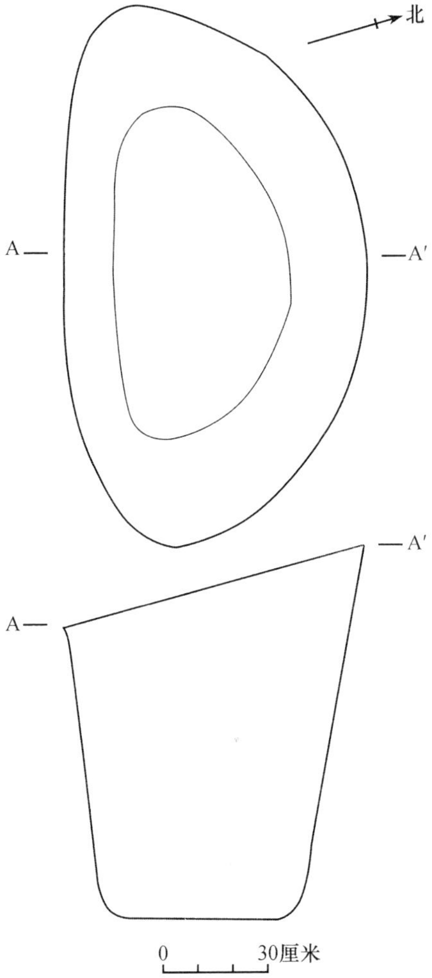

图三〇 H24平、剖面图

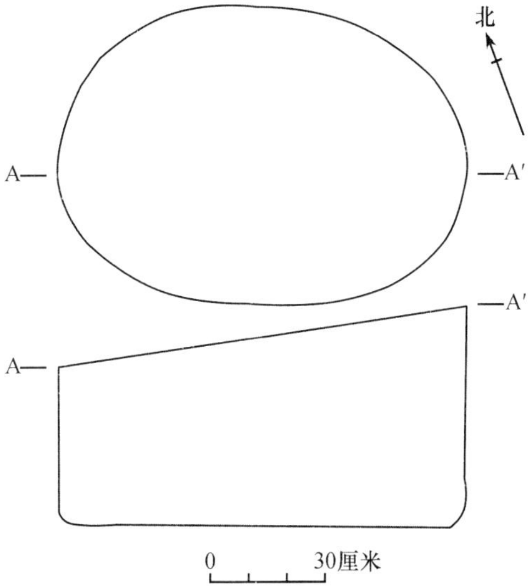

图三一 H26平、剖面图

（4）圆角方形坑

2座。坑壁近筒状。

H10 位于T0603西南部，开口在第3A层下，打破生土。坑壁陡直，平底。坑口边长108、深40—76厘米。出土陶器以泥质灰陶最多，另有少量的泥质红陶；器形多是板瓦和筒瓦，另有少量的尖底杯残片；纹饰以绳纹为主（图三二）。

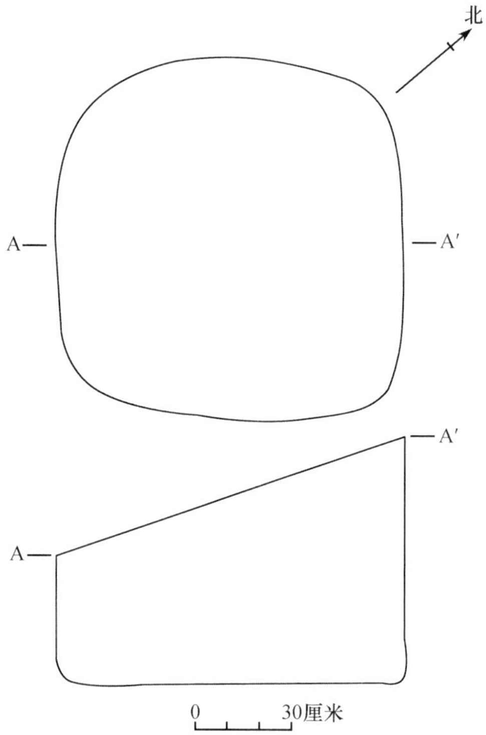

图三二　H10平、剖面图

（5）瓢形坑

4座。开口平面呈瓢形，一侧壁较直，另一侧壁有一台阶或呈斜坡状。

H18　位于T0704西北部，开口在第4层下，打破Y02操作坑左侧壁，并打破生土。坑东侧壁有一台阶，高出坑底16厘米，台阶最宽处为34厘米。坑底近圆形，平底。坑口长径130、短径90厘米，底径90、深56厘米。出土陶器以泥质灰陶最多，另有少量的泥质红陶；纹饰有绳纹和素面；主要器形有板瓦和筒瓦，也有少量的尖底杯和陶罐残片出土（图三三；图版一四，1）。

H25　位于T0804北侧中部，开口在第4层下，打破生土。坑北侧壁上部呈斜坡状。底呈圆形，平底。坑口长径120、短径80厘米，底径70、深58—122厘米。出土陶器以泥质灰陶最多，另有少量泥质红陶；主要纹饰是绳纹，素面为主，主要器形是板瓦和筒瓦，另有少量的盆和尖底杯残片。坑中还出土一残铁锸（图三四；图版一四，2）。

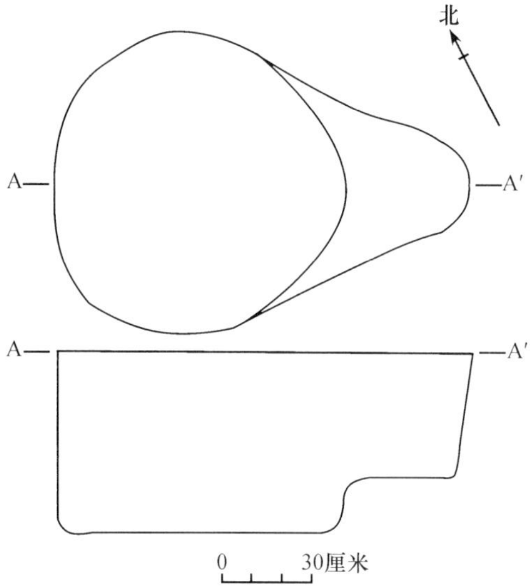

图三三　H18平、剖面图

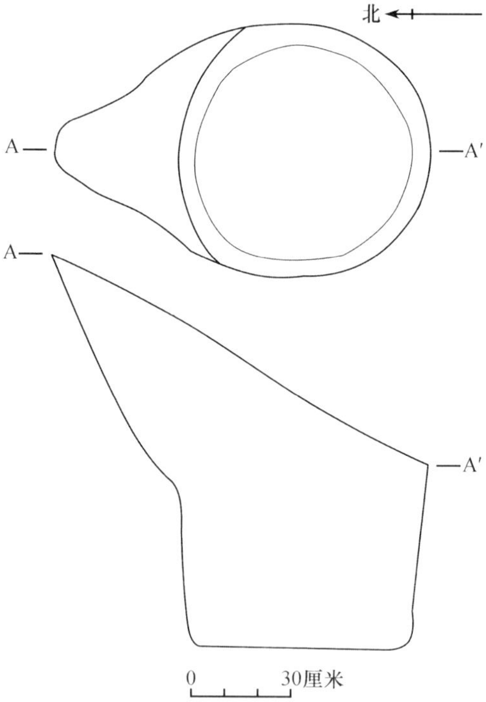

图三四　H25平、剖面图

2. 窑址

7座（详见附表三）。其中Y07分布在遗址中部，其余分布在遗址南部（图版一五）。分为马蹄形窑和龙窑两种形式。

（1）马蹄形窑

3座。半地穴式，火膛和窑室直接挖在生土中。其中Y03保存基本完好，Y04、Y07只残存有火膛。

Y03 主要分布在T0906、T0806探方内，开口在第3B层下，其南侧窑壁打破Y01。方向240°。现存有火膛、窑室、火道及烟洞，总长5.1米（图三五；图版一六，1）。

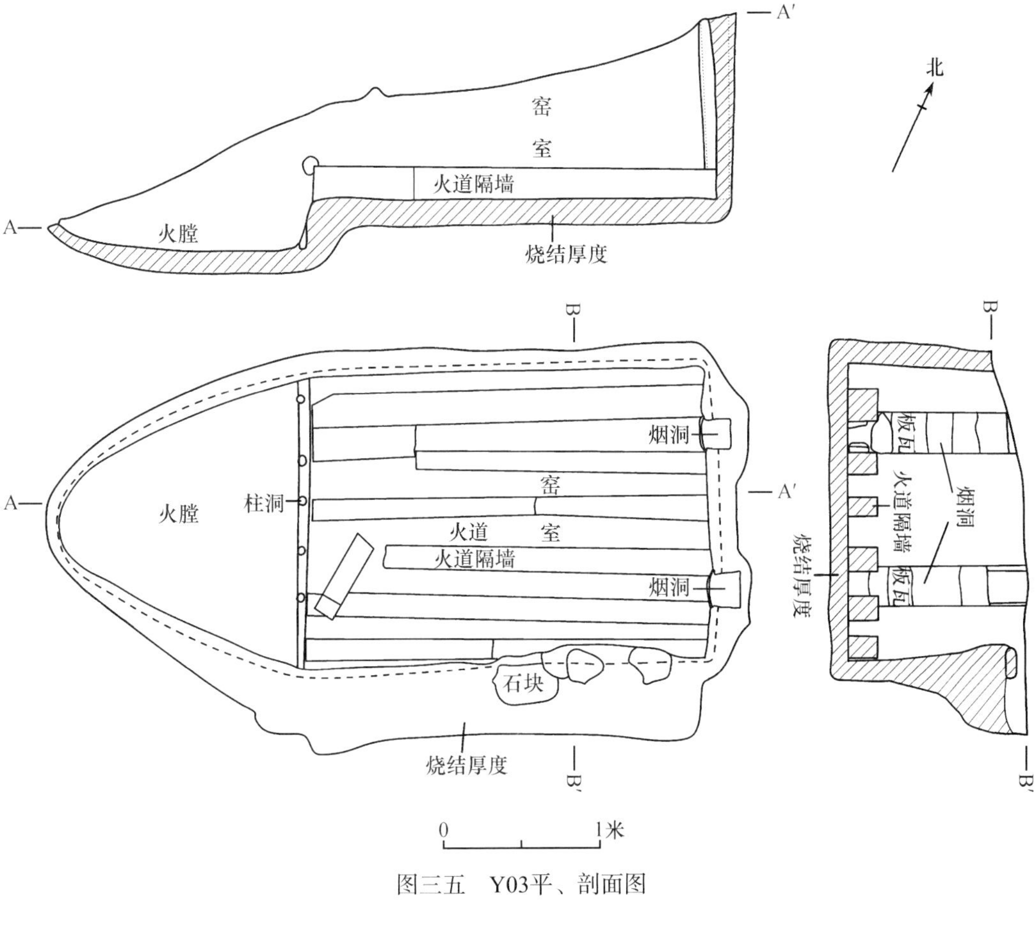

图三五 Y03平、剖面图

火膛位于窑室前端，压在现代石堰之下。形状近三角形，前端呈弧形，后端较直，两侧壁外弧。底部较平，比窑床低55厘米，并与火道相通。火膛壁被烧结呈灰色，烧结面最厚为12厘米。火膛长170、最宽处180、深46—120厘米。火膛底部后端分布有一排五个小柱洞，分别对应五条火道隔墙，柱洞直径6、深4—17厘米。

火道位于窑室底部，共六条，在窑室的底部直接挖成，呈长条形，规整。长290厘米，即是窑室底部的长度，宽度为10—20、深20厘米。其左、右两侧第二条火道与窑室后壁的两条烟洞相对应。

窑室位于火膛后端，呈长方形，壁上部内收。其中东侧壁经修补，有的地方加砌石块，特别是后端，由于多次坍塌和修补，其窑壁已堵住最东侧的火道，并压在东侧火道隔墙之上。窑室壁被烧结成青灰色，烧结厚度为14厘米。窑室长290、宽210、深110厘米。

烟洞位于窑室后壁上，共两条，间距为80厘米。烟洞的下端与火道相通，进、出烟口近方形，宽20—22厘米。建造方法：先在窑室的后壁挖两条宽22、进深20厘米的竖槽，然后在竖槽的外面敷立板瓦而成烟洞。

因窑室的上部塌陷，其火门及窑室顶部情况不明。

窑室内堆积为褐黄色沙质土，结构疏松，含有少量的红色烧土颗粒。火膛底部有5厘米厚的灰烬，出土有板瓦、筒瓦和少量的细绳纹陶罐残片。

（2）龙窑

4座。依山就势分布在遗址南部，与发现的三座马蹄形窑相比，龙窑分布相对集中，方向大体一致，均呈西南至东北向。这里地形有一道陡坎，方便操作坑的修建，陡坎的上部为缓坡，坡度为3°—5°，适合窑室的修建和方便生产。其火膛、火道及窑室等多挖在生土之中。Y01、Y02保存较好，Y05、Y06只残存火膛和部分火道。其中Y06在火膛和火道壁处未发现有火烧痕迹，推测该窑未使用或者未修建完工。

Y01　主要分部在T0905、T0805、 T0806及T0706探方内，开口在第4层下，打破生土。方向230°。由操作坑、火膛、火道、窑室及烟洞组成。残长为18.2米。火膛及火道的右侧坑壁分别被H37和H36打破，窑室左侧壁及窑室后端分别被四个近现代扰坑打破，操作坑的东端压在现代石堰下。

操作坑位于窑室前端，后端与火膛相连。平面近梯形，靠近火膛的一端较窄。其左、右两侧壁用石块垒砌，上口较宽，下部略内收。底部由里向外呈斜坡状，越往外底越低，底部坡度为4°。操作坑底部长640、宽140—200、深140厘米（图版一六，2）。

火膛位于操作坑东端，与火道相通。在火膛与操作坑之间有一石壁相隔，高66、厚35厘米。石壁之上有一缺口，宽40厘米，推测应是火门，因遭破坏，具体情况不明（图三六；图版二〇，1）。

火膛和火道壁面烧烤严重，经过多次修补，大的修补可分为第Ⅰ、第Ⅱ两期。

第Ⅰ期　也就是前期，是初建成时，火膛和火道直接挖在生土之中（图版一八）。

火膛呈长方形，长176、宽90、现存深140厘米，周边烧结厚度达4—10厘米。壁面规整，底部从里向外呈斜坡状，坡度为3°。火膛底部比操作坑北端底部高22 厘米。

火道呈长方形，宽度与窑室宽度相同。水平长度为420、宽64、最深为120厘米。

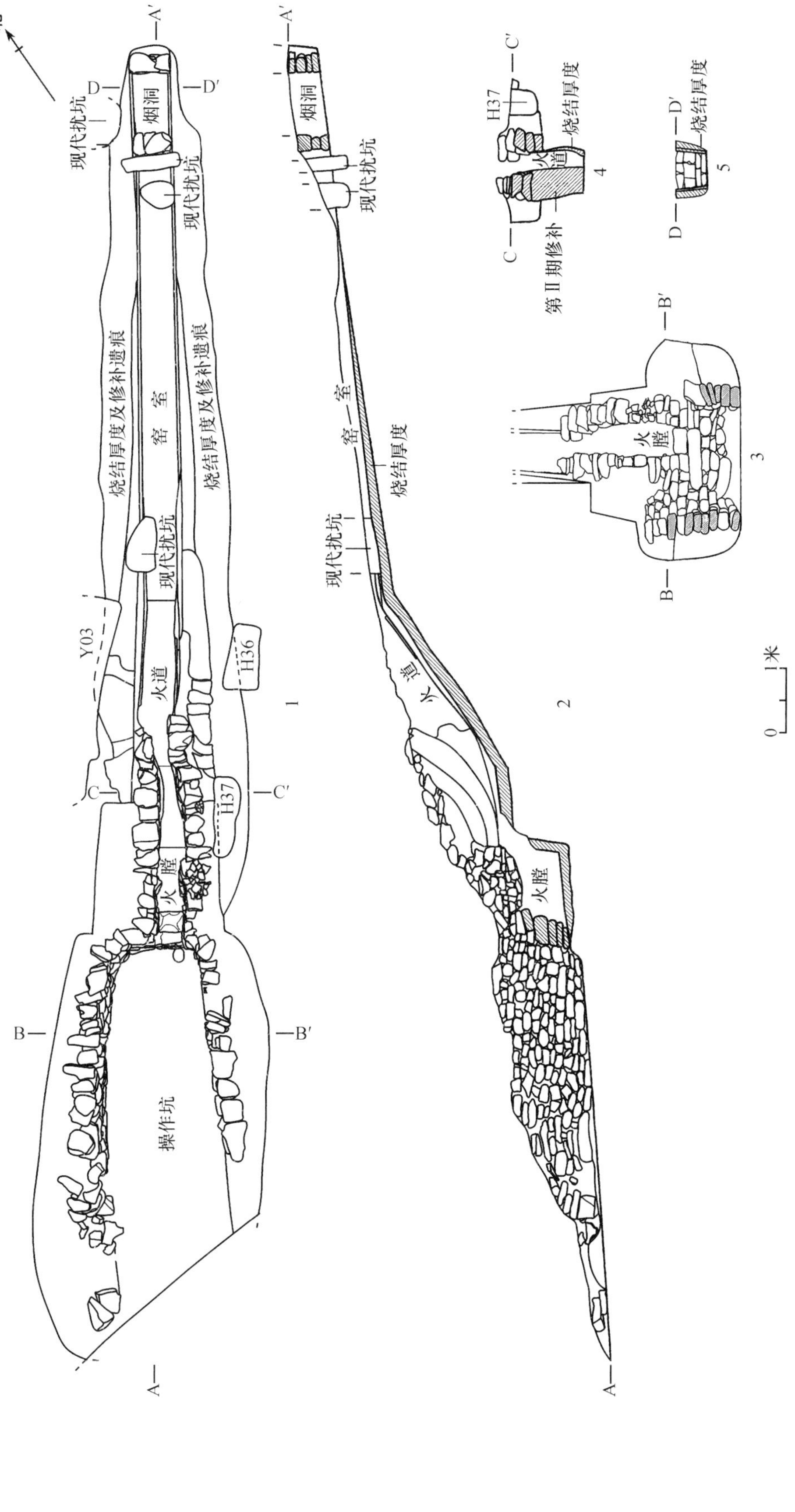

图三六 Y01平、剖面图（第Ⅱ期）

1. Y01平面图 2. Y01纵剖视图 3. Y01操作间横剖视图 4. Y01火道横剖视图 5. Y01烟道横剖视图

分前后两部分，前端是一个较平的台阶，长126厘米；后端呈斜坡状，坡度为30°，水平长度为274厘米（图三七）。

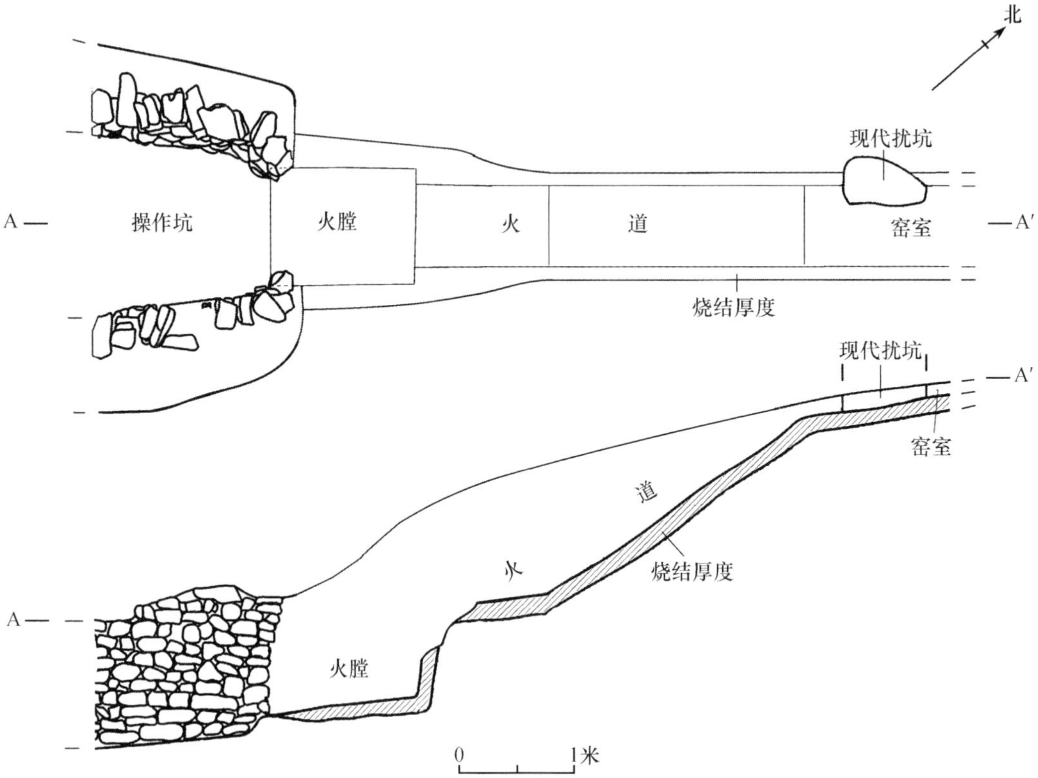

图三七　Y01第Ⅰ期火膛平、剖面图

第Ⅱ期　即现存的火膛和火道。是把第Ⅰ期火膛和火道的两侧用泥块或石块垒起来，收窄了火膛和火道的宽度，其长度未变（图版一七）。

火膛狭长，略偏向右侧，下宽上窄。上部用石块垒砌，长170、宽30、深140厘米（图三六，3）。

火道位于火膛前端，右侧被H36打破。长120、宽36厘米，左右两侧壁在80厘米以上用石块垒砌，并有多次用泥土修补的痕迹。宽44—58、深14—120厘米，底部烧结厚度为16厘米（图三六，4）。

窑床位于火道前（东）端，直接挖在生土之中。呈长条形，口部较宽。壁规整，两侧壁上烧结厚度为4—6厘米（图版一九，1）。从现存的情况看，窑床两侧壁经过多次修补，修补厚度为5—12厘米，修补的壁面用夯（或类似于锤的工具）砸实，壁面上遗留有分布均匀的“夯窝”，“夯窝”直径为4—6厘米（图版一九，2）。底部倾斜，坡度为4°。长700、宽64厘米，底宽54厘米，残深20厘米（图三六，1、2）。

烟洞位于窑室后端，破坏严重，只留下底部结构。呈长方形，两端用石块垒砌。长160、宽60、深50厘米（图三六，5；图版二〇，2）。

在火膛及火道内壁的石头上面有烧结成的绿釉，为窑汗凝结而成。

操作坑堆积呈灰褐色，结构疏松，含有少量烧土颗粒。出土大量的板瓦、筒瓦残片，以及少量的尖底杯、罐残片。

火膛内堆积呈褐黄色，含有较多的烧土块，结构疏松。出土有少量的板瓦、筒瓦残片。

窑室内堆积呈黄褐色，疏松，含有少量的烧土颗粒。出土有少量的板瓦、筒瓦残片。

建窑所用石块为红色砂质岩，不规整，大小不一。最大石块长64、宽42、厚14厘米，一般石块长30—40、宽25—36、厚10—12厘米。

火膛和火道经过多次整修，修整时火道的左侧用泥土垫起，上部两侧用石块加砌，火道明显变窄，不足原来宽度的一半。火膛在修整时，两侧加砌石块后，同样变窄。火膛、火道收窄后，其内的面积及容量减少，使火膛内升温快，能节省燃料。

建造方法：首先把窑室选在坡度为4°左右的坡地上，挖出窑室，在窑室的后端用石块砌出长方形的烟洞。然后在坡地下面的陡坎处挖出长条形的火道和近长方形的火膛。火道长120、宽36厘米，底部呈斜坡状，斜度为30°；火膛呈长方形，底部向外略呈斜坡，长176、宽90厘米。并在火膛的西端挖出近长方形的操作坑，坑底略向外呈斜坡状，坑长700、宽378厘米，在坑的两侧用石块垒砌石壁。最后在石壁与坑壁之间回填黄褐土，填土中夹杂有石块。

Y02　主要分布在T0703、T0704及T0604探方内，开口在第5层下，打破生土。方向223°。由操作坑、火膛及火道组成，窑室已遭破坏。现存长度11米。操作坑及火膛左侧壁分别被H24、H18及H19打破；右侧壁分别被两座现代坑和H26打破（图三八；图版二一）。

操作坑位于火膛前端。近长方形，与火膛连接处稍窄。左右两侧壁用石块垒砌，依山就势，有的直接砌在基岩上，并分段结砌。上口较宽，下部内收变窄，底部由里向外呈斜坡状，东端坡度较大，为30°，西端坡度为3°。残长700、宽170—220、深260厘米（图版二二）。

火膛位于操作坑的后部，后端与火道相接。平面近三角形，与火道相连处收窄。左右两侧壁用石块垒砌，在60厘米之上内收。底部呈斜坡状并烧烤成火红色。火膛长200、宽50—156、深130厘米。火膛壁用石块经过多次修补。火门已被破坏，结构不详。

火道位于火膛后端，直接挖在生土之中。平面呈长方形，底部呈斜坡状并与火膛相连。两侧壁及底部被烧烤成火红色。火道残长180、宽40、深60厘米，底部坡度为46°。

与火道相连的窑室已被破坏。

窑内堆积由上到下可分三层：第1层是褐灰色土，土质结构紧密，含有烧土块。第2层是黄褐土，土质结构紧密，含有较多的烧土颗粒。出土有大量倒塌的石块。第3层

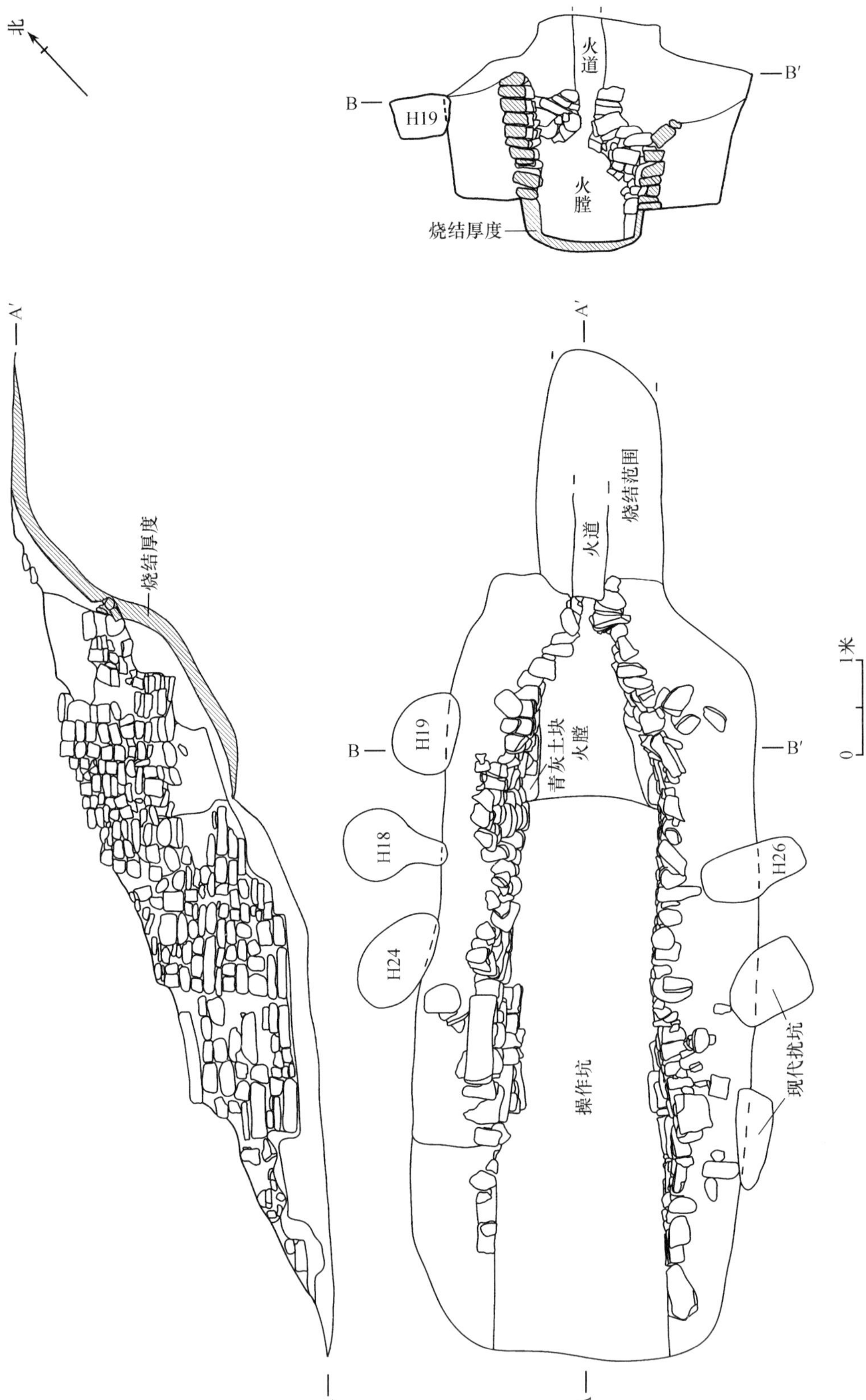

图三八　Y02平、剖面图

是黄褐色沙质土，土质结构疏松，含有较多的烧土颗粒。出土物以板瓦、筒瓦残片最多，其次是卷云纹瓦当、陶尖底杯、罐及盆、甑等残片，并出有铁器和铜器。

建窑所用石块为不规整红色砂质岩，大小不一。最大的长108、宽16—34厘米，一般长30—35、宽12—32厘米。

建造方法：依山就势，首先在斜坡下陡坎处挖一近长方形坑，坑的东端略窄，坑底部呈东高西低斜坡状，坑长920、宽360—410厘米；然后在坑壁两侧用石块结砌，呈东窄西宽状，东端窄处为火膛，西端近长方形为操作坑，其火膛及操作坑的石壁是连接在一起结砌的，这也是该窑比较特殊的地方；最后在石壁与坑壁之间回填黄褐土，填土中夹杂有石块。

3. 柱洞

编号为D01，发现的唯一柱洞。位于T0705的东南部，开口在第5层下，打破生土。近圆形，直壁，平底。口径32、深22—30厘米。填土为褐灰土，较疏松。出土有几片板瓦残片。柱洞南距Y02为150厘米，东距H30仅15厘米，向西距H29是70厘米。推测与Y02有关系。

（二）遗物

按质地可分为陶、石、铁、铜器等。

1. 陶器

主要是陶罐、盆及碗等生活、生产用品和板瓦、筒瓦及瓦当等建筑构件两大类。有的陶片上刻划有符号和文字。

（1）生活、生产用品

有罐、瓮、盆、碗、钵、纺轮、饼和丸等。陶器上的纹饰有绳纹、绳纹加方形戳印纹、附加堆纹（T1008③F：18，呈绳索状；T0601⑦A：11，呈叶脉状）、压印纹、凹弦纹、锯齿纹、网格纹、方格纹锯齿纹组合、篮纹、四叶状方形戳印纹等（图三九；图版二六，6）。

罐　4件。Y05：1，可复原。泥质黑灰陶。尖圆唇外展，短颈，丰肩，弧腹，平底，下附矮圈足。肩部饰有数周凹弦纹。口径9.1、腹径22.2、底径13.6、高16厘米（图四〇，3；图版二四，1）。T0601⑦B：40，泥质灰陶。圆唇外翻，束颈，溜肩。肩部饰有一周凹弦纹和绳纹。口径10、残高6.4厘米（图四〇，1）。T1009③D：5，可复原。灰白胎，胎质坚硬致密。尖唇，近盘口，弧腹略下垂，大平底，腹部饰有对称的半圆形横耳。腹部饰有三周凹弦纹，下腹饰小方格纹。口径5.6、腹径9.8、底径8、高6.7厘米（图四〇，2；图版二四，2）。

瓮　5件。口沿残片，均不可复原。T0601⑦A：16，夹砂灰陶。近直口，圆厚唇，矮领，溜肩。肩部以下饰细绳纹。口径19.2、残高6厘米（图四一，1）。

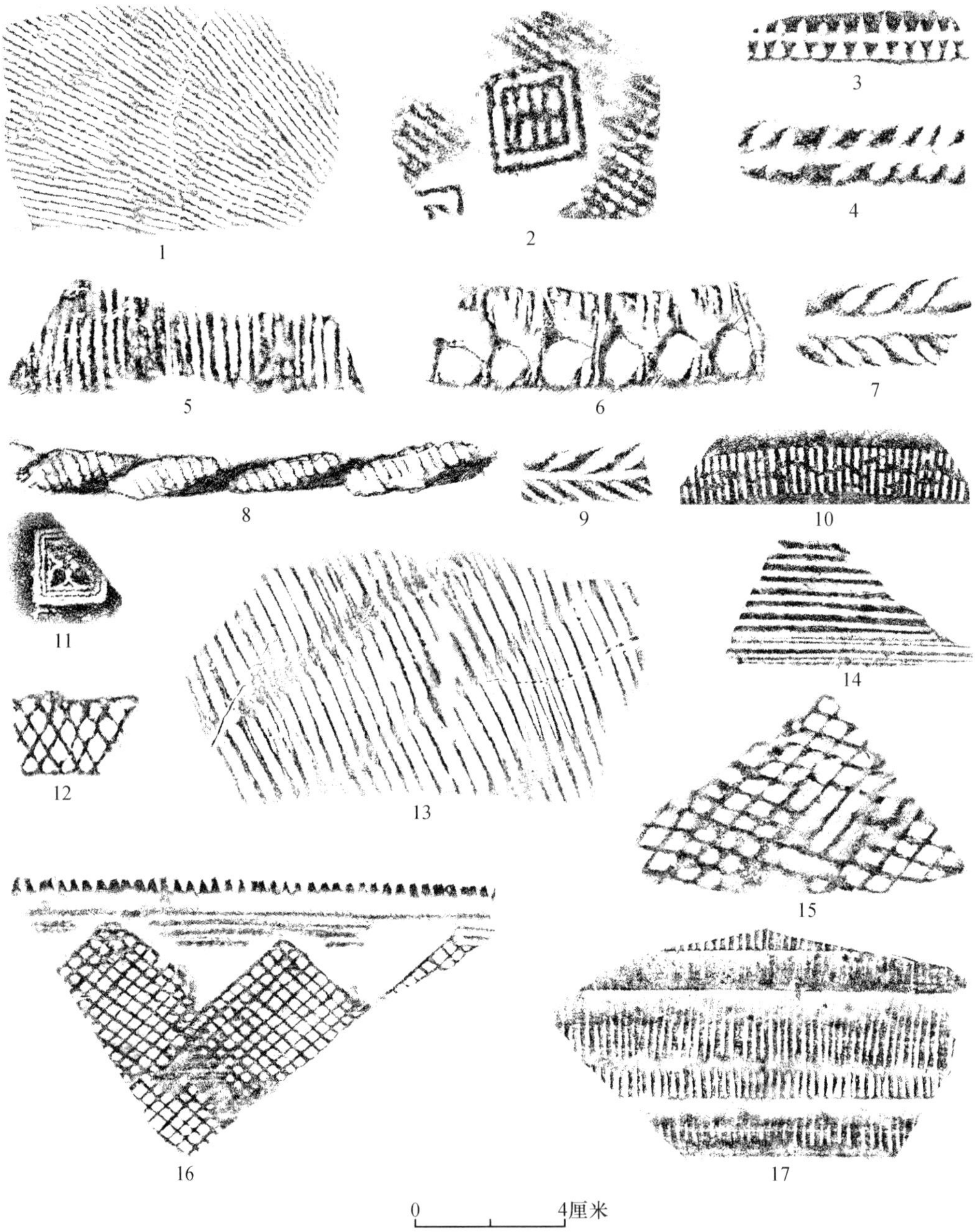

图三九　汉代陶器纹饰拓片

1. 细绳纹（T0601⑦A：49）　2. 绳纹加方形戳印纹（T0601⑦A：35）　3. 锯齿纹（T0601⑦A：17）　4、6—8. 附加堆纹（T0601⑦A：21、T0601⑦B：50、T0601⑦A：11、T1008③F：18）　5. 绳纹（T0804④：3）　9. 叶脉纹（T0601⑦A：15）　10. 压印纹（T0501⑦B：17）　11. 四叶状方形戳印纹（Y02：3）　12、15. 网格纹（T0601⑦A：20、T0907⑤：47）　13. 篮纹（T0601⑦A：83）　14. 凹弦纹（T0601⑦A：8）　16. 方格纹锯齿纹组合（T1108③F：12）　17. 压印纹（H31：1）

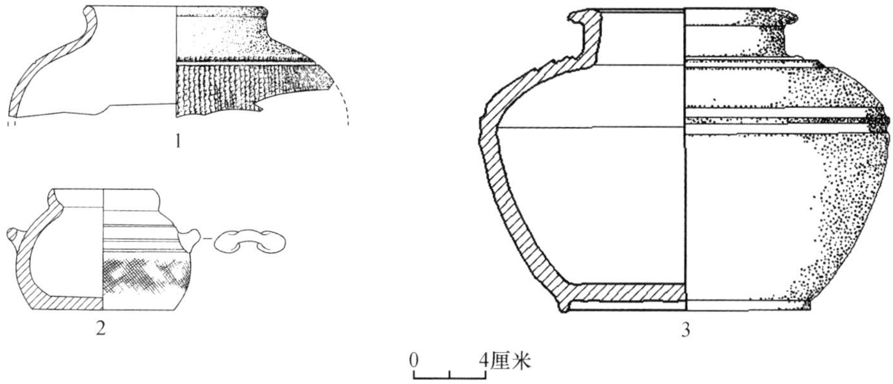

图四〇　汉代陶罐

1. T0601⑦B：40　2. T1009③D：5　3. Y05：1

T0501⑦B：8，泥质黑灰陶。敛口，圆唇，折肩，筒状腹略内收。肩部饰有一周凹弦纹，肩部以下饰绳纹。口径40、肩径55、残高18厘米（图四一，3；图版二四，3）。Y05：4，夹砂黑灰陶。方唇，近平沿，沿内缘下凹，斜肩。素面。口径22、残高4.4厘米（图四一，2）。

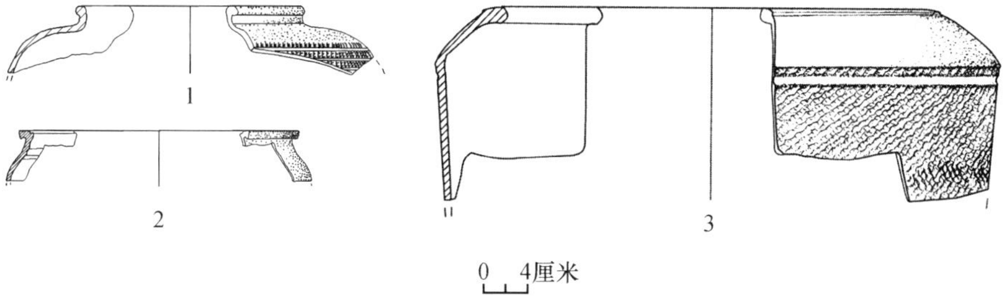

图四一　汉代陶瓮

1. T0601⑦A：16　2. Y05：4　3. T0501⑦B：8

盆　23件。数量最多，多为残片。按照口沿的不同分为六型（图版二四，4）。

A型　5件。敞口，卷沿，方唇，弧腹。T0601⑦A：3，夹砂灰陶。外腹部饰有一周凸弦纹，腹部刻有字，不能识读。口径30、残高6.8厘米（图四二，1）。T0602⑦A：7，泥质灰陶。外腹上部饰有两周宽凹弦纹，下部饰有数周细凹弦纹。口径32、残高10.2厘米（图四二，4）。

B型　2件。底部残。敞口，平沿，尖唇，弧腹。T0602⑦A：15，夹砂褐灰陶。外腹部饰有三周凹弦纹。口径24、残高8.8厘米（图四二，3）。

C型　10件。直口，平沿或卷沿，近筒状腹。T0601⑦A：29，夹细砂灰陶。外腹部饰有三周凹弦纹。口径46.4、残高8.4厘米（图四二，5）。T0601⑦B：42，泥质灰陶。上腹部饰有两周宽凹弦纹，下腹部饰有数周细凹弦纹。口径29.6、残高7.6厘米（图四二，6）。

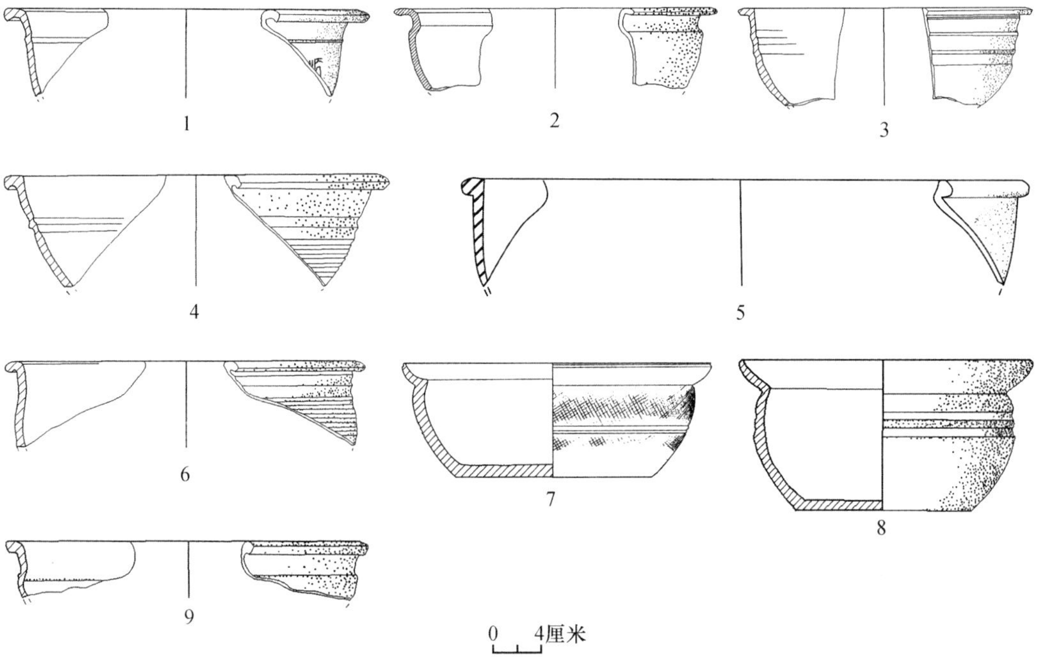

图四二　汉代陶盆

1、4. A型（T0601⑦A：3、T0602⑦A：7）　2、9. D型（Y01：2、T0601⑦B：44）　3. B型（T0602⑦A：15）　5、6. C型（T0601⑦A：29、T0601⑦B：42）　7. F型（T0601⑥：5）　8. E型（T0601⑦B：46）

D型　3件。束颈，弧腹。T0601⑦B：44，夹砂褐灰陶。平沿，方唇。薄胎，素面。口径30.1、残高4.6厘米（图四二，9）。Y01：2，泥质灰陶。卷沿，尖唇。素面。口径26.4、残高7.6厘米（图四二，2）。

E型　2件。泥质灰陶。折沿，尖圆唇，弧腹，大平底。腹部饰有两周宽凹弦纹。T0601⑦B：46，可复原。口径24、底径14.4、高12厘米（图四二，8；图版二四，5）。

F型　1件。可复原。近盘口。T0601⑥：5，灰胎。施青绿釉，多已脱落。斜方唇，弧腹，大平底。腹部饰小方格纹，并饰有三周细凹弦纹。口径25、底径16、高9.2厘米（图四二，7；图版二四，6）。

碗　12件。数量较多。泥质灰陶和夹砂黑灰陶。敞口，尖唇或尖圆唇。依腹部不同可分二型。

A型　4件。弧腹。T0601⑦A：76，外腹部饰有一周凹弦纹。口径12、残高3.4厘米（图四三，5）。T0601⑦A：6，素面。口径18、残高5厘米（图四三，2）。

B型　8件。折腹，平底。T0601⑦B：65，可复原。素面。口径13.2、底径5.2、高5.4厘米（图四三，3；图版二五，1）。T0601⑦B：61，可复原。上腹部饰有三周凹弦纹。口径20、底径8.4、高8厘米（图四三，4；图版二五，3）。T0601⑦B：41，可复原。上腹部饰有二周凹弦纹。口径20.4、底径7.6、高5.5厘米（图四三，1；图版二五，2）。

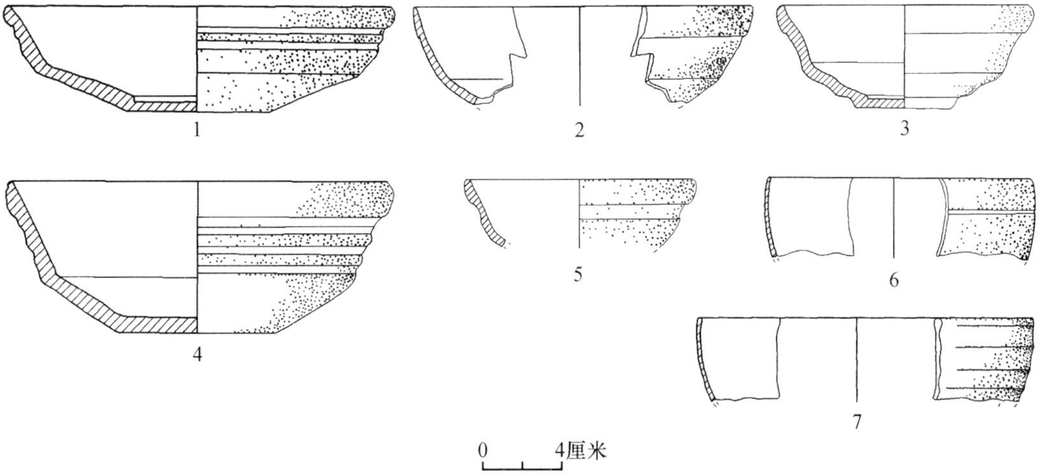

图四三 汉代陶碗、钵

1、3、4. B型碗（T0601⑦B：41、T0601⑦B：65、T0601⑦B：61） 2、5. A型碗（T0601⑦A：6、T0601⑦A：76） 6、7. 钵（T0601⑦A：77、T0601⑦A：75）

钵 2件。底残。T0601⑦A：75，泥质灰陶。敛口，方唇，弧腹。外腹部饰有数周凹弦纹。口径18、残高4.4厘米（图四三，7）。T0601⑦A：77，泥质黑灰陶。敛口，尖圆唇，弧腹。外腹部饰有一周凹弦纹。口径14、残高4厘米（图四三，6）。

盘 3件。T0601⑦B：62，可复原。泥质灰陶。近直口，斜方唇，浅腹，大平底。口部饰有一周凹弦纹，内底饰有数周同心圆纹。口径28.8、底径27.2、高3.4厘米（图四四，1；图版二五，4）。T1108③F：4，可复原。泥质灰陶。大敞口，尖圆唇，斜直腹，平底。素面。口径13、底径5、高2.3厘米（图四四，2；图版二五，5）。

豆 2件。仅存豆柄及豆盘残片。T0601⑦A：10，泥质灰陶。豆盘口部残，内平底，柱状柄中空。素面。豆柄直径3、残高5厘米（图四四，3）

甑（底） 3件。底部残片。T0601⑦A：7，泥质灰陶。斜直腹，平底，底部箅孔较大，呈圆形，箅孔直径2.2厘米。素面。底径20、残高4.2厘米（图四四，5）。T0601⑦B：69，夹砂灰陶。弧腹，平底，底部箅孔较小，呈圆形，箅孔直径0.8厘米。素面。底径14、残高7.4厘米（图四四，4）。

纺轮 4件。依形状不同可分二型。

A型 3件。圆饼形。有的用板瓦残片打制而成。T0601⑦B：32，完整。泥质褐黄陶。两面较平，弧边，穿孔直径0.5厘米。素面。直径3.7、厚1.2厘米（图四五，2；图版二六，4左）。T0601⑦B：67，完整。不甚规整，用绳纹板瓦打制而成。泥质灰陶。一面微凸，另一面微凹，穿孔为对钻孔，孔径0.5—1.1厘米。一面有粗绳纹。直径6、厚1.4厘米（图四五，1；图版二六，3）。

B型 1件。算珠形。T0601⑦B：31，泥质灰陶。中部孔径0.6厘米。饰有六周细凹弦纹。直径3.4、厚2.6厘米（图四五，11）。

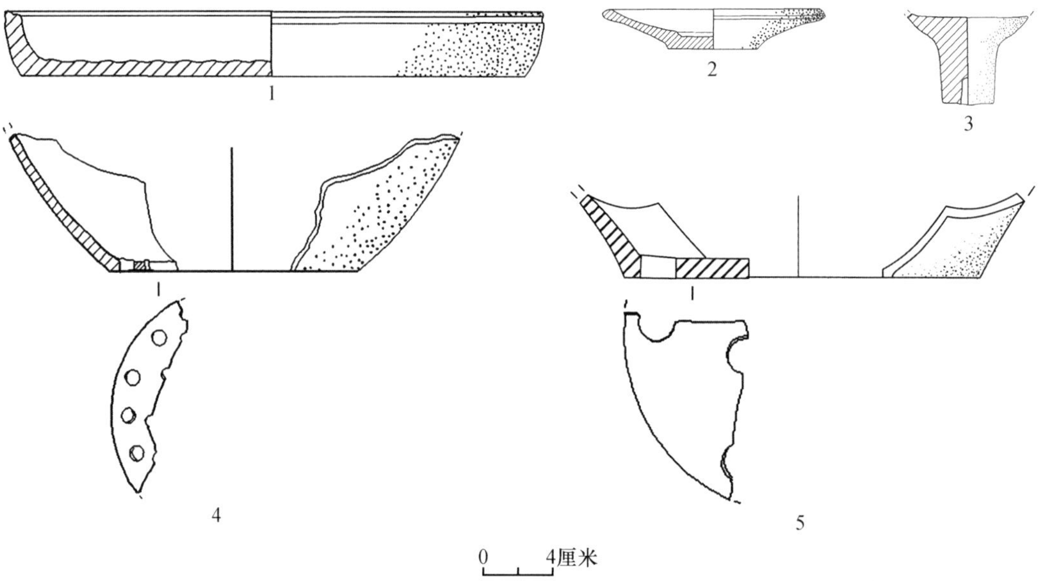

图四四　汉代陶器

1、2. 盘（T0601⑦B：62、T1108③F：4）　3. 豆柄（T0601⑦A：10）　4、5. 甑底（T0601⑦B：69、T0601⑦A：7）

饼　5件。均是用陶片或板瓦残片磨制而成，呈圆形，推侧是用来加工纺轮的半成品（图版二六，2）。H04：6，用陶片磨制而成。泥质灰陶。饰有细绳纹的一面微凸，另一面微凹。直径1.7、厚0.4厘米（图四五，8）。T0602⑦A：16，用陶片磨制而成。泥质灰陶。弧边。素面。直径3.6、厚0.6厘米（图四五，4）。T1209③D：10，用板瓦残片磨制而成。泥质灰陶。饰有粗绳纹的一面微凸。直径3.7、厚1.4厘米（图四五，6；图版二四，4右）。

丸　3件。泥质褐灰陶。圆球形。素面。直径在1.7—2.2厘米（图版二六，2）。标本T0601⑦B：39，直径1.9厘米（图四五，13）。

串饰　2件（图版二六，2）。T1008③C：4，泥质褐灰陶。扁圆形。素面。孔径0.3厘米。直径1.3、高1厘米（图四五，9）。T1007③C：2，泥质褐灰陶。近椭圆形，扁平。素面。孔径0.3厘米。长1.4、宽1.3、厚0.6厘米（图四五，10）。

网坠　15件。按形状不同分为二型（图版二六，1）。

A型　6件。近管状，中部微鼓。素面。泥质或夹细砂，褐灰陶或灰陶。T0601⑦A：28，孔径0.3厘米。长2、直径0.8厘米（图四五，12）。T1005③C：2，孔径0.4厘米。长4、直径1.3厘米（图四五，7）。

B型　9件。纺锤形。均泥质，黑灰陶或灰陶。素面。T0601⑦A：22，孔径0.6厘米。长4.4、直径1.8厘米（图四五，3）。H16：3，孔径0.7厘米。长3.7、直径2厘米（图四五，5）。

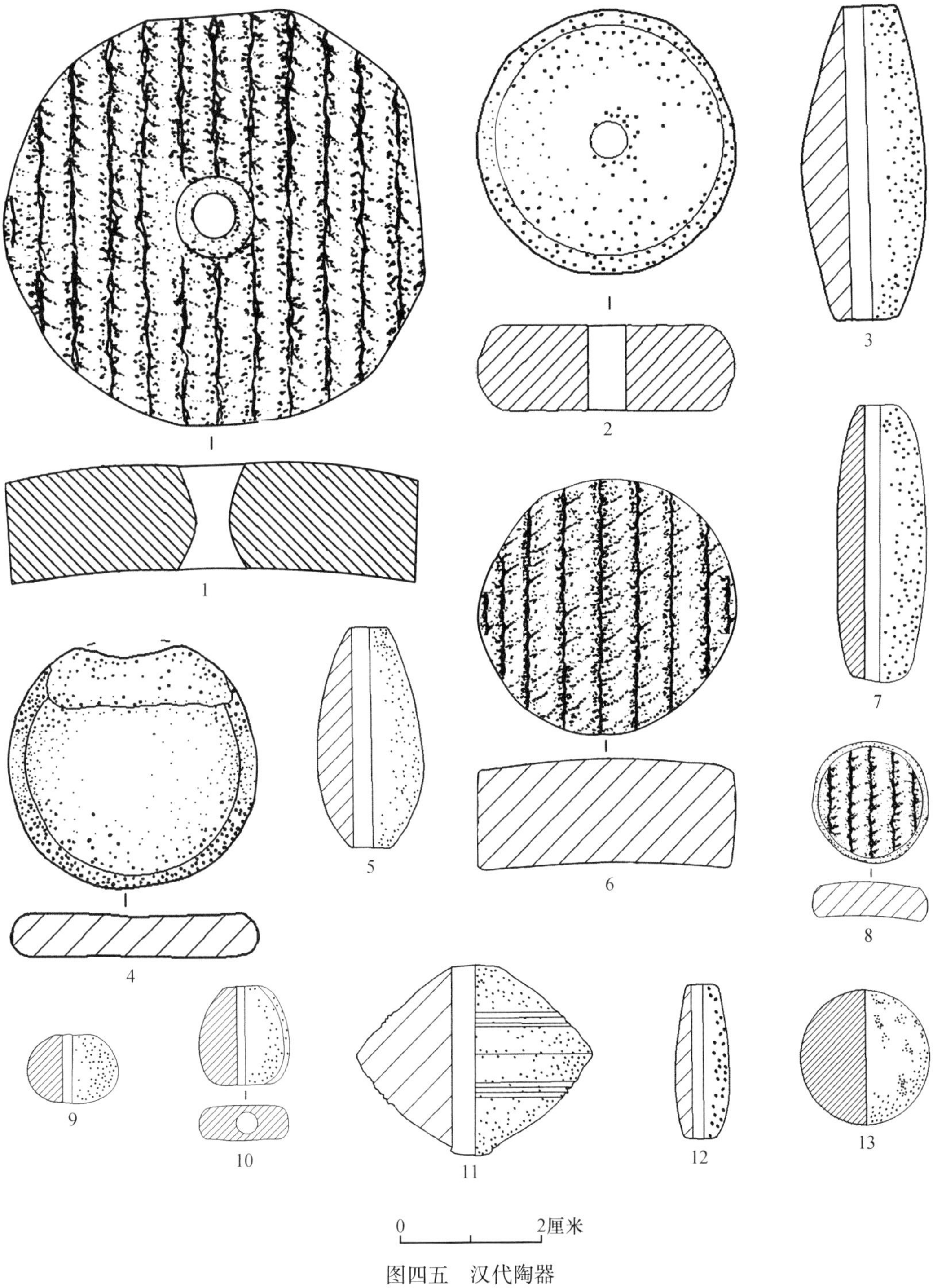

图四五　汉代陶器

1、2. A型纺轮（T0601⑦B：67、T0601⑦B：32）　3、5. B型网坠（T0601⑦A：22、H16：3）　4、6、8. 饼（T0602⑦A：16、T1209③D：10、H04：6）　7、12. A型网坠（T1005③C：2、T0601⑦A：28）　9、10. 串饰（T1008③C：4、T1007③C：2）　11. B型纺轮（T0601⑦B：31）　13. 丸（T0601⑦B：39）

（2）建筑构件

有板瓦、筒瓦、瓦当及砖。

板瓦　碎片较多，无一复原。均泥质灰陶。凸面均饰绳纹，有粗细之分，多数经过横抹呈弦断（图四六，1、2）。凹面纹饰以布纹最多，素面次之，绳纹和布纹加绳

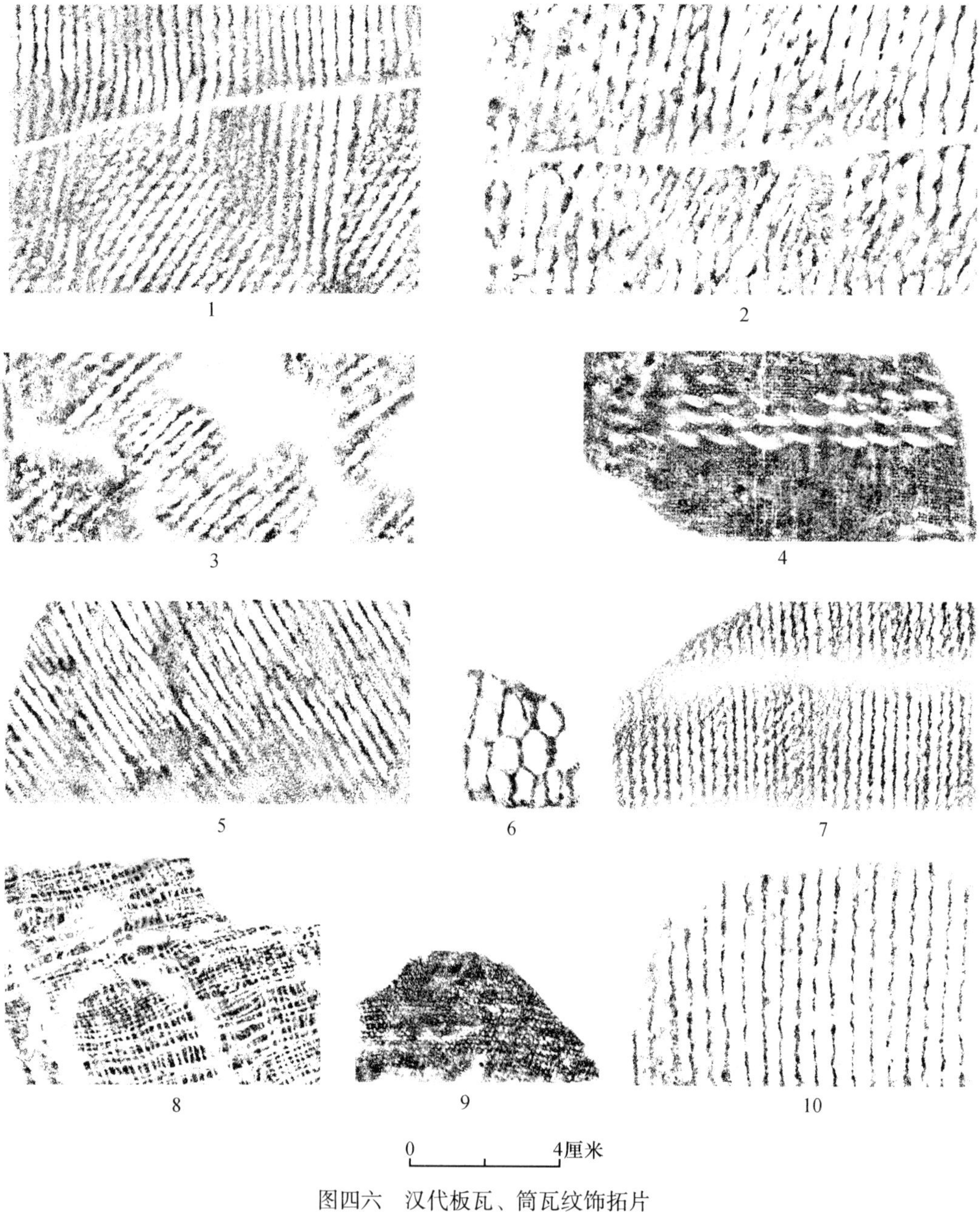

图四六　汉代板瓦、筒瓦纹饰拓片

1. 板瓦凸面细绳纹（T0601⑦A：51-1）　2. 板瓦凸面粗绳纹（Y03：1-1）　3. 板瓦凹面绳纹（T0601⑦A：54-2）　4. 板瓦凹面布纹加绳纹（Y03：1-2）　5. 筒瓦凸面绳纹（T0601⑦A：53）　6. 筒瓦凹面粗绳纹（T0601⑦A：12）　7. 筒瓦凸面细绳纹（T0601⑦A：84）　8. 板瓦凹面粗布纹（T0601⑦A：87）　9. 筒瓦凹面细布纹（T0601⑦A：85）　10. 筒瓦凸面粗绳纹（T0604⑦A：82）

纹最少（图四六，3、4、8）。

制法：用泥条盘筑成筒状，经拍打整修后，在坯体未干时，从里向外切割，每块板瓦均占筒状体的四分之一。切割痕有的深达胎厚的一半左右，有的较浅，分割后未切到的一侧边缘不平齐，略有凸凹痕。T0601⑦B：54，凸面下端拍印斜行绳纹，上部饰有粗绳纹。凹面饰绳纹。残长32.8、宽36—37、厚1.6厘米（图四七，2）。Y03：1，凸面饰直行粗绳纹，并有横抹断呈弦断。凹面饰粗绳纹加布纹。残长44、残宽27、厚1厘米（图四七，1）。

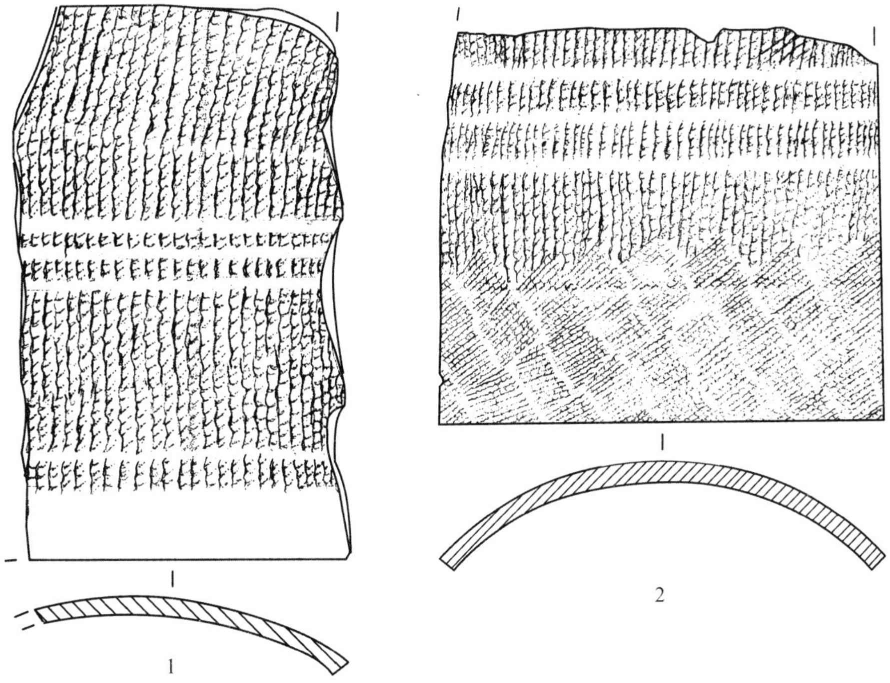

0 8厘米

图四七 汉代板瓦

1. Y03：1 2. T0601⑦B：54

筒瓦 碎片数量仅次于板瓦，无一复原。均为泥质灰陶。凸面饰绳纹，有粗细之分（图四六，5、7、10）。凹面纹饰以布纹最多，素面较少，粗绳纹最少（图四六，6、9）。

制法：先制成筒状，筒状体未干时，在圆筒外侧向里切割，一分为二均匀分割为两块。切口较深，有的已切透。T0601⑦A：81，扣沿较直，扣唇尖圆，扣沿与瓦身结合处均呈弧形。凸面饰直行粗绳纹，凹面素面。残长7、残宽8、厚0.8厘米（图四八，3）。T0601⑦A：82，扣沿上翘，圆形扣唇，扣沿与瓦身结合处凹面有凸棱。凸面饰直行粗绳纹，凹面饰布纹。残长10.6、残宽10、厚0.8厘米（图四八，1）。

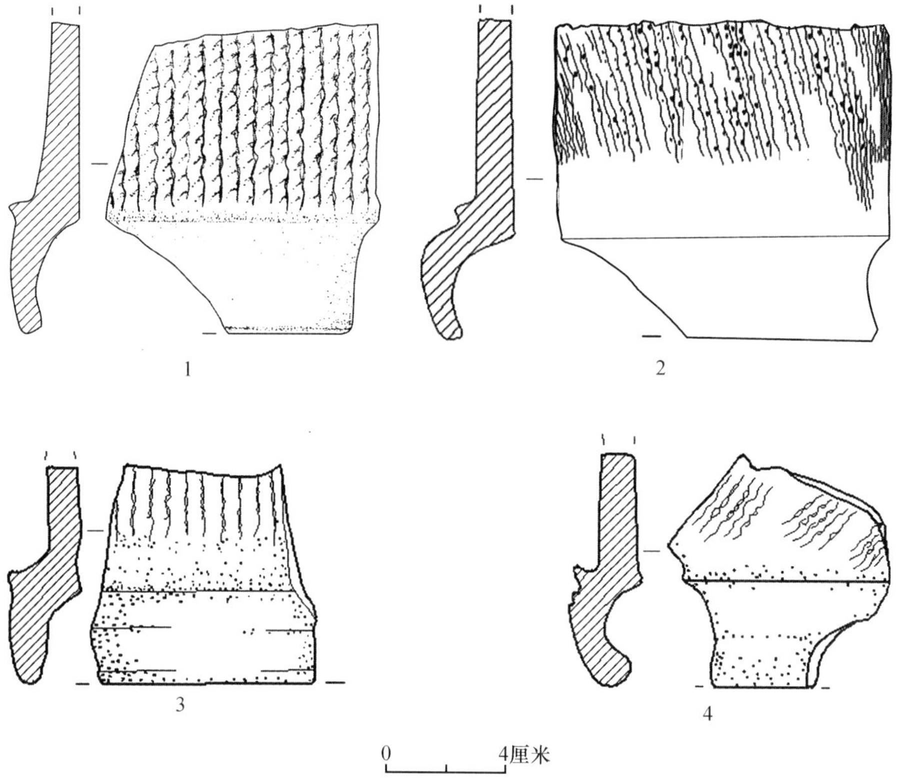

图四八　汉代筒瓦

1. T0601⑦A：82　2. T0501⑦B：10　3. T0601⑦A：81　4. T0601⑦A：79

T0601⑦A：79，扣沿上翘，扣唇厚圆，扣沿与瓦身结合处凸面近直角，凹面残留有多处褶痕。凸面饰斜行粗绳纹，经过抹光，凹面饰布纹。残长7.4、残宽7.6、厚1厘米（图四八，4）。T0501⑦B：10，扣沿上翘，扣唇尖圆，扣沿与瓦身结合处凸面近直角，凹面残留有凸棱。凸面饰斜行绳纹，经过抹光，凹面饰布纹。残长11、残宽12、厚0.9厘米（图四八，2）。

瓦当　5件。仅1件可复原。均夹细砂质，灰陶。由边轮、外圈及内圈组成，边轮较高，内圈内有纽（乳突）。在内外圈之间上、下及左、右各饰两道界线，将当面分成对称的四个扇形格，格内饰蘑菇头状卷云纹。

制法：先模制出瓦当头，然后套接在制作筒瓦的筒体上，再后则是以绳之类的工具将筒体的另一半切割下。T1008③F：13，当面直径14.3厘米（图四九，1；图版二五，6；图版二七，5）。T0602⑦A：6，残，仅存当面的四分之一。残宽11.5厘米（图四九，2）。

砖　1件。T0601⑦A：13，残。泥质灰陶。侧面饰三重菱格纹。残长19、宽18、厚9厘米（图四九，3）。

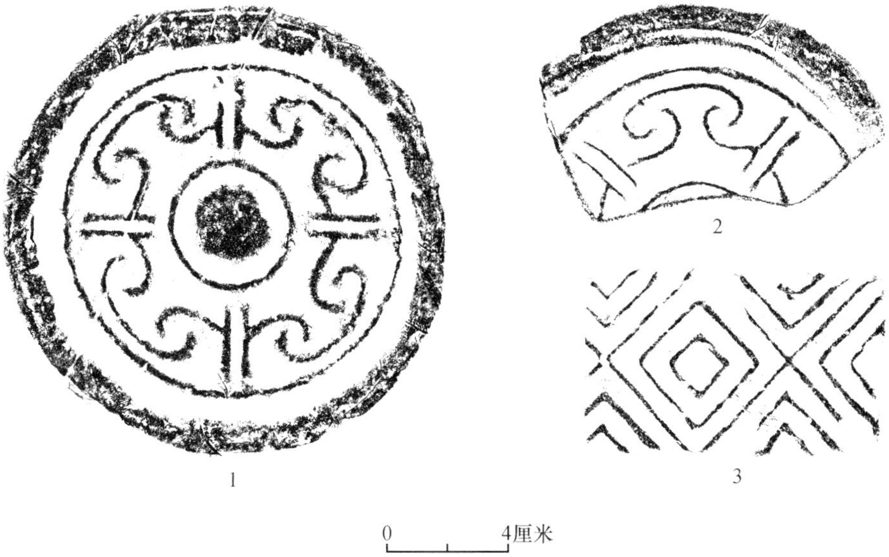

图四九　汉代瓦当、砖拓片

1、2. 瓦当（T1008③F：13、T0602⑦A：6）　3. 砖（T0601⑦A：13）

2. 石器

9件。有斧和杈两类。

斧　8件。H36：1，石英石，呈灰白色，顶部呈紫红色。刃部有崩疤。坚硬。近椭圆形，斧身较短。弧顶，两面中部略鼓，正锋弧刃。通体磨光。长7.2、宽5.4、厚2.2厘米（图五〇，2；图版二七，1）。H26：2，凝灰岩，呈褐黄色。刃部残。坚硬。近梯形。弧顶，两面近平，两侧有打击痕。磨光。残长7.6、宽4.9、厚2.2厘米（图五〇，3；图版二七，3）。H26：1，凝灰岩，呈褐黄色。刃部有破碴。近梯形，两面中部略鼓，正锋弧刃，磨光，两侧有打击痕。长10.8、宽6、厚2.5厘米（图五〇，4；图版二七，2）。

杈　1件。T0606①：2，底残。凝灰岩，呈紫灰色。圆锥状，顶部下凹，中间有纵向穿孔，内穿一铁棒，孔径1.2—1.4厘米。磨光。残存底径10、顶径4.4、残高7厘米（图五〇，1）。

3. 铁器

2件。

锸　H25：1，长方形銎略残，锈蚀严重。纵剖面呈“V”形，銎内残留有木头痕迹，刃部较宽，单面刃，刃部磨损较重。高10.2、刃宽9.3厘米，銎长7、宽2.6厘米（图五一，1；图版二七，4）。

錾　T1008③G：8，刃部残缺。长条形，平顶，两面较平。残长10.8、宽3.6、厚0.4厘米（图五一，2）。

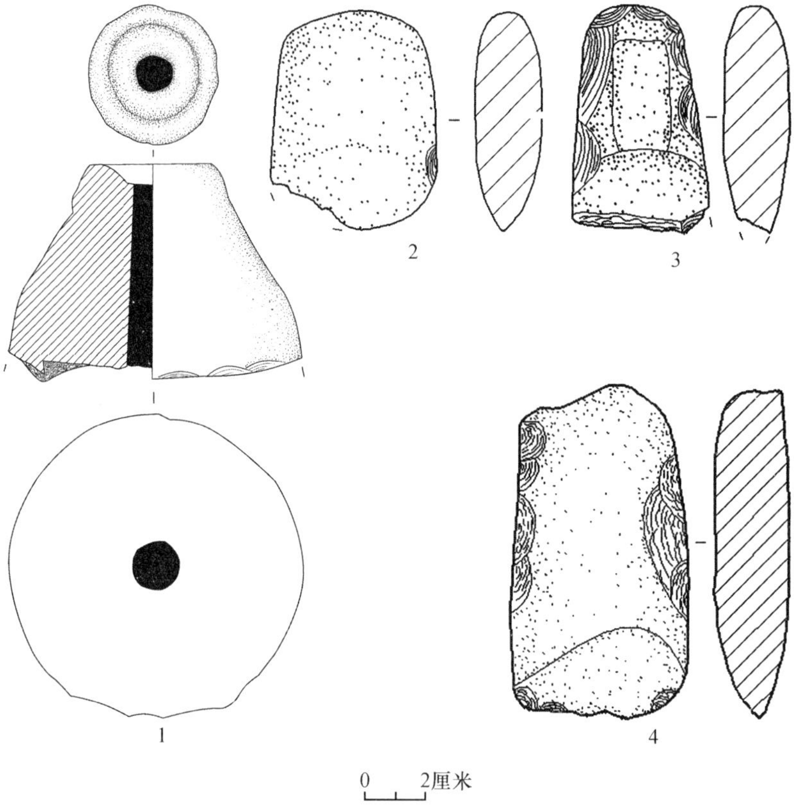

图五〇　汉代石器

1. 杈（T0606①：2）　2—4. 斧（H36：1、H26：2、H26：1）

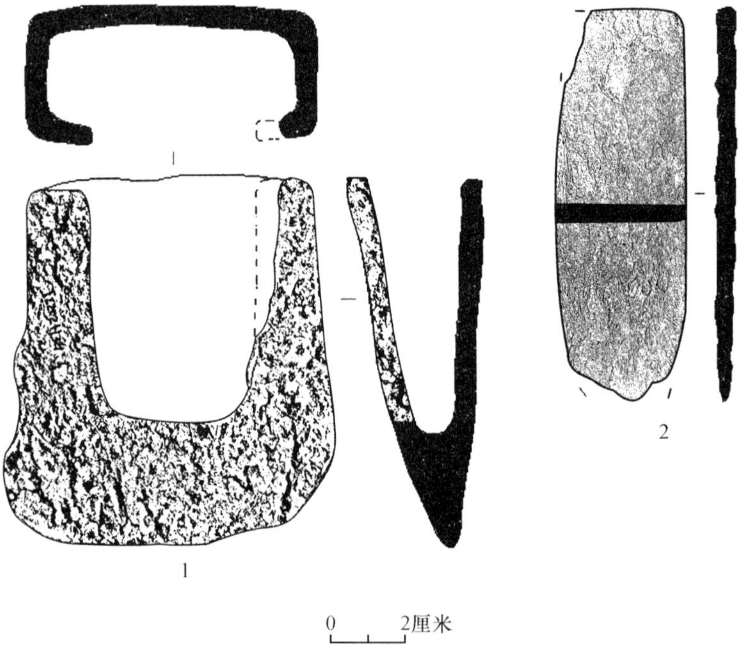

图五一　汉代铁器

1. 锸（H25：1）　2. 錾（T1008③G：8）

4. 铜器

有铜钱、箭头及戒指。

铜钱　4枚。有半两、五铢及剪轮五铢之分。

半两　1枚。T0604④：1，直径2.3、穿宽0.8厘米（图五二，1）。

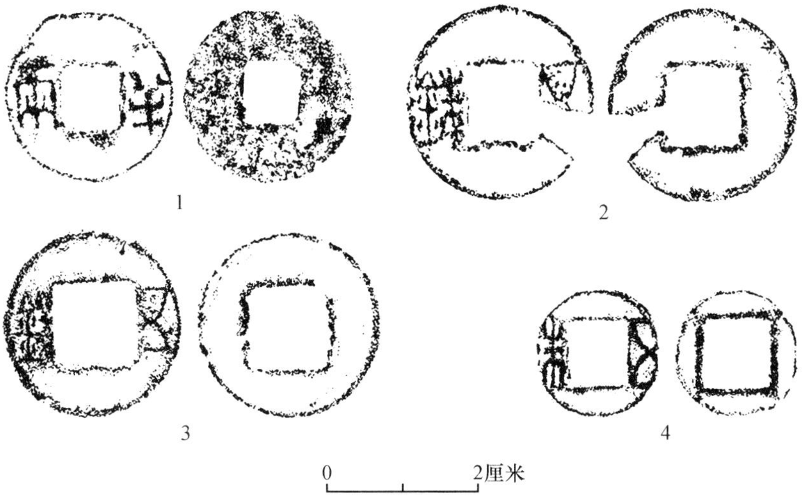

图五二　汉代铜钱

1. 半两（T0604④：1）　2、3. 五铢（H24：1、T1105③E：4）　4. 剪轮五铢（T1109③F：3）

五铢　3枚。T1105③E：4，“铢”字左侧上部的三角较小，右侧较窄，“五”字两交叉呈弧形。直径2.5、穿宽1厘米（图五二，3）。H24：1，“五”下半部残缺。“铢”字左侧上部的三角较大，右侧上部方折，下部呈弧状，“五”字两交叉略弧。直径2.6、穿宽1厘米（图五二，2）。

剪轮五铢　1枚。T1109③F：3，分别剩下“五”字的左边，“铢”字的右边。“五”字两交叉笔呈弧形，“铢”字右边上部略显弧形，下部呈弧形。直径1.6、穿宽0.8厘米（图五二，4）。

箭头　2件。T1010③C：2，箭头横截面呈菱形，有脊，短翼，铤横截面呈圆形。长4.5、箭头宽1.1厘米（图五三，1；图版二七，6）。

戒指　1件。T1209⑤：1，戒面外弧，戒面宽0.8厘米。直径1.9厘米（图五三，2）。

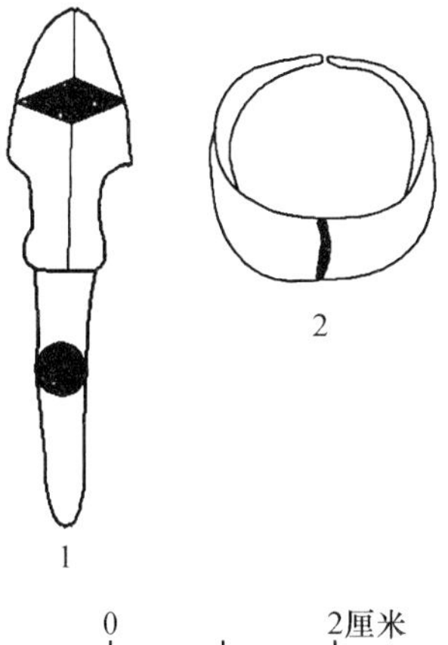

图五三　汉代铜器

1. 箭头（T1010③C：2）　2. 戒指（T1209⑤：1）

（三）符号和文字

在一些陶片上发现有刻划符号、刻划文字和戳印文字，多是陶盆和罐的残片。

1. 刻划符号

发现数量较少，只有两残片。T0601⑦A：59，盆底残片。泥质黑灰陶，符号刻划在外底（图五四，7）。T0601⑦A：18，碗底残片。泥质褐红陶，符号刻划在外底（图五四，1）。

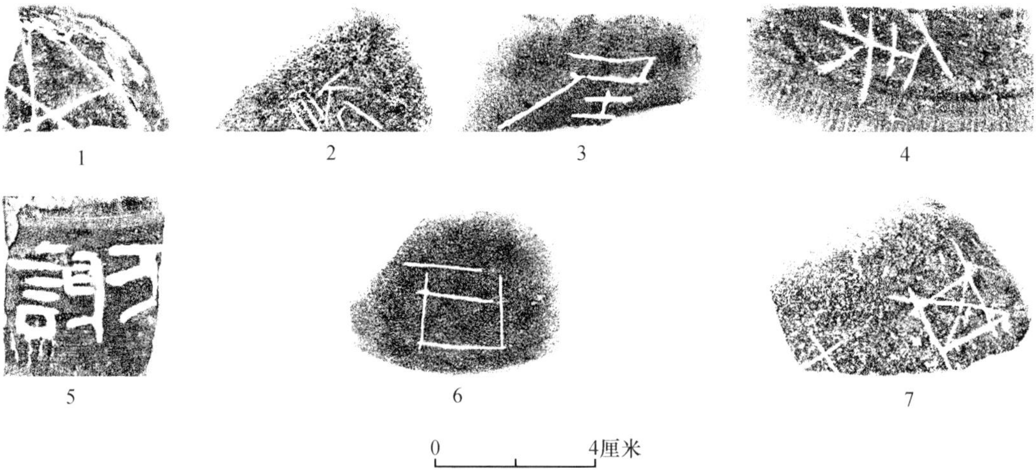

图五四　汉代刻划符号、刻划文字

1、7. 符号（T0601⑦A：18、T0601⑦A：59）　2、3. “□”（T0601⑦A：68、T1008⑤：12）　4. “佘”（T0601⑦B：66）　5. “謝”（T0601⑦B：33）　6. “曰”（T0501⑦B：3）

2. 刻划文字

“謝”　T0601⑦B：33，陶罐肩部残片，泥质灰陶，字刻划在陶片外壁面（图五四，5）。

“曰”　T0501⑦B：3，陶盆底部残片，泥质黑灰陶，字刻划在盆外底面（图五四，6）。

“佘”　T0601⑦B：66，陶罐肩部残片，泥质灰陶，字刻划在外壁面（图五四，4；图版二六，5）。

“□”　T0601⑦A：68，陶盆腹部残片，夹砂质灰陶。字刻划在外壁上，残存较少，不能识读（图五四，2）。T1008⑤：12，陶罐肩部残片，泥质灰陶，字刻划在外壁上，残存较少，不能识读（图五四，3）。

3. 戳印文字

发现3件戳印有“五铢”钱纹的碎陶片，器形不明。均为泥质灰陶。“五铢”为阳文。T0501⑦B：13，“铢”字左边上部呈小三角形，右边上部近方折，“五”字较扁，两交叉笔斜直。直径2.4、穿宽0.6厘米（图五五，1；图版二六，7）。

其余2件戳印不全，字体瘦长。“铢”字只有右半边，“朱”字上下两笔略呈弧形，“五”字两交叉笔斜直。T1208③F：1，“铢”中间不见一横笔。直径2.5、穿宽0.8厘米（图五五，3）。T0602⑦A：17，“铢”中间一横笔较短。直径2.4、穿宽0.8厘米（图五五，2；图版二六，8）。

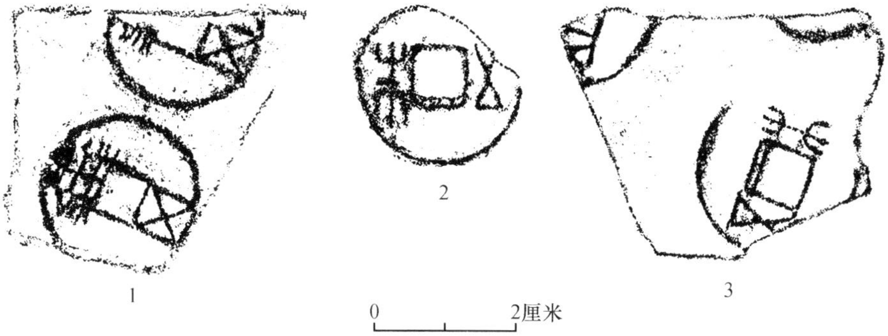

图五五　汉代“五铢”钱戳印纹

1. T0501⑦B：13　2. T0602⑦A：17　3. T1208③F：1

五、唐宋遗存

只有地层堆积，未发现其他遗迹。出土物较少，主要是瓷碗及罐。

碗　7件。按照口部不同可分三型。

A型　1件。直口，可复原。T1209③D：6，紫灰胎，胎质粗糙，器表分布有很多小鼓包。方唇，深腹，圜底，饼状足，足心内凹。内壁及外壁上半部施青灰釉，釉层较薄。内底有四个支钉痕。口径14.8、底径4.8、高7.8厘米（图五六，3）。

B型　5件。敞口。T1110③D：3，可复原。紫灰胎，胎质致密坚硬。尖圆唇，弧腹，圜底，饼状足。内壁及外壁上半部施黄灰釉，有黄绿斑，釉色暗淡，釉层较厚，外壁有流釉现象。内底有四个支钉痕。口径16.6、底径6.4、高5.2厘米（图五六，1）。T1009③C：9，灰白胎，胎质致密坚硬。尖圆唇，弧腹，圜底，矮圈足。器表施褐黄釉，只有零星残存。口径17、底径6.4、高5.6厘米（图五六，2）。

C型　1件。六瓣花口，口外侈。T1110③D：1，可复原。褐灰胎，胎质致密坚硬。尖圆唇外翻，深弧腹，内底稍凸，高圈足。瓜棱腹，器表饰有弧形刻划纹。内、外壁施青釉，釉层较薄。口径12.1、底径5.3、高5.8厘米（图五六，4）。

罐　1件。T1109③A：7，底残。紫灰胎，胎质致密坚硬。近直口，方唇，弧腹下垂。腹部以上施黄绿釉，釉色暗淡。口径10、残高9.8厘米（图五六，5）。

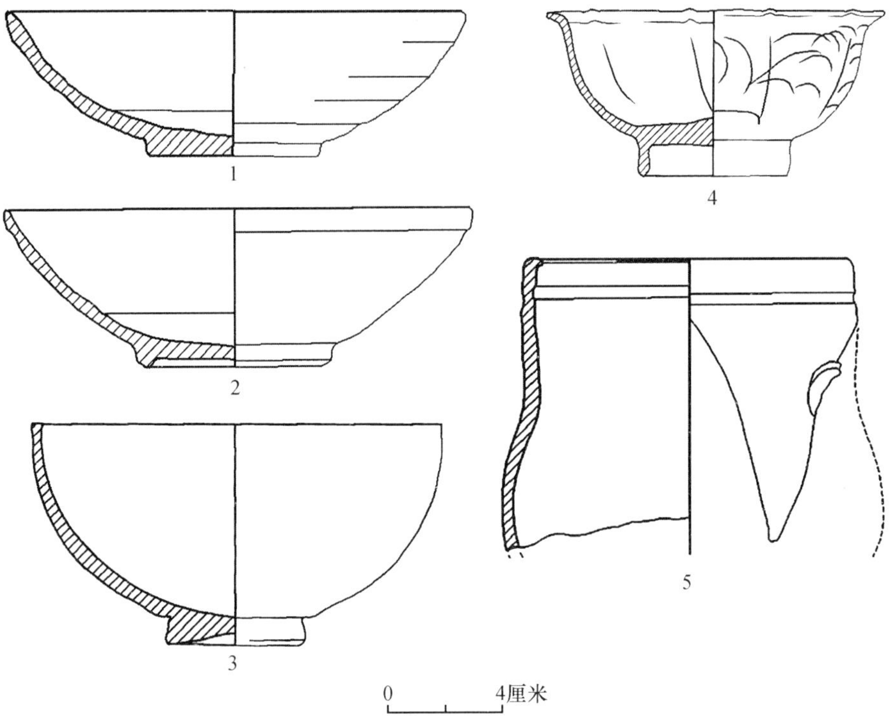

图五六　唐宋瓷器

1、2. B型碗（T1110③D：3、T1009③C：9）　3. A型碗（T1209③D：6）　4. C型碗（T1110③D：1）　5. 罐（T1109③A：7）

六、明清遗存

（一）遗迹

1. 灰坑

1座。

H23　开口在第4层下，打破第5层。坑口呈椭圆形，圜底。坑口长径180、短径140、深72厘米。填土为红黄色沙土，含少量灰褐色淤泥。出土三块青砖。根据层位关系和出土的青砖判断，年代应是明代。

2. 石板路

2条。编号为L01、L02。

L01　方向8°。由南至北，越往北地势就越高，坡度为10°。压在第3B层下，叠压在第7A层之上。呈斜坡台阶状，上面的石块压在下面石块的后部，其台阶大部分是一层石板叠压，少量是两层石板叠压。所用石块为黄灰色或褐红色砂岩，最大石板长90、宽60、厚15厘米，一般长55、宽35、厚10厘米。路宽为80—150厘米，发掘揭露长度为900厘米。主要分布在探方T0502内。出土遗物较少，只有少量的白瓷和青花瓷片。年代应是清代（图版二八，1）。

L02　方向145°。由西北至东南，沿坡地越往东南地势就越高，坡度为20°。其压在第3C层下，叠压在第5D层之上。上一级台阶石板稍压在下一级台阶石板的后部。石板较规整，一般长90、宽50、厚20厘米。石板路现清理长度为470、宽50—90厘米，距地表深15—18厘米。主要分布在探方T1011内。出土有少量的白瓷和青花瓷片。年代应为清代（图版二八，2）。

（二）遗物

有青花瓷碗残片和铜钱。

青花瓷碗残片　T0502①：2，底部残片。灰白胎，胎质致密坚硬。碗底近平，矮圈足。内底及外壁饰有青花，内底刻有“熊”字。底径7.6、残高3厘米（图五七，1）。采集：4，底部残片。灰白胎，胎质致密坚硬。碗底近平，高圈足。内底及外壁饰有青花，内底刻有“何记”字样，外底有落款“□制”。底径8.8、残高2.9厘米（图五七，2）。

铜钱　2枚。钱文不清晰，“□□通宝”。T0503②：1，直径1.9、穿宽0.5厘米（图五八，2）。标本T0904③C：5，直径1.8、穿宽0.6厘米（图五八，1）。

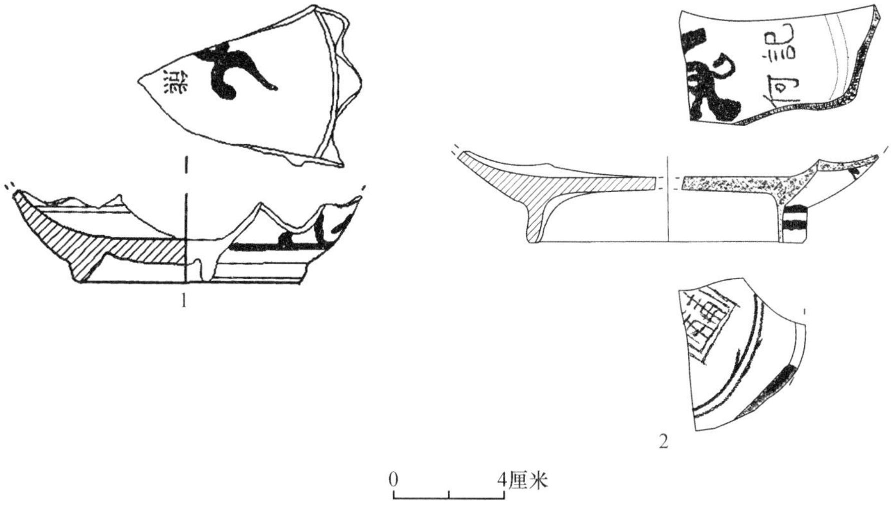

图五七　明清青花瓷碗

1. T0502①：2　2. 采集：4

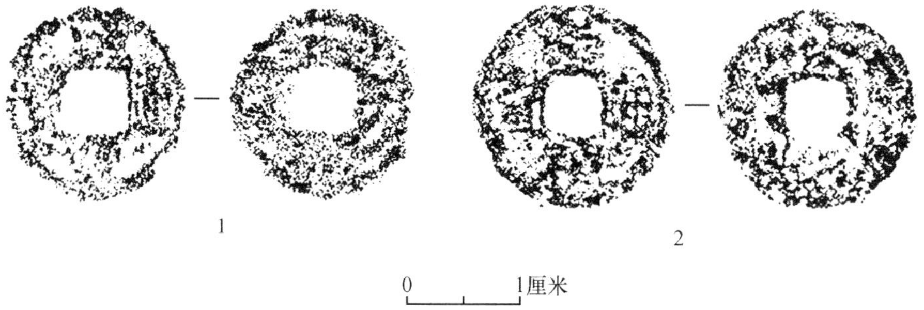

图五八　明清铜钱

1. T0904③C：5　2. T0503②：1

七、讨　　论

1. 西周春秋时期遗存

尖底杯和花边口沿罐是上油坊遗址西周春秋时期遗存最典型的陶器，数量也最多。尖底杯在忠县境内的中坝、哨棚嘴、瓦渣地及邓家沱[18]等遗址商周时期的地层中大量出现。花边口沿罐最早出现在商代，在忠县中坝遗址的西周地层中数量大增，春秋战国时已占出土陶器总量的95%以上。上油坊遗址所出A型尖底杯与中坝遗址DT0202㊾B出土炮弹形尖底杯[19]相同，胎质和大小尺寸均接近；而B型尖底杯与中坝遗址DT0202㊾B、DT0202㊿出土矮尖底杯[20]相似，时代在商周阶段。笔者曾就尖底杯、花边口沿罐的年代问题专门请教孙智彬先生，告知就中坝遗址的情况看，尖底杯、角杯是商代晚期至西周早期出土量最大的器物，上油坊遗址所出尖底杯大致年代在西周阶段，具体还可分出早晚差异；而花边口沿罐则延续时间较长，从商代一直到春秋战国时期，器形纹饰则有早晚变化。上油坊遗址所出T0907⑤：24和T0907⑤：14等为代表的A型花边束颈圜底罐从纹饰特征判断，年代可能要晚到春秋阶段，与中坝遗址1999年度发掘出土同类器[21]相似，夹粗砂，绳纹较粗；而T0909③F：6和T0910⑧A：6等为代表的B型花边口沿罐从器形和纹饰风格看时代要早，相当于西周时期。尖底杯的矮体、夹细砂、素面等特征明显要晚于中坝遗址Ⅱ区第12层、哨棚嘴遗址第五期[22]等遗存，倒与邓家沱遗址H42、H52、H50等所出者[23]近似，估计时代也大致相当。按照于孟洲、白九江等学者的观点[24]，上油坊遗址存在石地坝文化第三期或更晚阶段的遗存。只可惜因为原生地层较少，大量的文化遗物出土于晚期地层，没有可靠的层位关系为依据进行更细致的分期断代，只能将这类遗存大体归为西周春秋阶段。

目前，学界多认为尖底杯和花边口沿罐与制盐有直接关系[25]。美国阿拉巴马大学人类学系的考古专家布朗（Dr. Ian Brown）教授于1999年3月到忠县参观考察后，写了《尖底杯——中国中部一种可能用于制盐的器具》一文，认为尖底杯是制作盐块的模子和用来运输的容器。而类似上油坊遗址所出A型花边口沿罐，与山东沿海西周时期遗址中出现的“将军盔”形陶器极为相似，已基本确认“将军盔”这类器物是煮海盐用的专门用具[26]。有关学者在研究盐业考古时，提及欧洲、美洲、非洲及日本等国外盐业考古，其遗址的特征与上油坊遗址有诸多相同之处[27]：都发现有以陶片为主的堆积地层；出土陶器中，都以一二种器形占绝大多数。

忠县的盐井主要分布在汝溪河和㽏井河两岸，两河均发源于忠县北部的梁平区，流经于忠县东北部的山脉断崖之间，注入长江，主要河段均在忠县区域内。上油坊遗址位于汝溪河的下游，即涂井乡红赤一组和凤山村四组，这里是汝溪河流域雏形盐井——盐泉的主要分布区域。在这一区域内，河流横穿山脉的背斜切面，形成多处自然跌水和峡谷，致使河床的基岩全部裸露。在700余米的地段内，海拔由162米降至140米，大落差形成急流水，使河床没有沙石沉积，洪水的涨幅甚微，对井盐产生的影响很小，是井盐生产的理想场所。

2. 汉代遗存

上油坊遗址汉代地层和遗迹所出器物的年代特征基本都是东汉时期，A型陶罐（Y05：1）和A、B、C型陶盆可能要早到东汉早期；F型青釉盆与忠县涂井蜀汉崖墓M13出土的青釉洗近似[28]。蘑菇头状卷云纹瓦当主要流行于汉代，风格与广州汉墓中东汉后期M5044出土的云纹瓦当接近。砖侧面所饰三重菱格纹在广州东汉砖室墓中也经常出现[29]，重庆丰都县赤溪、冉家路口、槽房沟等地东汉砖室墓[30]中也常见此类砖纹。上油坊遗址汉代B型碗与丰都县赤溪、冉家路口东汉墓出土的AaⅡ式钵相近[31]。所出剪轮五铢也是东汉晚期的断代标型器之一。所以，从出土遗物判断，上油坊遗址汉代遗存从东汉早期延续到东汉晚期。

发掘的四座龙窑，在火膛内出土有板瓦及筒瓦残片，其中Y02还出土有三块卷云纹瓦当残片，但没有发现明确属于龙窑烧制的产品。忠县中坝遗址Ⅱ区也发掘出一座汉代龙窑，结构与上油坊所见基本相同，窑内废弃堆积中出有少量板瓦、筒瓦等，亦不见其他烧制品。发掘者孙智彬先生在《中坝遗址的盐业考古研究》中指出或为煮盐的遗迹，与铁锅或“劳牢”之类的器物配合使用[32]。笔者亦认同这一点，契合忠县汝溪河沿岸盐业兴盛的历史大背景，考古发掘的出土遗物和窑体结构也可佐证之。

上油坊遗址的三座马蹄形窑中，只有Y03保存最好，且打破了Y01。从层位关系和热释光年龄测定结果来看，龙窑Y01的相对年代早于马蹄形窑Y03。Y03火膛内出土板瓦残片、筒瓦残片16片及残罐片3片。从其结构来看，火膛、火道、窑室结构及烟道等都相当成熟，形状和功能与万州黄柏溪遗址发现的东汉六朝时期陶窑[33]近似，因此推测上油坊遗址的这三座马蹄形窑也是烧制砖瓦类的陶窑。

在Y01与Y02之间发现有大量的灰坑存在，这些灰坑呈圆形、长方形，或有斜坡或有台阶，其形制规整，从平面布局上来看应与陶窑的生产活动有直接关系。

3. 唐宋遗存

遗址中没有发现唐宋时期的遗迹，这可能与遗址所处的地形条件有关系，由于位于河旁阶地，水土流失严重，这一时期的遗存已被破坏，发现的唐宋文化层也为次生堆积，不是原生堆积。出土的器物比较少，主要是瓷碗。其中A型碗为直口、深腹、饼状足，具有唐代早中期的特征；B型碗和C型碗流行年代大致在唐代中晚期到北宋早期。

4. 明清遗存

只有1座灰坑和2条石板路，出土的遗物也只有少量的青花瓷。推测到明清时，遗址规模已变小，重要性也降低，估计当时可能仅是一个分散的居住地。

附记：上油坊遗址的考古发掘领队为广州市文物考古研究所全洪，参与田野发掘工作的人员有广州市文物考古研究所覃杰、易西兵、廖明全、朱汝田、朱家振等，武汉大学陈官涛、倪婉、田景林、易军，以及忠县文物保护管理所曾先龙等也参加了部分发掘和整理工作。广州市文物考古研究所董峰、段玉勤承担了器物修复工作，全洪、朱汝田负责田野摄影，曾先龙负责室内出土器物摄影。由于发掘领队工作调动，室内整理和报告编写工作主要由广州市文物考古研究所张强禄统筹完成，其中发掘资料整理与归档主要由朱汝田、覃杰、曾凡华等负责，绘图制卡和报告线图清绘由朱汝田完成。报告编写当中还得到中山大学人类学系王宏先生和四川省文物考古研究院孙智彬先生的指正，特此谢忱！

执笔：张强禄

注 释

［1］ 吴友篪修：《忠州直隶州志》卷一，沿革，清道光六年修，民国二十一年重印本，台北：台湾学生书局，1971年影印本。

［2］ 中国科学院古脊椎动物与古人类研究所：《忠县唐家河石器地点发掘报告》，《重庆库区考古报告集》（1999卷），北京：科学出版社，2006年，第525—529页。

［3］ 北京大学考古学研究中心等：《忠县哨棚嘴遗址发掘报告》，《重庆库区考古报告集》（1999卷），第530—643页。

［4］ 北京大学考古学系三峡考古队、重庆市忠县文物管理所：《忠县瓦渣地遗址发掘简报》，《重庆库区考古报告集》（1998卷），北京：科学出版社，2003年，第649—677页。

［5］ 四川省文物考古研究所、忠县文物保护管理所：《忠县中坝遗址发掘报告》，《重庆库区考古报告集》（1997卷），北京：科学出版社，2001年，第559—601页；四川省文物考古研究所、重庆市文物局三峡办、忠县文物保护管理所：《忠县中坝遗址Ⅱ区发掘简报》，《重庆库区考古报告集》（1998卷），第607—642页；四川省文物考古研究所等：《忠县中坝遗址1999年度发掘简报》，《重庆库区考古报告集》（2000卷），北京：科学出版社，2007年，第964—1042页。

［6］ 重庆市文物考古所、重庆市文物局：《忠县老鸹冲遗址（居址部分）发掘简报》，《重庆库区考古报告集》（2000卷），第870—888页。

［7］ 孙华、赵化成：《忠县㽏井沟遗址群发掘获重要成果》，《重庆历史文化与地理》1999年第1期。

［8］ 四川省文物考古研究所、忠县文物保护管理所：《忠县中坝遗址发掘报告》，《重庆库区考古报告集》（1997卷），第559—601页；四川省文物考古研究所等：《忠县中坝遗址1999年度发掘简报》，《重庆库区考古报告集》（2000卷），第1012—1041页。

［9］ 北京大学考古文博学院三峡考古队、重庆市忠县文物管理所：《忠县崖脚墓地发掘报告》，《重庆库区考古报告集》（1998卷），第679—701页；北京大学考古文博学院三峡考古队、重庆市文物局、忠县文物管理所：《忠县㽏井沟遗址群崖脚（半边街）墓地发掘报告》，

《重庆库区考古报告集》（2000卷），第905—963页。

［10］ 参见杨华：《三峡远古时代考古文化》，重庆：重庆出版社，第277、278页。

［11］ 重庆市文物考古所、重庆市文物局：《忠县老鸹冲遗址（墓葬部分）发掘简报》，《重庆库区考古报告集》（2000卷），第831—869页。

［12］ 参见杨华：《三峡远古时代考古文化》，第277、278页。

［13］ 重庆市文物考古研究所等：《忠县宣公墓群发掘报告》，《重庆库区考古报告集》（2000卷），第889—904页。

［14］ 重庆市文物局、重庆市移民局编：《忠县仙人洞与土地岩墓地》，北京：科学出版社，2008年。

［15］ 重庆市文物局、重庆市移民局编：《忠县翠屏山崖墓》，北京：科学出版社，2011年。

［16］ 四川省文物管理委员会：《四川忠县涂井蜀汉崖墓》，《三峡考古之发现》，武汉：湖北科学技术出版社，1998年，第508—543页。

［17］ 四川省文物考古研究所三星堆遗址工作站、忠县文物保护管理所：《四川忠县涂井乡永兴、李园两处古遗址调查》，《三峡考古之发现》，第65页。

［18］ 李锋：《忠县邓家沱遗址西周时期文化遗存的初步认识》，《重庆·2001三峡文物保护学术研讨会论文集》，北京：科学出版社，2003年，第99—106页。

［19］ 四川省文物考古研究所等：《忠县中坝遗址1999年度发掘简报》图四二，《重庆库区考古报告集》（2000卷），第1009页。

［20］ 四川省文物考古研究所等：《忠县中坝遗址1999年度发掘简报》图四二，《重庆库区考古报告集》（2000卷），第1009页。

［21］ 四川省文物考古研究所等：《忠县中坝遗址1999年度发掘简报》图六六，《重庆库区考古报告集》（2000卷），第1024页。

［22］ 北京大学考古学研究中心等：《忠县哨棚嘴遗址发掘报告》图四七，《重庆库区考古报告集》（1999卷），第633页。

［23］ 参见于孟洲：《峡江地区夏商时期考古学文化研究》，北京：科学出版社，2010年，第142页，图2-48。

［24］ 参见于孟洲：《峡江地区夏商时期考古学文化研究》，第132—153页。

［25］ 孙华、曾先龙：《尖底陶杯与花边陶釜——兼说峡江地区先秦时期的鱼盐业》，《巴渝文化》第4辑，重庆：重庆出版社，1999年；四川省文物考古研究院等：《中坝遗址的盐业考古研究》，《四川文物》2007年第1期。

［26］ 李岩：《广东地区盐业考古研究刍议》，《华南考古》2004年第1集，北京：文物出版社，2004年，第70页。

［27］ 方辉：《商周时期鲁北地区海盐业的考古学研究》，《考古》2004年第4期。

［28］ 四川省文物管理委员会：《四川忠县涂井蜀汉崖墓》，《三峡考古之发现》，第535、536页。

［29］ 广州市文物管理委员会、广州市博物馆：《广州汉墓》第六章，东汉后期墓葬，北京：文物出版社，1981年，第383页；广州市文物考古研究所、番禺区文管会办公室：《番禺汉墓》，北京：科学出版社，2006年，第182、183页。

［30］ 四川省文物考古研究所：《丰都县三峡工程淹没区调查报告》，《三峡考古之发现》（二），武汉：湖北科学技术出版社，2000年，第23—55页。
［31］ 四川省文物考古研究所：《丰都县三峡工程淹没区调查报告》，《三峡考古之发现》（二），第27、40、41页。
［32］ 四川省文物考古研究院等：《中坝遗址的盐业考古研究》，《四川文物》2007年第1期。
［33］ 重庆市博物馆、益阳市文物管理处、重庆万洲区文物管理所：《万州黄柏溪遗址发掘报告》，《重庆库区考古报告集》（1998卷），第534、535页。

Report on Excavations at the Shangyoufang Site, Zhong County

Guangzhou Institute of Archaeology
Chongqing Cultural Heritage Research Institute
Zhong County Cultural Heritage Administration

Abstract: The site of Shangyoufang is located on the eastern bank of the Ruxi River, about 40km northwest of Zhong County, Chongqing City. Here, archaeological excavations were conducted in 2001, discovering remains dating between Western Zhou Spring and Autumn Period up to Ming and Qing times. They include ash pits, ash trenches, kilns, stone-paved roads, and other material remains dating to various periods, as well as a large number of ceramic and porcelain sherds, roof tiles, and other objects. Among them, pointed-bottom cups and jars with outward-flaring openings are the ceramic types most typical for Western Zhou Spring and Autumn Period, both of them very likely related to salt production activities at the site. Furthermore, four dragon kilns and three horse-shoe shaped kilns dating to the Western Han Period have been discovered that were likely connected with salt-boiling activities and roof-tile production at the site. As it was part of the rescue excavation project in connection with the Three Gorges building project, the archaeological excavations conducted at Shangyoufang provide evidence for societal developments in the Three Gorges region from the Western Zhou to the Han and Tang Periods as well as special data for the archaeology of salt production

Keywords: Shangyoufang, Pointed-bottom Cups, Jars with outward-flaring Openings, Dragon Kilns, Horseshoe-shaped Kilns, Salt Industry

（责任编辑：于孟洲）

附表一　上油坊遗址西周春秋灰坑统计表

编号	位置	层位关系	形状与结构	层位堆积	主要出土物
H06	T0605西北	④→H06→生土	方形，坑壁陡直，平底。坑宽95、底深46—50厘米	褐黄土，土质结构紧密，含有黄沙土块	尖底杯、花边口沿罐及绳纹罐
H07	T0604东南	②→H07→生土	近方形，坑壁陡直，平底。坑宽104、底深34—40厘米	褐黄土，土质结构紧密，含有黄沙土块	尖底杯及绳纹罐
H09	T0605西南	④→H09→生土	椭圆形，圜底。开口长径276、短径224、底深50厘米	褐黄土，土质结构紧密，含有黄沙土块	尖底杯和花边口沿罐
H15	T0606西北	①→H15→生土	方形，坑壁陡直，平底。坑宽70、底深40厘米	褐黄土，土质结构紧密，含有青灰色砂石颗粒	尖底杯
H17	T0603西部	③A→H17→生土	方形，坑壁陡直，坑底平坦。坑宽64、底深15—32厘米	褐黄土，土质结构紧密，呈块状，含有少量的烧土颗粒	尖底杯和绳纹罐
H22	T0604东南	④→H22→生土	圆形，坑壁陡直，平底。直径85、底深50—60厘米	褐黄土，土质结构紧密，呈块状	尖底杯和绳纹罐，并出土兽骨4块
H27	T0504西部	②→H27→生土	方形，坑壁陡直，坑底平坦。坑宽76、底深32—80厘米	褐黄土，土质结构紧密，呈块状	尖底杯
H32	T0904东北	⑤→H32→⑧A	椭圆形筒状，坑壁略内收，平底。坑口长径70、短径40厘米，坑底长径60、短径30、底深66—76厘米	褐黄沙质土，土质结构紧密	尖底杯和花边口沿罐
H33	T0904中部	③C→H33→⑧A	残，现存半圆形，北壁呈斜坡状，圜底。坑口残宽80、底深120厘米	褐黄沙质土，土质结构紧密	尖底杯和绳纹罐
H34	T0609西北	①→H34→生土	近方形，坑壁略内收，平底。坑口长90、宽74厘米，坑底长85、宽70、底深15—20厘米	黄褐沙质土，土质结构紧密，含有烧土颗粒	尖底杯
H35	T0805西南	⑤→H35→⑧A	长方形，一端壁略外弧，坑壁陡直，平底。坑长110、宽60、底深57—70厘米	褐黄土，土质结构紧密，呈块状	尖底杯和绳纹罐
H38	T0804西北	Y06→H38→生土	长方形，坑壁斜直，略内收，坑底平坦。坑口长140、宽50厘米，坑底长132、宽46、底深44—52厘米	褐黄土，土质结构紧密，呈块状，含有少量的烧土颗粒	尖底杯和绳纹罐
H39	T0808西南	①→H39→生土	近方形，坑壁陡直，平底。坑长43、宽40、底深24—30厘米	黄褐色，土质结构紧密	尖底杯

附表二　上油坊遗址汉代灰坑统计表

编号	位置	层位关系	形状与结构	层位堆积	主要出土物
H03	T0705西北	⑤→H03→生土	圆形坑，壁斜收，平底。坑口直径130厘米，坑底直径90、底深90—105厘米	黑灰土，土质结构紧密，呈块状，含有少量的烧土粒	板瓦、筒瓦和少量的尖底杯及陶罐
H04	T0603东部	③A→H04→生土	圆形坑，壁陡直，平底。直径128、底深39—56厘米	黑灰土，土质结构紧密，呈块状，含有少量的烧土粒	板瓦、筒瓦和少量的尖底杯、甑、碗及罐等，并出土有陶网坠和陶饼
H08	T0606东部	①→H08→生土	椭圆形坑，坑壁陡直，平底。坑口长径100、短径64、底深16—20厘米	黑灰土，土质结构紧密，呈块状	板瓦、筒瓦和少量的绳纹罐
H10	T0603西南	③A→H10→生土	圆角方形坑，坑壁陡直，平底。坑宽108、底深40—76厘米	黑灰土，土质结构紧密，呈块状，含有少量的烧土粒	板瓦、筒瓦和少量的尖底杯，并有陶网坠出土
H11	T0603中部	③A→H11→生土	圆角方形坑，坑壁陡直，坑底平坦。坑宽80、底深20—50厘米	黑灰土，土质结构紧密，呈块状，含有少量的烧土粒	板瓦、筒瓦和少量的尖底杯、盆和陶罐等
H12	T0805东北	④→H12→生土	瓢形坑，坑壁稍内收，坑壁南侧在距坑底70厘米处有一台阶，台阶最宽处为40厘米。坑底呈圆形，平底。坑口长径190、短径174厘米，坑底直径为80、底深140—160厘米	黑灰土，土质结构紧密，呈块状，含有少量的烧土粒	板瓦、筒瓦和少量的盆和罐
H13	T0805东北	④→H13→生土	圆形坑，筒状，平底。直径70、底深40—44厘米	黑灰土，土质结构紧密，呈块状，含有少量的烧土粒	板瓦、筒瓦
H14	T0705西部	⑤→H14→生土	圆形坑，筒状，平底。直径80、底深24厘米	黑灰土，土质结构紧密，呈块状，含有少量的烧土粒	板瓦、筒瓦和少量的陶罐、盆等
H16	T0603西部	③→H16→生土	椭圆形坑，筒状，平底。长径96、短径80、底深10—30厘米	黑灰土，土质结构紧密，呈块状，含有少量的烧土粒	板瓦、筒瓦和网坠
H18	T0704西北	④→H18→Y02	瓢形坑，坑壁陡直，在坑的东侧有一台阶，台阶高出坑底16厘米，台阶最宽处为34厘米，坑底近圆形，平底。坑口长径130、短径90厘米，坑底直径为90、底深56厘米	黑灰土，土质结构紧密，呈块状，含有少量的烧土粒	板瓦、筒瓦和少量的陶尖底杯、花边口沿罐和网坠等

续表

编号	位置	层位关系	形状与结构	层位堆积	主要出土物
H19	T0704北部	④→H19→Y02	近椭圆形坑，坑壁陡直，平底。长径105、短径80、底深74厘米	黑灰土，土质结构紧密，呈块状，含有少量的烧土粒	板瓦、筒瓦和少量的陶尖底杯和罐
H20	T0805东南	④→H20→Y05	瓢形坑，坑壁陡直，其西北侧有一台阶，高出坑底10厘米，坑底呈圆形，平底。坑口长径164、短径84厘米，坑底直径为88、底深42—50厘米	黑灰土，土质结构紧密，呈块状，含有少量的烧土粒	板瓦、筒瓦和少量的陶罐和盆等
H21	T0503西北	②→H21→G03	椭圆形坑，坑壁稍内收，坑底平坦。坑口长径95、短径64厘米，坑底长径86、短径60、底深13—34厘米	黑灰土，土质结构紧密，呈块状，含有少量的烧土粒	板瓦、筒瓦和少量的陶罐及兽骨等
H24	T0704西侧	④→H24→Y02	近椭圆形坑，坑壁向内斜直，平底。坑口长径150、短径90厘米，坑底长径92、短径50、底深83—105厘米	黑灰土，土质结构紧密，呈块状，含有少量的烧土粒	板瓦、筒瓦和少量的陶尖底杯、罐，并出土铜钱一枚
H25	T0804北侧	④→H25→⑧	瓢形坑，坑壁向内斜直，坑的北侧上部呈斜坡状，坑底呈圆形，平底。坑口长120、宽80厘米，坑底直径为70、底深58—122厘米	黑灰土，土质结构紧密，含有少量的烧土粒	板瓦、筒瓦和少量的陶尖底杯及盆等，并出土一铁锸
H26	T0703东北	③A→H26→Y02	椭圆形坑，坑壁陡直，平底。坑口长径114、短径80、底深43—60厘米	黑灰土，土质结构紧密，含有少量的烧土粒	板瓦、筒瓦和少量的陶罐，并出土石斧两件
H28	T0705南部	⑤→H28→⑧A	圆形坑，坑壁陡直，平底。直径60、底深10—26厘米	黑灰土，土质结构紧密，呈块状	板瓦、筒瓦和少量的陶罐
H29	T0705南部	⑤→H29→⑧A	椭圆形坑，坑壁陡直，平底。长径78、短径66、底深10—20厘米	黑灰土，土质结构紧密，呈块状	板瓦和少量的陶罐
H30	T0705东南	⑤→H30→⑧A	圆形坑，坑壁陡直，平底。直径74、底深8—14厘米	黑灰土，土质结构紧密，呈块状	板瓦和少量的陶罐

续表

编号	位置	层位关系	形状与结构	层位堆积	主要出土物
H31	T0805西南	④→H31→Y06	圆形坑，坑壁斜直向内收，平底。坑口直径132、坑底直径100、底深70—138厘米	黑灰土，土质结构紧密，呈块状	板瓦、筒瓦和少量的陶尖底杯、盆
H36	T0805北部	⑤→H36→Y01	近长方形坑，一端略宽，坑壁陡直，平底。长90、宽34—60、底深10—26厘米	黑灰土，土质结构紧密，呈块状	板瓦、筒瓦和少量的陶尖底杯和盆，并出土石斧一件
H37	T0805西部	⑤→H37→Y01	近长方形坑，中间略宽，东端呈斜坡状，两侧边近直，底部呈东高西低斜坡状。坑口长126、宽24—44厘米，坑底长90、宽24—44、坑底深24—36厘米	黑灰土，土质结构紧密，呈块状	板瓦、筒瓦和少量的尖底杯

附表三　上油坊遗址汉代窑址统计表

编号	方向（°）	涉及探方	层位关系	结构					层位堆积	出土器物
				操作坑	火膛	火道	窑室	烟洞		
Y01（龙窑）	230	T1005 T0904 T0905 T0805 T0806 T0706 T0707	④→⑤→H36、H37→Y01→生土	位于窑的前端，后端与火膛相连。平面近梯形，靠近火膛的一端较窄。其左、右两侧壁用石块垒砌，上口较宽。底部由里向外呈斜坡状，底部坡度为4°。底部长640、宽140—200、底深140厘米	位于操作坑后端，后端与火道相通。其右侧壁被H37打破。与操作坑之间有一石壁相隔。石壁宽40、高66、厚35厘米。石壁之上有一缺口，宽40厘米，推测应是火门，因已遭破坏，具体情况不明。火膛壁面烧烤严重，从现存的现状看，火膛经过多次修补。经解剖可知，火膛分为前、后两期。呈长方形，壁面规整，底部从里向外呈斜坡状，坡度为3°。周边烧结厚度达4厘米。第Ⅰ期火膛直接挖在生土之中。长176、宽90、现存底深80厘米。第Ⅱ期火膛是把第Ⅰ期火膛的左侧用泥土垫起来，上部用石块结砌。长度为170、宽30、深140厘米	位于火膛的前端。其右侧壁被H36打破。分前后两部分，前端是一个较平的台阶，长120、宽36、深120厘米，左右两侧壁80厘米以上用石块垒砌。并有多次用泥土修补的痕迹。后端呈斜坡状，坡度为30°。水平长度为290、宽44—58、深14—120厘米，底部烧结厚度为16厘米	位于火道的前端。直接挖在生土之中。呈长条形。窑壁规整，两侧壁上烧结厚度为4—6厘米，并有夯窝均匀分布，夯窝直径为4—6厘米。从现存的情况看，窑床两侧壁经过多次修补。底部倾斜，坡度为4°。口部较宽，长700、宽64厘米，底宽54、残存深度为20厘米	位于窑室的后端，因破坏严重，只留下底部结构。呈长方形，两端用石块垒砌。长160、宽60、深50厘米	操作坑堆积呈灰褐色，土质结构疏松，含有少量的烧土颗粒。火膛内堆积呈褐黄色，含有较多的烧土块，土质结构疏松。窑室内堆积呈黄褐色，土质结构疏松，含有少量的烧土颗粒	操作坑内出土大量的板瓦、筒瓦残片，只有少量的尖底杯、罐残片。火膛内出土有少量的板瓦、筒瓦残片。窑室内出土有少量的板瓦、筒瓦残片
Y02（龙窑）	223	T0803 T0804 T0703 T0704 T0604 T0605	⑤→Y02→⑧	位于火膛前端。近长方形。左右两侧壁用石块垒砌，依山就势，有的直接砌在基岩上。其上口较宽，底部内收变窄，底部由里向外呈斜坡状。现存底部长700、宽170—220、深260厘米	位于操作坑的后部，其后端与火道相接。平面近三角形，与火道相连处内收窄。左右两侧壁用石块垒砌，60厘米之上内收。底部呈斜坡状并烧烤成火红色。火膛长200、宽50—156、深130厘米。火膛壁用石块经过多次修补。与火膛相连火门已被破坏，结构不详	位于火膛的后端，直接挖在生土之中。平面呈长方形，底部呈斜坡状并与火膛相连。底部及两侧壁被烧烤成火红色。火道残长180、宽40、深60厘米	已遭破坏	已遭破坏	第1层是褐灰色土，土质结构紧密，含有烧土块。第2层是黄褐土，土质结构紧密，含有较多的烧土颗粒。第3层是黄褐色沙质土，土质结构疏松，含有较多的烧土颗粒	出土物以板瓦、筒瓦残片最多，卷云纹瓦当、陶尖底杯、罐及盆等器形较少，并出土有铁器和铜器等

续表

编号	方向（°）	涉及探方	层位关系	结构					层位堆积	出土器物
				操作坑	火膛	火道	窑室	烟洞		
Y03（马蹄形窑）	240	T0906 T0905 T0806	③B→Y03→Y01→生土	已遭破坏	位于窑室的前端，近三角形，其西端呈弧形，东端较直，两侧壁外弧。火膛底部较平，比窑床低55厘米，并与火道相通。火膛壁被烧结呈灰色，烧结面厚12厘米。火膛长170、最宽处180、底深46—120厘米。另外，在火膛底部后端分布有一排五个小柱洞，分别对应五条火道隔墙。小柱洞直径6、深4—17厘米	位于窑室的底部，共有六条，在窑室的底部直接挖成。火道呈长条形，规整。其长度为290厘米，即是窑室底部的长度，宽度为10—20、深20厘米。其左、右两侧第二条火道与窑室后壁的两条烟道相对应	位于火膛的后端，呈长方形，窑室壁上部内收。其东侧壁经过修补，有的地方加砌石块，窑室壁被烧结成灰色，烧结厚度为14厘米。窑室长290、宽210、深110厘米。在窑室的底部挖有火道	位于窑室后壁面上，共两条，间距为80厘米。烟道的下端与火道相连，进、出烟口近方形，宽20—22厘米。其建造方法是在窑室的后壁挖两条宽22、进深20厘米的竖槽，然后在竖槽的外面敷立板瓦而成烟洞	窑室内堆积为褐黄色沙质土，土质结构疏松，含有少量的红色烧土颗粒。火膛底部有5厘米厚的灰烬	板瓦、筒瓦和少量的细绳纹陶罐残片。多是出土于火膛内
Y04（马蹄形窑）	294	T1007 T1006	③F→Y04→⑨	已遭破坏	只残存火膛。根据Y03清理情况，该窑也应该是马蹄形窑。火膛呈梯形，其前端呈弧形，其余三壁较直，底部平坦。边壁及底部烧结厚度达8厘米。长194、宽74—166、底深20厘米	已遭破坏	已遭破坏	已遭破坏	堆积呈黄褐色沙质土，含有少量的烧土颗粒	出土有少量的板瓦、筒瓦残片

续表

编号	方向（°）	涉及探方	层位关系	结构					层位堆积	出土器物
				操作坑	火膛	火道	窑室	烟洞		
Y05（龙窑）	215	T0804 T0805 T0904	③F→Y05→Y06→生土	位于窑的前部，后与火膛相连。前端被第3C层打破。挖在生土之中，平面近梯形，靠近火膛一端较窄。开口残长240、宽110—120厘米，底部残长240、宽100—110、底深44厘米	位于窑操作坑的后端，直接挖在生土之中。其后端与火道相连，其左侧壁打破Y06，又被H31打破。火膛近梯形，左右两侧壁底部向内斜收，上部残存有一层石块。底部呈倾斜状并与窑室相通。与操作坑相通的火门已不遭破坏。两侧壁及底部被烧烤成火红色，厚度达8厘米。现存口部长220、宽30—110厘米，底长160、宽28—96、深108厘米	位于火膛的后部。被H20打破。开口平面呈长方形，壁面规整，底部成斜坡状，坡度为26°。壁面烧结严重，厚度达14厘米。现存长度为50、宽24—26、深12厘米	已遭破坏	已遭破坏	窑内堆积呈黄褐色沙质土，土质结构疏松，含有少量的红色烧土颗粒	出土物以板瓦和筒瓦最多，还有少量的罐、盆残片等
Y06（龙窑）	213	T0804 T0805 T0904	③F→Y05→Y06→生土	已遭破坏	近呈长方形。前端被第3C层打破，后端稍窄呈圆弧状，又打破H37。其后壁呈倾斜状与火道相通，左右两侧壁底部向内收，底部稍斜，越往外越低。开口残长220、宽68—172厘米，底残长160、宽110—140、底深90厘米。壁面上没有发现火烧痕迹，推猜该窑没有修建完工或没有使用	近长方形。位于火膛的后端，直接挖在生土之。其前端打破H37，后端被H31打破。与火膛连接处略宽，左右两侧壁陡直，底部呈斜坡状，坡度为32°。开口平面长300、宽50—65厘米	已遭破坏	已遭破坏	窑内堆积可分两层，第1层是黄褐色砂质岩堆积，石质差、易碎，不规整，大小不一致。堆积较乱，没有规律。最大的石块长42、宽8—26厘米。第2层为黄褐色堆积土，土质结构较紧密。厚度为10—25厘米	出土陶片以泥质褐灰陶最多，泥质红陶和灰陶较少，夹砂红陶最少。主要器形为尖底杯，花边口沿罐较少，另外还出土一件圜底罐底部

续表

编号	方向（°）	涉及探方	层位关系	结构					层位堆积	出土器物
				操作坑	火膛	火道	窑室	烟洞		
Y07（马蹄形窑）	289	T0908 T0808	③E→Y07→生土	已遭破坏	该窑破坏严重，只剩下火膛。火膛前后两端也遭到不同程度的破坏。现存火膛平面近梯形，其东端较宽，西端较窄，两侧壁陡直，底部呈斜坡状，东高西低，斜度为19°。火膛壁及底部被烧成红色，厚度为6厘米。长184、宽100—140、底深12厘米	已遭破坏	已遭破坏	已遭破坏	堆积呈褐黄色土，土质结构疏松，含有烧土颗粒	出土有少许的板瓦残片

附录 忠县上油坊遗址古环境初析

谭惠忠 郑 卓 梁致荣

（中山大学岭南考古研究中心）

上油坊遗址位于重庆市忠县涂井乡凤山村四组，地处汝溪河下游，南距长江约3.8千米，遗址所在地俗称“苞豆梁”。汝溪河为长江一级支流。广州市文物考古研究所2001年6—9月发掘。

遗址西南距汝溪河20米左右，北侧有一条小溪流过与汝溪河汇合。遗址就处在两水夹角中的山坡脚下。据现场调查，该处是一个古滑坡体（时代未明，据地质资料和地质调查推断，应该是全新世新构造运动所形成，距今一万年左右）。遗址周边出露地层为侏罗系中统沙溪组的灰棕紫色砂、泥质页岩，地表为灰棕红色沙壤土和沙质黏土，基岩的页岩层理、片理十分发育，倾向有130°和340°两组，倾角很陡，绝大部分超过85°，因此极易产生顺层滑坡。遗址所在滑坡体与原山体落差约12米。山脚处开垦为旱地，近山顶处杂草乱生，乔木稀疏。遗址现场，广州市文物考古研究所开挖了60个5米×5米的探方，发掘面积1500平方米。出土陶片、瓦片等文化遗物，遗址共发现7座古窑，大部分窑顶已损，其中3座窑底及“烟道”保存完好。为了分析该遗址的古环境，我们在其中2座古窑（Y01和Y03）取了3个热释光样品，在探方T0909各层取了9个样品，测定其粒度和孢粉、植硅石的含量。

热释光年龄测定结果如下（表一）：

表一 上油坊遗址古窑热释光年龄测定结果

实验室编号	野外编号	样品名称	样品性质	热释光年龄（年）
ZSUT-642	Y01顶	古窑烧土	火烧土	2080 ± 120
ZSUT-643	Y01底	古窑烧土	火烧土	1990 ± 110
ZSUT-644	Y03底	古窑烧土	火烧土	1640 ± 80

根据火烧土的热释光测年原理，可以确定，该样品最后一次加热（退火）后重新吸收储存放射性能量，距今已有1640（±80）—2080（±120）年，也就是说该遗址的古窑Y01毁于距今2000年左右，Y03毁于距今1640年左右，均属汉代。Y01顶比Y01底“老”近100年，似乎不合理，据分析，烧窑时窑顶的温度比窑底高，烧得更透，因此热释光能量储存更多；而且，当窑烧毁后，窑顶部废弃，而窑底常用来堆放材料或

成品，人为干扰较大，所以有这样的误差，不足为奇。由于采样标本数量较少，又限于一些客观条件，此次测试未能测定每个窑的具体年龄和探方中各地层的堆积形成年代，略感遗憾。

上油坊遗址T0909探方中各层样品的粒度分析见表二。

表二　上油坊遗址T0909探方各粒级（μm）含量（%）

样号	深度（厘米）	＞2000	2000—1000	1000—500	500—250	250—125	125—63	63—32	32—16	16—8	8—4	4—2	2—1	＜1
T0909-9	0—25	1.12	0.92	2.82	6.04	11.19	11.36	6.55	11.89	10.49	18.88	6.74	4.25	4.77
T0909-8	25—45	0.62	1.13	3.20	6.10	6.87	10.20	3.00	11.80	11.87	21.10	9.01	7.08	7.65
T0909-7	45—85	0.51	1.61	4.82	14.97	14.93	7.07	8.05	10.43	6.16	17.93	5.77	3.30	3.86
T0909-6	85—100	2.47	1.19	4.99	16.00	17.84	8.10	11.25	15.69	8.27	9.91	2.55	0.99	0.86
T0909-5	100—120	0.65	0.91	5.07	16.71	15.10	2.51	9.65	14.88	9.02	12.29	5.40	3.33	2.88
T0909-4	120—145	—	0.54	4.59	15.45	16.54	4.72	8.32	9.89	7.63	18.44	4.62	4.47	4.43
T0909-3	145—170	0.22	0.40	6.31	21.49	15.24	5.27	7.67	13.89	8.17	10.23	3.56	2.38	4.24
T0909-2	170—195	0.61	0.80	6.94	19.06	17.92	7.80	8.73	12.16	9.34	10.38	3.68	1.72	0.94
T0909-1	195—235	1.00	1.45	7.12	16.95	15.19	8.57	5.22	14.00	9.56	13.95	4.23	1.80	0.84

从表二中可以分析，T0909探方145厘米深（样品T0909-3、T0909-2、T0909-1）的沉积环境较稳定，其中所夹巨砾为原生砂、泥质页岩的山坡滚石，最底部为紫红色砂质页岩半风化层，该层上部出土的尖底杯等器物年代推断超过2000年。120—145厘米（样品T0909-4）的沉积物粒度较上下层位的细，有受水流影响的可能。85—120厘米（样品T0909-6、T0909-5）沉积环境相似，粒度稍粗，分选性差，沉积物中的砂粒磨圆度差，应为山上坡积物。0—85厘米（样品T0909-9、T0909-8、T0909-7）基本属同一沉积环境，粒度稍细，分选性差，结构松散，风化程度较高，人为活动影响较大。

总体来说，该遗址属于陆相沉积，多为风化坡积作用形成。受人为活动影响，沉积物受干扰程度较严重，结构杂乱。为分析几千年来气候变化，我们用同一组样品作了孢粉和植物硅酸体分析。该遗址T0909探方所检出的孢粉数，最少的层位是T0909-1（埋深195—235厘米），检出数为0；T0909-2（埋深170—195厘米）和T0909-3（埋深145—170厘米），分别检出数为5粒和3粒；最多的是T0909-7（埋深45—85厘米），每片检出数为319粒。共检出孢粉30个科属，其中木本植物有樟科、杉科、松属、山羊榉属、栗属、栎属、枫香属、枫杨属、榛属、忍冬；草本植物有十字花科、禾本科、莎草科、蒿、菊科、藜科、蓼、毛茛科；蕨类有金毛狗、芒萁、里白属、石松、海金沙、单缝孢子、紫萁、凤尾蕨、卷柏属、三缝孢子、小三缝孢子；藻类有环纹藻等。孢粉分析所显示的信息与粒度分析符合。即T0909探方145厘米深（样品T0909-

1、T0909-2、T0909-3）沉积环境大致相同，三个样品共检出木本植物孢子3粒、蕨类3粒、藻类2粒，未见草本植物孢粉，此层位应为早期风化坡积物。120—145厘米（样品T0909-4）有藻类粉子3粒、蕨类孢粉63粒，无木本和草本植物孢粉，可见这段时期气候较温暖潮湿。100—120厘米（样品T0909-5）始见草本植物孢粉，仅藜科2粒、蓼1粒，亦无木本植物。0—100厘米（样品T0909-9、T0909-8、T0909-7、T0909-6）的植物孢粉含量较多，其组合特征是蕨类占比例很高，占61.63%—91.36%；草本植物次之，占2.2%—26.7%；木本植物最少，占3.13%—10.94%；藻类除T0909-6号检出13粒外，其他各样仅检出0—3粒，因此85—100厘米所处的环境较湿润。

从孢粉种属、组合特征来看，遗址一直处于温带较干旱的气候环境中，间或温暖湿润。自有人类活动以来此处既非森林亦非农田（地），属灌木草丛疏林地。

T0909的植物硅酸体（植硅石）形态特点：120厘米以深（样品T0909-4、T0909-3、T0909-2、T0909-1）以方形和长方形为主，120厘米以上（样品T0909-9、T0909-8、T0909-7、T0909-6、T0909-5）以长方形和扇形为主，其组合特征与孢粉分析是一致的。值得一提的是，本探方中检出的炭屑比植硅石还多，根据炭屑与植硅石的比率，我们推断T0909-5（考古发掘划分的第3F层）是烧窑的鼎盛期，这个时期的植被最差，炭植比达4.38：1。T0909-6（第3E层）为停窑期，植被开始恢复，炭植比仅为0.58：1。

上油坊遗址的古环境分析只是初步的，是考古发掘报告的补充，与报告相违之处，参照考古发掘报告修正。

成都天回镇老官山汉墓发掘简报

成都文物考古研究所　荆州文物保护中心

摘要：2012年7月至2013年8月，成都文物考古研究所和荆州文物保护中心组成联合考古队对成都市金牛区天回镇的一处西汉时期墓地进行抢救性考古发掘，共发掘西汉时期土坑木椁墓4座，出土大量漆木器、陶器，以及少量铜器和铁器等珍贵器物。首次发现大量西汉时期简牍，出土九部书，其中部分医书极有可能是失传了的中医扁鹊学派经典书籍。出土的完整的人体经穴俑，应是迄今我国发现的最早的、最完整的经穴人体医学模型，与墓葬出土经脉医书相对照，为揭开中华医学经脉针灸理论的起源和发展具有重要意义。出土的四部织机模型应是前所未见的蜀锦提花机模型，是迄今我国发现的唯一有出土单位的、完整的西汉时期织机模型，对于研究纺织技术的起源和发展具有重大意义。

关键词：老官山　汉墓　漆器　竹简　木牍　织机

为配合成都市地铁三号线基本建设，2012年7月至2013年8月，经国家文物局批准，成都文物考古研究所和荆州文物保护中心组成联合考古队对成都市金牛区天回镇的一处西汉时期墓地进行抢救性考古发掘，共发掘西汉时期土坑木椁墓4座，出土大量漆木器、陶器，以及少量铜器和铁器等珍贵器物。现将发掘的主要收获简要介绍如下。

一、地理位置与发掘经过

成都市主城区北面为与成都平原接壤的浅山丘地带，此处有西周时期的大型建筑遗迹羊子山土台[1]。目前，这一区域内已发现大量战国、秦汉时期墓葬，此区域也是后世贵族墓葬的集中埋葬区，如后蜀国主孟知祥墓[2]、明蜀藩王墓[3]等均葬于此。

此次发掘的墓葬位于成都市金牛区天回镇土门社区卫生站东侧，当地俗称“老官山”。中心坐标为东经104°6′41.96″，北纬30°44′56.65″（图一）。2012年7月，修建成都市地铁三号线“天回南站”时，对道路西侧污水管道改建施工中发现墓葬，报文物部门之后，确认其为汉代墓葬。对施工范围进行勘探后确认其施工范围内有墓葬4座，由南向北分布在蓉都大道两侧，墓葬按发掘顺序进行编号，其中编号M1—M3的3

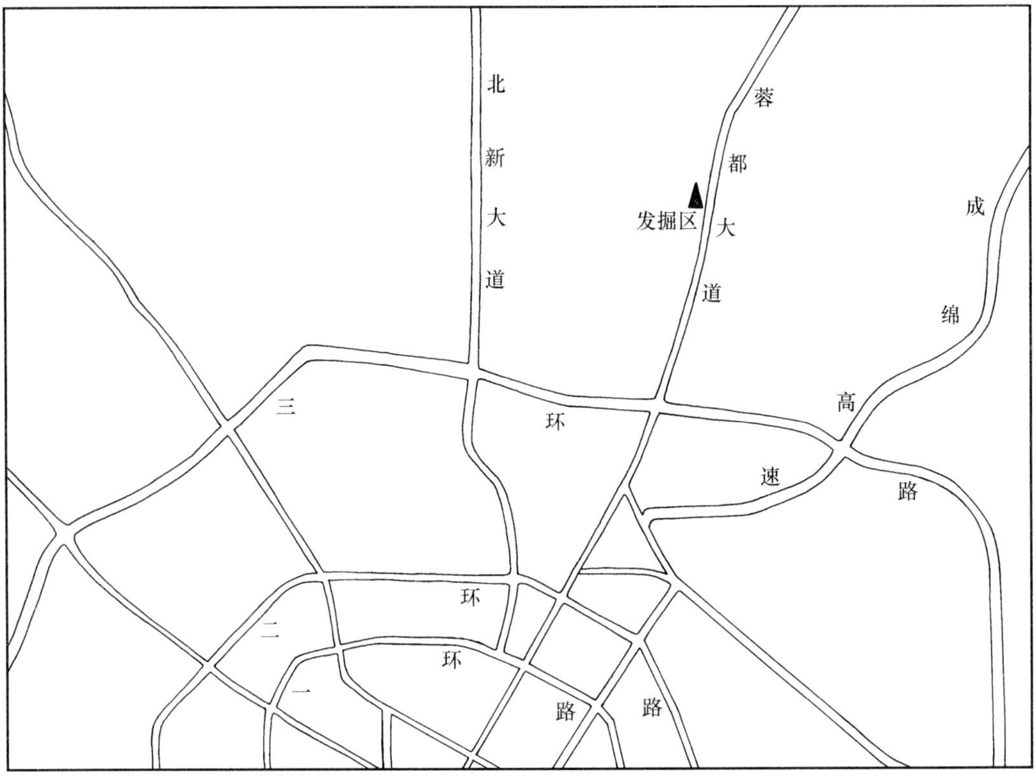

图一　老官山汉墓位置示意图

座墓葬分布集中，呈南北向的一条直线排列，以M1为中心坐标点，M2位于M1的北侧约30米，M3位于M2的北侧约5米，M4位于M1的东南方约420米处（图二）。至2013年8月，现场发掘工作完成。

二、墓葬形制

墓葬均为竖穴土坑木椁墓，大小相近，方向近南北向。其中M1有墓道，平面呈“凸”字形；另外3座无墓道，平面呈长方形。建造方式是先挖一竖穴土圹，在土圹内建造木椁，椁板榫卯结构镶嵌而成。椁内置葬具、墓主及随葬品。椁内放置一具或两具木棺，棺由整树加工成凹形槽，槽两头插挡板后成长方盒形，分隔出头或脚箱，棺沿与棺盖分别作多重凹凸槽形成的子母口相扣。棺外壁多用铜泡、木璧装饰。木椁内髹红、黑漆，棺内髹黑漆，棺外髹黑漆或红漆。木椁外包裹青膏泥。最后在椁室上面逐层夯土，形成封土，封土破坏严重，形制不详。因墓葬早期均被盗，后期再次被破坏，墓内长期被水浸泡等因素影响，其随葬器物放置位置较为凌乱。

墓葬分为有底箱和无底箱两类。

图二 老官山汉墓分布示意图

1. 无底箱墓葬

仅有M1一座，方向为192°。开口被破坏，现存墓圹开口于现代道路层下，由墓道与墓室两部分组成。台阶墓道位于墓室南部外侧，无法完整发掘，经钻探，墓道开口宽约3.5、阶宽约0.2—0.3、阶高0.3—0.45米。墓室开口南北长6.68、东西宽4.04、墓室深4.2米，四壁较规整。椁四周与坑壁之间、椁盖板之上分布厚0.2—0.6米的青膏泥，盖板的青膏泥之上为五花夯土层，现存厚1.6米，夯层厚0.1—0.15米。

椁室框架结构由椁底板、壁板和盖板搭接而成。椁底板共八块，东西向平铺，规格尺寸上南北两侧底板较宽，长3.45、宽0.9、厚0.26米。中间六块底板规格基本相同，长3.45、宽0.7—0.75、厚0.26米。整个木椁壁板框架以榫卯结构的形式连接，四壁均为两块壁板。南北两块壁板长3.5、宽0.88—0.9、厚0.38米，内侧近东西两端各有一个凹槽，即卯口，深0.08米，凹槽的宽度与东西壁板的厚度相同。东西壁板长5.4、宽0.9、厚0.26米，两端作为榫头，与南北壁板的卯口套合。整个椁室似“井”字框架结构。椁盖板为单层，共九块，东西向横放于椁室东西壁板上，板与板之间以偏搭榫的形式平行连接，规格尺寸基本相同，长3.6、宽0.7、厚0.38米。椁室空间内南北长5.28、东西宽2.45、高1.7米，通髹黑漆。

木棺两具，长方形盒状，棺下放置两根东西向的枕木，长2.42、宽0.18、高0.16米。1号棺放置于椁室东南部，长约2.62、宽约0.82、高约0.89米，外部通体红漆；2号棺与1号棺平行放置于椁室西南部，长约2.46、宽约0.76、高约0.8米，外部施黑漆。由于盗墓破坏，1号棺向东侧倾斜，盖斜放于两棺之间；2号棺棺盖竖立斜置于椁室北部（图三）。

共出土陶、漆、木、铜、铁、银、林、竹、石各类质地随葬品150余件。器物多较破碎，放置凌乱。陶器有罐、盆、壶、井等器形；漆木器有耳杯、奁、案、盘、勺、几、盒、马、器座、圆形器等器形；铜器有弩机、扣饰等器形；钱币出土有半两和五铢；木牍约50枚。

2. 有底箱墓葬

共3座，编号M2、M3、M4。即把椁室分隔为两层，下层内部再分成若干箱，各箱内按类别放置随葬品。

M2　方向为34°，开口被破坏，现存墓圹开口于现代道路层和房基下，无墓道。现存墓室开口南北长8.45、东西宽5.8、墓室深5米，四壁规整。东西坑壁各有一道生土梯步降至距墓底约0.8米，西壁梯步由南向北逐步下降，东壁则由北向南，阶梯长0.5、宽0.3—0.4、高0.3—0.35米。四壁有组装椁室的加固孔，现存两层，略错位，每层两个孔，分布在距墓坑转角0.7—1.1米，下层孔距墓底2.8米，上下层之间距0.6米。孔为方形，宽0.15—0.18、高0.35—0.45米，由墓内向墓壁倾斜，孔下部与墓壁平齐，上部则深入壁内0.12—0.15米。椁底板之下、椁四周与坑壁之间、椁盖板之上均夯填五花土，盖板先覆盖一层厚约0.05米的棕层，棕层为一整片，由细竹条串联棕片而成，四周垂吊下0.3—0.5米，棕片上夯填五花土层0.9—1米后，夹夯厚0.15—0.2米青膏泥一层，其上再夯填五花夯土层厚1.1—1.2米。夯层厚0.1—0.15米，夯窝明显，用直径0.12—0.15米的圆形木柱10—12个束成一个直径约0.4米圆形夯柱。

椁室框架结构由枕木、椁底板、壁板和盖板搭接而成。枕木南北向两根，长7.45、宽0.14、高0.17米，置于墓坑底部开的小槽内，南北距墓坑壁0.15米，东西距墓壁0.7—0.9米，位于东西壁板的正下方。底板共11块，东西向平铺，规格尺寸基本相同，长4.4、宽0.68—0.7、厚0.25米。整个木椁壁板框架以榫卯结构的形式连接，四壁均为三块壁板。南北三块壁板长4.7、宽0.66—0.68、厚0.46—0.48米，内侧近东西两端各有一个凹槽，即卯口，深0.06米。凹槽的宽度与东西壁板的厚度相同，东西壁板长6.45、宽0.3、厚0.35米，两端作为榫头，与南北壁板的卯口套合。整个椁室似“井”字框架结构。椁盖板为单层，共11块，东西向横放于椁室东西壁板上，板与板之间以偏搭榫的形式平行连接，规格尺寸基本相同，长4.5、宽0.68—0.7、厚0.45—0.46米。

椁室内中部及南北两侧距椁壁各约0.45、0.65米，分别放置东西向的挡板共三块，中间挡板宽0.28米，两侧挡板宽0.18米，高约0.5米，将底部分隔出四个底箱，由北向南分别编号为北一底箱、北二底箱、南一底箱、南二底箱。南二底箱内南北向放置两块宽约0.12、高约0.45米挡板将其分为三个小箱，由东向西分别编号为南二东底箱、南二中底箱、南二西底箱。北一底箱空间内东西长3.35、南北宽0.65、深0.5米。北二底箱和南一底箱大小相近，东西长3.35、南北宽2.2—2.4、深0.5米。南二东底箱东西长0.88、南北宽0.45、深0.45米，南二中底箱东西长1.45、南北宽0.45、深0.45米，南二西底箱东西长0.8、南北宽0.45、深0.45米。底箱上置南北向盖板，共12块，分为南北两部分，中间置于中间挡板上，南北两端至椁壁，每块尺寸规格相同，长3.18、宽0.52—0.55、厚0.11米。

椁室空间南北长6.36、东西宽3.35、高2.02米（含底箱高度，至底箱盖板处高1.4约），通髹红漆。

木棺一具，长方形盒状，放置于底箱盖板上，置于椁室的西北角，贴靠西壁。向南侧的棺头挡板被破坏。长2.84、宽0.88、高0.92米。内外通髹红漆。棺外壁有铜泡、木壁装饰和丝织物痕迹，疑为盖棺之帛（图四）。

发掘时人骨出土于棺外，椁室中部，较完整。

出土陶、漆、木、铜、铁、玉各类质地随葬品300余件。陶器有罐、盆、钵、井、灶等器形；漆木器有耳杯、盘、木马、马车、木俑、动物俑、织机等；玉器有印等；另有铜削、铁釜等；钱币为半两。从发掘情况分析，北部底箱未被盗，4部织机及彩绘木俑出土于北一底箱，北二底箱内出土大量的陶器，有罐、钵等（图版二九，1）。南部底箱已被破坏，出土木马、马车和陶器中的仓、灶、井等器物（图版二九，2）。南二底箱中原放置大量谷、稻等粮食，被盗时破坏墓葬结构后混入一些其他随葬器物。

M3　方向为35°，开口被破坏，现存墓圹开口于现代道路层下，无墓道。墓室开口南北长6.5、东西宽4.26、墓室深2.75米，四壁较规整。椁四周与坑壁之间、椁盖板之上分布厚0.2—0.6米的青膏泥，盖板的青膏泥之上为五花夯土层，现存厚0.1—0.2米，夯层厚0.1—0.15米。

椁室框架结构由椁底板、壁板和盖板搭接而成。椁底板共八块，东西向平铺，规格尺寸基本相同，长3.25—3.3、宽0.68—0.7、厚0.18米。整个木椁壁板框架以榫卯结构的形式连接，四壁均为三块壁板。南北三块壁板长5.15、宽0.65—0.73、厚0.22米，内侧近东西两端各有一个凹槽，即卯口，深0.07米。凹槽的宽度与东西壁板的厚度相同，东西壁板长3.15、宽0.68—0.7、厚0.3米，两端作为榫头，与南北壁板的卯口套合。整个椁室似“井”字框架结构。椁盖板为单层，共八块，东西向横放于椁室东西壁板上，规格尺寸基本相同，长3.25、宽0.69—0.78、厚0.25米。

椁室底板中部及南北两侧距椁壁约0.45米处分别放置东西向的挡板三块，挡板宽0.2、高0.48米，将底部分隔出四个底箱，由北向南分别编号为北一底箱、北二底箱、南一底箱、南二底箱。北一底箱空间内东西长2.35、南北宽0.46、深0.48米。北二底箱空间内东西长2.35、南北宽1.38、深0.48米。南一底箱东西长2.35、南北宽2.08、深0.48米。南二底箱东西长2.35米、南北宽0.45米、深0.48米。底箱上置南北向盖板，共12块，分为南北两部分，中间置于中间挡板上，南北两端至椁壁，北部盖板共七块，每块尺寸规格基本相同，长2.1、宽0.32—0.4、厚0.08米。南部盖板共五块，长2.9、厚0.08米，靠东西两壁板较宽，分别宽0.55米和0.72米，中间三块尺寸规格相同，宽0.45—0.48米。

椁室空间南北长5、东西宽2.36、高2.05米（含底箱高度，至底箱盖板处高约1.52米），通髹黑漆。

木棺两具，长方形盒状，南北向置于底箱盖板上，位于椁室的北部。西棺向西侧倾倒，棺盖斜靠于西椁壁上，东棺向南侧的棺头挡板被破坏。西棺长2.58、宽0.8、高0.95米；东棺长2.82、宽0.88、高0.98米。内外通体黑漆（图五）。

发掘时在墓葬北部和西部发现两个盗洞，北部盗洞直径约0.6米，为早期盗洞。西部盗洞系直接将盖板砍断，为晚期盗洞。

出土陶、漆、木、铜、铁、草、竹各类器物140余件。陶器有罐、鼎、釜、瓮、井等；漆木器有耳杯、奁、几、盒、人体经穴俑、马、俑、璧等；铜器有削等；铁器有矛、杵、臼等；钱币为半两；竹简约920枚。器物主要出土于底箱内。椁室内由于多次被盗，只出土十多件器物，但由于盗掘时南部底箱盖板均被撬开，因此南部底箱内部分器物应原是放置在椁室内。北部底箱由于盖板上放置的两具棺不好移动，因此器物保存相对较好。竹简（M3：121）和人体经穴俑出土于北二底箱，137号竹简出土于南一底箱。

M4　方向为148°，现存墓圹由于后期破坏开口层位不明，无墓道。墓葬西部被后期修建时破坏，残存最下层椁室西壁板南部一段。现存墓室开口南北长5.9、东西宽3.7米（西部被破坏，东部压于现代建筑下，无法清理），墓室深2.9米，四壁较规整，四壁夯建高约1.75、宽0.7米的熟土二层台，与椁室不盖盖板时基本平齐。椁四周与二层台外壁之间、椁盖板之上分布厚0.15—0.2米的青膏泥，盖板的青膏泥之上为五花夯土层，现存厚1.2米，夯层厚0.2—0.25米。

椁室框架结构由椁底板、壁板和盖板搭接而成。椁底板共七块，东西向平铺，规格尺寸基本相同，长2.8、宽0.5—0.7、厚0.2米。整个木椁壁板框架以榫卯结构的形式连接，四壁均为三块壁板。南北三块壁板长2.8、宽0.7、厚0.2米，内侧近东西两端各有一个凹槽，即卯口，深0.07米。凹槽的宽度与东西壁板的厚度相同，东西壁板长3.9、宽0.7、厚0.24米，两端作为榫头，与南北壁板的卯口套合。整个椁室似“井”字框架结构。椁盖板为单层，已垮塌，共七块，东西向横放于椁室东西壁板上，规格尺寸基本相同，长2.8、宽0.6—0.7、厚0.2米。

椁室底板中部及南侧距椁壁约0.3米、北侧距椁壁约0.2米处分别放置东西向的挡板共三块，挡板宽0.25、高约0.35米，将底部分隔出四个底箱，由北向南分别编号为北一底箱、北二底箱、南一底箱、南二底箱。北一底箱空间内东西长1.92、南北宽0.2、深0.35米。北二底箱空间内东西长1.92、南北宽1.32、深0.35米。南一底箱东西长1.92、南北宽1.33、深0.35米。南二底箱东西长1.92、南北宽0.3、深0.35米。底箱上置南北向盖板，多已破坏，数量不详，分为南北两部分，中间置于中间挡板上，南北两端至椁壁，残存盖板尺寸规格基本相同，长1.9、宽约0.45、厚0.06米。

椁室空间南北长3.78、东西宽1.95、高1.4米（含底箱高度，至底箱盖板处高约1.1米），通髹黑漆。

木棺一具，长方形盒状，已垮塌。南北向置于底箱盖板上，位于椁室的东南角，贴靠东壁，复原长约2.3、宽约0.85、高约0.88米。内外通体黑漆（图六）。

出土陶、漆、木、玉石各类器物10余件。陶器有罐、盆等；漆器有盒、耳杯等；其他还有铁灯、玉石猪、半两钱币等。

三、随葬器物

共出土器物600余件，其中陶器130余件，器形有罐、鼎、盆、钵、瓮、壶、井、灶等；漆器240余件，器形有耳杯、奁、几、盘、盒、木俑、马等；木器140余件，器形有璧、器座、案、织机等；铜器20余件，器形有弩机、扣饰等；钱币有半两和五铢两类；铁器有臼、釜、灯、矛等；另有少量竹编器、草（棕）编器等。

（一）木牍

约50枚（包括残片），均出土于M1。根据内容初步分为官府文书和巫术两大类（图版三〇，1）。

（1）文书类木牍。例如，木牍M1：118释文：

……陇西左右内史一，道……
……赐者众，《算令》曰：诸……

此件文书与“陇西内史”有关，大约是关于缴纳算赋的法令。

木牍M1：158释文：

……［贾］皆没以□不占，县……
……皆益加朱十钱以均之……
……勿治。令诸郡国贾……
……上者，令出率：万钱出……
……及贷钱□物若［赊］……
……欲以取利而及不租者，及……

此牍是有关商业活动的法律文书，大约是因为某类物价太低，中央政府颁布命令要增加包括没收商人隐瞒申报的财产，有关物价交换（出率）和借贷租赁的规定，以及平抑物价的法令等。后者大概是因为某类物价太低，中央政府颁布命令要求增加十个五铢钱以平抑物价，并令诸郡国遵行。

（2）巫术类木牍。例如，木牍M1：206释文：

……［乾］冶，饮之。女子视欲得男者，禹步三，择日取□……

使似其父，母似其母者，且以半祀以为不十（丕），三族为三正。人皆呼□族为正。拜［起后］……

［后］避，使告黄工□□□□□三，而更为之，皆以月望日东方［呼］□乡（向）中央人□祝，旁人皆呼……

此牍文字墨色非常浅，很多字迹模糊，难以辨认，基本可以判定为求子巫术。

（二）竹简

1. 竹简M3：121

M3：121，共736支（含残简）。按摆放位置、竹简长度、叠压次序、简文内容和书法风格等，大致可分为八部医书和一部律令（《尺简》）。其中除《五色脉脏论》（此为简称）之外，其余都没有书名，根据简文内容分别将七部无题名医书初步定名为《敝昔医论》《脉死候》《六十病方》《病源论》《经脉书》《诸病症候》《脉数》等，另一部法律文书暂名为《尺简》（图七；图版三〇，2）。竹简的长度及位置分布，可参考表一。

表一　竹简M3：121统计表

M3：121	简数	简号	盒号	红外编号	简长		拟定书名
					厘米	汉尺	
图一	57	1—55	（1）—（6）	0344—0356	全残		1敝昔医论
图二	51	56—105	（7）—（11）	0357—0385	27.6	尺二	2脉死候
图三	175	106—282	（12）—（29）	0386—0439	34.5	尺半	3六十病方
图四	20	283—302	（30）—（31）	0440—0445	22.7	一尺	4尺简
图五	40	303—342	（32）—（35）	0446—0454	34.5	尺半	3六十病方
	18	343—360	（35）—（37）	0452—0458	27.6	尺二	5病源论
图六	268	361—628	（38）—（64）	0459—0546	35.8	一尺半尺半寸	6诸病症候 7经脉书
	41	629—670	（65）—（68）	0547—0573	30.0	尺三	8脉数
图七	66	671—736	（69）—（75）	0574—0604	全残		9五色脉脏论

九部书的基本情况和大致内容分述如下：

（1）《敝昔医论》

横放在其他竹书前，所有简的下端均残断，大多残长10—23厘米，初步统计约57支简。简文举例：

M3：121-32　“敝昔曰：人有九徼（窍）五臧（脏）十二节，皆鼂（朝）於气。”

M3：121-48　“敝昔曰：所胃（谓）五色者，脉之青白相乘者，脉急甚。”

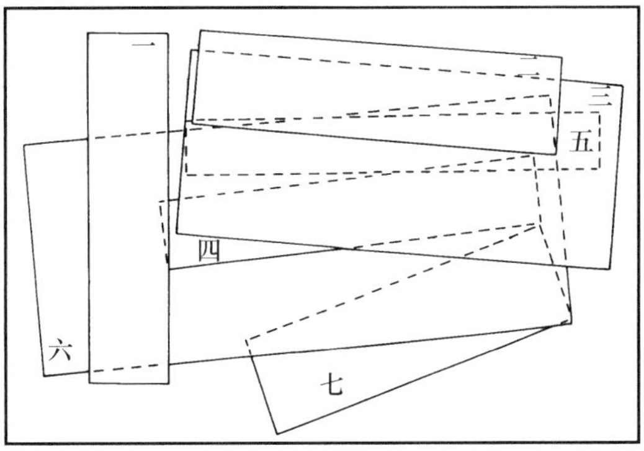

图七　M3：121竹简位置示意图

（2）《脉死候》

在竖放竹书的最上面，长约27.6、宽0.8、厚0.1厘米。初步统计约51支简。其长度合汉代一尺二寸，可称“尺二简”。简文举例：

M3：121-72　“脉绝如食［倾］，不过二日则死，烦心与腹伥（胀）具则死。”

M3：121-68　“其脉、输、郄，皆不盛曰死。”

M3：121-76　“［一曰］刑（型）死，二曰气死，三曰心死，四曰志死，五曰神［死］。”

（3）《六十病方》

堆放在竹书上部的较长的竹简，长约34.5、宽0.8、厚0.1厘米。其长度约合汉代的一尺半，可称“尺半简”，分上、下两层堆放，上层约175支，下层约40支，合计约215支，中间夹杂着约20支较短的“尺简”（约22.7厘米）。“尺半简”均为病方，包括15支题名简，以及大约200支药方简。每支题名简分四栏，每栏先标出“治某病”，次列出编号，15支简四栏题名，共得60个病方。

15支题名简参照“药方简”简头自书的编号与题名，可完整复原六十病方的全部名称，列举如下：

M3：121-276　［治风痹汗出方一］　治穨山（疝）十六　治鲜（癣）卅一　治消渴卌六

M3：121-280　［治颢二］　［治女山（疝）十七］　治肠已［阴痿］不用者卅二　治字难者卌七

M3：121-373　治瘕三　治肠山（疝）十［八］治伤饮卅三　治女子瘕卌八

M3：121-266　治心腹成瘕四　止内倗一九　治伤寒足清养者［卅四］　治风痺卌九

M3：121-194　治腹后膏成农者五　治女子不月廿　治身疕伤卅五　治内痺五十

M3：121-195　治金伤六　治沦廿一　治□□□及要（腰）伤卅六　治内风五十一

M3：121-137　治益气轻劲七　治黄瘅廿二　治婴（瘿）［卅七］　治伤中五十二

M3：121-136　治风八　治石癃廿三　治鬁卅八　治内倗金伤赤沦五十三

M3：121-319　治风聋九　治寒热咳醪廿四　治温病卅九　治隔中五十四

M3：121-307　止风汗十　治目多泣廿五　治伤肺卌　治内瘀五十五

M3：121-332　治风热中十一　治白徙（靡）廿六　治风偏清卌一　治风痹初发五十六

M3：121-324　治寒热十二　治消石廿七　治大伏蜡敫蛸卌二　治暴血血痹五十七

M3：121-328　治上气十三　治下气廿八　治心腹卌三　治心暴痛五十八

M3：121-333　治欬十四　治身大疕廿九　治逆气卌四　治气暴上徙嗌五一九

M3：121-334　治鼠十五　治四支（肢）弯诎卅　治内消饮少溺多者卌五　治泄而烦心六十

以上所列病名包括内科、外科、妇科、皮肤科、五官科、伤科等。试举几支整简并略加说明如下：

M3：121-108　“八 治风　石脂七分，蜀椒五分，方风、细辛各四分，厚柎五分，陈朱臾一分，圭（桂）十分，薑（姜）六分，皆冶合。”

M3：121-309　“廿二　治黄瘅　取黄牡牛弱（溺）饮之，能多饮之亟已。”

M3：121-246　“五十七　治血暴发者　屑土瓜二枚，蒙菌、圭各一，取一籥，温美酒半升。莫毋食，旦饮之，日一，五日已。禁。”

（4）《尺简》

夹在上、下两层“尺半简”（较长之简，病方）之间，约20支。简长22.7厘米，约为汉代的一尺，宽1、厚0.2厘米。其特点是短而宽厚，比“病方简”短半尺（汉尺），宽0.2厘米，厚度加倍，故其形状保存比较完整。但表面腐蚀严重，写有文字的表皮层大多脱落，难以辨识字迹，内容大致与法律有关，据此长度拟名为《尺简》。

（5）《病源论》

压在“病方简”之下，堆放在最长简之上，长27.6、宽0.7、厚0.1厘米，约18支。其长度合汉代一尺二寸，可称“尺二简”。内容与传统中医理论中的“病原”有关。简文举例如下：

M3：121-345　“月（肉）风者，恶风温寒，遇风肤痛。”

M3：121-346　“所胃（谓）骨月（肉）相称者，肥臞适也。”

M3：121-329　“筋风者，其禺（遇）风寒，析而动心，其心汤（荡）。”

（6）《诸病症候》

这批竹书中最长的一批简，共约268支，长35.7、宽0.9、厚0.1厘米。其长度合汉尺的一尺、半尺、半寸。内容主要包括经脉和病症两部分，仿《诸病源候论》之例，把与病症有关的部分拟名为《诸病症候》。简文举例如下：

M3：121-427　“·女子红瘕，赤白半。”

M3：121-586　“内瘕，弱（溺）赤，足善栗，行不安地，数后血。”

M3：121-434　“·肾单（瘅），目赤而兑（锐），得之宫。”

（7）《经脉书》

竹书最长简（35.7厘米）中与经脉有关的部分，与《诸病症候》堆放在一起，根据内容可以把两者区分开来。举例如下：

M3：121-448　“·手大（太）阳脉，□（系）小指，循臂骨下廉，出肘内廉，出口口循上肩循颈，出耳后，属目外眦涓，所主病领种（肿）。”

M3：121-479　“·手阳明脉，毄（繫）次指与大指之上，出辟（臂）上廉，入肘中，乘臑，出肩前廉，循颈穿颊，入口中。其病齿龋、痛口、辟（臂）朏（屈）穜（肿）。”

（8）《脉数》

堆放在《诸病症候》《经脉书》之下，长30、宽0.9、厚0.1厘米。其长度合汉尺的一尺三寸，可称为“尺三简”，共约41支。内容反映“疾病归脉”大经穴数，简文举例如下：

M3：121-597　“逆气，两辟（臂）胻阳明各五及督。”

M3：121-607　“疸病、多卧，两胻阳明少阳各五。”

M3：121-605　“转筋，足鉅阳落各五。”

（9）《五色脉脏论》

位于竹书的最底部，全部残断，大部分残长15—25、宽0.9、厚0.1厘米，约66支。讨论五色脉与脏腑和精神的关系。有一支简（M3：121-681）有九个字曰：“逆顺五色脉臧（脏）验精神”，疑即此书的题名简，因书名太长，我们简称为《五色脉脏论》。简文举例：

M3：121-729　“·凡五色，以［显五不足、有余］。”

M3：121-731　“·臧（脏）生气，气生月（肉），月（肉）生脉，脉生血。”

2. 竹简M3：137

M3：137，共有184支，整简长约30.5、宽0.6、厚0.1厘米。没有书名，内容主要为治疗马病的兽医书（包括少量相马术），拟定名为《医马书》。简文举例如下：

M3：137-27 “马医者，其口中上腭瘫，养疾，其食善如集，多吻，见食而鸣。”

M3：137-15 “尽入马鼻，［浸］出，□（谷）以药，灌鼻中。”

M3：137-84 “夕勿饮，旦灌，灌欲复之。”

M3：137-137 “马操，相之时，衣驾，驾□（踊跃）前后跳，亟奉以引车，不可止。”

（三）漆木器

本次发掘的四座墓共出有漆木器近400件。漆器可分为木胎漆器和陶胎漆器，木胎漆器的器形有耳杯、盘、盂、奁、勺、案、几、俑等；陶胎漆器的器形有鼎、罐等。竹木器的器形有梳、勺、臼、织机模型等。

1. 木胎漆器

耳杯 形制相近，大小不同。绝大部分无纹饰，少量在耳部装饰波折纹、涡云纹和圆点纹，或在杯内底部饰鸟纹。M3：80，椭圆形口，半月形耳上翘，弧腹，平底，有很矮的假圈足。内髹红漆，外髹黑漆。无纹饰。外侧腹部书写有一“弓”字。口径长13.4、连耳宽9.2厘米，底径长5.4、宽2.8厘米，通高3.5厘米（图版三一，1）。M2：109，椭圆形口，半月形耳上翘，弧腹，平底，有很矮的假圈足。内髹红漆，外髹黑漆。底部内侧有一黑漆鸟纹。口径长17.6、连耳残宽12厘米，底径长8.9、宽4.8厘米，通高5.5厘米（图版三一，2）。

盘 形制基本相同，纹饰有差异。多为内髹红漆，沿面与外侧髹黑漆。外侧盘底和腹部均饰红色漆绘弦纹。盘沿面和内部的纹饰有漆绘的鸟纹、弦纹、平行直线纹、圆点纹、卷云纹、云气纹、涡云纹等。M2：282，敞口，平折沿，弧腹，平底。沿面与外侧髹黑漆，内髹红漆。沿面及靠近沿面的盘内壁饰漆绘红色弦纹五道，由外至内，第一、二道之间夹饰平行直线纹、点纹，第三、四道和第四、五道之间夹饰平行直线纹。内侧盘底饰三周漆绘黑色弦纹，弦纹内侧饰有黑色漆绘平行直线纹、卷云纹，中部为一黑色漆绘鸟纹。盘外侧底部和腹部各饰一周红色漆绘弦纹，腹部弦纹之上有红色漆绘平行直线纹。口径19.2、底径12.3、高4.0厘米（图版三一，3）。

盂 均较残，仅能从残片的口沿或圈足中辨认此种器形。多为内髹红漆，外髹黑漆。残片上的纹饰可见弦纹、涡云纹、卷云纹等。

勺 M1：62，略呈蛋形，靠近柄部一头弧度较大，弧壁，圜底。通体髹黑漆。勺略残，柄部残。口径10.1、深4、残长11.8厘米（图版三一，4）。

案 形制相似，纹饰不同。正面均髹红漆和黑漆，背面则只髹黑漆。正面装饰有卷云纹、涡云纹、圆点纹等。M1：16，基本形状为长方形，四沿上翘，平底，有四个曲尺形足。案正面髹红漆和黑漆，沿及背面及足髹黑漆。沿面饰有红漆圆点纹、云气纹、涡云纹，案盘正面红地上无纹饰，黑地上饰红色圆点纹、平行线纹、卷云纹（图版三二，1）。背面一曲尺形足内红漆写有“景氏”字样（图版三二，2）。由于尚未修复，未精确测量尺寸。

几　M3：56，几面呈上大下小的圆形梯状体，下以榫卯结构插三曲足。通体黑漆，无纹饰。桌盘侧面有一红漆书写“弓”字。面径58.5、高8.2、足高41厘米（图版三二，3）。

俑　有动物俑和人俑。动物俑有马、猪、牛、狗、鸟等，其中马俑较为精美；人俑较多，有人体经穴俑、织工俑、侍立俑、跽坐俑、驾驭俑等。

马俑　M2：234，身呈站立状，头呈长方形，略仰起，面部肌肉逼真，两颊分别有三道凹槽，眼眶高凸，眼球略呈三角形，鼻孔大而圆，张嘴露齿，颈粗壮，身体匀称，肌肉发达。身、尾分别雕作，榫卯相接，出土时尾已脱落。通体红漆，耳窍、眼眶、鼻孔和嘴有涂朱痕迹。残长78、高78、宽20厘米（图版三三，1）。

人体经穴俑　M3：44，裸体，直立，手臂垂直放于两侧，手五指并齐，掌心向前，双脚呈一字站立。光头，眉、眼、鼻、口、耳清晰，体型匀称。通体髹黑漆。身上刻有纵横复杂经络线，并刻有圆点标示穴位，穴位旁有字。体长14、头宽2.6、肩宽4.2、足宽2.5、厚2.6厘米（图版三三，2）。

织工俑　M2：200，站立状，腿微曲，发、眉、眼、鼻、口、须彩绘清晰。双手脱落。通体以白漆为地，衣服为白漆地上彩绘勾勒，胸左侧有黑漆字。体长26、头宽6.5、肩宽8、足宽7.3、厚4.3厘米（图版三三，3）。

侍立俑　M2：101，双手拱于胸前，发、眉、眼、鼻、口、须彩绘清晰，衣着宽大。通体以白漆为地，左臂上有黑漆字一个。体长32、头宽6.8、肩宽9、足宽10.8、厚4.9厘米（图版三三，4）。

2. 陶胎漆器

鼎　M3：62，子口，直立附耳，腹较浅直，大圜底近平，兽蹄形矮足。表面涂黑色漆为地，红漆花纹绘于上腹部、足跟、足尖、耳外、耳侧等部位。纹饰有平行线纹、水波纹、条带纹、涡云纹、弦纹等。口径18.2、通高18.5厘米（图版三四，1）。

罐　形制接近。M3：13，圆唇，侈口，束颈，颈下有一周较宽凹槽，溜肩，鼓腹，平底。肩部饰一周凹弦纹。通体髹红漆。口径12、底径18、通高17.2厘米（图版三四，2）。

3. 竹木器

织机模型　其中三个织机大小、结构一致；一个稍大，结构不同。竹木结构，部分织机上还保存有纺线。M2：191，长0.66、宽0.42、高0.21米（图版三四，3）。M2：186，长0.82、宽0.28、高0.48米。

（四）陶器

四座墓出土130余件陶器，其中能修复约100余件，可分为釉陶和无釉陶两大类，以泥质为主，少量夹砂，除模型器外均为轮制，总体制作精良。多数陶器装饰有纹饰，纹饰有网格纹、绳纹、附加堆纹、弦纹等。器形有罐、壶、盆、瓮、釜、熏炉、仓、灶、井、器盖等。

1. 无釉陶器

共60余件。

罐　14件。根据器底和器形大小，可分为三型。

A型　7件。大底器，根据器物大小又可分成二亚型。

Aa型　1件。器形较大。M3∶5，泥质灰陶。敛口，圆唇，束颈，圆肩，肩下有凹弦纹，弦纹间有网格纹，弧腹略鼓，平底。口径12.6、底径22.5、高22.8、最大腹径30.3厘米（图八，1）。

Ab型　6件。器形较小。M1∶37，泥质灰陶。侈口，圆唇，束颈，圆肩，弧腹，肩下有两周凹弦纹，平底。口径10.4、底径13.4、高17、最大腹径20.4厘米（图八，2）。M1∶38，泥质灰陶。敛口，圆唇，束颈，圆肩，圆弧腹，平底上凹，肩部饰两周凹弦纹。口径11.2、底径14.2、高16.6、最大腹径22.2厘米（图八，3）。M1∶26，泥质灰陶。侈口，圆唇，束颈，扁弧腹，下腹急收至平底。肩部饰两周凹弦纹。口径14.4、底径12.8、高20.4、最大腹径28厘米（图八，4）。

B型　4件。器底减小。M1∶29，泥质灰陶。侈口，圆唇，束颈，溜肩，颈下有一周凹弦纹，肩上有两周凹弦纹，弧腹下收，底不甚平整。口径11.8、底径10.2、高15.6、最大腹径20.8厘米（图八，5）。

C型　3件。小底，器形很小。M2∶280，泥质灰陶。敛口，方唇，高领，折肩，弧腹，平底，腹部有多周弦纹。口径5.8、底径4.7、高7.8、最大腹径8.8厘米（图八，6）。M3∶105，泥质灰陶。侈口，圆唇，卷沿，束颈，圆肩，弧腹，平底内凹，肩部饰四周凹弦纹。应为陶井（M3∶29-2）上的汲水小罐。口径2.9、底径3、高5.5、最大腹径6.1厘米（图八，7）。

瓮　12件。根据器形大小，可分为二型。

A型　5件。器形较大。M2∶171，泥质灰陶。敛口，圆唇，矮领，折肩，弧腹下收，小平底。腹部有菱形纹，器底下部有一小圆孔。口径27.2、底径12、高35.8、最大腹径43.6厘米（图九，1）。M3∶24，泥质灰陶。敛口，圆唇，矮领，肩部略折，弧腹下收，小平底。腹部规律拍印叶脉纹。口径24、底径 11.6、高31.8、最大腹径38.6厘米（图九，5）。M3∶27，泥质灰陶。敛口，圆唇，矮领，肩部略折，弧腹，下腹急收至小平底，腹部饰绳纹。口径24.4、底径 11.2、高36.8、最大腹径42厘米（图九，2）。

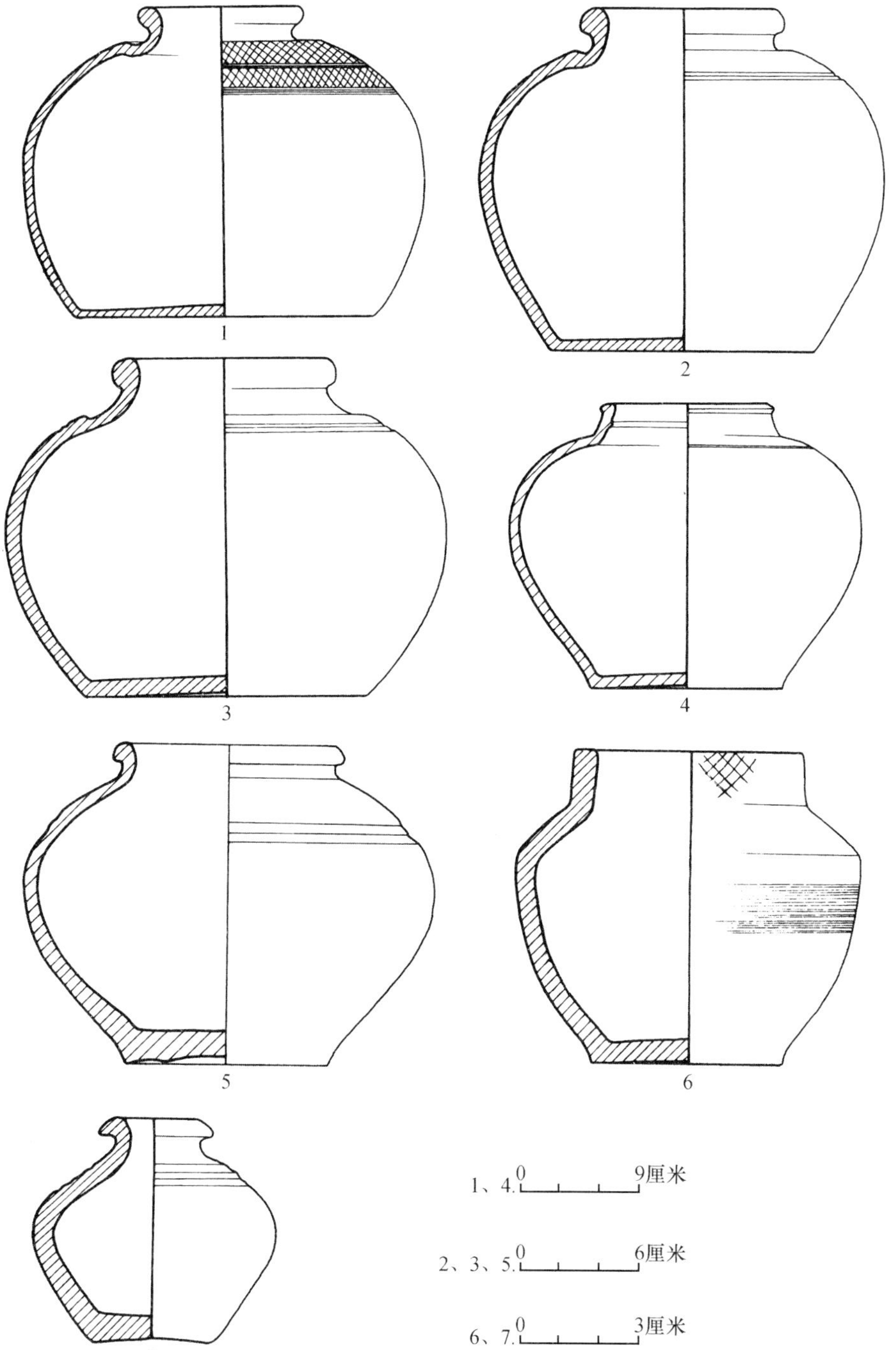

图八 陶罐

1. Aa型（M3：5） 2—4. Ab型（M1：37、M1：38、M1：26） 5. B型（M1：29）
6、7. C型（M2：280、M3：105）

B型　7件。器形较小。M2：209，泥质灰陶。带钵形盖，盖折腹。瓮身敛口，圆唇，束颈，圆折肩，弧腹下收，腹部拍有不规则山字纹，小平底。瓮身口径15、底径8.1、高14厘米，盖口径14.4、顶径6、高6.3厘米（图九，4）。M2：164，泥质灰陶。由器盖和器身两部分组成。器盖呈覆钵状，平顶，折腹。器身敛口，圆唇，矮领，折肩，弧腹，平底，腹部有明显的轮制痕迹。颈部有系绳。瓮身口径15、底径15.3、高25.2厘米，盖口径19.2、顶径4.8、高6.6厘米（图九，3）。

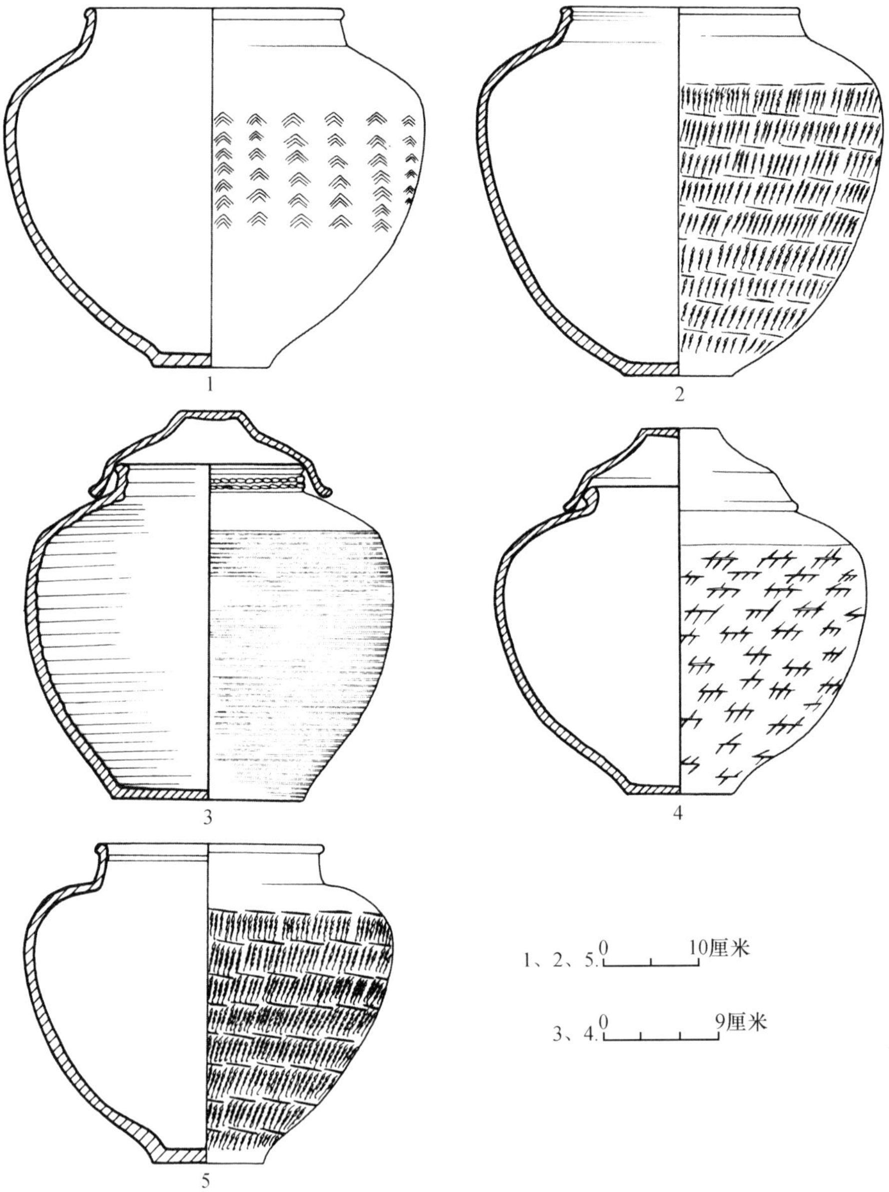

图九　陶瓮

1、2、5. A型（M2：171、M3：27、M3：24）　3、4. B型（M2：164、M2：209）

盆　13件。均为泥质灰陶。根据器形和腹部的不同，可分为三型。

A型　5件。器形较大，深弧腹。M2：180，敞口，宽平沿，方唇，平底。上腹部有一周凹弦纹。口径44、底径22.8、高26厘米（图一〇，5）。

B型　1件。器形略小，深弧腹。M2：179，敞口，圆唇，窄平沿，平底。腹部饰一周凸弦纹。口径35.4、底径20.7、高21厘米（图一〇，3）。

C型　7件。器形小，浅弧腹。M2：258，敞口，窄沿，平底略上凹。腹部有一周凸弦纹。口径26.2、底径14.8、高14.2厘米（图一〇，1）。

甑　4件。M2：97，泥质灰陶。敞口，宽平沿，圆唇，深弧腹，腹上凹起两周附加堆纹，似为表示系绳，平底。底部规律分布多个箅孔。口径24、底径10.2、高16.8、

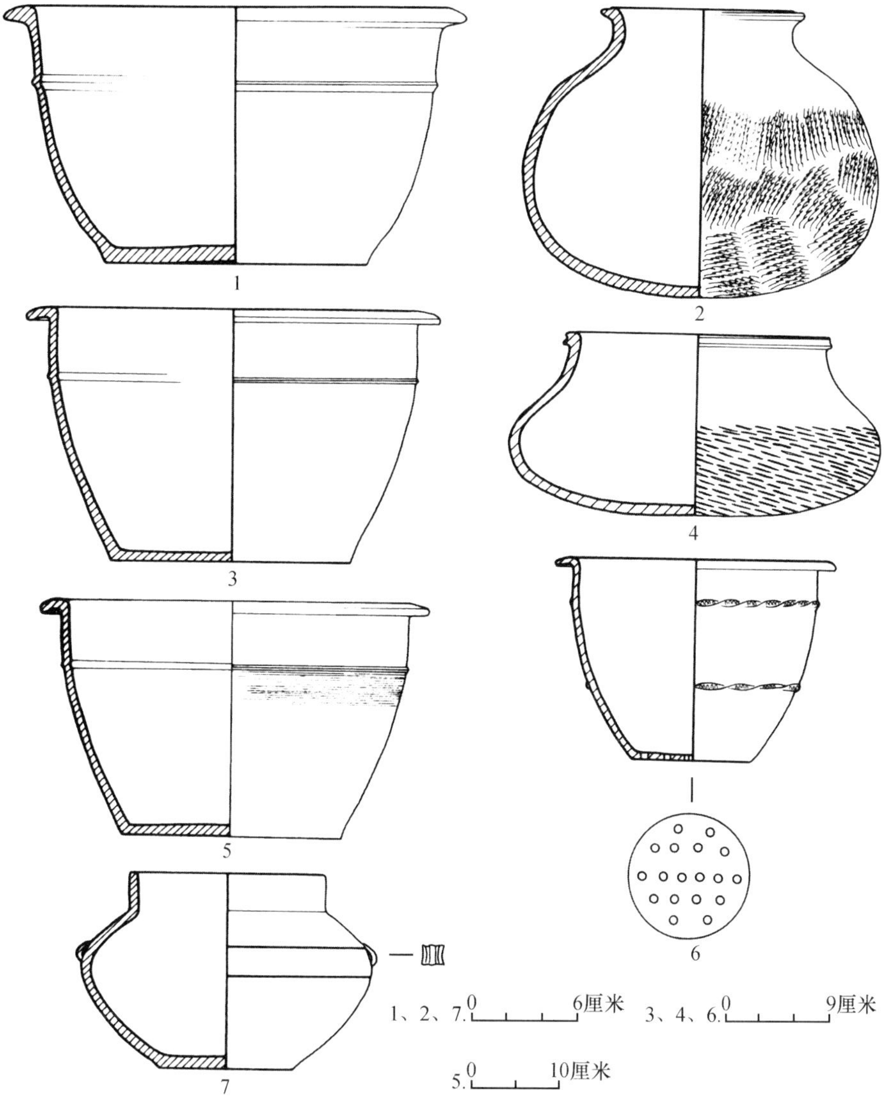

图一〇　陶器

1. C型盆（M2：258）　2、4. 釜（M3：33、M2：252）　3. B型盆（M2：179）
5. A型盆（M2：180）　6. 甑（M2：97）　7. B型壶（M2：129）

孔径 0.6厘米（图一〇，6）。

熏炉　1件。M3：60，泥质灰黄陶。盖残失，子口，方唇，折腹，腹壁上镂雕两层三角纹，炉柄中空，柄中部有两周凹弦纹，下接喇叭形圈足座。口径13.5、足径11.6、高14.6厘米（图一一，2）。

熏炉盖　1件。M2：2，泥质灰陶。整体呈山状。盖上雕镂几何形孔，盖面上刻划网格纹。口径15.6、高13厘米（图一一，1）。

釜　3件。M3：33，夹砂灰陶。侈口，尖唇，束颈，溜肩，弧腹，圜底，腹部和底部拍印绳纹。口径11.6、高16厘米（图一〇，2）。M2：252，夹砂灰陶。敛口，双唇，略束颈，扁折腹，圜底。腹部以下装饰细绳纹。口径15、高10厘米（图一〇，4）。

壶　4件。根据口部特征的不同，可分为二型。

A型　1件。盘口。M1：19，泥质灰陶。方唇，高颈，球形腹，圈足。未能修复。残高约50厘米。

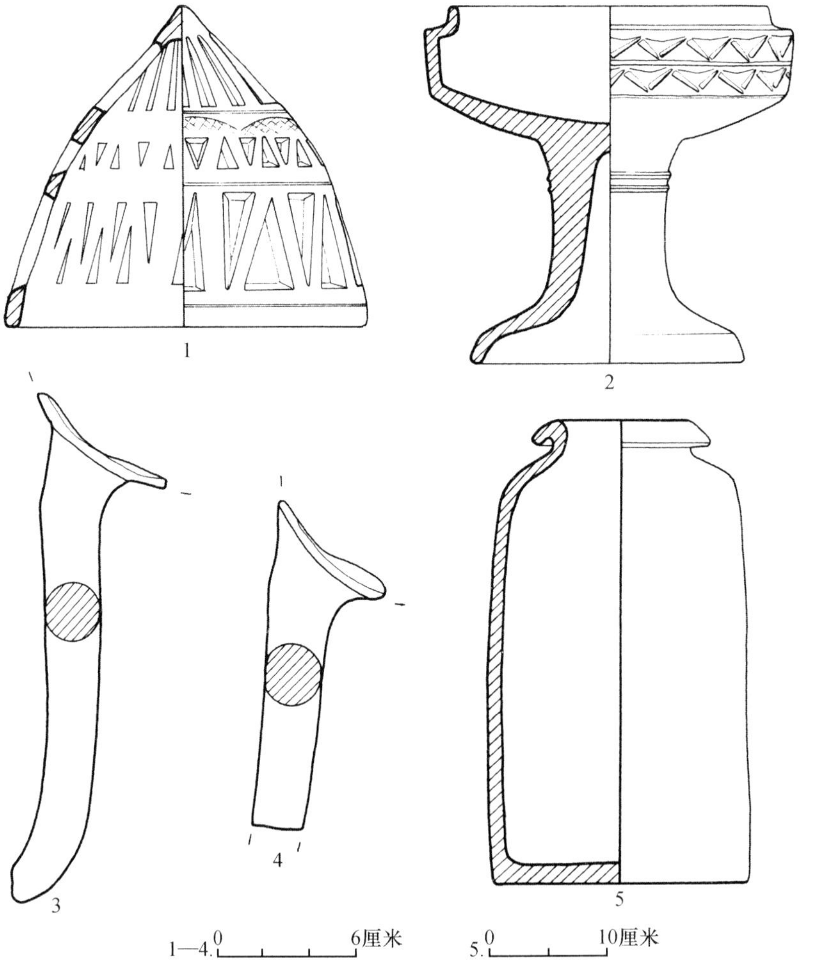

图一一　陶器

1. 熏炉盖（M2：2）　2. 熏炉（M3：60）　3、4. 鼎足（M2：153、M2：160）　5. 仓（M2：217）

B型 3件。直口。M2：129，泥质灰陶。器形较小，方唇，折肩，弧腹，平底，肩部有对称双系耳。口径8.1、底径4.5、高9.8、最大腹径12.1厘米（图一〇，7）。

仓 3件。M2：217，泥质灰陶。卷沿外翻，方唇，束颈，折肩，筒形腹，平底。口径15、底径 21.6、高37.8厘米（图一一，5）。

灶 1件。M2：241，泥质灰陶。整体呈长方形六面体，灶前为挡板，板上有拱形火门，火门前有一工作平台，平台上有锥形乳突。灶面上有三个圆形火口，后部有烟囱。灶底有三足。长83.2、宽29.6、高29厘米（图一二）。

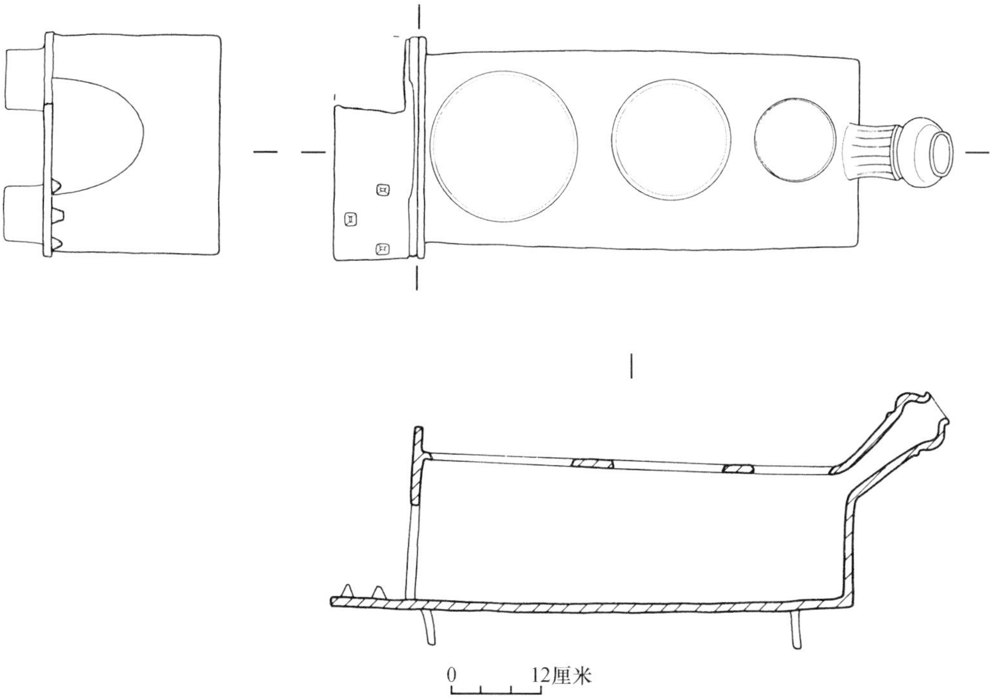

图一二 陶灶（M2：241）

井 2件。M3：29，泥质灰陶。由井盖、井台、井身三部分构成。井台近方形，中部有正方形井口，台面上阴刻龙形纹饰。台上两侧有方形两孔，孔上立方形柱，立柱上有庑殿式房顶。井身圆筒形，筒壁上有多周附加堆纹，似为表现系绳痕迹，平底。井身台面宽26、底径23.6、高34.8厘米，房顶长20、宽10.8厘米（图一三，1）。M1：24，泥质灰陶。略残。由井台、井身两部分构成。井台近方形，略残，中部有正方形井口。井身呈圆筒形，筒壁上有多周弦纹，平底。井身台面宽20.6、底径20、高25.3厘米（图一三，2）。

鼎足 2件。M2：153，夹砂灰黑陶。柱状，细长足，底端外撇。残高20.8厘米（图一一，3）。M2：160，与M2：153形制相同，足端残。残高13.4厘米（图一一，4）。

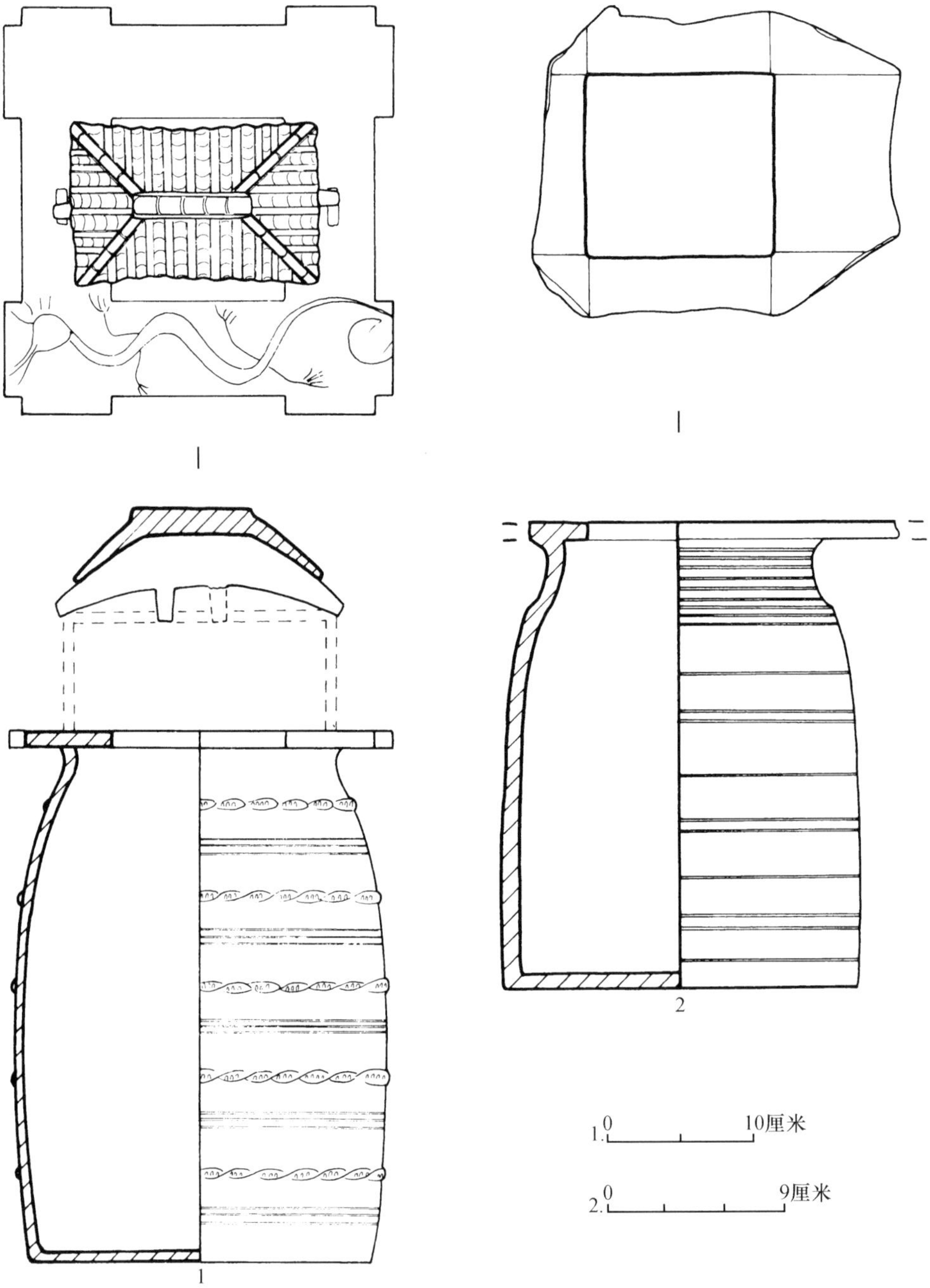

图一三 陶井

1. M3：29 2. M1：24

2. 釉陶器

共约40件。均为泥质灰陶，表面光滑，似为磨光后施釉。

罐　15件。根据器底的不同，可分为三型。

A型　7件。大底。M2：165，侈口，圆唇，束颈，圆肩，颈下凹下一周，肩上有两周凹弦纹，罐外壁有磨光痕迹，外壁发亮，弧腹略鼓，平底。颈上有两周系绳，绳结处有封泥，封泥上文字为“萬”。口径13、底径23.1、高27.6、最大腹径31.2厘米（图一四，4）。M2：208，带覆钵形盖，盖折腹，平顶。器身圆唇，敛口，束颈，颈下凹下一周，圆肩，肩上有两周凹弦纹，弧腹略鼓，平底。颈上有两周系绳，绳结处有封泥，封泥上文字为“萬”。口下外壁处涂漆。器身口径 13.5、底径18.6、高23.7厘米；器盖口径18.3、顶径6.3、高6厘米（图一四，1）。M2：210，带覆钵形盖，平顶，折腹。敛口，圆唇，卷沿，束颈，颈下凹下一周，圆肩，弧腹，肩部饰两周凹弦纹。颈部残留有系绳。器身口径13.5、底径21.3、高23.4厘米；器盖口径19.2、顶径4.5、高6.9厘米（图一四，2）。M2：167，带覆钵形盖，平顶，折腹。敛口，圆唇，束颈，颈部凹下一周，圆肩，弧腹。颈部有系绳。器身口径 13.2、底径23.4、高23.7厘米；器盖口径19.5、顶径5.1、高6.9厘米（图一四，3）。

B型　5件。器底略小，器形也有所减小。M2：169，带覆钵形盖，折腹，平顶。器身圆唇，侈口，束颈，颈下凹下一周，圆肩，肩上有两周凹弦纹，弦纹上有网格纹，弧腹略鼓，平底。颈上有两周系绳，绳结处有封泥，封泥上文字为“萬”。口下外壁处涂漆。器身口径 11.8、底径17、高15.8厘米；器盖口径18、顶径5.6、高6.4厘米（图一四，5）。M2：207，带覆钵形盖，折腹，平顶。器身圆唇，侈口，束颈，颈下凹下一周，圆肩，肩上有两周凹弦纹，弦纹上有网格纹，弧腹略鼓，平底。器身口径 11.8、底径17、高16厘米；器盖口径18、顶径5.4、高6.2厘米（图一四，6）。M2：168，带覆钵形盖，折腹，平顶。器身圆唇，敛口，束颈，颈下凹下一周，圆肩，肩上有两周凹弦纹，弦纹上有网格纹，弧腹略鼓，平底。颈上有两周系绳，绳结处有封泥，封泥上文字为“萬”。器身口径 11.8、底径17、高15.6厘米；器盖口径18、顶径5.4、高6.2厘米（图一五，2）。

C型　3件。小底。M2：206，带覆钵形盖，折腹，平顶。器身敛口，圆唇，束颈，颈下凹下一周，圆肩，弧腹下收，肩腹交接处有两周凸弦纹，平底。颈部有系绳，绳子保存较差，绳结处有封泥，封泥上文字为“萬”。口下外壁涂有红漆。器身口径11.9、底径14.4、高23.7厘米；器盖口径20.1、顶径5.7、高6.3厘米（图一五，3）。

井　1件。M2：240，泥质灰陶。由井盖、井台、井身三部分构成。井台近方形，中部有正方形井口。台上两侧有方形两孔，孔上立方形柱，上部残。井身圆筒形，筒壁上有多周附加堆纹，似为表现系绳痕迹。井台宽39.2、高51.2、底径33.2厘米（图一五，1）。

器盖　24件。可分为二型。

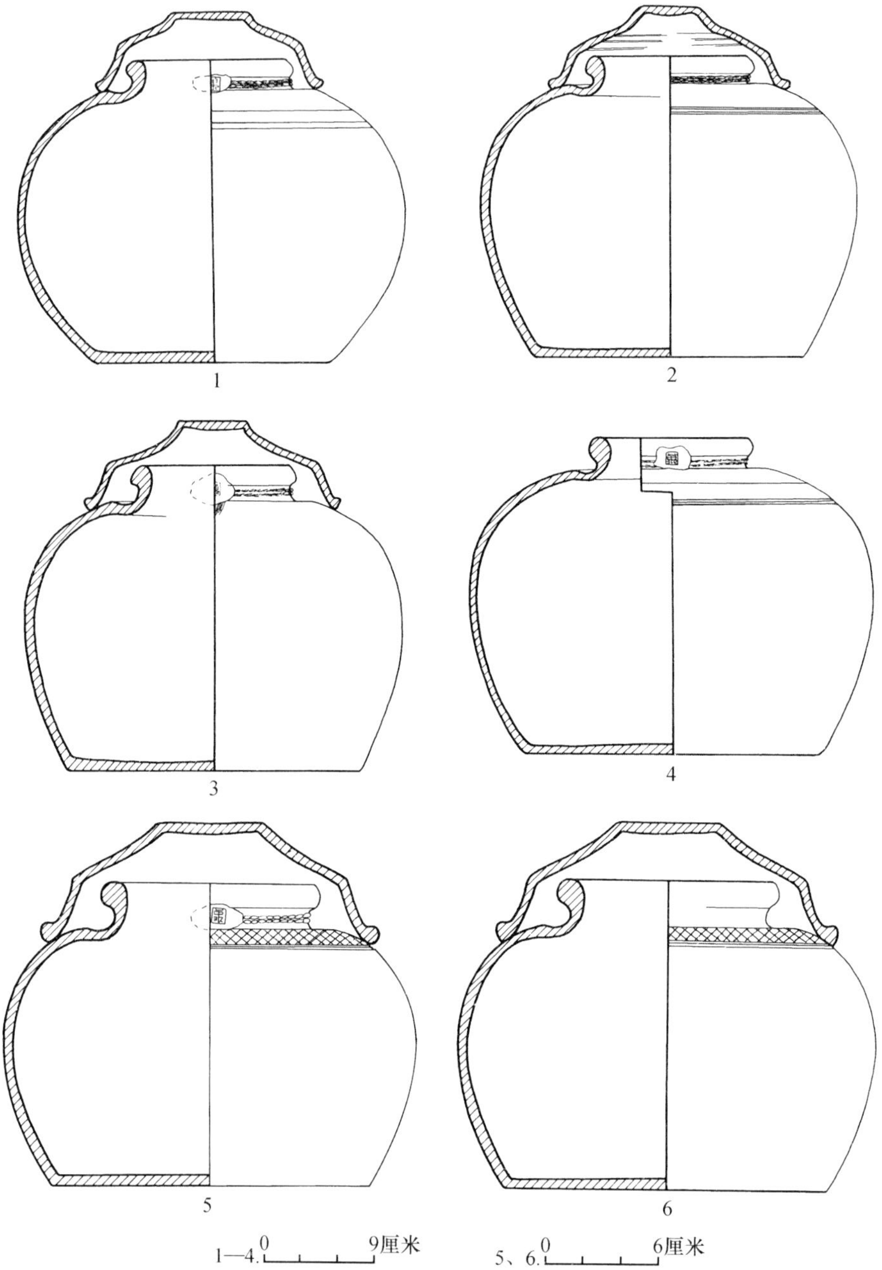

图一四　釉陶罐

1—4. A型（M2：208、M2：210、M2：167、M2：165）　5、6. B型（M2：169、M2：207）

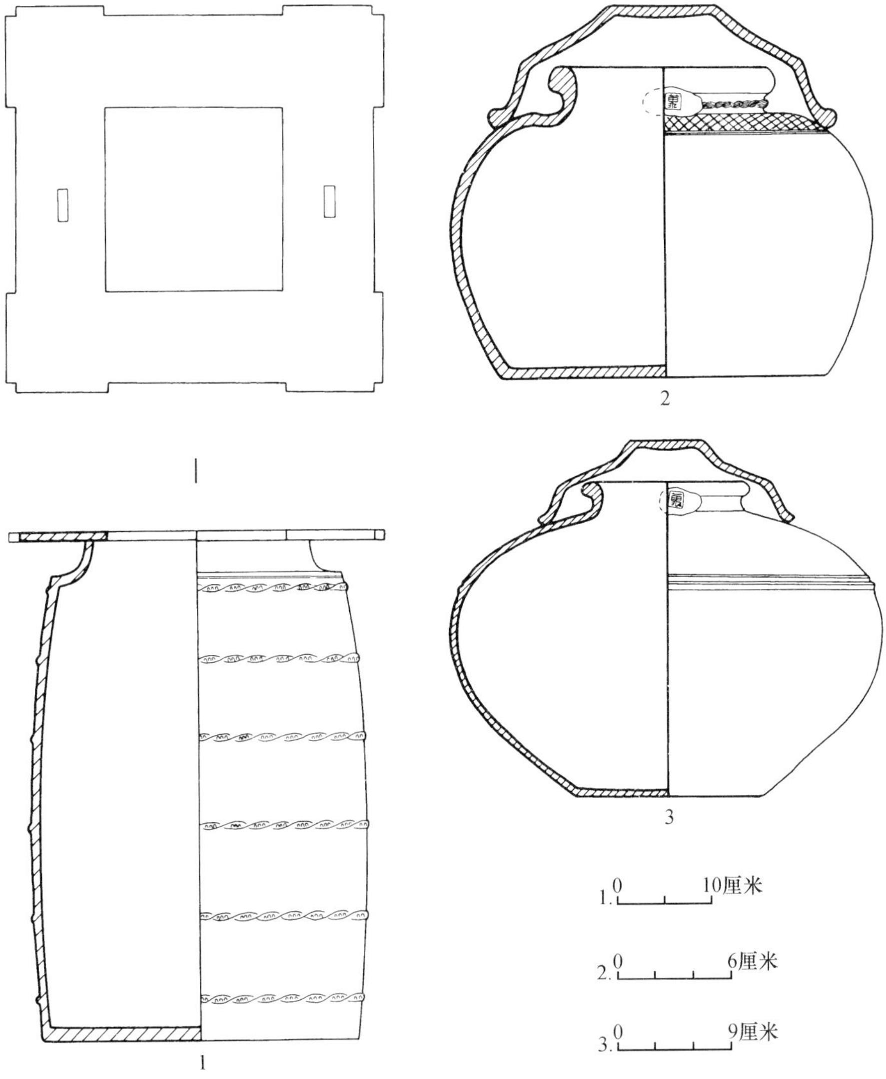

图一五　釉陶器

1. 井（M2：240）　2. B型罐（M2：168）　3. C型罐（M2：206）

A型　17件。覆钵形盖。M2：243，夹细砂灰陶。平顶，折腹，口部有一周凹弦纹。口径17、顶径5.6、高6厘米（图一六，1）。M2：250、M2：251与M2：243形制基本一致，尺寸略有差别。口径18.2、17.4、顶径4、5.6、高6、6.2厘米（图一六，5、3）。

B型　7件。带纽盖。M2：286，泥质灰陶。圆形纽，斜盖，盖壁较直。盖中部有一周凹弦纹。口径24.3、纽径6.3、高9.6厘米（图一六，7）。M2：253，泥质灰黄陶。圆形纽，折腹盖。盖下部有多周凹弦纹。口径18、纽径5.6、高9.2厘米（图一六，9）。M2：259，泥质灰陶。圆形纽，斜盖，盖壁略折。盖内有多周凹弦纹。口径17、纽径6、高7厘米（图一六，2）。M1：2，泥质灰陶。圆形纽，盖壁较直。盖内有多周

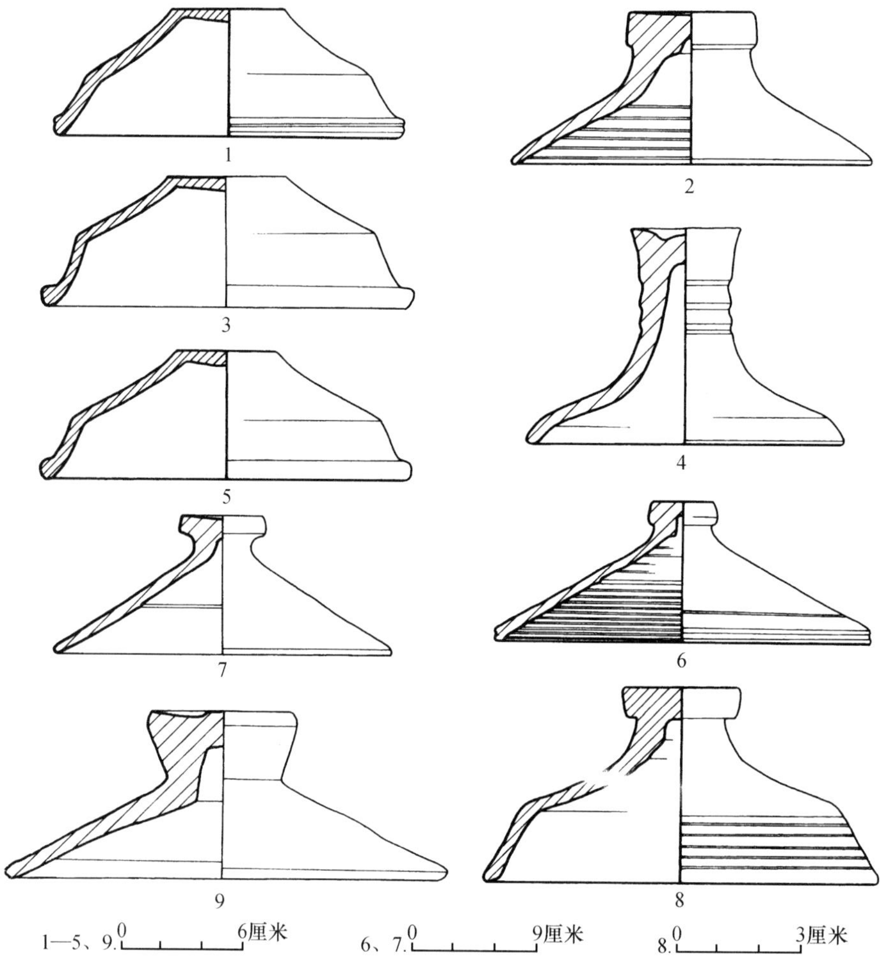

图一六　釉陶器盖

1、3、5. A型（M2：243、M2：251、M2：250）

2、4、6—9. B型（M2：259、M2：126、M1：2、M2：286、M2：152、M2：253）

凹弦纹。口径29.6、纽径4.6、高11厘米（图一六，6）。M2：126，泥质灰陶。圆形细高纽，盖壁略折。纽壁外有多周凹弦纹。口径15、纽径5、高10厘米（图一六，4）。M2：152，泥质灰陶。圆形纽，斜盖。口径10.6、纽径3.4、高3.8厘米（图一六，8）。

（五）铜器、铁器、玉器等其他质地器物

1. 铁器

器形有灯、臼、杵、釜等。

灯　共1件。M4：8，盘口，方唇，圜底，下接竹节形柄，中间粗，上下细，柄下接喇叭形圈足。口径10.2、足径6.4、高10.8厘米（图一七，3）。

带架釜　共1件。M2：166，圆唇略尖，直口，长直颈，圆肩，鼓腹，平底。肩部

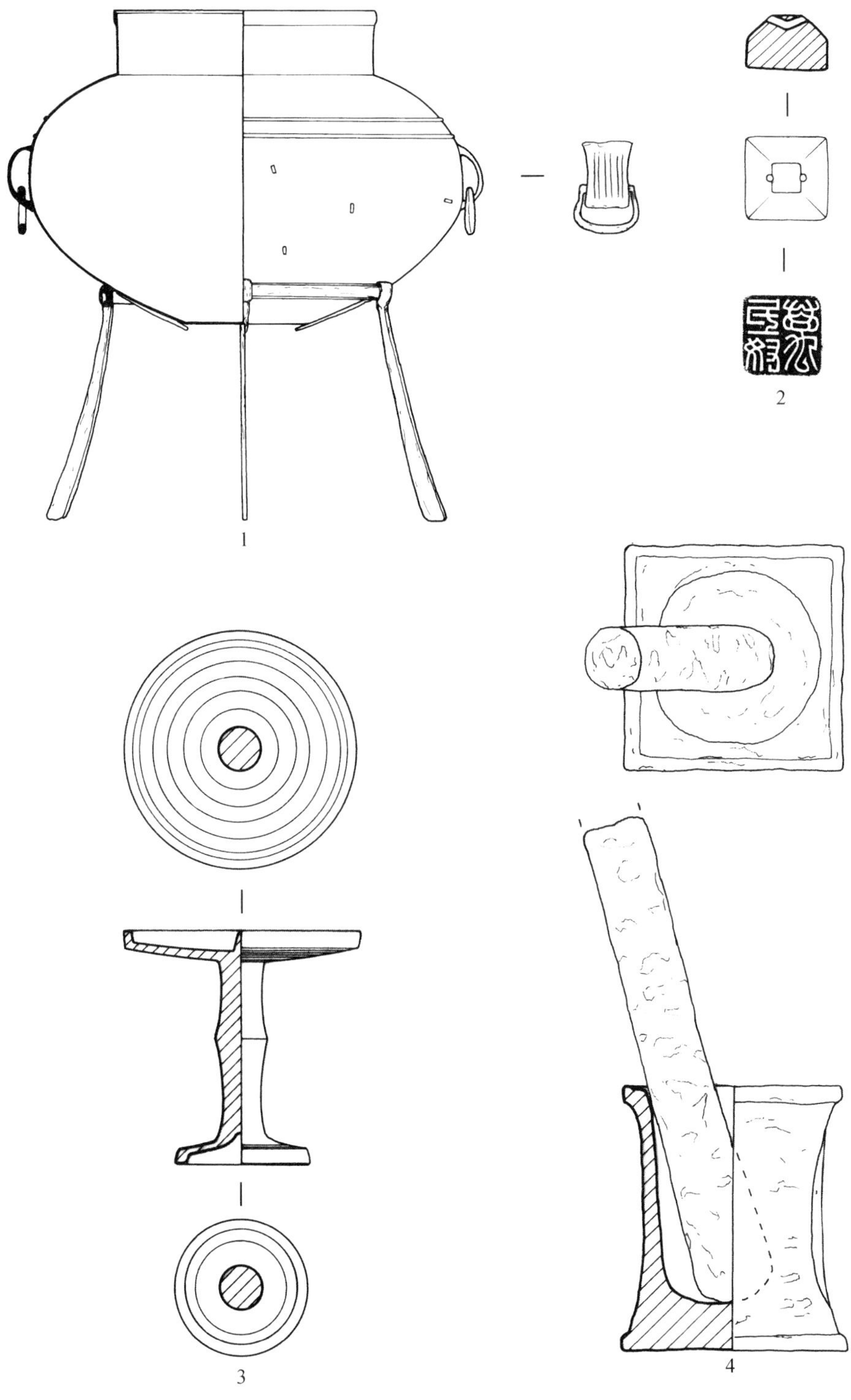

图一七　铁器、玉器

1. 铁带架釜（M2：166） 2. 玉印（M2：156） 3. 铁灯（M4：8） 4. 铁臼（M3：118、M3：119）

凸弦纹两周，腹部附对称双耳，耳内套圆环。铁架为三足形，上为圆圈形，套于器身下部内。三足呈片形。器身口径24.5、底径12、高28.8、最大腹径40.5厘米，架身直径28、高22厘米，通高46.8厘米（图一七，1）。

臼　共1套。M3：118，臼身。口平面为主形，口周边略凸起，方形器身略内束，平底，身中部内凹呈圆形洞。口径10.5、底径11、高12.3厘米。M3：119，臼杵。圆棍形，顶部略残，头部圆凸。直径3、残长22.5厘米（图一七，4）。

2. 玉器

器形有印、猪等。

印　共1件。M2：156，青白色，方形，上部斜收，平顶，顶部有对穿小圆孔。阴刻“万氏奴”。印面直径2、高1.3厘米（图一七，2）。

3. 铜器、竹编器、草编器等

由于保存原因，这些器物多已不能修复。铜器多为小削刀、小饰件等小型器物，草、竹编器只残存部分草、竹，不足以分辨器形。

（六）钱币

五铢　共48枚。根据钱币文字特点、铸造工艺等，分为四式。

Ⅰ式　1枚。钱有周郭。正方形穿，穿反面有郭。正面有篆书“五铢”二字。“五”字交股较直。“铢”字的“金”字头较大，呈箭头形；“朱”字上方下圆。M1：149-3，钱径2.42、穿径1.1厘米（图一八，1）。

Ⅱ式　10枚。钱有周郭。正方形穿，穿上有星纹。穿反面有郭。正面有篆书“五铢”二字，笔画较粗，字体风格有差异，总体不太规范。“五”字较宽大，中间两笔交股缓曲。“铢”字的“金”字头较大，呈箭头形、三角形；“朱”字上方下圆。M1：147-5，钱径2.5、穿径1厘米（图一八，2）。M1：147-7，钱径2.5、穿径1厘米（图一八，3）。

Ⅲ式　23枚。钱体厚薄不一，总体不太规范。钱有周郭。正方形穿，穿反面有郭。穿上有星纹居多，少数穿下有星纹。正面有篆书“五铢”二字，字体风格略有差异，字体仍然较粗。“五”字变小，中间两笔交股进一步缓曲。“铢”字变化不大。M1：149-6，穿上有星纹。钱径2.5、穿径1.1厘米（图一八，4）。M1：147-11，穿上有星纹。钱径2.4、穿径1厘米（图一八，5）。M1：147-2，穿下有星纹。钱径2.5、穿径1厘米（图一八，6）。

Ⅳ式　14枚。钱币较规范、统一，大小、厚薄相近。“五铢”二字较Ⅰ式、Ⅱ式、Ⅲ式钱偏瘦、小，笔画变细。“五”字高不过穿，上、下两横多出头，两交笔弯曲度增加。“铢”字“金”头有所减小，有三角形和箭头形两种，四点较短；“朱”字上方下圆，头和尾与金字平行。正面穿下有星纹的钱币数量增加，部分穿上有星纹

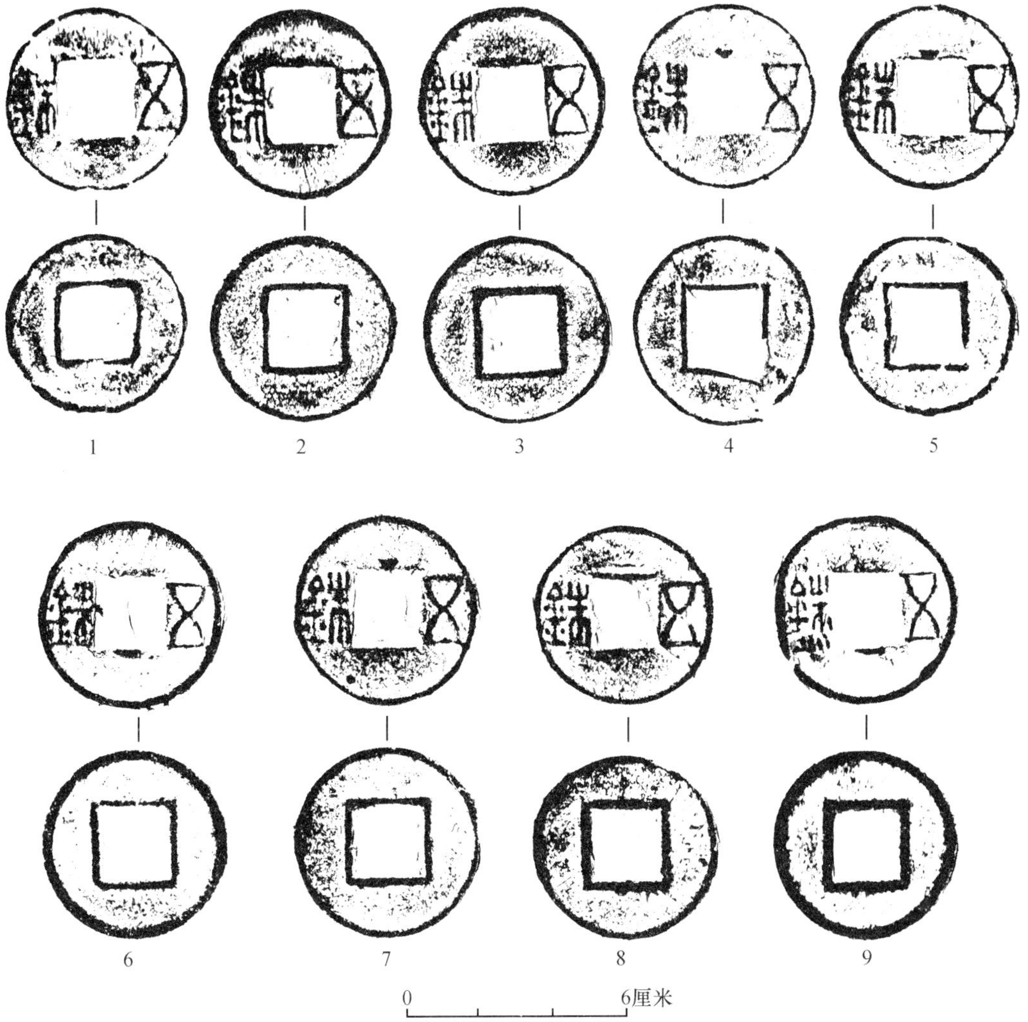

图一八　五铢钱

1. Ⅰ式（M1：149-3） 2、3. Ⅱ式（M1：147-5、M1：147-7）

4—6. Ⅲ式（M1：149-6、M1：147-11、M1：147-2） 7—9. Ⅳ式（M1：147-13、M1：147-22、M1：149-4）

或有横。M1：147-13，穿上有星纹。钱径2.5、穿径1厘米（图一八，7）。M1：147-22，穿上有横。钱径2.45、穿径1厘米（图一八，8）。M1：149-4，穿下有星纹。钱径2.5、穿径1厘米（图一八，9）。

半两　共397枚。根据钱币大小、文字特点、铸造工艺等，分为六式。

Ⅰ式　2枚。无郭。正面篆书“半两”二字。字体凸出，“两”字上横较短，“两”字内两“人”字呈“从”状。“半”字下横较短。一个铸口碴。均出于M4中。M4：11-2，钱径3.5—3.7、穿径0.8—1.1厘米（图一九，1）。

Ⅱ式　103枚。无郭。正面篆书“半两”二字。字体多模糊不清，“两”字上横、“半”字下横较长，笔法随意。钱体大小不一，厚薄不均。钱径小，钱体薄。多为一

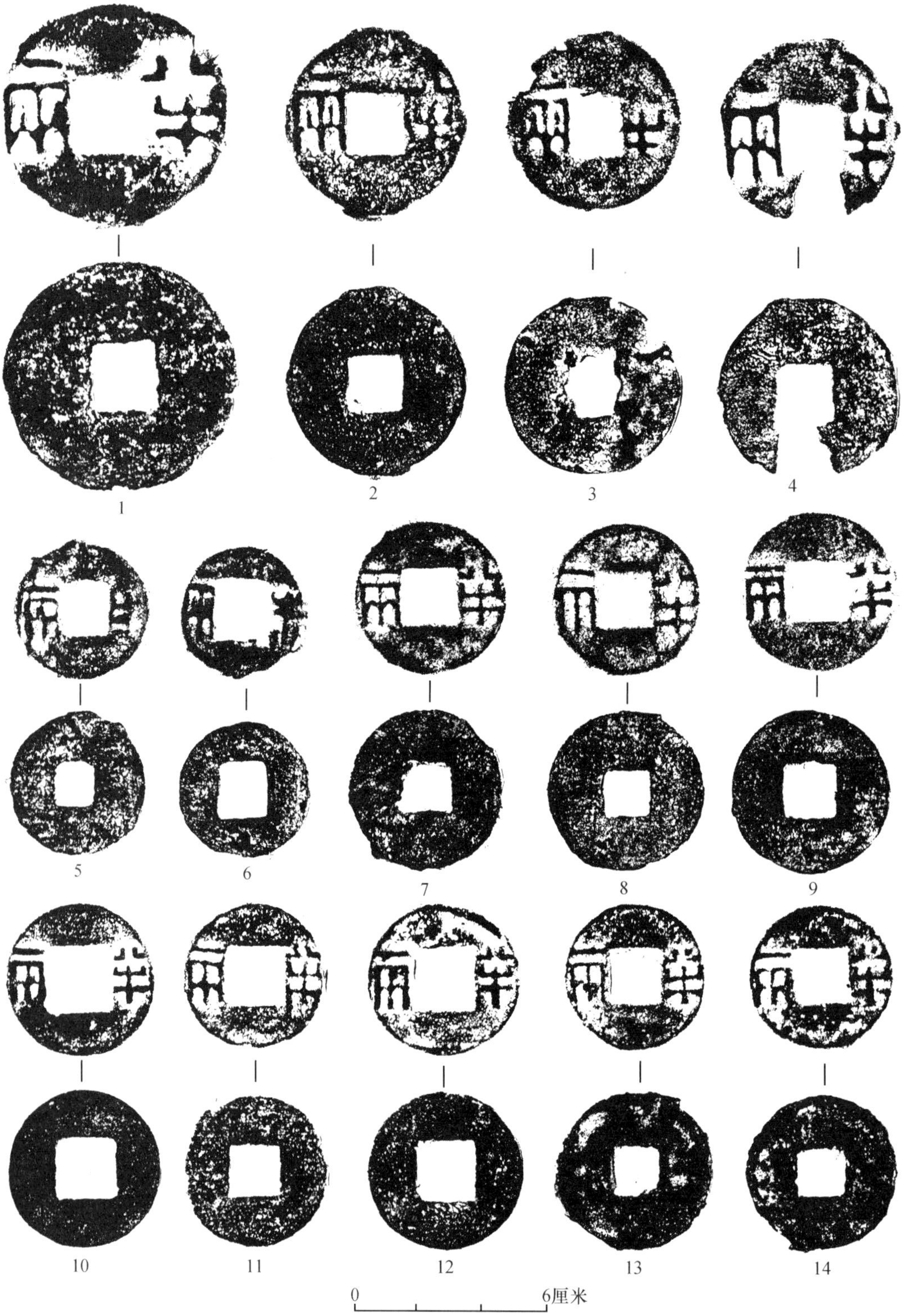

图一九　半两钱

1. Ⅰ式（M4：11-2）　2—4. Ⅲ式（M3：23-17、M3：23-24、M3：23-9）

5、6. Ⅳ式（M3：23-32、M3：23-15）　7—10. Ⅴ式（M3：23-7、M3：23-2、M1：147-1、M1：147-19）

11—14. Ⅵ式（M3：23-31、M3：23-11、M1：149-2、M1：149-5）

个铸口碴。钱径1.5—2.1、穿径0.7—1.1厘米。应为榆荚半两。均出于M4中。

Ⅲ式　15枚。无郭。正面篆书“半两”二字。钱文平坦，字口很浅。笔画直角方折，字形舒朗。“两”字上横和“半”字下横较长。多为三个铸口碴。应为八铢半两。出于M3中。M3：23-17，钱径2.8、穿径0.9厘米（图一九，2）。M3：23-24，钱径2.7、穿径0.8厘米（图一九，3）。M3：23-9，钱径2.8、穿径0.9厘米（图一九，4）。

Ⅳ式　2枚。无郭。形制规整。正面篆书“半两”二字。两字为“十”字和连山状。文字狭长细峻。出于M3中。M3：23-32，钱径2.1、穿径0.6厘米（图一九，5）。M3：23-15，钱径2.1、穿径0.8厘米（图一九，6）。

Ⅴ式　239枚。无郭。形制规整，钱轮有打磨痕迹。正面篆书“半两”二字，字体方正，笔画方折。“两”字多为连山和“十”两。双人两较少。“两”字上横长与下部多同宽。钱径2.1—2.4、穿径0.7—1厘米。应为四铢半两。出于M1、M3中。M3：23-7，钱径2.4、穿径0.9厘米（图一九，7）。M3：23-2，钱径2.4、穿径0.7厘米（图一九，8）。M1：147-1，钱径2.4、穿径0.8厘米（图一九，9）。M1：147-19，钱径2.3、穿径0.9厘米（图一九，10）。

Ⅵ式　36枚。有郭。形制较规整，与Ⅴ式较接近。字体方正、秀气，笔画较细。钱径2.1—2.5、穿径0.7—0.9厘米。应为武帝前期带郭半两。出于M1、M3中。M3：23-31，钱径2.1、穿径0.9厘米（图一九，11）。M3：23-11，钱径2.3、穿径0.8厘米（图一九，12）。M1：149-2，钱径2.2、穿径0.9厘米（图一九，13）。M1：149-5，钱径2.3、穿径0.9厘米（图一九，14）。

四、结　　语

1. 墓葬被盗年代

除M2只发现一个盗洞外，其他三座墓葬均有多个盗洞，多次被盗。M2的盗洞位于墓葬中部，呈不规则方形，直径0.7—0.8米，从洞壁断口判断，盗墓者使用的是刃宽5—7厘米的工具。墓葬椁室内和南部底箱随葬品均被盗及扰动，而未被盗的北部底箱内随葬品均为陶、竹、木器等质地器物，因棺是靠近椁壁，北部底箱盖板上并无其他重物叠压，如需撬开盗物是很容易的，但盗墓者并未盗取。从发掘过程可知，盗墓者将棺头挡板破坏后将墓主从棺内移到椁室中部进行盗取墓主随身物品，发掘时墓主骨骼全在椁内发现，棺内全无。从盗洞位置及扰动情况我们推测，盗墓者非常清楚墓葬的位置，清楚墓葬内随葬品的放置情况。从墓主骨骼位置及保存情况分析，墓主在下葬后很短时间内墓葬就被破坏，被破坏时墓主的尸身保存较好。从以上情况分析，墓葬的被盗年代基本上就是墓葬的下葬年代，盗墓者很清楚墓葬的基本情况。M1的一号盗洞、M3的二号盗洞和M2的盗洞形状基本相同，因此我们判断墓葬的首次被盗年代均较早。

2. 墓葬年代

尽管四座墓葬早期均被盗扰，但仍出土了大量的随葬品，出土的钱币和木牍、竹简等有明显的时代特征。四座墓葬大小、方向、结构相近，均采用了青膏泥的处理方式，出土的同类随葬品形制相同，如漆马、漆耳杯，陶罐、陶瓮、陶器盖等基本一致，因此推测，四座墓葬的埋葬年代应在同一时期。出土的陶罐、陶瓮、人体经穴俑、漆牛等与绵阳双包山汉墓[4]、成都凤凰山木椁墓[5]出土的同类器物相似；出土的漆马与湖北江陵168号墓出土的[6]相近，均具有西汉早期风格。M1出土有武帝时期五铢，出土木牍记载的内容均为武帝时期的法规。综合分析可知，M1时代在武帝时期；M2、M3、M4出土有西汉半两，三座墓葬形制和墓内出土器物非常接近，因此推测其墓葬年代在景武时期。

3. 墓主身份

尽管墓室被盗，但从墓葬形制和出土重要遗物分析，此地应是一处有较高身份地位的西汉木椁墓墓地。墓葬椁室、木棺均采用了大型木材，形制大，做工精细，棺、椁均髹漆。出土器物丰富，发掘时虽然没有出土象征高等级身份的随葬品，但由于墓葬随葬品不是完整的组合，也不能排除下葬时没有一些高等级随葬品的可能，从残存随葬品的丰富、精美程度方面，可对原墓葬中随葬品的规格、数量、质量有一个大概猜想。在M1出土的漆器上有“景氏”铭文，文献记载景氏曾为楚之望族[7]，西汉初年景氏贵族迁至关中一带[8]，后景氏一支又入迁蜀地[9]，因此推测，墓主应与此有关，生前可能为一官吏，这也解释了墓葬中出土木牍的内容多为官样文书这一现象；M2出土多部织机模型及织工，所反映的应是当时蜀锦生产的完整过程，通过体质人类学鉴定确认墓主人为一女性，推测这也许与墓主人生前所擅长或管理的工作有关；M3出土众多医简、制药工具、人体经穴俑等与医学相关的器物，推测墓主人生前所从事的工作也应是与医学相关。通过这些推测可知，老官山西汉墓地应是具有较高身份及社会地位的人的墓地。

4. 价值

此次出土的大量西汉时期简牍为四川地区首次发现，这一发现使成都地区成为我国又一处重要汉代简牍发现地。从出土的九部书内容分析，其中部分医书极有可能是失传了的中医扁鹊学派经典书籍，这是中医发展史研究的重大发现。出土的完整人体经穴俑应是迄今我国发现的最早的、最完整的经穴人体医学模型，将之与墓葬出土的经脉医书相对照，为探寻中华医学经脉针灸理论的起源和发展具有重要意义。出土的四部织机模型应是蜀锦提花机模型，它是迄今我国发现的唯一有出土单位且完整的西汉时期织机模型，这对于研究中国乃至世界丝绸纺织技术的起源和发展具有重大意义。

附记：肖嵘主持考古发掘现场文物保护工作，吴昊、魏彦飞、白玉龙、杨弢、曾帆等参与现场文物保护及脆弱文物提取，肖玉军负责文物保护现场绘图，金陵负责文物保护现场摄影，武家壁负责简牍释文整理，荆州文物保护中心吴顺清主任多次莅临现场指导文物保护工作。

发掘：王　军　陈　平　杨永鹏
索德浩　刘祥宇　谢　涛
绘图：陈　睿　王　军　陈　平
杨永鹏
摄影：刘祥宇　金　陵
拓片：严　彬
执笔：谢　涛　武家壁　索德浩
刘祥宇

注　释

[1] 四川文物管理委员会：《成都羊子山土台遗址清理报告》，《考古学报》1957年第4期。
[2] 成都市文物管理处：《后蜀孟知祥墓与福庆长公主墓志铭》，《文物》1982年第3期。
[3] 成都文物考古研究所、金牛区文物管理所：《成都凤凰山明蜀王妃墓》，《成都考古发现》（2008），北京：科学出版社，2010年。
[4] 四川省文物考古研究院、绵阳博物馆：《绵阳双包山汉墓》，北京：文物出版社，2006年。
[5] 四川省博物馆：《成都凤凰山西汉木椁墓》，《考古》1959年第8期；徐鹏章：《成都凤凰山西汉木椁墓》，《考古》1991年第5期。
[6] 湖北省文物考古研究所：《江陵凤凰山一六八号汉墓》，《考古学报》1993年第4期。
[7] （宋）洪兴祖：《楚辞补注》，北京：中华书局，1983年，第1页。
[8] （汉）班固撰，（唐）颜师古校注：《汉书·地理志》，北京：中华书局，1975年，第1642页。
[9] （晋）常璩撰，任乃强校注：《华阳国志·汉中志》，上海：上海古籍出版社，1987年，第91页。

Preliminary Report on Excavations of the Han Graves of Laoguanshan, Tianhui Township, Chengdu

Chengdu Institute of Archaeology
Jingzhou Center of Heritage Conservation

Abstract: From July 2012 to August 2013, a joint team of Chengdu Institute of Archaeology and Jingzhou Center of Heritage Conservation conducted rescue excavations at a Western Han cemetery in Tianhui Township, Jinniu District, City of Chengdu. Altogether, four earth-pit graves with wooden coffins dating to the Western Han period have been excavated containing a large number of lacquer objects and ceramics and a small number of bronze and iron objects. Additionally, for the first time a large number or Western Han bamboo and wooden slips have been discovered in this region; they comprise nine medical books, one of them possibly part of the lost book of Chinese Medicine of the Bian Que School. The complete human lacquer figure excavated here is probably the earliest complete medical model of human meridians known to date, and it fits with the description of human meridians in the texts found in these grave. This find is therefore of great importance for research on the origin of the theory of meridians and acupuncture in Chinese Medicine. The four loom models found here are probably models of the looms used for producing Shu-style brocade. This site is thus the only place where such a complete model of a Western Han loom has ever been found. The site is thus of great importance for the study of the origin and development of textile technology.

Keywords: Laoguanshan, Han Tombs, Lacquer, Bamboo Slips, Wooden Slips, Loom

（责任编辑：赵德云）

成都市金牛区天回镇老官山汉墓M2随葬动物骨骼研究

何锟宇　谢　涛

（成都文物考古研究所）

摘要：本文对老官山汉墓M2随葬的动物骨骼进行了系统的研究，随葬的动物和肉食种类主要为家畜猪、牛、鸡和鱼四种。这些随葬动物和肉食对于了解成都平原西汉早中期的饮食文化、丧葬习俗具有十分重要的意义。其中家鸡的骨骼较多且保存完整，为探讨成都平原乃至西南地区家鸡的起源、演化提供了弥足珍贵的材料。

关键词：老官山汉墓M2　随葬动物　丧葬习俗

2012年7月至2013年8月，成都文物考古研究所在成都市金牛区天回镇发现一处西汉时期的竖穴土坑木椁墓墓地，出土大量漆木器、陶器，以及少量铜器和铁器等。其中M2平面呈长方形，无墓道，随葬的陶器有罐、盆、井、灶、仓、壶、甑、瓮等，漆木器有耳杯、盘、俑、动物俑、织机模型等，玉器有印等，还有铜削、铁釜及半两钱等，年代在西汉景帝、武帝时期[1]。M2北二底箱未被盗扰，随葬有大量的陶盖罐、盆及铁釜、竹笥等生活用器，其中三个竹笥（M2：162、M2：163、M2：177）里面装盛全为动物骨骼，我们对其进行了系统鉴定、测量和研究。

一、种属鉴定与测量

M2随葬的三个竹笥里，一个竹笥（M2：163）里装的是乳猪、鸡和鱼骨；一个竹笥（M2：162）里盛的是牛肋骨；一个竹笥（M2：177）里装的是肢解了的猪骨骼。这些骨骼酥脆，保存都相对完整，基本可以判断为熟食。其中乳猪、鸡和鱼，周身骨骼齐全，当为整只（条）随葬；牛的肋骨26根，可以判断为两扇整齐的牛排。肢解的猪骨收集的主要为左前腿1只（包括肱骨、尺骨、桡骨和部分肩胛骨）、左右髋骨各1件、尾椎骨4件、左髌骨1个、肋骨12根，疑是同一头猪肢解或部分肢解随葬。随葬的动物骨骼特别是鸡的骨骼保存比较完整，我们对其进行了详细的测量，报告如下。

1. 鸟纲（AVES）/鸡形目（GALLIFORMES）/雉科（Phasianidae）/鸡（Gallus gallus）

可鉴定标本49件，代表最小个体数6个。

颅骨，2件。M2：21[①]，颅高（GH）18.71、颅宽（GB）26.43毫米。M2：33，颅高（GH）18.01、颅宽（GB）24.18毫米。

喙骨，3件。左侧2件，右侧1件。M2：18，左侧，近端骨骺愈合，远端未愈合，内侧长（Lm）48.92毫米。M2：20，右侧，近端骨骺愈合，远端未愈合，内侧长（Lm）49.97毫米。M2：19，左侧，近端、远端均未愈合，内侧长（Lm）43.98毫米。

肱骨，4件。左侧3件，右侧1件。M2：1，左侧，近端宽15.45、长[2]（厚）6.82毫米，远端宽12.89、长（厚）6.79毫米，全长66.67毫米。M2：2，左侧，全长63.06毫米。M2：3，左侧，全长66.67毫米。M2：4，右侧，全长69.38毫米。

股骨，8件。左侧4件，右侧4件。M2：5，左侧，两端骨骺愈合，长80.37毫米。M2：6，右侧，两端骨骺愈合，长80.42毫米。其他6件两端骨骺均未愈合。M2：7，左侧，长70.44毫米。M2：8，左侧，长64.83毫米。M2：9，右侧，长64.15毫米。M2：10，右侧，长65.37毫米。M2：11，右侧，长71.33毫米。M2：12，左侧，长71.15毫米。

胫骨，11件。左侧6件，右侧5件。M2：13，左侧，两端骨骺愈合，近端长13.12、宽12.27毫米，远端长8.38、宽8.08毫米，全长94.13毫米。M2：14，右侧，近端骨骺愈合，长17.62、宽19.91毫米。M2：15，左侧，近端骨骺愈合，长17.56、宽19.49毫米。M2：16，左侧，远端骨骺愈合，长11.12、宽10.35毫米。M2：17，右侧，远端骨骺愈合，长11.35、宽10.90毫米。

尺骨，6件。左侧5件，右侧1件，仅1件两端骨骺愈合。M2：32，左侧，两端骨骺愈合，长71.43毫米。

桡骨，2件。左右各1件，两端骨骺均未愈合。

腕掌骨，4件。均为左侧。M2：22，长33.44毫米；M2：23，长35.48毫米；M2：24，长38.14毫米。M2：25，长34.95毫米。

腓骨，3件。左侧2件，右侧1件。

跗跖骨，6件。左右各3件，包括跗跖骨近端和远端。

跗跖骨近端，4件。其中2件骨骺愈合，2件未愈合。M2：35，左侧近端，骨骺愈合，长12.44、宽13.58毫米。M2：36，右侧近端，骨骺愈合，长12.44、宽13.20毫米。

跗跖骨远端，2件。骨骺愈合，跗跖骨上无距。M2：37，远端，骨骺愈合，长10.11、宽12.40毫米。M2：38，远端，骨骺愈合，长10.84、宽12.01毫米。

从骨骼测量比较来看，老官山M2随葬的鸡与成都市商业街船棺随葬的公鸡个体有较大的差异。如老官山鸡的喙骨长度为43.98—49.97毫米，而成都市商业街船棺出土

---

① 动物骨骼标本为单独编号，如（骨）M2：21，文中省略为M2：21。后同。

的公鸡的喙骨长度均超过60毫米；老官山M2：1左侧肱骨的长度66.67毫米，成都市商业街船棺出土的公鸡的肱骨为84.94毫米（M1：116）；老官山M2：13为两端骨骺愈合的左侧胫骨，保存完整，长度仅94.13毫米，而成都市商业街船棺出土的公鸡胫骨长度达144.25毫米（M1：95）；老官山M2：5、M2：6分别为左、右侧股骨，两端骨骺愈合的骨骼，长度分别为80.37、80.42毫米，也小于成都市商业街船棺出土的公鸡股骨98.78毫米（M1：102）；另外成都市商业街船棺M1：36，左侧跗跖骨，长102.08毫米，距很发达，近端长宽分别为14.09、14.58毫米，也明显区别于老官山出土鸡的跗跖骨[3]。因此，老官山M2随葬鸡的个体当小于商业街船棺的公鸡。从跗跖骨上无距的特征来看，与河南淅川县申明铺遗址西汉早期墓随葬的母鸡相似[4]，老官山M2随葬的鸡当为母鸡。另外，从长骨的骨骺愈合情况来看，老官山M2随葬鸡的月龄不会超过6个月。

2. 鱼纲（PISCES）/鲤形目（CYPRINIFORMES）/鲤科（Cyprinidae）/鲤鱼（Cyprinus carpio）

总共收集到4件标本。其中咽齿1件，略有破损；前鳃盖骨1件；脊椎骨2件，当属一个个体。与成都文物考古研究所现代鲤鱼标本对比，估计其重量在1斤左右。

3. 哺乳纲（MAMMALIA）/偶蹄目（Artiodactyla）/猪科（Suidae）/家猪（Sus domestica）

可鉴定标本5件，代表最小个体数1个（乳猪的骨骼标本没有计入）。

肩胛骨，1件。M2：30，左侧，肩胛窝长27.05、宽29.98毫米。

肱骨，1件。M2：28，左侧，近端骨骺未愈合，远端骨骺愈合，长45.82、宽41.69毫米。

桡骨，1件。M2：29，左侧，近端骨骺愈合，长24.30、宽31.01毫米，远端骨骺未愈合。

尺骨，1件。M2：34，左侧尺骨，近端、远端骨骺均未愈合。

髌骨，1件。M2：31，左侧，长59.79、宽43.84、厚34.72毫米。

肋骨，12根。

通常猪的肱骨远端骨骺的愈合年龄为1.5岁，近端的愈合年龄为3.5岁；桡骨近端骨骺愈合的年龄为1岁，远端的愈合年龄为3.5岁；尺骨近端、远端骨骺的愈合年龄均为3—3.5岁[5]。因此，老官山M2随葬猪的年龄约为1.5岁，符合我国古代家猪的宰杀年龄。

另外，在M2：163竹笥内盛有乳猪、鸡、鱼的骨骼，其中乳猪3只，dm_3均正萌出，月龄小于4个月。乳猪即为文献中所记载的“豚”，《说文解字》：“豚，小豕也。”[6]

4. 哺乳纲（MAMMALIA）/偶蹄目（Artiodactyla）/ 牛亚科（Bovinae）

仅发现肋骨26根，为一头牛的肋骨整体部分，即牛排。肋骨头及骨骺均未愈合，年龄估计约为2—3岁。

二、讨　论

老官山M2随葬的动物以家畜为主，辅以鱼类。这种随葬肉食的习俗在四川盆地战国时期高等级墓葬中也可以见到，但随葬的动物种类、方式、数量与墓葬的等级有一定的关系。如商业街船棺随葬了大量的肉食，有些装盛于竹笥和陶容器中，有的直接葬于填土间，特别是用三只水鹿后腿和三只完整公鸡组合的方式颇具特色[7]。对比商业街船棺随葬动物的情况，不难看出成都平原在西汉早中期继承了战国时期的一些丧葬习俗，但老官山M2用竹笥装盛肉食的特点，更多体现的是传承了战国楚墓的随葬习俗。因为四川盆地战国时期随葬肉食的情况并不多见，从已发表的报告和简报来看，仅在战国晚期的冬笋坝和宝轮院随葬的铜釜中发现少量，釜在出土时塞满淤泥，泥中往往有食物痕迹，如猪的下颌骨及牙齿、兽（獐）的上颚骨及牙齿、鱼骨、果核等[8]；涪陵小田溪9号墓出土的铜釜（M9：37）内残留有兽骨[9]；成都羊子山172号墓出土的一件大铜鼎内也发现有供食用的肉类的骨头[10]。另外，在新都战国木椁墓[11]和蒲江战国土坑墓[12]发现随葬少量桃核的现象，但均是散置于墓葬填土中，非盛于容器如竹笥内。又《成都市天回镇老官山汉墓》一文依据同一墓地M1出土漆器上“景氏”铭文，并结合相关文献记载，推测墓主可能是后来迁入蜀地的楚人景氏后裔[13]，此说甚确，可从。因此，老官山M2同样可能为楚人后裔或传承了部分楚文化的丧葬习俗。

M2随葬器物丰富，陶器有罐、盆、井、灶、仓、壶、甑、瓮等，漆木器有耳杯、盘、俑、动物俑、织机模型等。其中最引人注目的当属织机模型，足以表明墓主身份地位不低，或出于工官一类。关于汉代墓葬的随葬物，杨树达先生早有过考证[14]，文献也多有记载，但对于一般官员随葬物特别是牺牲、食物一类则多未提及。《汉书·贡禹传》：“及弃天下，昭帝幼弱，霍光专事，不知礼正，妄多藏金钱财物，鸟兽鱼鳖牛马虎豹生禽，凡百九十物，尽瘗藏之。”[15]《汉书·成帝纪》：“竟宁元年五月，元帝崩。……有司言：乘舆车、牛马、禽兽皆非礼，不宜以葬。奏可。”[16]关于先秦两汉各阶层用于祭祀、食用牲畜（肉类）的标准，历代文献有所记载。如《国语·楚语》：“子期祀平王，祭以牛俎于王，王问于观射父，曰：‘祀牲何及？’对曰：‘祀加于举。天子举以大牢，祀以会；诸侯举以特牛，祀以太牢；卿举以少牢，祀以特牛；大夫举以特牲，祀以少牢；士食鱼炙，祀以特牲；庶人食菜，祀以鱼。上下有序，则民不慢。’”[17]《礼记·王制》：“诸侯无故不杀牛，大夫无故不杀羊，士无故不杀犬豕，庶人无故不食珍。”[18]至西汉时期，先秦礼仪当已废止或不再严格，但依“事死如事生”的观念可作为汉墓随葬肉食之参考，正如《论衡·薄葬篇》所言，“谓死如生。悯死独葬，魂孤无副，丘墓闭藏，谷物乏匮，故作偶人以待尸柩，多藏食物以歆精魂。”[19]与老官山M2时代相近的长沙马王堆一号汉墓所见的动物骨骼经鉴定有24种，其中兽类有华南兔、家犬、猪、梅花鹿、黄牛、绵羊；鸟类有雁、鸳鸯、鸭、竹鸡、家鸡、环颈雉、鹤、斑鸠、火斑鸠、鸮、喜鹊和麻雀；鱼类有鲤、鲫、刺鳊、银鲴、鳡鱼、鳜鱼等[20]。老官山M2随葬的动物种类及数量均未超出长沙马王堆一号汉墓的范畴，其身份等级虽与马王堆一号汉墓墓主的差距较大，却也为我们了解汉代饮食文化提供了直接的证据。

另外，我们注意到，西汉随葬的动物或肉食都集中在相对固定的年龄阶段。如当时选用的牛排均来自2—3岁的小龄牛；也流行烹饪dm_3正萌出或M_1萌出前后，即4个月前后的乳猪[21]。鱼类则多鲤科特别是鲤鱼；鸡则为多个整只随葬，月龄也偏小。墓葬中选择这些年龄阶段的动物肉食随葬，当源自人们在日常生活中积累了不同的动物在特定的年龄阶段其肉食最为可口或有某些特别之处的经验。墓葬中选择随葬肉食的标准当以现实生活中食用或祭祀用牲（肉食）相仿。有关周代的祭祀用牲标准在文献中有所记载，虽然早已“礼崩乐坏”，但仍可作为汉代饮食文化、墓葬随葬肉食择取标准的参照对象。如《礼记·曲礼》载，“凡祭宗庙之礼，牛曰一元大武，豕曰刚鬣，豚曰腯肥，羊曰柔毛，鸡曰翰音，犬曰羹献，雉曰疏趾，兔曰明视，脯曰尹祭，槁鱼曰商祭，鲜鱼曰脡祭，水曰清涤，酒曰清酌，黍曰芗合，粱曰芗萁，稷曰明粢，稻曰嘉蔬，韭曰丰本，盐曰咸鹾，玉曰嘉玉，币曰量币。”[22]可见宗庙祭祀选取的哺乳动物多是处在其生长过程中最为肥美的阶段，从动物自身的生长规律来看这是非常有道理的。如猪过了1.5—2岁，大部分骨骺已经愈合，开始处于个体生长缓慢，肉量增长停滞，且肉质变老的阶段。选取2—3岁的牛排也当是源于同样的道理。因此，不难看出其他如“豚曰腯肥”“羊曰柔毛”“犬曰羹献”等都是基于肉质肥美可口的选择，依据日常食用肉食的经验对不同哺乳动物选择在不同的年龄阶段予以宰杀食用。“鸡曰翰音”“槁鱼曰商祭”“鲜鱼曰脡祭”等，或许在周代以后的日常饮食生活、祭祀或墓葬随葬肉食中也会有所体现，这提醒我们在今后的考古发掘、研究工作中应该予以更多的关注。除了文献记载、墓葬随葬的动物或肉食之外，汉代画像石、画像砖中的“宴饮图”“庖厨图”等也可为我们复原、了解当时的生活习俗、宴饮场景提供佐证。

当然，同处一个（家族）墓地，为何老官山M1、M3不随葬动物或肉食，是否与墓主生前职业、地位或特殊的丧葬习俗有关，值得考量。总之，老官山M2随葬的动物和肉食对了解成都平原西汉早中期的饮食文化、丧葬习俗具有十分重要的意义，出土的家鸡骨骼为探讨成都平原乃至西南地区家鸡的起源[23]、演化提供了弥足珍贵的材料。

注　释

[1] 成都文物考古研究所等：《成都市天回镇老官山汉墓》，《考古》2014年第7期。

［2］ 本文鸟类肢骨近端/远端长（厚）的测量与哺乳动物的测量相同，指垂直于宽（GL）的骨骼最大厚度，类似于《考古遗址出土动物骨骼测量指南》一文的Dp（近端厚）。参见安哥拉·冯登德里施著，马萧林、侯彦峰译：《考古遗址出土动物骨骼测量指南》（原书第一版），北京：科学出版社，2007年，第98页。

［3］ 何锟宇：《成都商业街船棺出土动物骨骼鉴定报告》，《成都商业街船棺葬》附录五，北京：文物出版社，2009年，第156、167页。

［4］ 邓惠、袁靖、宋国定、王昌燧、江田真毅：《中国古代家鸡的再探讨》，《考古》2013年第6期。

［5］ 伊丽莎白·施密德著，李天元译：《动物骨骼图谱》表九，武汉：中国地质大学出版社，1992年，第42页。

［6］ （汉）许慎撰，（宋）徐铉校定：《说文解字》第九下，北京：中华书局，2013年，第195页。

［7］ 何锟宇、颜劲松、陈云洪：《成都市商业街船棺墓葬出土动物骨骼研究》，《四川文物》2006年第6期。

［8］ 四川省博物馆：《四川船棺葬发掘报告》，北京：文物出版社，1960年，第55页。

［9］ 四川省文物考古研究所等：《涪陵小田溪9号墓发掘简报》，《四川考古报告集》，北京：文物出版社，1998年，第190—192页。

［10］ 四川省文管会：《成都羊子山172号墓发掘报告》，《考古学报》1956年第4期。

［11］ 四川省博物馆等：《四川新都战国木椁墓》，《文物》1981年第6期。

［12］ 四川省文管会等：《蒲江县战国土坑墓》，《文物》1985年第5期。

［13］ 成都文物考古研究所等：《成都市天回镇老官山汉墓》，《考古》2014年第7期。

［14］ 杨树达撰：《汉代婚丧礼俗考》，上海：上海古籍出版社，2009年，第81—91页。

［15］ 《汉书》卷七十二，北京：中华书局，1975年，第3070、3071页。

［16］ 《汉书》卷十《成帝纪第十》，第302页。

［17］ 陈桐生：《国语译》，北京：中华书局，2014年，第350页。

［18］ 杨天宇撰：《礼记译注·王制第五》上，上海：上海古籍出版社，2014年，第153、154页。

［19］ （东汉）王充著：《论衡》第二十三卷《薄葬》，上海：上海人民出版社，1974年，第352页。

［20］ 中国科学院动物研究所脊椎动物分类区系研究室、北京师范大学生物系：《动物骨骼鉴定报告》，《长沙马王堆一号汉墓出土动植物标本的研究》，北京：文物出版社，1978年。

［21］ 高耀亭：《马王堆一号汉墓随葬品中供使用的兽类》，《文物》1973年第9期。

［22］ 杨天宇撰：《礼记译注·礼记下第二》上，第50页。

［23］ 傅衍、牛冬、罗静、阮晖、何国庆、张亚平：《中国家鸡的起源探讨》，《遗传学报》2001年第5期；邓惠、袁靖、宋国定、王昌燧、江田真毅：《中国古代家鸡的再探讨》，《考古》2013年第6期；施劲松：《从西南地区出土的青铜鸡看家鸡起源问题》，《考古与文物》2014年第4期。

Research on the Animal Bones Buried in the Han Grave M2 at Laoguanshan, Tianhui Township, Jinniu District, Chengdu

He Kunyu　Xie Tao
(Chengdu Institute of Archaeology)

Abstract: This paper reports on the results of a systematic study of the animal bones interred in the Han grave M2 at Laoguanshan. The whole animals and meat offerings buried in the grave include mainly domesticated pig, cattle, chicken, and fish. The information gained from the animals and meat offerings buried in this grave provides us with important evidence about the food culture and mortuary customs of early and middle Western Han times, suggesting that these animals were of great importance for both. Chicken bones were particularly numerous and well-preserved, thus providing valuable evidence for research on the origin of the domesticated chicken on the Chengdu Plain and in Southwest China.

Keywords: Laoguanshan Han Grave M2, Animal Bones in Graves, Mortuary Customs

（责任编辑：黎海超）

四川安岳高升乡千佛岩摩崖造像调查报告

四川大学考古学系
成都文物考古研究所
安岳县文物局

摘要：四川省安岳县高升乡天佛村千佛岩摩崖造像现存23龛，规模不大，但题材较丰富，其中以观经变、僧伽变相、释迦说法、地藏、观音等题材最为突出，晚唐五代题记较多。依据纪年题记、造像题材推断，千佛岩摩崖造像为晚唐五代时期。

关键词：千佛岩　摩崖造像　年代

安岳，古属普州治，今属资阳，位于川东南，北通遂宁，西临乐至，南接内江，东南连重庆大足，为古成渝道交通要冲。安岳石窟造像始于隋，盛于唐宋，明清亦有开凿，现境内存古代石刻造像300余处，造像10万余尊[1]，是四川石刻造像地点最多的县区。

千佛岩摩崖造像位于安岳县高升乡天佛村六组的南面山坡上，地理坐标为北纬29° 59′ 14.1″ 、东经105° 33′ 9.7″ ，海拔为360米（图一）。造像开凿在崖面均呈东西走向的3个石包上（编号为1—3号石包）（图二），现有摩崖造像23龛，2002年被公布为四川省文物保护单位。1号石包北侧紧邻乡村水泥公路，石包前依造像崖面搭建有一现代亭。2号、3号石包位于1号石包北侧，与1号石包隔路相望。3号石包前有石板垒砌一高约2米平台，上建有一现代房屋。2号石包位于3号石包西北侧约5米，紧临房屋西侧墙壁。除23号龛外，均在崖面的北侧开龛，其中1号石包6龛（编号为1—6号龛），2号石包2龛（编号为7、8号龛），3号石包北侧崖面14龛（编号为9—22号龛）、东侧崖面1龛（编号为23号龛）。

1997年，刘长久先生在《安岳石窟艺术》一书中，对其中的观经变龛（6号龛）有过简略介绍[2]，其余材料迄今为止未见完整披露。2014年7—9月，四川大学考古学系、成都文物考古研究所及安岳县文物局联合组成调查队，首度对千佛岩摩崖造像点进行了仔细调查和记录。兹将有关调查情况简报如下。

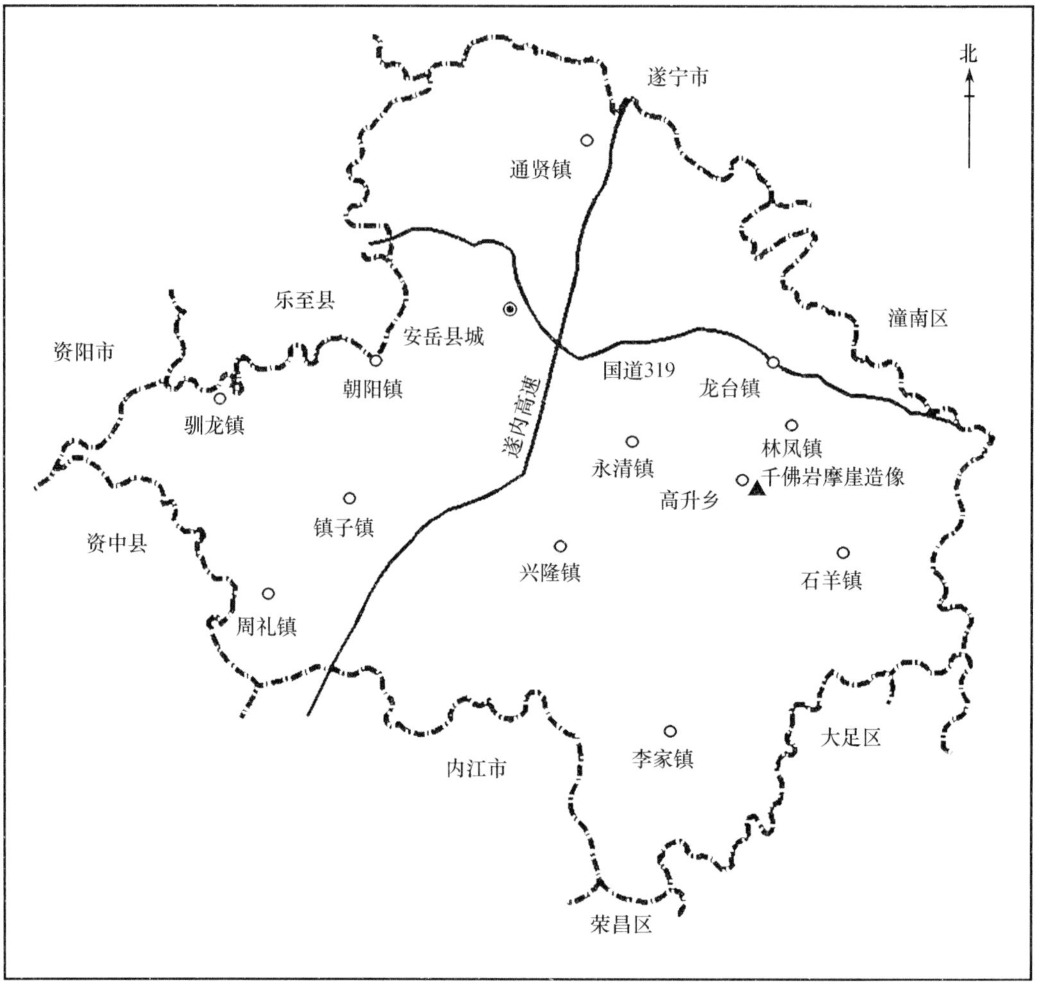

图一 千佛岩摩崖造像位置示意图

一、窟龛介绍

（一）1号石包

1号石包有6龛，编号为1—6号龛。

1. 1号龛

位于1号石包西部，3、4号龛左侧。竖长方形龛，四壁均残。宽44、高91、深10厘米。龛向340°。空龛。

龛顶右[3]上方有一竖长方形凿孔。龛内壁面遍布粗大凿痕，右侧自上而下有三个圆形凿孔。龛外下部纵向排列三个圆形凿孔。

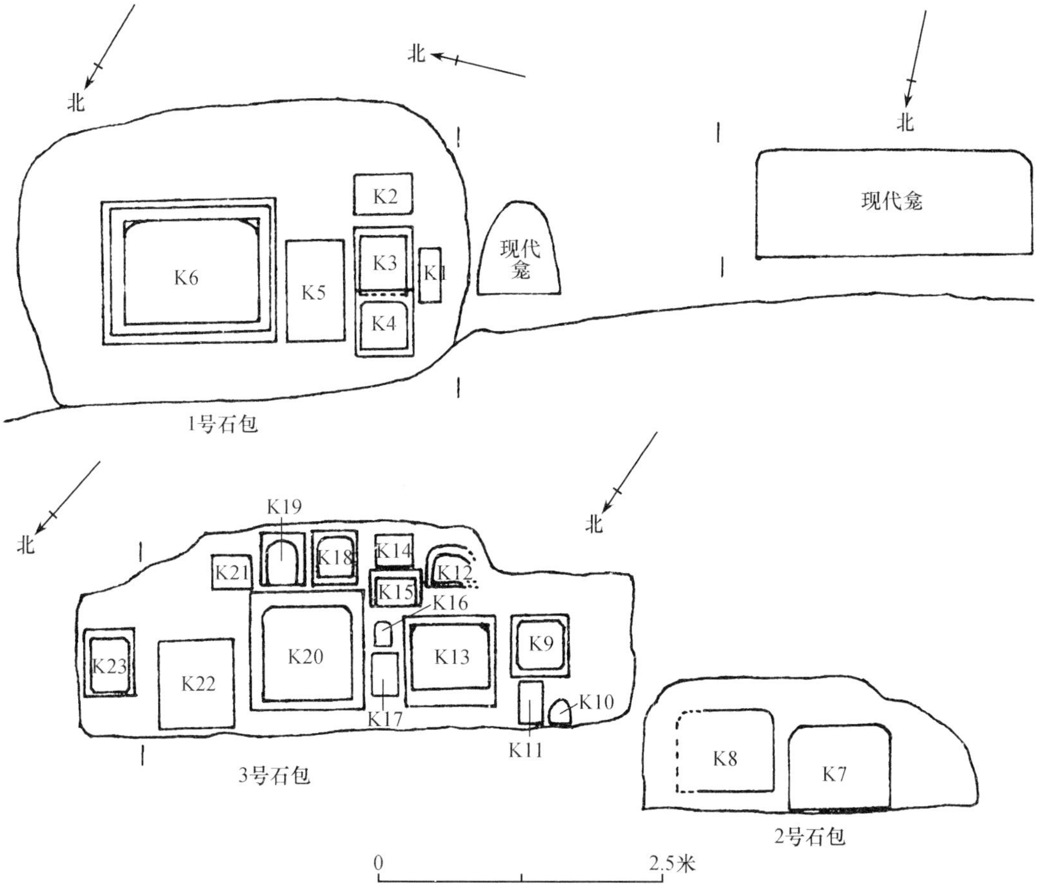

图二　千佛岩摩崖造像立面分布图

2. 2号龛

位于1号石包北面中部上层。横长方形龛。宽101、高67、深11厘米。龛向347°。空龛。

龛内壁面磨光，左侧上部有圆形榫孔，右侧中部有两个小孔。

3. 3号龛

位于1号石包北面中部中层，2号龛下方，4号龛上方，并被4号龛打破。方形双层龛，外龛左右壁均残，龛底残毁。残宽102、残高105、深27厘米。内龛宽80、高98、深12厘米。龛向350°。龛内自上而下造像三排，每排三身。

第一排均残损严重，仅存轮廓。第二排左侧一身，坐于一台座上，连座残高29、像残高21厘米，尖桃形头光。另两身仅存残迹。第三排造于龛底所起10厘米低台上，均坐于台座上，椭圆形身光。中间及左侧一身仅存轮廓。另一身连座残高28、像残高20厘米，尖桃形头光，双手似置身前。

4. 4号龛

图三　4号龛造像（北—南）

位于1号石包北面下层，3号龛下侧。外方内圆拱形龛，外龛顶部及右壁上部残。外龛宽100、高120、深33厘米。内龛平面呈方形，宽80、高101、深24厘米。龛向340°。内造一像（图三）。

像倚坐于方形台座上，连座高96、像高84厘米。面部方圆，双耳硕大，腹部外腆。戴直脚幞头，着圆领长袍，着鞋。双手拢于袖中，于腹前持笏，足下踏方台，方台前部饰二壶门。像后有靠背，似乎坐于一椅子上，上搭一布帛，靠背上端两侧内卷。

5. 5号龛

位于1号石包北面中部中层，3、4号龛右侧，6号龛左侧。竖长方形龛，左右壁外侧略残。宽102、高184、深6厘米。龛向330°。内造一碑。

碑身呈竖长方形，上部左右侧呈圆角，方形碑座，上饰覆莲瓣。宽86、通高162厘米。碑身风化，字迹漫漶不清。

6. 6号龛

位于1号石包北面东部，5号龛右侧。三重方形龛，外龛右壁及底部残。外龛残宽316、残高250、深96厘米。第二重龛左壁及底部残，宽290、高208、深80厘米。内龛左右角有三角形斜撑，平面呈长方形，转角略弧，宽243、高192、深66厘米；龛底下方有一榫孔，内有凿痕；龛底中央有一方形凹槽。龛向320°。龛内造一佛二弟子二菩萨，后壁及左右侧壁浮雕观经变（图四，1）。

主尊结跏趺坐于方形束腰台座上，头光、面部、台座残，连座高92、像高42厘米。尖桃形头光，双重椭圆形身光，外饰莲瓣和连珠纹，头上有肉髻，面部方圆，双耳硕大，颈残存一道纹。着通肩袈裟。双手托一圆形物于腹前。主尊头顶有一饰网状璎珞的八角形华盖。华盖顶部有一鸟，尖喙，头部朝向龛外，展翅欲飞。台座上部为八角形束腰仰莲，束腰有方形壶门，中有一狮子面向龛外蹲踞；下部为束腰覆莲座。莲座左右各立一迦陵频伽，头皆残，上身赤裸，双手交于胸前，尾部翘起，面向龛上而立。

主尊左右侧各有一弟子，双手合十，呈立姿。左侧弟子风化严重，高48厘米。着

1

2

3

图四 6号龛造像

1. 正面（北—南） 2. 左侧壁（东—西） 3. 右侧壁（西—东）

袈裟。右侧弟子高47厘米。双目微闭，神色庄重。着交领袈裟。

左右侧菩萨均外侧一条腿跣足踏于圆形仰莲小台座上，内侧一条腿盘起，舒坐于仰莲台座上，风化严重。左侧菩萨双臂残，连座高52、像高48厘米。尖桃形头光，内饰锯齿纹，面部长圆，颈残存一道纹。戴高冠，头侧缯带下垂，胸、腹前垂饰璎珞。左手似持物置于腹前。右侧菩萨连座高50、像高47厘米。内圆外尖桃形头光，内饰锯齿纹，面部长圆。戴高冠、项圈，胸、腹前垂饰璎珞，帔帛自双肩垂下，绕双臂后垂于体侧，着长裙。双手持莲。

后壁及左右侧壁（图四，2、3）净土图像从上至下分为六排，编号分别为第1—6排。以主尊为界，分左右两部分，均由内至外依次描述。

第1排左侧为：一座圆形五级密檐式塔，塔刹残。塔左一飞天，面向左下方斜飞。飞天上一坐像，头部残，结跏趺坐。坐像左立一狮子，头部残，前肢立起。狮子左有六身立像，下排三身双手合十，面向右侧；上排三身像，头部皆残。六身像左一圆形经幢，顶残，方形基座及台座。经幢左一双层楼阁，占据一、二排空间；上层楼阁残损严重，仅存轮廓，楼阁下有祥云。楼阁左有三身坐像，皆残损风化严重。

第1排右侧为：一座塔，风化严重，仅存轮廓。塔右有四身像，仅存轮廓，四身像下有祥云承托。四身像右有两人，双手似相拉，呈立姿。两人右立六人，下排三人双手合十，面向左侧；上排三人仅存轮廓。六人上有两只鸟，相对而飞。两鸟右一圆形经幢，方形台座。经幢右有一层楼阁，占据一、二排空间，楼阁下似有祥云。楼阁右有三身坐像，左侧一身头部残，双手置腹前，结跏趺坐于方台上；中部一身双手抚膝，垂足倚坐于方台上；右侧一身双手拢于袖中，结跏趺坐于方形仰莲台座上。

第2排左侧为：三身菩萨，均头部、双手残。第一身束髻，左手垂于体侧，右手抬起，结跏趺坐于方形仰莲台座上。第二身束髻，双手置胸前，面向左侧蹲于一方形仰莲台座上。第三身束高髻，双手执一枝条形物，面向右侧跪坐于一方形仰莲台座上。其左有三身坐像，第一身仅存残迹。第二身双手拢于袖中，结跏趺坐于仰莲台座上，台座下有祥云。第三身左手抚左膝，右手置右肩前，结跏趺坐于仰莲台座上，台座下有祥云。

第2排右侧为：四身菩萨，头部皆残，风化严重。第一身左肘立左膝，右手抚左膝，左腿立起，右腿盘坐。第二身头部前倾，左手按左膝，面向左侧跪坐。第三身束髻，右手置腹前，面向左侧跪坐。第四身束髻，发辫垂肩，左手抱左腿，右手置右腿上，左腿立放，右腿盘起。其右有三身像，结跏趺坐于莲座之上；左侧一身双手捧圆形物于腹前；第二身头上有肉髻，左手于腹前托圆形物，右手置右肩前；第三身头上有肉髻，着通肩袈裟。

第3排左侧为：一身立像，上半身残，面向左侧立于圆形仰莲台座上。立像左有三身菩萨，皆头部残、束高髻。第一身左臂残，右手按于身前地面，面向右侧躬身跪于方形仰莲台座上。第二身发辫垂肩，左手置右膝，右手立右膝托右腮，双腿立身前，面向右侧坐于方形仰莲台座上。第三身左臂残，发辫垂肩，右肘支右膝，双腿立放身前，面向右侧坐于方形仰莲台座上。三身菩萨左有一身立像，头部残，双手合十。立像左有一菩萨，上身皆残，左手抚左腿，右手前伸，结跏趺坐于圆形台座上；台座下有一象，戴笼头，背上托鞍，面向右侧立于祥云上。菩萨左有三身立像，第一身仅存轮廓；第二身束髻，左手垂体侧，右手置右肩侧；第三身短发齐耳，颈两道纹，双手合十。

第3排右侧为：一身立像，上半身皆残，面向右侧立于圆形仰莲台座上。立像右有四身菩萨，左侧两身，头部皆残，第一身双手合十，结跏趺坐于方形仰莲台座上；第二身双手执一莲蕾，结跏趺坐于方形仰莲台座上。右侧两身菩萨，双臂残，左侧一身右腿立起，左腿屈跪坐，面向右侧坐于方形仰莲台座上；右侧一身束高髻，发辫垂肩，双腿立身前，面向左侧坐于方形仰莲台座上。四身菩萨右有一菩萨及一胁侍，菩萨双手残，束高髻，发辫垂肩，结跏趺坐于圆形台座上；座下一狮子，头转向龛外，背上有鞍，面向左侧而立；狮子后立一胁侍，双手置身前，双腿叉开。胁侍右有三身立像，左侧一身双手合十；第二身戴高冠，缯带下垂，左手垂体侧，右手为右侧胁侍所扶；第三身短发齐耳，颈两道纹，双手扶第二身右臂，微面向左侧前方。

第4排左侧为：三身化生童子，头部皆残，坐于圆形仰莲台座上。化生童子左有七身菩萨，头部皆残，束高髻，发辫垂肩，坐于方形仰莲台座上。

第4排右侧为：四身化生童子，头部皆残，双手合十，坐于圆形仰莲台座上。化生童子右有九身菩萨，头部皆残，束高髻，发辫垂肩，坐于方形仰莲台座上。

第5排外侧有横向“弓”字形栏杆，栏杆后造像，前部两身头部皆残，左侧一身帔帛绕双臂后下垂，左手下放体侧牵帛，右手抬起，左腿直立，右腿微曲，右足离开地面，作舞蹈状；右侧与其姿势相反，其余皆同。

第5排左侧为：两身童子，趴于栏杆上。童子左一化生童子，上身残，双腿盘坐于圆形莲座上。化生童子左有七身伎乐菩萨，除第七身外头部皆残，仅露上半身。第一身双手持排箫于身前；第二身持筚篥；第三身执物不明；第四身持芦笙；前四身皆面向右侧。第五身持曲颈琵琶于腹前，面向龛外；第六身抱箜篌，面向右侧；第七身腹前有一束腰鼓，双手作拍击状。伎乐菩萨左有五身立像，上排两身，第一身风化严重，束高髻，左手置腹前，右手置头侧；第二身双手合十，两身像皆转向龛后。下排三身仅露上半身，第三身仅存身体右部，束髻，双手合十。

第5排右侧为：一身化生童子，仅露上半身，双手合十，生于莲花中。其右七身伎乐菩萨，头部皆残，束高髻，发辫垂肩，仅露上半身。第一身双手执一连箫；第二身右手托一束腰鼓，左手作拍击状，两身皆面向左侧；第三身左臂残，右手持一长条形物于头前，面向右侧；第四身于腹前抱一琵琶，面向龛外；第五身双手执一沙锥面向左侧；第六身持横笛，面向龛外；第七身持物残。其右侧有四身立像，皆束高髻，发辫垂肩，于胸前合十，除第三身回首之外皆面向龛内，第四身足下踏圆形仰莲台座。

第6排外侧有栏杆，栏杆内造菩萨，均仅存上半身。

第6排左侧为：八身菩萨，头部及身体残损严重。第一身双手于胸前持一上端圆的棍形物；第二身双手抱芦笙，面向右侧；第三身持排箫，面向龛外；第四身持物残，面向右侧；第五身抱琵琶，面向龛外；第六身持铙钹，面向龛外；第七身持物残，面向龛外；第八身持横笛做吹奏状，面向右侧。

第6排右侧为：八身菩萨，头、身残损严重。第一身双手于胸前持箜篌，面向左侧；第二身束高髻，发辫垂肩，持一长条形物面向右侧；第三身束高髻，发辫垂肩，捧圆形物，面向左侧；第四身托一尖桃形物，面向左侧；第五身持芦笙做吹奏状；第六身持物面向左侧；第七身持物面向龛外；第八身抱琵琶作弹奏状，面向龛外。

龛底所起低台上左右侧各有一尖头船，残损严重，近壁处浮雕莲叶、莲花及其中所生化生童子。

内龛龛面顶部中央造一鸟，头残，展翅而立。左右侧各有五身坐佛，仅存轮廓。坐佛左右侧各有一鸟轮廓。左右侧龛面从上至下划分为八格，表现十六观。左侧第一、二格内容残不可识。第五、七格仅存残迹。第三格造二像，中间一像结跏趺坐，双手置胸前；右侧一像双手合十，立于束腰莲台座上。第四格存一像上半身，束高髻。第六格可见飘带呈圆弧形。第八格右侧有一像，束高髻，双手合十，双腿盘坐，左上方浅刻一方形物。右侧第一格左侧有一房屋轮廓。第二至八格均有一像，束高髻，双手合十，双腿盘坐。第三格左上方浅刻一方形物。第四格右侧方台上有两棵树。第五格左上方浅刻一方池，池中有莲叶、莲蕾。第六格右侧有一双层楼阁式塔，顶饰鸱尾，塔下有祥云承托。第七格左侧方台上有一束腰莲台座。第八格右侧一佛，头上有肉髻，双手置腹前，结跏趺坐于束腰仰莲台座上。

（二）2号石包

2号石包有2龛，编号为7、8号龛。

1. 7号龛

位于2号石包北面西侧。龛顶及底残毁，左右壁残，形制不明。残宽171、残高153、残深20厘米。龛向330°。龛内正壁造三主尊二胁侍，均风化、残损严重。

中央主尊坐于方形台座上，头部、双腿残，连座残高131、像残高84厘米。双手似置身前，衣摆垂于座前。其左右各有一胁侍，均头部残，双手似拱于胸前。左侧一身残高100厘米。右侧一身残高107厘米。左右侧主尊均立于台座上，头部残。左侧一身连座残高128、像残高103厘米。腹前有一突起。右侧一身连座残高109、像残高101厘米。左手似置左胸前，右手似持一莲蕾。左右壁自上至下均残存四身像，风化严重，除第一身外其余残不可识。左壁第一身坐于一方形台座上，头部及台座残，连座残高32、像残高24厘米，双手置身前。右壁第一身坐于台座之上，连座残高24、像残高19厘米，有头光，双手置身前。

2. 8号龛

位于2号石包北面东侧，7号龛右侧。龛顶及右壁残，形制不明。残宽181、残高118、残深10厘米。龛向338°。龛内正壁造三主尊二胁侍，均风化严重。

中央主尊坐于圆形束腰台座上，头部及双肩残，连座残高145、像残高90厘米。双手相交置腹前。其左右各有一胁侍，仅存上半身。左侧一身仅存轮廓，残高70厘米。右侧一身残高65厘米，双手似置身前。左侧主尊坐于圆形束腰台座上，头部残，连座残高124、像残高61厘米。右侧帔帛绕臂后垂于座下，衣摆覆于座前。双手置身前，台座束腰处有三突形物。右侧主尊坐于一束腰台座上，腹部以上残，仅存轮廓，连座残高105、像残高70厘米。

（三）3号石包

3号石包北侧崖面有14龛，编号为9—22号龛；东侧崖面有1龛，编号为23号龛。

1. 9号龛

位于3号石包北面西侧， 10号龛、11号龛的上部。外方内圆拱形龛。外龛宽102、高101、深67厘米。内龛平面呈弧形，顶部近平，底残，宽81、高83、深26厘米。龛向320°。龛内造像残存装彩。内龛正壁（图五，1）及左右侧壁（图五，2、3）造三排佛像。

龛底中央有一束颈瓶，瓶口伸出莲茎及蕾，莲茎蔓延龛壁并与莲座底部相接。佛均结跏趺坐于莲座上，面部残，风化严重，内圆外尖桃形头光，头上有肉髻，面部方圆，双耳硕大。自上而下，第一、二排五身，第三排二身。第二排左起第三身较其他造像大，连座高30、像高24厘米，其余造像均连座高26、像高20厘米。

第一排左起第一身，双重椭圆形身光，颈残存三道纹，着通肩袈裟，双手交于腹前。第二身，左肩残，椭圆形身光，颈残存两道纹，着通肩袈裟，拱手于身前。第三身，颈三道纹，似戴风帽，着通肩袈裟，双手似托一物置腹前。第四身，颈残存两道纹，似着双领下垂袈裟，双手置腹前。第五身，颈残存两道纹，双手置胸前。第一排每两身之间均有一莲蕾。

第二排左起第一身，双肩及双手残，椭圆形身光，着通肩袈裟，双手置腹前。第二身，胸部以下及台座残，颈三道纹，着袈裟。第三身，颈部以下残，内圆外尖桃形三层头光，中层饰莲瓣，中外层间饰素面条带。三层椭圆形身光，中层饰回字纹，中外层间有素面条带。第四身，椭圆形身光，颈残存两道纹，双手置身前。第五身椭圆形身光，颈残存两道纹，着通肩袈裟。

第三排左侧一身，双手、双足及台座残，椭圆形身光，颈残存两道纹，着通肩袈裟双手似拱于身前。右侧一身，双足及台座残，椭圆形身光，颈两道纹，着袈裟双手置腹前。

左右力士，均风化严重，立于山形台座上。左侧一身连座残高38、像残高29厘米。仅可见圆形头光。下着战裙。左手上举头侧。右侧一身连座残高41、像残高33厘米。仅可见面部方圆，裸上身，全身肌肉隆起。下着战裙，腰束带，绕飘带。右手似握飘带平伸身后。

1　2　3

图五　9号龛造像

1. 正面（北—南）　2. 左侧壁（东—西）　3. 右侧壁（西—东）

2. 10号龛

位于3号石包北面下层，9号龛左下方，11号龛左侧。圆拱形龛。龛宽44、高43、深22厘米。龛向328°。空龛，内壁布满粗大凿痕。

3. 11号龛

位于3号石包北面西侧下层，9号龛右下方，10号龛右侧。方形龛，宽41、高70、深19厘米。龛向330°。内造一像。

像呈立姿，头部残，风化严重，仅存轮廓，残高63厘米。内圆外尖桃形三层头光。帔帛于腿前横过垂于体侧。右壁近龛口处造一立像，面部残，高20厘米。面部长圆。似戴冠，着广袖长袍。双手于胸前合十。

4. 12号龛

位于3号石包北面中部上层，13号龛上方，14号龛左侧。双层拱形龛，龛顶左侧及左壁残。外龛残宽58、高70、深31厘米。内龛平面呈弧形，宽50、高63、深27厘米。龛向318°。龛内造一主尊二胁侍。

主尊坐于圆形束腰台座上，仅存轮廓，连座高47、像高35厘米。面部长圆。台座束腰前部有一壸门。左侧像立于台座上，左半身残，仅存轮廓，残高42厘米。右侧缯带下垂及肩。右侧一身立于台座上，头部及双手残，风化严重，残高39厘米。

5. 13号龛

位于3号石包北面西部， 9号龛、11号龛右侧。双重方形龛。外龛宽164、高155、深110厘米。内龛平面呈方形，左右角有三角形斜撑，龛楣上部垂饰弧形帷幔，后壁微弧，宽159、高113、深69厘米。龛向338°。内龛近壁处起一12厘米高“凹”字形低台，台上造三主尊三胁侍，后壁及左右壁为僧伽变相，内龛左右壁外侧造二天王（图六，1）。

中央主尊结跏趺坐于方形山台座上，头部残，风化严重，连座高71、像高53厘米。椭圆形身光，面部较方，颈部青筋暴露。戴风帽，着交领袈裟。双手交于腹前。主尊头顶化现一佛，结跏趺坐于方形台座上，风化严重，连座高26、像高21厘米。尖桃形头光，椭圆形身光，头上有肉髻，面部长圆。外着袈裟。双手合十。

左侧主尊垂足倚坐于方台之上，风化严重，连座高71、像高60厘米。边缘不规则身光或背屏，光头，面部较方，双目睁开，双耳硕大。耳后有带垂于双肩，身着三角形大翻领交领长袍，腰束带，足着鞋。双手抚膝。

右侧主尊垂足倚坐于方形束腰台座上，头部残，连座高67、像高59厘米。椭圆形身光或背屏。戴风帽，着交领广袖上衣，胸前系带，内着齐胸内衣，着长裙，足着云头鞋。左手抚膝，右手持物于胸前。

中央主尊与左侧主尊之间的胁侍，呈立姿，残损严重，仅存轮廓，高53厘米。中央主尊及右侧主尊之间的胁侍，呈立姿，头部残，高56厘米。卷发，面部方圆，双目睁开。着圆领广袖长袍，腰束带，左袖上搭一巾。双手于腹前持圆形物。左侧主尊左有一胁侍，呈立姿，面部残，高61厘米。颈残存两道纹。戴直脚幞头，着圆领广袖长

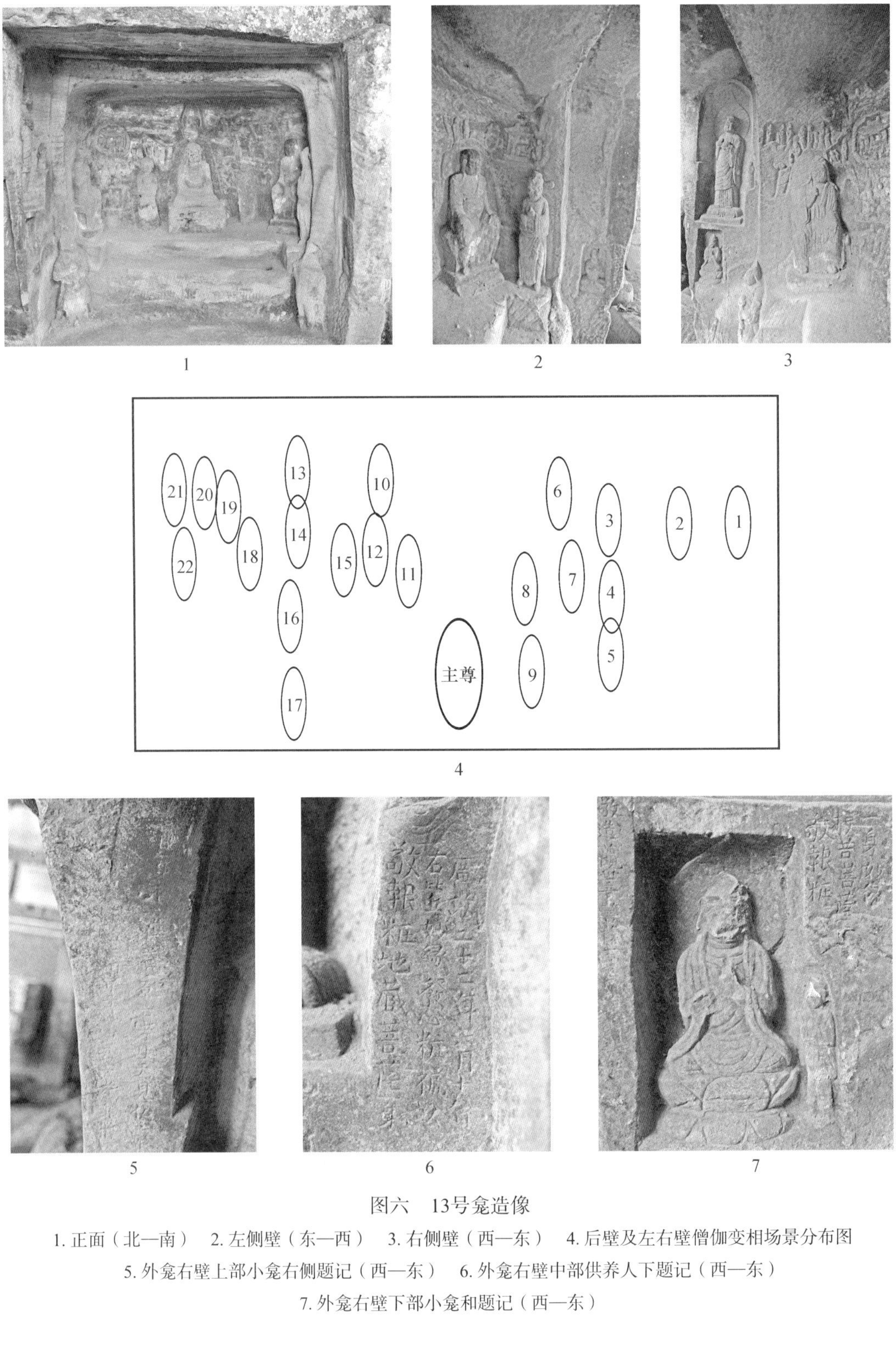

图六　13号龛造像

1. 正面（北—南）　2. 左侧壁（东—西）　3. 右侧壁（西—东）　4. 后壁及左右壁僧伽变相场景分布图
5. 外龛右壁上部小龛右侧题记（西—东）　6. 外龛右壁中部供养人下题记（西—东）
7. 外龛右壁下部小龛和题记（西—东）

袍，腰束带，足着靴。双手于胸前持物。

后壁及左右侧壁（图六，2、3）浮雕场景22幅（图六，4），从左至右分别编号为第1—22幅。

第1幅：左侧一人戴风帽，着交领袈裟，面向右侧立于祥云之上。其右有一房屋，方形基座，脊饰鸱尾，檐下垂帷幔，房屋中一人左斜卧于床上，床右侧立二人。

第2幅：左侧有一车，中部立一人，面向右侧。右侧一人，双手合十，面向左侧而立。

第3幅：为一方形庭院，北墙中部开门，院中有一房屋，脊饰鸱尾，檐下垂帷幔，屋中一人左斜卧，房屋左侧一人面向右侧跪伏于地，右侧一人面向左侧而立。

第4幅：左侧一人，双手置胸前，面向右侧躬身而立。右侧一人，面向左侧而立。

第5幅：左侧一人，双手抓右侧一人右臂，面向右侧躬身而立。右侧一人面向左侧而立。

第6幅：山石后似有一木筏，一人手持长棍形物似为船夫。后方坐一人，岸边一人面向竹筏而坐，身下有祥云。

第7幅：左侧一人，双手置胸前，面向右侧而立。中间有一圆筒形物。右侧一人，面向左侧而立。

第8幅：左侧一人背一物，面向右侧趴跪。右侧一人呈立姿。

第9幅：左侧一人作奋力上推状。右侧一人双手环抱长方形物。

第10幅：左侧一人，身体左倾。中部有一台，台右有圆形物。右侧一人双手置腹前，身体右倾，盘腿而坐。

第11幅：左侧一人，双手交胸前，立一方台后。右侧一人，双手合十，面向左侧而立。

第12幅：左侧一人，面向右侧而立。右侧一人，右臂抱一坛，面向右侧而立。

第13幅：有一船，船首上翘，左右侧各一人，手中持长棍形物，似作划船状。船头有一椭圆形物，岸上一人，双手合十，面向左侧而立。

第14幅：外有一圆圈，中部有一房屋，脊上饰鸱尾，屋中二人并坐，房屋基座呈方形，房屋左右侧各立一人，右侧一人双手合十，房屋前立三人。

第15幅：左侧一人束高髻，右侧一人面对左侧一人伸左手，二人均呈立姿。

第16幅：左侧四人抬一物，右侧四人分前后两排而立。

第17幅：左侧一人双手交胸前，面向右侧而立。右侧一人牵一马，面向左侧而立。

第18幅：左侧一人双手于腹前托圆形物，面向右侧而立。右侧一人，左肘立左膝置头侧，右手于体侧按于地面，左腿立起，右腿盘坐。

第19幅：中部一人双手于胸前抱一圆筒形物。左侧一人身形较矮，双手置身前，紧随中部一人身后。右侧一人右手垂于体侧，面向左侧而立。

第20幅：左侧一立人。中部有一盘，盛圆形物。右侧一人，右手垂于体侧，左手伸出食指置胸前，面向左侧而立。

第21幅：左侧一人，双手拢于袖中置胸前，面向右侧而立。右侧一人，左手垂于体侧，右手伸出食指置胸前，面向左侧而立。

第22幅：左上部一人左手握右臂，右手持一香炉，面向右侧。右下一人头部扬起，双手托一尖桃形香炉于头前。

各场景之间以山水自然分隔，后壁中上部有流云，左右壁上部有群山。

内龛底部下方左右侧各雕一天王，呈立姿。左侧一身，风化严重，仅存轮廓，残高56厘米。右侧天王头、双腿、足残，高63厘米。面部方圆。头戴盔，身着铠甲，腰束带，双手戴镯，飘带垂于左右侧。双手握剑于腹前。

外龛左壁下部开一长方形小龛，宽18、高33、深4厘米。内造一佛结跏趺坐于方形束腰台座上，风化严重，连座高30、像高23厘米。圆形头光。双手合十。其上有题记一则，阴刻楷书一行，竖书，全文为："……得证"。

外龛右壁上部开一圆拱形小龛，宽32、高84、深14厘米。内造一弟子，跣足立于方形覆莲台座上，头部、双手残，连座高64、像高55厘米。尖桃形头光，面部丰圆，双耳硕大，颈四道纹。着双领下垂袈裟。左手托圆形物于胸前，右手托一方形物于右肩前。小龛右侧有题记一则（图六，5），阴刻楷书二行，竖书右起，全文为："……十月十三日，弟子……为亡考再□/地藏菩萨一身永为供养，愿亡考生天见佛离苦□□"。

外龛右壁中部向内开一尖拱形浅龛，造一供养人，面向右前方而立，头部残。颈两道纹。着交领窄袖长袍，腰束带。双手合十，足下浅刻云纹。供养人下有题记一则（图六，6），阴刻楷书三行，竖书右起，全文为："敬报妆地藏菩萨一身，/右比丘妙缘发心妆褫，以/广政二十二年六月十八日"。

外龛右壁下部开一方形小龛，宽16、高31、深6厘米。内造菩萨一身，结跏趺坐于方形束腰仰覆莲台座上，头、双臂残，连座高29、像高20厘米。尖桃形头光，颈三道纹。戴高冠，圆形项圈，缯带垂于身后，内着僧祇支，腰束带，着长裙，帔帛自双肩垂下，横过腿前绕双臂后垂于体侧。双手合十。左壁开一尖拱形凹槽，造一身供养人，立于圆台上。束髻。着交领上衣，腰束带，下着裤。双手合十。小龛外左右侧各有题记一则（图六，7）。左侧阴刻楷书三行，竖书右起，全文为："敬报妆/救苦菩萨/一身妙缘"。右侧阴刻楷书一行，竖书，全文为："敬造观世音菩萨一身，弟子侯行……"。

6. 14号龛

位于3号石包北面中部上层，12号龛右侧，15号龛上方。双层方形浅龛。外龛宽69、高49、深3厘米。内龛宽62、高45、深2厘米。龛向340°。正壁磨光，上应有题记，现已不存。

7. 15号龛

位于3号石包北面中部中层，14号龛下方，16号龛上方。外方内圆拱形龛，外龛底部及左壁上部残。外龛宽82、高51、深32厘米。内龛平面略弧，宽63、高45、深23厘米。龛向343°。龛内造三身像，风化严重，仅存轮廓。

左侧一身倚坐于圆形台座上，头光残，连座高35、像高26厘米。椭圆形身光。双足下各有一小台座。中间一身结跏趺坐于圆形束腰仰莲台座上，连座高36、像高26厘米。尖桃形头光，椭圆形身光，面部方圆。双手似置腹前。右侧一身似结跏趺坐于圆形束腰台座上，台座下部残，连座高35、像高25厘米。尖桃形头光，椭圆形身光，头上似有肉髻。双手置身前。

内龛左右壁外侧各有力士，跣足立于山形台座上。左侧一身右臂残，连座高33、像高25厘米。似束髻。下着裙，飘带绕双臂垂于体侧。左手伸起，右手置腰侧。右侧一身头部残，连座高32、像高23厘米。下着战裙，腰束带，飘带经头后绕双臂垂于身后。左手于身前握飘带，右手似持一物于身后。

8. 16号龛

位于3号石包北面中部中层，13号龛右侧，15号龛下方。圆拱形龛，平面呈弧形。宽34、高45、深6厘米。龛向330°。内造一佛（图七，1）。

佛结跏趺坐于方形束腰仰莲台座上，头部为现代补塑，台座经现代水泥修补，连座高32、像高20厘米。尖桃形头光，椭圆形身光。着通肩式袈裟，衣纹呈“U”字形。双手于腹前拢于袈裟中。台座束腰前部及左右侧各饰一壸门，台座下部呈圆角横长方形。

龛左右侧均有题记一则（图七，2）。左侧阴刻楷书三行，竖书右起，全文为：“高（？）□法弟子樀州衙推文玄朗，女弟子/□□弟（？），男女合宅，同发心修妆上件功/德并沐周俻。以广政廿七年二月壬丑（？）日讃讫”。右侧阴刻楷书一行，竖书，全文为：“敬造阿弥陀佛一□□□”。

9. 17号龛

位于3号石包北面中部下层，13号龛右侧，16号龛下方。竖长方形龛。宽42、高73、深3厘米。龛向332°。内造一碑（图八）。

碑为阴刻楷书10行，竖书右起，全文为：

合（？）……/中弟子（？）……/龙武（？）□□□……/法喜王……/何师本壹（？）、许（？）……/吴□演、苏连……/罗师进、田方□……/姚处顺、梁公□……/右上件功德……/维光启二年岁次……

10. 18号龛

位于3号石包北面中部上层，15号龛右上方，19号龛左侧，20号龛上方。外方内圆拱形龛，外龛顶部右侧残。外龛宽80、高91、深38厘米。内龛平面略弧，宽63、高

1

2

图七　16号龛造像
1. 正面（北—南）　2. 左侧题记（北—南）

图八　17号龛题刻（北—南）

77、深21厘米。外龛底部右侧有一榫孔。龛向335°。龛内造一四臂观音。

观音结跏趺坐于圆形束腰台座上。头部、四臂及双腿残损严重，连座高74、像高51厘米。帔帛自两肩垂下，搭左右臂后下垂及座下。左上臂托一物于头侧，物体上端呈尖状；右上臂托一长形物于头侧；下臂似于胸前合十。台座下部呈叠涩式上收。

11. 19号龛

位于3号石包北面中部上层，18号龛右侧，20号龛右上方，21号龛左侧。双层圆拱形龛。外龛底部有一叠涩，宽79、高85、深41厘米。内龛平面呈弧形，宽67、高72、深22厘米。龛向339°。内造一像。

像坐于24厘米低台上，风化残损严重，高39厘米。面部方圆，颈三道纹。戴风帽，着袈裟。右手于胸前持一锡杖，上端呈尖桃形。低台前部有一突起，不可识。

12. 20号龛

位于3号石包北面中部偏东，16号、17号龛右侧，19号龛下方。外方内圆拱形龛。外龛宽215、高183、深122厘米。内龛平面呈长方形，龛面顶部有帷幔。内龛宽186、高176、深74厘米。龛向330°。内龛正壁造一佛二弟子二菩萨，诸像后立天龙八部，顶饰飞天，二力士立龛口（图九，1）。

主尊结跏趺坐于方形束腰八角形台座上，面部、双腿及台座残，连座高117、像高69厘米。内圆外尖桃形头光，双重圆形火焰纹背光，颈三道纹。着通肩袈裟。双手于腹前托一圆盒形物。

左右侧弟子跣足立于圆形台座上，面部、双手、双足、台座残，连座高82、像高71厘米。圆形头光。面部长圆，双耳硕大。着交领袈裟。双手合十。左侧弟子颈残存一道纹。右侧弟子颈上有青筋暴露，胸前肋骨突出。

左右侧菩萨跣足立于台座上。尖桃形头光，面部长圆，双耳硕大，颈两道纹。戴圆形项圈，内着僧祇支，腰束带，着长裙，衣带垂于身前，帔帛自双肩垂下横过腹前，绕双臂后垂于体侧。左侧菩萨头部、足部、台座残，连座高87、像高81厘米，戴高冠，缯带下垂，发辫垂肩。双手戴镯，于胸前合十，足下圆形台座。右侧菩萨双手、双足残，连座高92、像高85厘米。戴花冠，缯带垂于身后。右手于胸前托一椭圆形物，左手抚膝，足下圆形仰莲台座。

后壁造像十二身。主尊左侧五身，自右上至左下，从内至外依次编号为1—5号（图九，2）。右侧造像七身，自左上至右下，从内至外依次编号为6—12号（图九，3）。

1号仅露头部和左肩。束高髻，面部方圆，双目睁开。转向左侧。

2号束高髻，面部长圆，双目睁开，双耳硕大，颈三道纹。着交领广大袖大衣。双手拢于袖中置胸前。

3号圆形头光。光头，面部长圆。着交领袈裟。双手合十。

4号三头六臂，束高髻。裸上身，腰束带，下着短裙。帔帛自双肩垂下，绕双臂后垂于体侧。前臂于胸前合十，体侧上臂各托日月，左下臂提一称，右下臂托物不明。

5号面部长圆。头戴盔，肩披帔帛，身着铠甲，腰束带，足着靴。双手按剑于腹前。

6号头面部长圆，双耳硕大，颈两道纹。戴方冠，上身着衣。

7号面部长圆，双耳硕大，颈三道纹。头戴冠，着交领广袖大衣。拱手于胸前，右手抚左手。

8号面部长圆。头戴冠，着广袖大衣。双手交胸前。

9号裸上身，腰束带，下着短裙。颈部绕一蛇。

10号面部长圆。头戴冠，着圆领广袖大衣。拱手于胸前。

1

2

3

4

5

图九　20号龛造像

1. 正面（北—南）　2. 左侧壁（东—西）　3. 右侧壁（西—东）　4. 左壁碑刻（东—西）　5. 右壁碑刻（西—东）

11号头部残。颈两道纹。着圆领大衣。双手于胸前拢于袖中。

12号束髻，面部较方，下颌有胡须。肩披帛，身着铠甲，腰束带，足着靴。双手持短棍形物。头顶有一龙，颈部束带，朝向左侧，侧首回顾。

内龛左右壁内侧上部各浮雕飞天。束高髻，面部方圆。斜披络腋，腰束带，着长裙。双手张开平伸于体侧，掌心向上各托圆形物，分别面向左侧、右侧而飞。身周有祥云环绕。

低台前部左右各造一身狮子，均面向龛外而卧。左侧狮子残损严重，仅存轮廓。右侧狮子头、腿部残损，四肢伏地。

龛外左右力士腿开叉立于山形台座上。束髻，裸上身，肌肉发达。腰束带，着长裙，飘带经头后绕过腰带后垂于体侧。左侧力士头部、双足、台座残，连座高80、像高73厘米。左手握拳置头侧，右手置腰侧。右侧力士头部、双臂残，连座高72、像高63厘米。左手持飘带于腰侧，右手握拳置头侧。

左壁中部有一长方形碑刻（图九，4），宽48、高132厘米，圆拱形碑首，阴刻楷书大字二行，竖书右起，全文为："刻山/之院"。碑身阴刻楷书15行，竖书右起，为《释迦牟尼佛龛之记》，有"长庆元载（821年）……镌造……八部之众妆绘将毕刻石标之传万古之遗文……为记时大和二年（828年）……"字样。

右壁中部有一长方形碑刻（图九，5），宽55、高112厘米，内阴刻楷书题记，竖书右起，分上中下三部分。上部17行，中部13行，下部17行。

13. 21号龛

位于3号石包北面东侧上层，19号龛右侧，22号龛上方。方形龛，龛顶右侧、左壁下部及右壁残。残宽69、高64、深13厘米。龛向324°。龛内造三身像，均风化严重。

中间一身结跏趺坐于方形束腰台座上，头部及台座束腰处残，连座高47、像高34厘米。尖桃形头光。其上有一椭圆形华盖，上饰纹饰。左侧一身头部、双手、双足及台座残，连座残高45、像残高32厘米。右侧一身半跏趺坐于圆形束腰台座上，双肩、双腿及台座残，头部为现代补塑，连座高46、像高31厘米。尖桃形头光，颈残存两道纹。帔帛自两肩垂下，绕双臂后垂于体侧。左手托一圆形物于腹前，右手似持一物于右胸前，右足下踏圆形小台座，座下有莲茎。

14. 22号龛

位于3号石包北面东侧下层，20号龛右侧，21号龛下侧。方形龛。龛顶右侧及右壁残损，右壁由现代砖石修砌。残宽145、高145、深54厘米。龛向320°。龛内造一菩萨一弟子，均经后代改刻和补塑（图一〇，1）。

左侧一身跣足立于圆形束腰仰莲台座上，局部为现代补塑和修补，连座现高138、像现高100厘米。内圆外尖桃形头光，双重椭圆形身光，均外饰火焰纹。头侧缯带垂肩，发辫垂于胸前，戴圆形项圈，胸及腿前垂饰璎珞，于两腿上部折向身后，帔帛绕

1

2

图一〇　22号龛造像

1. 正面（北—南）　2. 左壁上部题记（东—西）

腹前两道，着长裙，腰束带，裙腰外翻，束带于两腿间下垂及座。座上饰连珠纹。

右侧一身坐于方形束腰台座上，全身经后代补塑，现造像头后有原头像残迹，连台座现高100、像现高60厘米。有圆形身光。头顶有一饰花瓣方形华盖，风化严重。胸前残存原造像项圈，上垂饰璎珞。台座束腰右前有一仰莲小台座，外部经水泥修补，莲座下有莲茎，台座下部呈三层叠涩式。台座前右侧有一兽，头部残，全身风化严重。

左壁上部有题记一则（图一〇，2），阴刻楷书九行，竖书右起，有"……大悲观音……维开成二年（837年）……敬造……"字样。

左壁外侧上部开一小龛，宽14、高40、深6厘米。龛内造一像，结跏趺坐于圆形束腰台座上，头、颈部为现代水泥补塑，连座现高35、像现高23厘米。尖桃形头光，双层椭圆形身光。着通肩袈裟。双手置腹前。小龛外左侧有题记一则，阴刻楷书四行，竖书右起，全文为："……十/……妆□像□□二……/□□十八……十□二□/……"。

15. 23号龛

位于3号石包东面，22号龛右侧，与22号龛约成90°夹角。双重方形龛。外龛宽88、高109、深49厘米。内龛平面呈竖长方形，四角略弧，宽77、高84、深32厘米。龛向60°。内龛顶近壁处有一横长方形突起，其左右侧底部各有一方形突起，均阴刻题记，惜已漫漶不清。龛内正壁高台上造一妇人，左右侧各造四身童子像（图一一）。

妇人结跏趺坐于高台上，面部及双手残，连高台高84、像高54厘米。束髻，面部长圆，颈两道纹。着双领下垂大衣，内着齐胸内衣，胸前系带。双手似置胸前。

左右侧童子分两排，上下各二身，均风化严重。左侧四身似为光头，面部浑圆。上排左一身面部残，戴圆形项圈，似着窄袖长袍，腰束带，左手持一物于身前，头微左倾。上排右一身面部残，上着衣，右手戴镯，似握左侧童子左手，身体微向左弯曲。下排左一身，仅存轮廓；其右上一身戴圆形项圈，中部有一物垂下，头微低。右侧仅存四身造像残迹。分上下两排，上排三身，下排一身。上排第三身面部及双手残，似坐于下排一身像身上。下排一身头残，双手扶地，朝向左侧而跪。

图一一　23号龛造像（东—西）

二、年　代

千佛岩造像题材较为丰富，其中以观经变、僧伽变相、释迦说法、地藏、观音等题材最为突出。综合以上窟龛题记及相关造像题材，我们试对千佛岩摩崖造像的开凿年代展开探讨。

1号石包除4、6号龛外，其他或为空龛，或风化、残损严重，已不能辨识。6号龛观经变题材造像风格特征与大足北山晚唐245号龛[4]相似，当为同时期开凿。且该龛位于该石包最好位置，规模亦最大，故其开凿时间应最早于其他龛。同位于该石包的4号龛虽无明确纪年题记，但其造像所戴直脚幞头，身着圆领长袍与敦煌壁画中所见五代或北宋初供养人相似[5]。

2号石包7、8号龛风化严重已不能辨识。3号石包除9、13、18、20、22号龛外，其他龛或为空龛，或风化、残损严重，已不能辨识。该石包除18号四臂观音龛外，地藏、观音龛多为在13号与22号龛上补开之小龛，且题记也为晚唐五代时期，与晚唐五代动荡不安，民间盛行造救苦救难的观音、地藏相映衬[6]。僧伽变相盛行于唐宋时期的成（成都）渝（重庆）中东部，且僧伽、宝志、万回三圣僧的组合形式，成渝地区至迟在唐中和元年（881年）就有出现，这种组合形式与宋代仅有僧伽相异[7]。13号龛的造像组合、神异事迹基本与开凿于唐元和十三年（818年）安岳西禅寺西寨门1号龛相似[8]，均为僧伽、宝志、万回三圣僧的组合。在此龛中，左侧主尊之胁侍所戴直脚幞头又与4号龛中造像相似。且该龛又与20号龛同位于石包中部，位于同一平面，开凿时代当相近。而20号龛有“长庆元载（821年）……镌造……为记时大和二年（828年）”字样，故13号龛开凿时间当为晚唐五代时期。根据窟龛布局，9号较13、20号龛位置偏，但又较18号龛位置好，其年代应晚于前两龛，早于后龛，为晚唐五代时期。22号龛左壁上部有“……维开成二年（837年）……敬造……”字样，为晚唐时期。

综上所述，安岳千佛岩摩崖造像开凿时间当为晚唐五代时期。

三、结　　语

四川安岳高升乡千佛岩摩崖造像规模不大，但题记丰富、题材鲜明，对研究唐五代时期川东地区佛教传播有重要价值。特别是其中部分窟龛保留了唐五代题记，为四川地区唐五代时期造像内容的识别及年代的判定提供了重要参照。

附记：本文系2013年度国家社科基金重大项目——西南唐宋石窟寺遗存的调查与综合研究（项目编号：13ZD&101）阶段性成果之一，调查和研究得到“四川大学中央高校基本科研业务费研究专项项目”（项目编号：SKZD201403）的资助。

调查记录：张　亮　王丽君　张媛媛
干倩倩　邓宏亚
绘图：王晓华　司程文
摄影：张　亮
执笔：邓宏亚　王丽君　廖顺勇
白　彬　雷玉华　董华锋

注　　释

［1］ 廖顺勇：《安岳石刻综述》，《丝绸之路》2004年增刊第1期。

［2］ 刘长久：《安岳石窟艺术》，成都：四川人民出版社，1997年，第51页。

［3］ 本文所言之“左右”，系就龛内主尊（而非调查者）本身所处方位而言。题记释文中“/”表示提行，“□”表示文字残泐不可释读，“字（？）”表示此字系推测，“……”表示因风化或破损不知残缺多少字；题记释文标点系笔者自加。

［4］ 重庆大足石刻艺术博物馆、重庆出版社编：《大足石刻雕塑全集·北山石刻卷》，重庆：重庆出版社，1999年，第21页。

［5］ 沈从文编著：《中国古代服饰研究》（增订本），上海：上海书店，1997年，第332—334页。

［6］ 刘长久：《中国西南石窟艺术》，成都：四川人民出版社，1998年，第11页。

［7］ 李小强、邓启兵：《“成渝地区”中东部僧伽变相的初步考察及探略》，中国古迹遗址保护协会石窟专业委员会、龙门石窟研究院编：《石窟寺研究》第二辑，北京：文物出版社，2011年，第237—241页。

［8］ 重庆大足石刻艺术博物馆、四川安岳县文物局：《四川省安岳县西禅寺石窟调查简报》，中山大学艺术史研究中心编：《艺术史研究》第十辑，广州：中山大学出版社，2008年，第529—551页。

Report on a Survey of the Qianfoyan Buddhist Cliff Sculpture in Anyue County, Sichuan Province

Department of Archaeology, Sichuan University
Chengdu Institute of Archaeology
Cultural Relic Bureau of Anyue County, Sichuan Province

Abstract: The Qianfoyan Buddhist cliff sculptures are located in Tianfo Village, Gaosheng Township, Anyue County, Sichuan Province; twenty-three niches have been preserved until the present day. The sculptures are relatively small but highly varied in the themes they show, among them most prominent are images from the Amitayurdhana Sutra, the Sangha council, Shakyamuni, Kshitigarbha, and Guanyin. The majority of the inscriptions date to the late Tang and the time of the Five Dynasties. Based on the date of the inscriptions and the themes chosen for the sculptures, it is safe to assume that they date between the late Tang and Five Dynasties period.

Keywords: Qianfoyan, Buddhist Cliff Sculpture, Chronology

（责任编辑：于孟洲）

纪念汪宁生先生

孔令远

（重庆师范大学历史与社会学院）

摘要：汪宁生先生对于我国西南地区的民族考古学有重要贡献，无论在理论、方法还是具体研究实践方面，都留下了丰厚的论著。他是中国南方民族考古重要的奠基者之一，曾给予中国民族考古学的学科建设和发展以重要的指导。

关键词：民族考古学　汪宁生

汪宁生（1930—2014年），江苏灌云人。民族考古学的倡导者和开拓者之一。1959年毕业于北京大学考古专业。在中央民族学院（现中央民族大学）历史系短期任教后，便调去云南长期从事考古学和民族学的调查研究工作。曾任云南省民族研究所研究员兼副所长、云南民族学院（今云南民族大学）教授兼历史系主任，并被选为中国人类学会、中国民族学会、中国考古学会等学术团体的理事、国家民族事务委员会学术委员会委员、教科文组织下属崖壁艺术国际委员会成员和美国费城人类社会问题研究所荣誉研究员。曾任云南民族大学民族研究首席科学家，主编《民族学报》。他在云南地区考古的综合研究、云南青铜文化一系列的考释及云南崖画的发现和研究等方面均取得令人瞩目的成果，特别是在利用民族资料研究中国考古学和古代史方面，在国内外享有较高声誉。迄今发表论文近百篇，出版论文集、专著、日记等十余种，约三百万字。曾应邀在欧美十余所大学演讲，并应聘为美国宾夕法尼亚大学、华盛顿大学，德国海德堡大学，挪威奥斯陆大学和特罗姆瑟大学的客座教授，讲授中国考古学、云南青铜文化、云南民族文化等课程或做研究工作。曾获美国卢斯基金会及挪威人文科学基金会奖学金。

一、成长经历

汪宁生，1930年5月8日出生于江苏省南京市。他的童年是在南京、上海度过的，当时他的父亲供职于国民政府经济部商标局。抗战军兴，他随母回祖籍江苏省灌云县，辗转避难于农村各地，备受颠沛流离之苦。有一段时期无学可上，汪宁生只能就读于私塾，学习古文及英文，却培养出读书的兴趣。后来在灌云县板浦中学及江苏省立丹阳中学读书时，他文科成绩一直较好，就是靠幼时打下的基础。

1949年高中毕业后，像当时许多年轻人一样，汪宁生没有继续升学，而是直接参加工作，他当过农村工作队员，也做过行政工作。1954年，在青年干部报考高等学校的号召下，汪宁生考入北京大学历史系考古专业。

当时，北京大学历史系讲授中国史和考古学课程的学者有向达、张政烺、邓广铭、夏鼐、苏秉琦、唐兰、阎文儒、宿白等。在老师的熏陶和教诲下，汪宁生稍窥读书门径，初尝治学之乐，从此立志一生治学。

1959年毕业后，汪宁生初留北大，后被分配至中央民族学院（今中央民族大学）历史系任助教，并参加云南民族调查组，到四川凉山彝族、茂汶羌族，以及滇黔很多民族地区进行调查。开始时他自己并不安心，觉得生活艰苦而且工作没有收获，感到学非所用。有一次读了顾颉刚抗战期间在昆明写的《浪口村随笔》（即后来出版的《史林杂识》），心胸突然开朗起来。他觉得，顾颉刚能用少数民族的习俗，考证一系列古史上的问题，并提出新颖的见解，自己现在已长年生活在少数民族之中，接触的材料更多，为什么不能用以研究考古学上存在的问题呢？他现在所做的工作不仅不违背自己研究考古学和中国上古史的夙愿，而且大有裨益。

认识到调查工作的重要性并不等于调查工作就能顺利进行。汪宁生感到，民族调查要具备民族学的基础知识和科学的调查方法，否则将不能搜集到真实可靠的资料，特别是对自己研究考古学和古代史有用的资料，而自己缺乏这方面的训练。因此，每当回到北京，他便设法“补课”，搜集民族学方面中英文图书，学习基础知识及调查方法。当时中央民族学院可说集中了中国民族研究方面的精英（潘光旦、闻宥、费孝通、林耀华、马学良、傅乐焕……），汪宁生得以不时向他们请教，在老辈学者帮助下，汪宁生对民族学有了深入的了解。

20世纪60年代初，汪宁生已连续在《考古》《文物》等刊物上发表了自己第一批的调查研究成果。这引起了同行的注意，也提高了自己治学的兴趣，并确定以民族学资料研究中国考古学和古代史作为毕生治学的主要方向。

汪宁生曾对来访者说，他现在对离开北京大学到中央民族学院，后来又被配到云南工作，一点也不觉得遗憾。正是有了考古学和民族学这两方面的学习经历，才使他具备从事民族考古的有利条件；正是深入基层，才使他有机会比别人更多接近少数民族，掌握比别人更多的民族志资料。假如一直留在北京大学，他在一生中不可能写出这么多的文章。

当被问及他的成长经历中有何可供后人借鉴之处时，汪宁生总是这样回答：做学问第一要爱惜时间。据他说，从大学二年级对治学感兴趣开始，直到今日，他没有周末或节假日的概念，别人休息或消闲娱乐时，他仍在读未读完的书，做正在做的事。甚至在“文化大革命”时期，他也没有完全放下他的笔。《云南考古》部分初稿就是那时写的，他还翻译了《事物的起源》的若干章节。他说，知识积累，绝非一蹴可及；任何巨著都是要一个字一个字地写出来的；浪费一天便少一分成绩。做学问第二是不要怕艰苦。研究任何学科都要付出艰苦的劳动，做民族考古调查研究工作付出的更多。当时下乡基本上无车可乘，全靠步行，而且还要自背行李；住无定所，经常是与农民全家挤在一间狭小居室中，甚至和家畜、禽类比邻；由于普遍缺粮，一日两餐，甚至吃不上饭，也是常有之事。再加上不能适应的生活习惯，语言隔阂，不为居民所接受等“文化碰撞”现象，使民族调查者面对的艰辛是绝非今人所能想象的。这些经历在他的民族调查日记《西南访古卅五年》中有充分的反映。

如何才能做到爱惜时间和不怕艰苦，并能长期坚持下来。汪宁生认为，做这样的“冷门”研究，名誉、地位和金钱永远都不能成为支撑的动力，关键是要培养对这门学科的兴趣。

汪宁生从20世纪60年代初起，除了“文化大革命”初期那几年，几乎没有一年不做田野工作，有时一年有几个月在田野工作，一直到60多岁还带学生下去实习。直到80多岁时，他还是一年几次带领年轻人下去从事口述民族史的调查。尽管他那时行路已感困难，不能深入农村了，但可住在县城里通过手机指导年轻人如何进行工作，为他们解决问题。

二、主要研究领域和学术成就

（一）为民族考古学在中国的建立做出贡献

汪宁生的研究工作总是从专题研究入手。他以民族考古学方法研究的专题殊为广泛。除了世界上民族考古学家普遍关注的制陶、葬俗、居住方式、出土器物之用途等专题外，还涉及中国考古学和古代史研究者都感困惑且长期聚讼的疑难问题，如文字、度量衡的起源，八卦、阴阳、明堂等事物的实质，甲骨占卜的具体方法以及古代礼俗、一些特殊习俗等。甚至他还用同样方法考释古文字（如对“臣”“辛”“小臣”的解释）。后来他把这方面的文字分别编为两本书：属于考古学的收入《民族考古学论集》（后扩充改编为《民族考古学探索》）；与古代史或古文字有关的考证收入《古俗新研》。实际上，他认为无论讨论什么问题，只要是通过民族志材料的类比而得出结果的，都应属于民族考古学的范围。他赞同的是广义的民族考古学。考古学家张光直曾把汪宁生有些专题研究称为民族考古学上“最好的例子”。

在大量专题研究的基础上，汪宁生开始了对民族考古学理论和方法的探讨。早在1987年，他就写出《谈民族考古学》一文，第一次对民族考古学的定义、研究范围、研究方法、中国古人早有的认识及当前中国民族考古学不足之处等方面，进行了系统的讨论。这篇文章可以认为是中国民族考古学形成的标志。以后他又陆续发表了《再谈民族考古学》《三谈民族考古学》，介绍西方同行的经验，发展和扩展自己的认识。这三篇文章结合起来，可以说就是一本“中国民族考古学”的纲要，反映了汪宁生对这门学科总的认识和方法论。汪宁生认为，民族考古学方法的要点是民族志资料的类比，这民族志资料可以来自研究者自己的调查，也可参考前人记录，但无论类比材料取自何处，当你通过类比形成对某一问题的可能解释（他称之为“假说”）后，必须从考古学（或文献）本身找到足够的证据来证明，才能做出结论，这就是验证。他归纳出民族考古学研究方法的三个步骤，即类比—假说—验证，而验证是重要的一环。只有通过验证，才能保证研究工作的科学性，不致沦为任意附会和胡乱推测。

汪宁生还认为，中国民族考古学和世界其他地区民族考古学相较，有一个显著特点就是在研究过程中，除了民族志资料外还要尽可能搜集到有关文献资料作为参考。这是因为中国有文字的历史较长，前人留下的文献极为丰富，而世界其他地区无此优势。因此，他认为研究古代的问题，现在应该从王国维的“二重证据法”，发展为“三重证据法”（即考古学资料、文献记载、民族志资料），甚至“多重证据法”，因为有些问题还要参考有关自然科学的研究成果。

（二）民族调查程序与方法的系统总结

虽然民族考古学可以采用前人记录下的民族志资料作类比之用，但在中国已有的民族志资料很不完备，而又由于学术兴趣的差异，前人关注的重点不同，很少记录下对研究考古学有用的资料。在中国，对民族考古学可用的类比材料，主要还要靠研究者亲自调查搜集。汪宁生为此不得不精研民族调查的科学方法并积累自己的经验。

1983年后，汪宁生有机会到欧美很多国家访问考察，所到之处，常找国外同行交流经验，请教问题，并收集购买了大量图书。归国之后，他结合自己几十年的经验，写成《文化人类学调查——正确认识社会的方法》一书。在此书出版以前，中国只有有限的几种民族学（文化人类学）概论性著作，而且其中大多数又是国外著作的译本，从无关于调查方法的专书。

此书的出版，为在中国从事民族调查或社会调查的人具体开展工作（如何发问、如何记录、应注意的事项等）提供了一套科学的程序和方法，成为一本雅俗共赏的调查工作手册。按此行事，即可保证调查资料的可靠性。现在此书已被很多大学有关专业指定为教材或报考研究生的必读教科书。

（三）纠正对“母系社会”的认识误区

人们对“母系社会”的认识一直存在着许多误区。例如说“母系社会”和“父系社会”是原始社会中相继发生的两个阶段；在中国，仰韶文化及时代相近的其他新石器文化是“母系社会”，龙山文化及时代相近的其他新石器文化是“父系社会”；而“母系社会”中，妇女总是掌握很大权力，男子处于被统治地位等。这些看法在学术界一直占主流地位，甚至曾写进了中小学教科书。

汪宁生对作为仰韶母系说重要证据的集体二次葬做了认真的研究。他通过搜集世界上大量的民族志资料证明，这是世界上简单社会居民常见的流行习俗，它是整个村落或社区为了禳解死者可能给活人带来的灾难，将在一定时期所有死亡者的骨殖集中起来再次埋葬，而不是什么母系氏族成员埋葬在一起。因此不能作为仰韶文化属于母系社会的证据。其他考古发现，例如“大房子”遗址，也无法作为这方面的证据。大房子（长房）共居者既可以是母系氏族，也可以是父系氏族。

汪宁生关于仰韶葬俗和长房共居习俗的两篇文章，不仅对仰韶母系论提出了挑战，还被认为是在中国最早质疑单线进化论的专题研究。

为了彻底研究“母系社会”，汪宁生曾在云南详细调查过几个族群的原始的婚姻和家庭形态。1991年访问加拿大时，他还专门到作为母系社会典型的易洛魁人保留地考察，搜集前人的调查记录，与保留地首领及人民交谈。他们告诉汪宁生，母系社会中的妇女虽比其他社会中妇女的地位较高，但在社会事务上、政治上仍由男子主持一切，易洛魁人从历史到现在都是如此。

大量民族志材料表明，实行母系的总是在农业已有一定发展的社会，而在农业社会之前的狩猎采集者却实行父系或两可。因此，世界学术界的大多数人已不再相信母系必在父系之前。当然，这方面的研究还要深入，争论还可继续，但汪宁生的一系列有关著作使人们心目中一直奉为天经地义的单线进化论发生了动摇，对由此产生的仰韶母系说及其他有关母系社会的一些认识误区得到纠正，或至少引起他们重新的思考。

（四）云南沧源崖画的发现和研究

云南沧源崖画是汪宁生在1965年初首先发现的，后来又陆续调查，共发现了十个地点。他自谦地认为这是民族调查的副产品，实际上却是云南考古及中国崖壁艺术的一项重大发现。云南沧源崖画现已成为国家级文物保护单位、云南著名的旅游景点。它不像其他崖画上只有一个个孤立的图形，而是包括多幅连贯的、并有多重意义可以寻绎的图画。云南沧源崖画直接反映了古代这一地区居民放牧、狩猎、战争、舞蹈和祭祀等生活场面，尤其是其中的一幅村落图，可以看出当地人过着定居生活的情景。此图现为很多书刊所引用。

1984年，汪宁生在澳大利亚召开的亚洲研究会上报告了云南沧源崖画的发现及自己的研究成果，引起了与会者的注意。他的英文论文旋即在澳大利亚的《崖壁艺术研究》（*Rock Art Research*）及美国的《探险》（*Expedition*）两家刊物同时发表，在国际上得到很高的评价。至此，人们才知中国也有崖壁艺术。在此之前，国外出版的崖壁艺术的世界分布图上，中国地区是一片空白。

1985年，汪宁生的《云南沧源崖画的发现和研究》一书出版，这是中国研究崖壁艺术的第一本专著。该书不仅详细介绍了崖画的各个地点，对大部分图形及画面做出尽可能合理的解释，对崖画的年代、族属等做了客观合理的推断，而且还总结出他自己记录崖画田野工作的方法，为国内崖壁艺术研究者提供了宝贵的经验。全书的编写体例乃至章节划分后常为同类图书所模仿，故汪宁生这本关于崖画之作被评论者称为“确立了崖画研究一些基本规范”。1989年，该书被评为国家民族事务委员会社会科学成果奖一等奖。

（五）推动云南考古事业的发展

汪宁生全面搜集云南地区从宋代以来积累起来的金石学资料和近年发掘出土的考古资料，写出一本综合研究著作《云南考古》，至今仍是云南考古工作者手边的必备之书。他把云南地区的经济文化发展划分为几个阶段，不仅概括地介绍每一阶段的重要文物和重大发现，而且参考历史文献，指出该阶段的历史特点和考古学上的空白与缺环。评论认为，这本书对推动云南考古事业的发展，起到了良好的作用。

除此之外，汪宁生还对云南一些重要考古发现和文物，特别是以云南晋宁石寨山“滇”人墓为代表的云南青铜文化（包括铜鼓），进行了深入系统的研究。他根据青铜器及器物上的图像，对其所反映的民族关系、社会经济生活及政权形成、艺术成就等分别进行了探讨。由于充分利用文献记载及有关民族志资料，大量参考外文资料，征引繁富，立论新颖，使他在这方面的研究也居于世界前列。

Remembering Wang Ningsheng

Kong Lingyuan
(School of History and Society, Chongqing Normal University)

Abstract: This paper provides an account of Wang Ningsheng's life, his academic career, and his main research achievements. Wang Ningsheng made major contributions to ethnoarchaeology in Southwest China in terms of theory, method, and examples of specific research. In fact, he was one of the main founders of the ethnoarchaeology of southern China and has provided important guidance to the nationwide development of ethnoarchaeology as an academic discipline.

Keywords: Ethnoarchaeology, Wang Ningsheng

（责任编辑：周静）

附表　汪宁生先生年谱

1930年	1岁	5月，出生于南京 父汪寿龄（字松遐），时供职于国民政府经济部商标局
1931年	2岁	举家随商标局迁上海
1932—1935年	3—6岁	在上海读幼稚园及小学，1935年妹沪生出生
1936年	7岁	举家随商标局迁回南京，就读于南京建邺路小学
1937年	8岁	弟建生出生 抗日战争爆发。父随机关西迁。随母许夫人（讳毓英）回转原籍（江苏省灌云县板浦镇）故家
1938—1941年	9—12岁	祖母吴太夫人率领全家为避日寇辗转逃难于灌云县农村各地，历尽颠沛流离之苦。逃难途中在母督课下写字读书 就读于灌云县立第一小学 初，灌云县士绅不愿子弟入敌伪小学，曾一度入私塾读书。当时塾师授古文以《论》《孟》《古文观止》为教材，并开设英文等课程
1942—1944年	13—15岁	就读于灌云县初级中学。曾拒绝回答日籍教师无理提问，险遭不测，受停学多日之处分
1945年	16岁	8月，日寇投降 抗战八年之中，生活困苦缺医少药，妹沪生、弟建生夭折。全家十余人自祖母以下先后死亡者共七人
1946年	17岁	5月，赴南京，寄居于姑父母家数月。姑父杨持白先生乃中国水利工程界之耆宿，克尽厥职，清白为人，深受教诲 7月，考取国立社会教育学院附中（后改名江苏省立丹阳中学）高中部 父由重庆复原回宁，母亦由原籍迁来，全家终得团聚
1947—1948年	18—19岁	在丹阳中学读书
1949年	20岁	6月，进入中共苏南新闻专科学校学习，旋即奉派去无锡农村工作
1950—1951年	21—22岁	患肺病。农村无法医疗，经批准回南京治疗
1952—1953年	23—24岁	1952年10月起继续参加工作，在华东水利学院（今河海大学）任职员
1954年	25岁	7月，被选调报考高等学校，考取北京大学历史系，以考古学为专攻方向
1955—1956年	26—27岁	在北京大学读书
1957年	28岁	开展反右派运动。北京大学为全国斗争之焦点，全校学生约8000人，被划为右派者约800人。幸免于难，仍遭受批判一天
1958年	29岁	9月，赴陕西华县考古实习，为时半年
1959年	30岁	大学毕业
1960年	31岁	初，宣布留校任助教，担任苏秉琦先生“秦汉考古”课辅导工作一学期后，改分配去中央民族学院历史系，5月起赴四川茂汶、大凉山、黔西北、滇东北调查

续表

1961年	32岁	始有家室。妻王云慧，北京师范大学教育系毕业，同在民族调查组工作相识而结合 9月起在云南大理、丽江、中甸、德宏等地调查 发表《从考古材料看云南和内地经济文化联系》（笔名“林声”）
1962年	33岁	9—10月，调查永胜县他鲁人 发表《几个南诏城址的考察》一文
1963年	34岁	1月，回中央民族学院，开始涉猎国外人类学著作
1964年	35岁	5—7月，带领学生赴西双版纳实习，开始调查傣族制陶问题。10月，由京调昆，任职于云南省历史研究所 发表《试释云南晋宁石寨山出土铜片上图画文字》《他鲁人之“羊骨卜”》等文
1965年	36岁	1月起在滇西南长期调查，发现沧源崖画，实地考察基诺山“长房”，为此行最大收获。开始确立搜集和利用民族学资料研究考古学及中国古史为治学方向。发表《云南傣族制陶术》一文
1966年	37岁	6月，调回昆明。发表《云南沧源崖画》一文
1967年	38岁	汇集云南考古已发现之资料，开始写《云南考古》
1968—1971年	39—42岁	去弥勒县五七干校，并发配泸西县“插队落户”。在泸西务农期间稍有自由，开始翻译《事物的起源》
1972年	43岁	5月，调入云南省博物馆
1973年	44岁	3—5月，赴德宏地区搜集民族文物，趁机继续作民族调查 奉调参加编写《云南各族古代史略》
1974—1975年	45—46岁	始与顾颉刚先生通信，以民族志印证古史文章寄上请教，顾先生勉励有加，增强治学信心
1976年	47岁	发表《八卦起源》一文
1977年	48岁	发表《汉晋西域与中国文明》及《耦耕新鲜》等文
1978年	49岁	7月，第二次调查沧源崖画。发表《试论中国古代铜鼓》等文
1979年	50岁	10月，调入云南省民族研究所。11月，去大凉山调查
1980年	51岁	发表《释臣》一文，又《云南考古》出版
1981年	52岁	发表《原始纪事和文字发明》《释“武王伐纣前歌后舞”》等文。10—11月，调查永德县利米人
1982年	53岁	1—2月，继续调查傣族制陶问题。第三次调查沧源崖画 译著《事物的起源》出版
1983年	54岁	9月，获美国卢斯基金会（Luce Foundation）之资助赴美访问，为期一年任宾夕法尼亚大学客座研究员 发表《中国考古发现中的“大房子”》一文
1984年	55岁	5月，应澳中理事会之邀由美赴澳大利亚访问三周，在阿德雷得召开之澳大利亚洲研究会议（ASAA）上宣读《云南崖画》论文，又在墨尔本La Trobe大学作同样题目演讲。全文旋在澳洲*Rock Art Research*杂志发表

续表

1985年	56岁	10月，去大凉山继续调查“羊骨卜”，印证古代占卜习俗，颇多发现。《云南沧源崖画的发现和研究》一书出版
1986年	57岁	6月，赴美参加“古代中国及社会科学一般法则”会议，宣读《仰韶文化葬俗和社会组织研究》论文，是为中国第一篇反对单线进化论之作。后英文本刊于*Early China*，中文本刊于《文物》 8月，赴英参加在南安普顿召开的“世界考古大会”第一次会议，宣读《云南青铜器上所见之古代族群》论文
1987年	58岁	发表《从原始计量到度量衡制度的形成》《谈民族考古学》等文
1988年	59岁	7月，去萨格勒布参加“国际民族学及人类学大会”第十二次会议，宣读《中国西南地区少数民族文化的保存和发展：民族生态学的研究》论文
1989年	60岁	发表《释明堂》一文，又《铜鼓与南方民族》及论文集《民族考古学论集》《中国西南民族的历史和文化》三书相继出版
1990年	61岁	对历年利用民族志资料研究中国古史一得之见，写成短文札记，以“古俗新研”专栏形式，先后在《中国文物报》及台湾《大陆杂志》、香港《华侨日报·学林》陆续发表
1991年	62岁	1月，参加美中学术交流委员会在泰国华杏召开之“东南亚及西南中国青铜文化发达阶段”学术讨论会，宣读《中国西南高地早期政权之形成》论文 6月，获加拿大驻华使馆提供之研究基金，赴加考察五周，访问平原印第安人、易洛魁印第安人及爱斯基摩人保留地及居住区。归途经香港参加亚洲历史学家协会（IAHA）第十二次会议，宣读题为《西南中国早期文明》论文 发表《耒耜新考》一文
1992年	63岁	1—8月，在奥斯陆大学讲授“中国考古学”“甲骨文简介”等课程。9月，由挪威赴美，在西雅图华盛顿大学人类学系任客座教授一学期，与该校教授合开“东南亚和西南中国史前史、民族学、民族史和语言学”课程 《云南考古》再版
1993年	64岁	1月，由美经香港回国
1994年	65岁	发表《说田猎》《易洛魁人的今昔》等文
1995年	66岁	继续写《古俗新研》及完成其他未竟之作
1996年	67岁	8月，赴荷兰莱顿参加“欧洲东南亚考古学家协会”第六次会议，宣读论文《中国西南高地上一个被人遗忘的土著政权》，以碑刻资料论述彝族水西土司政权之形成及其政治制度 发表《以驯鹿为生的沙米人》一文。又《文化人类学调查——正确认识社会的方法》一书出版
1997年	68岁	民族调查日记《西南访古三十五年》一书出版
1998年	69岁	6月，赴马来西亚参加太平洋及亚洲地区史前学会（IPPA）第十六届会议。宣读《傣族制陶的民族考古学研究》论文
1999年	70岁	开始整理海外游学日记

续表

2000年	71岁	5—7月，偕妻再访挪威，参加奥斯陆大学人权研究所研究项目，与挪威友人H.勃克曼合作翻译明清碑刻中之习惯法资料。7月底，赴瑞典隆德大学参加会议 译著《事物的起源》再版
2001年	72岁	论文集《古俗新研》繁体字本及简体字本分别在台湾和大陆出版。又《汪宁生论著萃编》两卷本出版，“共收书八种”，凡一百万余字
2002年	73岁	《文化人类学调查》再版
2003年	74岁	发表《傣族制陶的民族考古学研究》一文
2004年	75岁	12月，应弗利尔博物馆等地美国同行之邀，赴弗吉尼亚州亚历山大里亚及华盛顿，先后举行三次小型讨论会，讨论东南亚及云南传统制陶问题
2005年	76岁	3月，随云南省文史馆一行赴柬埔寨参观考察
2006年	77岁	5月起被云南民族大学聘为民族研究首席科学家，主编《民族学报》
2007年	78岁	论文集《文化人类学专题研究》出版
2008年	79岁	海外游学日记《始信昆仑别有山》出版；《民族考古学论集》（改名《民族考古学探索》）再版
2009年	80岁	11月，与民族研究中心同事一行五人赴老挝考察
2010年	81岁	在*The Asia Pacific Journal of Anthropology*刊出《17—19世纪佤山汉移民民族认同之变迁》（英文），译作《事物的起源》第三次出版
2011年	82岁	《汪宁生集》编成
2012年	83岁	日本福冈西南学院大学王孝廉教授来访
2013年	84岁	策划编写《口述民族史》丛书。12月，《汪宁生集》由学苑出版社发行，共四卷，收书11种，凡四百余万字
2014年	85岁	2月1日13点40分病逝

（孔令远据汪宁生先生自编年谱（见《汪宁生集》）修订）

附录 汪宁生先生主要论著

《云南考古》，昆明：云南人民出版社，1980年。

《从原始记事到文字发明》，《考古学报》1981年第1期。

《中国考古发现中的“大房子”》，《考古学报》1983年第3期。

“Rock paintings in Yunnan”, China, *Rock Art Research*, Vol.1, no.2(1984), pp.75-90. *Expedition*, Vol.27, no.1(1985), pp.26-33.

《云南沧源崖画的发现和研究》，北京：文物出版社，1985年。

《从原始计量到度量衡制度的形成》，《考古学报》1987年第3期。

《论民族考古学》，《社会科学战线》1987年第2期。

“Yangshao burial customs and the study of social organization”, *Early China*, Vol.11-12 (1987), pp.7-32.

《民族考古学论集》，北京：文物出版社，1989年。

《铜鼓与南方民族》，长春：吉林教育出版社，1989年.

“Ancient ethnic groups as represented on bronzes of Yunnan, China”, in S. Shenan ed., *Archaeological approaches to cultural identity*, London: Unwin Hyman Ltd, 1987, pp.95-206.

《易洛魁人的今昔——兼谈母系社会的若干问题》，《社会科学战线》1994年第1期。

《以驯鹿为生的沙米人——兼论游牧社会若干问题》，《社会科学战线》1996年第5期。

《文化人类学调查——正确认识社会的方法》，北京：文物出版社，1996年。

《释辛》，《故宫文物月刊》1997年第174期。

《汪宁生论著萃编》，昆明：云南民族出版社，2001年。

《古俗新研》，台北：兰台出版社，2001年。

《傣族制陶的民族考古学研究》，《考古学报》2003年第2期。

《文化人类学专题研究——关于母系社会及其他》，兰州：敦煌文艺出版社，2007年。

《民族考古学探索》，昆明：云南人民出版社，2008年。

“Changes in identity among Han immigrants in the Wa Hills from the 17th to 19th centuries”, *The Asia Pacific Journal of Anthropology*, Vol.11, no.2(2010), pp.128-141.

《汪宁生集》，北京：学苑出版社，2013年。

《南方民族考古》投稿须知

1. 本刊为半年刊，主要刊载中国南方以及东南亚地区民族学、考古学、人类学的研究论文、田野报告、研究动态述评、新书评介、理论方法论之探索争鸣，以及与上述内容有关之重要译文。

2. 本刊实行匿名审稿制度，凡来稿将约请两位学者匿名审查。本刊尊重作者行文，但有权做技术性处理，并会告知作者。

3. 本刊引文注释采用页下注（脚注）方式，以下格式请参照：

（1）专书

汪宁生：《古俗新研》，兰州：敦煌文艺出版社，2001年，第266—268页。

张泽珣：《北魏关中道教造像记研究》，香港中文大学博士学位论文，2003年。

Harold Bloom, *The Anxiety of Influence: A Theory of Poetry*, Oxford: Oxford University Press, 1973, p.18.

Kwang-chih Chang, *The Archaeology of Ancient China*, New Haven: Yale University Press, 1986, pp.19-28.

（2）析出文献

北京大学考古文博学院、成都文物考古研究所、重庆市文物局：《忠县哨棚嘴遗址2001年发掘报告》，重庆市文物局、重庆市移民局编：《重庆库区考古报告集》（2001卷），北京：科学出版社，2007年，第1530、1531页。

David Wilkinson, "Civilizations, cores, world economies, and oikumenes", in André Gunder Frank and Barry K. Gills, eds., *The World System: Five Hundred Years or Five Thousand*, London: Routledge, 1993, pp.221-246.

（3）期刊

苏秉琦、殷玮璋：《关于考古学文化的区系类型问题》，《文物》1981年第5期。

Rowan K. Flad, "Divination and Power: A multiregional view of the development of oracle bone divination in early China", *Current Anthropology*, vol. 49: 3 (2008), pp.403-437.

（4）古籍

《魏书》卷一百一十四，北京：中华书局，1974年，第8册，第3053页。

《旧唐书》卷九《玄宗纪下》，北京：中华书局，1975年，第1册，第233、234页。

许慎撰，段玉裁注：《说文解字注》，上海：上海古籍出版社点校本，1998年，第582—585页。

4. 来稿请附中英文篇名、中英文关键词及各五百字以内的中英文摘要；书评请加附该书作者及书名之英文译名。

5. 来稿凡包含图片者，请提供高质量的电子档案，并请注明来源，有关图表之版权，请作者先行取得版权持有者之同意。

6. 本刊刊出之论文稍后亦以电子文件形式在网络上发行（一般在出版三年后），若仅同意以纸本形式发表者，来稿时请特别注明。

7. 本刊刊出论文将支付作者稿酬，并送作者样刊两册及抽印本15份。

8. 凡向本刊投稿，自投寄之日起三个月未接获采用通知，可自行处理，来稿一律不退。

9. 来稿请同时寄纸本和电子文档，另纸附中文及英文真实姓名、中文及英文服务单位名称、职称、通讯地址、电话、传真和E-mail等。

10. 来稿纸本请寄至：中国四川省成都市望江路29号四川大学考古学系《南方民族考古》编辑部（邮编610064），电子文档请E-mail发送至本刊邮箱（nfmzkg@163.com），请勿一稿多投。

Manuscripts

Southern Ethnology and Archaeology

Since 1987 *Southern Ethnology and Archaeology* (*Nan Fang Min Zu Kao Gu*) has been published by Sichuan University under the direction of renowned archaeologist Prof. Tong Enzheng. From 1987 to 1993 the journal gained its reputation through the publication of five volumes containing a number of ground breaking works.

In recent years, with advances in Southern Chinese ethnological and archaeological research, academic institutions, and in response to the encouragement of many departments and professors, Sichuan University Museum, Dept. of Archaeology at SCU, and Chengdu Institute of A rchaeology decided to jointly resume the publication of *Southern Ethnology and Archaeology* (*SEA*). We hope to maintain our characteristic academic tradition while broadening the depth and further improving the quality of our journal, making *SEA* a platform for the exchange of information and the advancement of research in Asia. We cordially invite you to join us in making this rebirth of our publication a success by contributing to the journal.

SEA welcomes the submission of manuscripts dealing with archaeology, anthropology, and Ethnohistory. Manuscripts must not exceed 10,000 words (roughly 30 pages of typed text). Please specify the following on the manuscript: author's English and Chinese names, affiliated institution, position, mailing address, and E-mail. It is necessary to include a computer file with the first submission. The preferred editing program is a recent version of Word. In any case, please note the brand of software used and its version number. Please avoid fancy formatting of the text. To cite online materials, it is required to include the URL, the name of the database, and an access date. The author has sole responsibility for obtaining permission from publishers to use copyrighted materials, such as illustrations, charts, or lengthy quotations. Upon publication, authors will receive fifteen offprints of their articles, one copy of the entire issue concerned, free of charge. Rejected manuscripts are not be returned to the author.

Manuscripts should be addressed as follows:

Dept. of Archaeology, Sichuan University

No.29, Wangjiang Road, Chengdu, Sichuan, 610064

P. R. China.

E-mail: nfmzkg@163.com

Tel.86-28-85412567 Fax.86-28-85412567

图　版

图版一

1. 高领双耳罐（H15①：39）

2. 高领双耳罐（H124：6）

3. 高领双耳罐（TE4N3③：43）

4. 高领双耳罐（G7：20）

5. 高领双耳罐（H146：1）

长宁遗址齐家文化制陶工艺

图版二

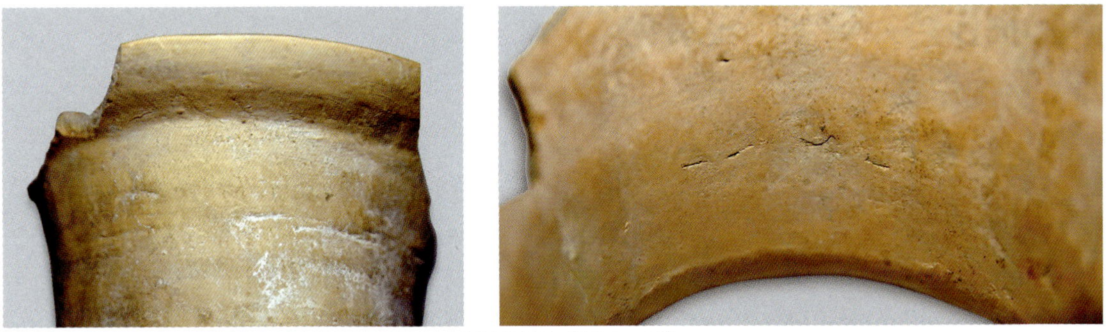

1. 高领双耳罐（H23：48）

2. 高领双耳罐（H137②：2）

3. 高领双耳罐（H26②：12）

4. 高领双耳罐（H15①：46）

5. 高领双耳罐（H141：1）

图版三

1. 双大耳罐（H31：38）

2. 双大耳罐（H53：13）

3. 双大耳罐（H37①：5）

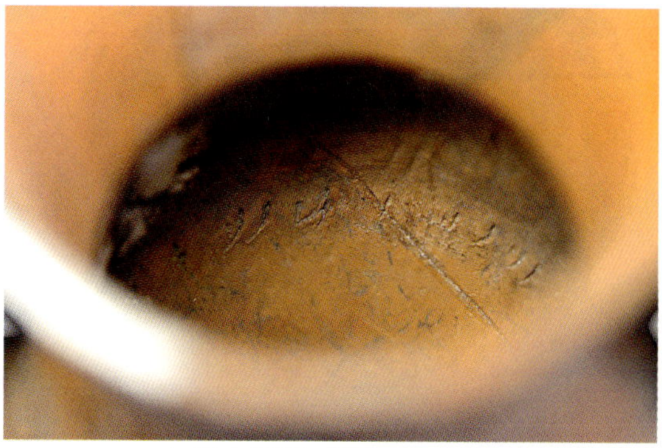

4. 双大耳罐（H144①：6）

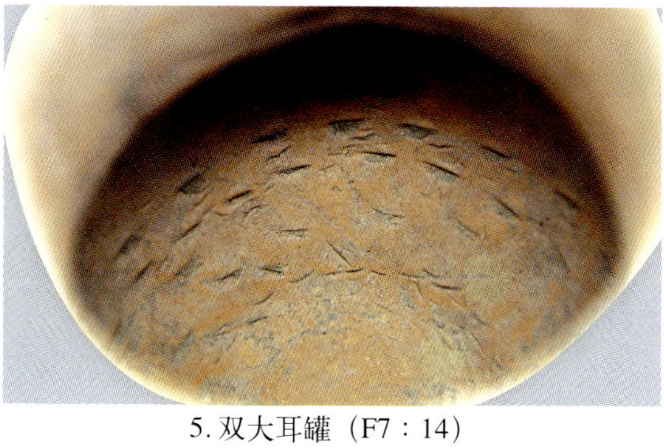

5. 双大耳罐（F7：14）

6. 双大耳罐（H37①：5）

长宁遗址齐家文化制陶工艺

图版四

1. 双大耳罐（F14：18）

2. 双大耳罐（H26②：16）

3. 双大耳罐（H41：12）

4. 双大耳罐（H140：3）

1. 夹砂双耳罐（TE4N5③：44）

2. 夹砂双耳罐（H77：25）

3. 夹砂双耳罐（G6：50）

4. 夹砂双耳罐（H99：11）

5. 夹砂双耳罐（H99：11）

6. 夹砂双耳罐（H129：6）

图版六

1. 夹砂双耳罐（H137②：3）

2. 泥质双耳罐（H26①：8）

3. 泥质双耳罐（H74：11）

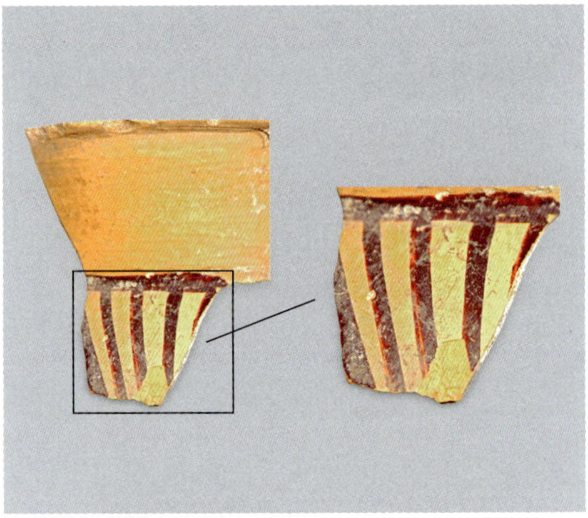

4. 泥质双耳罐（H31：40）

5. 花边罐（H28：6）

长宁遗址齐家文化制陶工艺

1. 花边罐（H31：55）

2. 花边罐（H45：44）

3. 花边罐（H102：35）

4. 花边罐（TE1N4③：21）

5. 花边罐（H52：16）

6. 花边罐（H53：9）

长宁遗址齐家文化制陶工艺

图版八

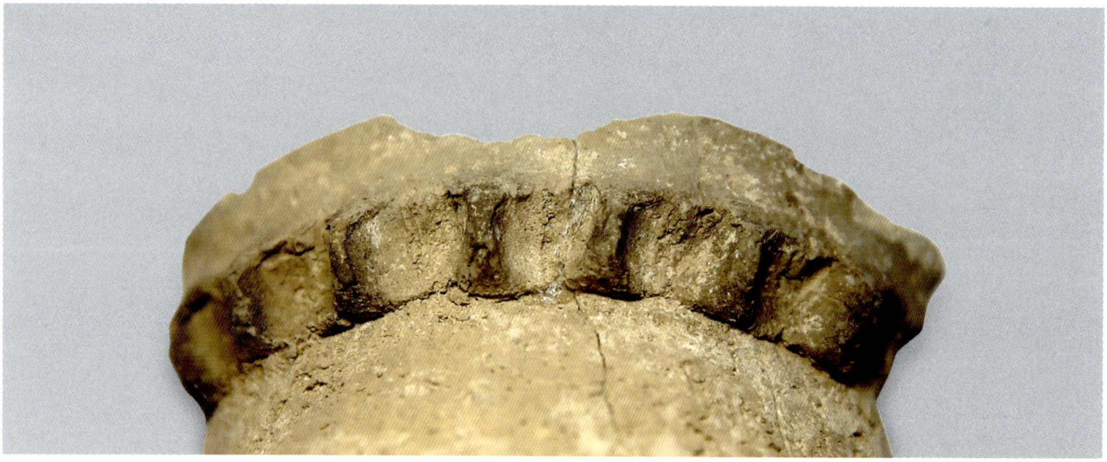

1. 花边罐（H150：25）

2. 半罐形器（F7：38）

3. 半罐形器（H39：1）

4. 半罐形器（TE3N5③：16）

1. 遗址远景（西南—东北）

2. 探方分布（西北—东南）

上油坊遗址

1. H35（东—西）

2. H22（北—南）

上油坊遗址西周春秋灰坑

1. 尖底杯

2. A型（T0907⑤：26）

3. A型（T0907③G：21）

4. A型（T0907⑧A：36）

上油坊遗址西周春秋陶尖底杯

图版一二

1. A型陶花边口沿罐（T0907⑤：24）

2. A型陶花边口沿罐（T0907⑤：14）

3. B型陶花边口沿罐

4. 陶罐（T1009③F：1）

5. 石斧（T0909③C：4）

6. 石斧（T1009③G：8）

上油坊遗址西周春秋器物

1. H37（东—西）

2. H31（东—西）

上油坊遗址汉代灰坑

1. H18（西—东）

2. H25（北—南）

上油坊遗址汉代灰坑

1. 汉代窑址分布远景（西南—东北）

2. 汉代部分窑址分布（西南—东北）（由左至右分别是Y03、Y01、Y05及Y02）

上油坊遗址汉代窑址分布

图版一六

1. Y03全景（西—东）

2. Y01操作坑北壁（南—北）

上油坊遗址汉代Y03全景及Y01操作坑

1. Y01第Ⅱ期操作坑、火膛及火道（西南—东北）

2. Y01第Ⅱ期火道、火膛及操作坑（东北—西南）

上油坊遗址汉代Y01第Ⅱ期操作坑、火膛及火道

1. Y01第Ⅰ期火膛及火道（西南—东北）

2. Y01第Ⅰ期火膛及火道（西南—东北）

上油坊遗址汉代Y01第Ⅰ期火膛及火道

1. Y01窑室（东北—西南）

2. Y01窑室壁上的夯窝

上油坊遗址汉代Y01窑室及窑室壁上的夯窝

1. Y01第Ⅱ期火膛及封门（西南—东北）

2. Y01烟洞底部（北—南）

上油坊遗址汉代Y01第Ⅱ期火膛及封门和烟洞底部

1. Y02操作坑及火膛（西南—东北）

2. Y02操作坑左侧石砌壁

上油坊遗址汉代Y02操作坑和火膛

1. Y02操作坑及火膛左侧石砌壁

2. Y02操作坑及火膛右侧石砌壁

上油坊遗址汉代Y02操作坑及火膛石砌壁

1. T0601第7 A层陶片堆积（北—南）

2. T0603第7 A层板瓦、筒瓦及瓦当残片堆积

上油坊遗址汉代地层中的陶片堆积

图版二四

1. 罐（Y05：1）

2. 罐（T1009③D：5）

3. 瓮（T0501⑦B：8）

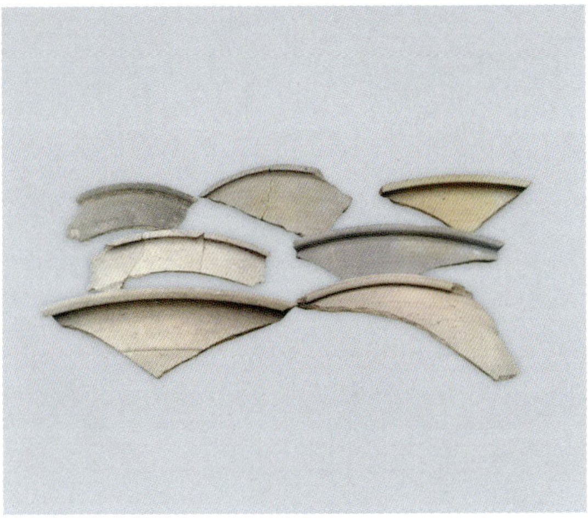

4. 盆口沿残片

5. E型盆（T0601⑦B：46）

6. F型盆（T0601⑥：5）

上油坊遗址汉代陶器

1. B型碗（T0601⑦B：65）

2. B型碗（T0601⑦B：41）

3. B型碗（T0601⑦B：61）

4. 盘（T0601⑦B：62）

5. 盘（T1108③F：4）

6. 瓦当（T1008③F：13）

上油坊遗址汉代陶器

图版二六

1. 网坠

2. 饼、丸及串饰

3. A型纺轮（T0601⑦B：67）

4. A型纺轮（T0601⑦B：32）、
饼（T1209③D：10）

5. “余”（T0601⑦B：66）

6. 四叶状方形戳印纹（Y02：3）

7. “五铢”钱戳印纹（T0501⑦B：13）

8. “五铢”钱戳印纹（T0602⑦A：17）

上油坊遗址汉代陶器

1. 石斧（H36：1）

2. 石斧（H26：1）

3. 石斧（H26：2）

4. 铁锸（H25：1）

5. 瓦当（T1008③F：13出土时情况）

6. 铜箭头（T1010③C：2）

上油坊遗址汉代器物

图版二八

1. L01（局部，位于T0502内）（南—北）

2. L02（局部，位于T1011内）（西—东）

上油坊遗址明清石板路

1. 北底箱（北—南）

2. 南底箱（东—西）

老官山汉墓M2椁室底箱

图版三〇

1. 木牍（M1：118、M1：158、M1：206）

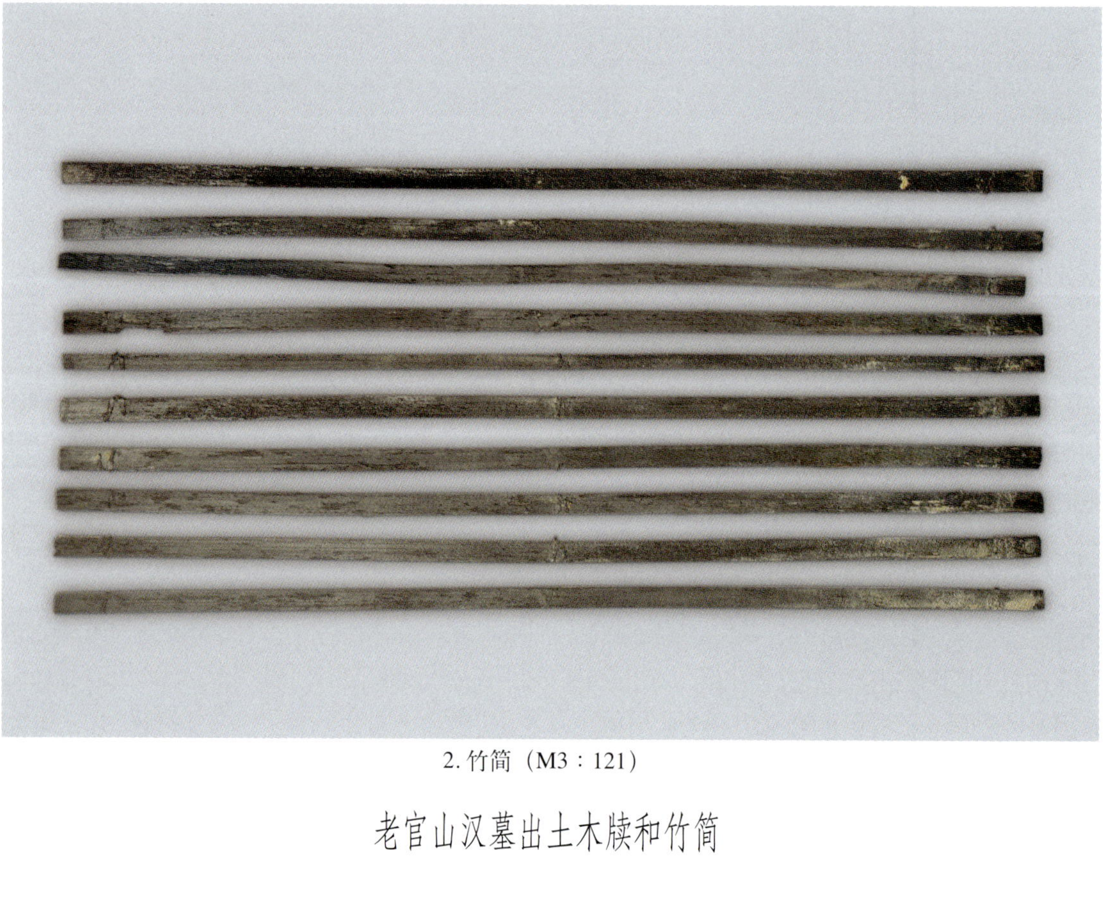

2. 竹简（M3：121）

老官山汉墓出土木牍和竹简

1. 耳杯（M3：80）

2. 耳杯（M2：109）

3. 盘（M2：282）

4. 勺（M1：62）

老官山汉墓出土漆木器

1. 案（M1：16）

2. 案（M1：16）

3. 几（M3：56）

老官山汉墓出土漆木器

1. 马俑（M2：234）

2. 人体经穴俑（M3：44）

3. 织工俑（M2：200）

4. 侍立俑（M2：101）

老官山汉墓出土漆木器

图版三四

1. 鼎（M3：62）

2. 罐（M3：13）

3. 织机模型（M2：191）